JN440500

한국형 제3의 길을 통한
생태복지국가의 탐색

한국형 제3의 길을 통한 생태복지국가의 탐색

An Investigation for the Eco-Welfare State by way of 'Korean Third Way'

한 상 진 지음

한국문화사

한국형 제3의 길을 통한 생태복지국가의 탐색

1판 1쇄 발행 2018년 11월 20일
1판 2쇄 발행 2019년 11월 30일

지은이 | 한상진
펴낸이 | 김진수
펴낸곳 | 한국문화사
등 록 | 제1994-9호
주 소 | 서울특별시 성동구 광나루로 130 서울숲 IT캐슬 1310호
전 화 | 02-464-7708
팩 스 | 02-499-0846
이메일 | hkm7708@hanmail.net
웹사이트 | www.hankookmunhwasa.co.kr

ISBN 978-89-6817-693-7 93330

• 이 도서의 국립중앙도서관 출판예정도서목록(CIP)은 서지정보유통지원시스템 홈페이지(http://seoji.nl.go.kr)와 국가자료공동목록시스템(http://www.nl.go.kr/kolisnet)에서 이용하실 수 있습니다.(CIP제어번호: CIP2018036369)
• 이 저서는 2015년 정부(교육부)의 재원으로 한국연구재단의 지원을 받아 수행된 연구임(2015S1A6A4A01012360).

▌감사의 글 ▌

본 저술은 필자가 1999년에 처음 출간한 『도시와 공동체』 이후 학술 저서로는 2005년 『시장과 국가를 넘어서』, 2006년 『환경정의의 사회학』, 2009년 『지역사회복지와 자원부문(황미영과 공저)』, 2012년 『공동체화』에 이은 여섯 번째 저작물이라 할 수 있다. 그동안 너무 양적 출간에 연연하느라 질적 요건이 미흡한 경우가 있었음을 우선 고백한다. 이번 저술도 그리 완결적이지는 않으나 기후변화와 미세먼지, 물 문제가 심각한 대한민국에서 지속가능한 복지에 대한 문제 제기로 받아들여졌으면 한다.

기존 저술에서 필자의 주제 의식은 1999년과 2012년에는 도시 및 사회의 공동체 논리 탐색, 2005년, 2009년의 경우 자활과 사회적 경제에 대한 논구, 2006년의 경우에는 환경문제와 사회정의의 관계 탐구 등으로 구분될 수 있다. 이 책은 2012년에 다소 이론적으로 논의했던 공동체화의 함축을 암묵적으로 '공동자원화'(또는 공동관리, commoning) 맥락에서 재해석하면서, 그것의 생태 및 복지과 관련된 현실적 과제를 한국형 제3의 길, 생태복지국가라는 개념화를 통한 사례 분석으로 제시하고자 했다.

본 저술이 나오기까지 연구비를 지원해 준 한국연구재단과 편집과정에 수고한 한국문화사에 감사한다. 또 제2부의 4장과 제3부, 제4부, 제5부 등은 『경제와 사회』, 『ECO』, 『시민사회와 NGO』, 『지역사회학』 등 학술지에 게재되었던 논문을 이 책의 틀에 맞추어 수정한 내용임을 밝힌다. 이와 함께 22년 동안 생계를 유지하게 해 준 울산대학교와 생경한 논리를 가다듬는 데 음양으로 도와준 사회과학대학, 사회·복지학 전공의 동료 교수 및 학생들에게 고마움을 진하고자 한다. 또한 한국환경사회학회 회원의 질정과 울산환경운동연합에서의 미흡한 실천에 대한 운영위원 및 회원들의 너그러운 이해에 대해 감사한다.

개인적으로는 아버님의 11주기와 장인어른의 5주기를 기념하여 책을 출간하게 되어 불효에 대한 마음의 짐을 조금 던 듯하다. 동시에 어머님과 장모님의 건강을 기원하며, 3반세기 동안 동반의 고생을 함께해 온 아내 미영에게 너무나도 고맙고 진실로 사랑한다는 말을 전하고 싶다. 끝으로 독일에 있는 큰아들 광현, 미국에 있는 둘째 아들 동현에게 가슴 한구석의 큰 고마움과 함께 부끄러운 아버지로서의 고충에 대해 뒤늦게 고백할 기회를 갖고자 한다.

2018년 11월
울산 문수산 어귀에서
한상진 씀

차례

제14장 역량의 환경정의 관점에서 본 원전 주변 주민의 신체적 건강 문제

■ 표 차례

■ 그림 차례

서론

1.

‘한국형 제3의 길’(Korean third way)이라는 한 국가에 특정한 우회로의 비유적 작명은 21세기의 20년을 마무리하는 시점에서 나름대로 보편적 특성을 띤 것이라 자평하고 싶다. 2018년의 대한민국은 내부적으로 저출산, 고령화의 그늘 속에 불비한 복지 욕구가 분출하는 가운데 일자리 부족을 겪는 청년들의 고통스러운 상황이 계속되고 있다. 다른 한편으로는 2016년, 2017년에 걸친 국민적 촛불항쟁이 가져온 승리의 여운이 시민사회 영역에서의 자발적 힘과 숙의민주주의(deliberative democracy)의 가능성으로 잠재되어 있기도 하다. 무엇보다 주목되는 것은 2018년의 남북정상회담, 북미정상회담의 결과로 지구상 유일한 한반도의 이념적 분단이 어떠한 제3의 대안으로 지유, 극복될 것인가에 놓여 있다.

지구적 관점에서 볼 때, 서구 복지국가의 ‘제1의 길’은 공간적으로는 유럽, 미국 등 제국주의를 거친 제1세계, 시간상으로는 2차 대전 이후 약 30년간의 에너지집약적 성장만능주의라는 특수 상황의 산물이라고 말할 수 있다. 따라서 20세기 말 블레어, 클린턴 등이 주창한 ‘복지에서 노동으로’(from welfare to work)라는 제3의 길은 ‘서구적 제3의 길’로 해석되어야 하며, 대한민국 등 복지국가의 경험이 없는 많은 나라에서의 제3의 길은 복지 확대와 일자리 창출의 동시적 추진이라는 임무를 부여받을 수밖에 없는 것이다. 이것이 본 저술에서 거론하는 한국형 제3의 길의 첫 번째 의미이다. 그런데 작금의 한국을 비롯한 동아시아에서는 경제, 복지, 민주주의 등의 보편적 과제 외에도 미세먼지, 핵발전 위험, 쓰레기 대란과 같은 환경악화가 주요 민생문제로 부상하고 있다.

그런 상황은 복지 확대와 일자리 창출, 또는 보편적 복지와 사회적 경제(social economy)의 결합이라는 첫 번째 의미의 '한국형 제3의 길'을 떠받치는 경제성장의 신화에 근본적 의문을 제기하게 한다. 그렇다면 환경 악화를 저지, 완화하기 위한 탈성장(degrowth)의 흐름에서 복지와 일자리의 동시적 증진은 어떻게 가능할 수 있을까? 본 저술이 제시하고자 하는 생태복지국가(eco-welfare state)는 그에 대한 응답의 일환이지만, 아직까지 환경, 복지, 경제, 민주주의에 대한 개입가설적 이념형의 수준에 그치는 것도 사실이다. 그럼에도 불구하고 그 가설의 구체화를 위해 필자와 맥코브(Hahn & McCabe, 2006)가 제기한 '지구적 제3의 길'(global third way)의 재개념화 -제1섹터(국가), 제2섹터(시장)가 아닌 시민사회의 제3섹터가 주도하는 숙의 민주주의와 협치(governance)의 노선- 를 재음미할 필요가 있다. 이러한 '지구적 제3의 길의 한국화'에 따른 제3섹터 주도의 민주적 절차 확립이 한국형 제3의 길이 갖는 두 번째 의미에 해당한다.

두 번째 의미의 '한국형 제3의 길'의 지평에서 볼 때, 정부, 기업과 구별되는 비정부조직, 비영리조직은 이들과의 협력, 또는 갈등을 통해 복지 및 고용의 과제 외에도 생태적 지속가능성(sustainability)을 지향하는 창의적 조직화에 나서야 한다. 이는 이론적 가정이기도 하지만, 정보통신기술과 사회관계망의 발달로 인해 한국뿐 아니라 많은 나라에서의 시민참여나 미투운동처럼 자발적인 숙의적 절차로 더욱 가시화될 수 있다. 그 연장선 위에서 본 저술은 세 번째 '한국형 제3의 길'의 함의에 대해 대한민국 스케일에서 벗어나 남북한 및 동아시아의 화해와 협력을 둘러싸고 경제성장보다는 복지, 노동, 환경의 순위를 우선시하면서 사회-생태계(Social-Ecological System; 이하 SES)의 지속가능성을 담보하기 위한 '가보지 않은 길'로 규정하려고 한다.

한국형 제3의 길이 갖는 첫 번째 의미가 서구적 의미의 복지국가 경험이 부재한 우리나라 특성에서 도출되었다고 한다면, 풀뿌리 거버넌스 위주의 두 번째 규정은 지구적 제3의 길을 노동연계복지(welfare-to-work)라는 서구적 경험으로만 협애하게 이해하지 않고 제3섹터의 주도성에 입각해 재정의하려는 시도에서 비롯된 것이다. 후자의 경우 사회민주주의의 제1의 길이 정부라는 제1섹터의 주도로, (신)자유주의의 제2의 길이 기업이라는 제2섹터의 주도로 작동되는 것에 비추어, 지구적 제3의 길은 선진국과 후진국, 자본주의와 사회주의 할 것 없이 제3섹터의 주도성에 초점을 맞추어 재설정될 수 있음을 강조하고 있다. 물론 두 번째 의미의 한국형 제3의 길에서도 국가의 역할은 무시되지 않으며 다만 제3섹터와 국가, 시장 간 파트너십과 숙의적 과정에 주목할 뿐이다. 또 이것이 '한국형'으로 명명될 수 있는 까닭은 특별히 한국의 제3섹터가 강력하기 때문이라기보다는, 2008년의 광우병 사태, 2016년 이후의 '촛불혁명' 등에서 나타났듯이 시민사회의 자발적이고 평화적인 세력화가 독특하게 되풀이되는 데서 연유한다.

한편 세 번째 '한국형' 제3의 길의 의미는 경제적, 정치적 측면을 뛰어넘는 동아시아의 사회적 가치(social value)에 근거하여 반추될 수 있는 것이다. 동아시아는 20세기 초 일본과 현재의 중국이 보여주듯 비서구사회 중에서도 서구적 가치를 혼용시키는 독자적 문화를 지녀 왔다. 그 일원으로서 대한민국은 서구가 추구하는 복지국가나 노동연계복지의 경제적 목표를 뛰어넘는 감정적(affective), 생태적 가치의 측면을 더 많이 보존하고 있는 것이 사실이다. 그러므로 한국형 제3의 길의 세 번째 의미는 남북 분단의 생태적, 평화적 극복이라는 함축에서 더 나아가, 전적으로 서구, 또는 비서구에 소속되지 않아 동서양을 아우를 수 있는 (탈)근대적인 아시아적 가치에 초점을 두는 것이기도 하다. 이는 가족과 공동체를 위한 희생의 전통에서 더 나아가 지속가능한 동식물 자연과의 공존 인식으로 확장될 수 있으며, 2018년 봄부터 전개되어 온 남북한의 통합 및 생존을 위한 녹색의 창조적 대안으로도 연결될 수 있다.

2.

기존의 학계에서 제3의 길 정치와 노동연계복지에 대한 논의가 있었지만 그것이 한국에서 갖는 함의에 관해서는 토론이 모자랐던 감이 있다. 제3의 길의 '한국화' 시도로는 김대중 정부의 생산적 복지(productive welfare) 정책이나 노무현 정부 말기 사회투자 담론 등이 제기된 바 있으나 그에 대한 학술적 검토 역시 미진한 편이었다. 본 저술에서 다루는 '한국형' 제3의 길은 서구의 '복지에서 노동으로'를 지향하는 유급노동 창출의 복지개혁과는 달리, 보편적 복지의 경험이 부재한 한국 특성에 맞추어 재분배 강화와 연계된 사회적 경제 및 사회적 가치의 활성화에 대한 고민에서 배태되었다. 이와 함께 냉전시대에 흔히 논의되었던 자본주의와 공산주의를 뛰어넘는 본래적 제3의 길이라는 맥락 위에서 복지, 노동, 민주주의의 가치를 근본적으로 위협하는 환경악화에 관한 대응을 동아시아의 한반도 위기에 대한 평화적 해결과 접맥시키고자 했다.

앞서도 언급했듯이 제3의 길은 굳이 서구적 경험에만 국한해, 사회민주주의 복지국가의 신자유주의에 대처한 일자리 강조라는 협소한 차원으로만 이해되어서는 안 된다. 필자는 서구의 제3의 길이 갖는 '유급노동 회귀'로 편향된 근로연계형 경제주의 관점을 비판하고, 그것을 재분배 및 사회적 경제와의 연관성뿐 아니라 생태사회적(ecosocial) 지속가능성의 측면에서 재해석하고자 한다. 이를 통해 한국형 제3의 길에서의 관심이 생산적 복지에서 사회적 경제, 더 나아가 생태사회적 지속가능성으로 변화되는 결절점과 관련 사례들에 주목함으로써, 생태복지국가라는 이념형이자 현재진행형 대안의 구체화를 지향하려고 한다.

본 저술에서는 필자가 애초에 갖고 있던 사회적 경제에 대한 관심을 SES 틀에 입각한 사회적 가치 및 지속가능성 개념으로 확장함으로써, '한국형 제3의 길'에 근거하여 생태복지국가를 딤색하는 데 시사적인 사례들을 탐색하고 있다. 필자의 문제의식과 저술 구도를 좀 더 자세히 기술하면 다음과 같다. 우선 제3의 길의 한국에서의 적용을 '한국형 제3의 길'로 규정하고 그 노선으로 가는 여정들을 서구에서의 제3의 길 논의와 지구적 제3의 길 관점 등을 통해 확인하고자 한다. 그리고 IMF 외환위기 이후 등장한 '생산적 복지' 담론이나 사회투자국가론을 비판적으로 검토하여 한국형 제3의 길의 세 가지 의미, 곧 복지확대와 일자리 창출의 결합, 제3섹터가 주도하는 숙의적인 사회적 경제 노선, 자유주의와 사회주의를 넘어서는 생태사회적 녹색 지향에 대해 입론할 것이다.

다른 한편으로는 생태복지국가라는 이념형을 둘러싼 기존 논의들에 대해 예비적으로 검토하고 한국형 제3의 길 위에서 생태복지국가를 탐색하는 경로의 나침반으로 사회적 가치와 SES내 자산기초(asset based) 접근 등의 개념적 도구들을 설정한다. 이때 후술하겠지만 사회적 가치의 여러 측면으로 주관적 웰빙(well-being), 호혜성, 숙의성 등을, 자산기초 접근의 구성 요소로는 경제적 자산, 사회적 자산, 자연적 자산 등을 제시한다.

그런데 사회적 가치와 SES 등이 생태복지국가를 지향하는 하나의 관점이라고 한다면, 생태복지국가의 구성 요소에 접근하기 위해서는 그것을 향한 극복 대상인 생태사회적 배제(ecosocial exclusion)와 지속가능한 발전의 내용이 구체화되어야 한다고 볼 수 있다.

본 저술에서 생태사회적 배제의 개념은 생태적 악화와 인간 빈곤의 동시적 발생 기제를 가리키는 것으로, 이에 대응하는 담론과 실천이 생태복지국가의 얼개가 됨을 제시하고자 고안된 것이다. 또한 지속가능성 개념은 '정의로운 지속가능성'(Just Sustainability; 이하 JS)과 '중강도 지속가능성'(Moderate Sustainability; 이하 MS)이라는 두 가지 방식으로 구체화되는데, '정의로운 중강도 지속가능성'(Just and Moderate Sustainability; 이하 JMS)이라는 양자를 결합한 용어 또한 사용할 것이다. 이때 지속가능성의 환경정의(environmental justice)와의 관련을 보여주는 JS에는 분배(distribution), 절차(procedure), 승인(recognition), 역량(capabilities)의 요소가, 지속가능성의 중간 강도 입장인 MS와 관련해서는 약한(weak) 지속가능성과 강한(strong) 지속가능성의 종합이라는 측면이 강조된다.

필자는 한국형 제3의 길을 찾는 데 기존의 생산적 복지나 사회투자국가의 담론도 어느 정도 밑거름이 될 수 있다고 평가한다. 생산적 복지와 그 정책수단으로 도입된 자활(self-sufficiency) 사업은 한국에서 최저생활에 대한 국민 권리를 최초로 인정한 것이다. 이 제도는 조건부 수급권자의 탈수급과 시장 복귀를 과도하게 강조하고 있는 것이 사실이나, '생태적' 측면에서의 자족과 결합시키는 '생태적 자활'이라는 생태사회적 차원의 자족 가능성 또한 열어두고자 한다. 사회투자 담론 역시 동반성장이라는 반생태적 지향과 종종 연결됨에도 불구하고 장기적 신뢰와 인적 자원 투자가 갖는 의의를 무시할 필요는 없을 것이다.

본 저술에서 한국형 제3의 길에 입각한 생태복지국가의 탐색을 위한 매개변수로 고려하는 사회적 가치, 자산기초 사회정책, JMS 등의 개념은 오늘날 드러나고 있는 신자유주의의 한계가 사회민주주의적인 구래의 복지국가 전략에 의거해서는 돌파될 수 없다는 판단에 기초해 있다. 그리하여 결론에서는 서구에서도 최근의 논의인 탈성장 담론이 사회민주주의와 탈생산성주의를 결합시킴으로써 생태복지국가에 어떤 함축이 있는지 다루면서 본 저술의 탐색을 마무리하고자 한다. 어쨌든 필자의 시도가 완결된 패러다임이라기에는 미완의 문제 제기 수준이지만, 앞으로 생태복지국가의 현실적 지향을 더욱 구체화하기 위한 논의를 촉발하는 계기가 되기를 희망한다.

3.

급기야 담론의 맥락이 서로 다른 '생태'와 '복지'가 다양하게 조우하는 작금의 상황은 역설적으로 자본주의 확대재생산이 인간은 물론 동식물 생명체, 더 나아가 지구 전체까지 위협하고 있음을 방증한다. 본 저술은 산업혁명 이후 지속적 경제성장을 동력으로 발전해 온 사회복지가 지속가능성과 웰빙이라는 새로운 조건 속에서 어떠한 노선을 찾아 나가야 하는가에 대한 고심의 흔적이다. 아직까지 매개변수로 고려되는 사회적 가치, SES, JMS 등의 관계가 정합적이지 못하고 생태복지국가의 기제를 정확히 겨냥하지는 못하고 있지만, 필자 입장에서는 단편적 짜깁기가 아닌 프레임에 근거한 논리를 배열한 것으로 나름대로 위안하고자 한다.

본 저술은 모두 4부로 구성되어 있는데, 제1부는 한국형 제3의 길을 규정하는 데 전사(前史)로 구실하는 서구적 맥락에 대한 이해와 한국에서의 생산적 복지, 사회투자국가 등을 둘러싼 논의 등을 다룬다. 그리고 한국형 제3의 길이 갖는 세 가지 의미를 다루고, 이를 사회적 가치 및 SES

의 자산기초 접근 측면에서 검토한다. 제2부에서는 '생태사회적 배제'를 담론화하여 이를 극복하려는 대안으로 생태복지국가를 자리매김함으로써, 한국형 제3의 길에 근거하여 생태복지국가를 형성하기 위한 탐구의 여정을 본격화하고자 한다. 또 한국형 제3의 길과 생태복지국가를 매개하는 변수로 JMS의 개념을 검토하고 생태복지국가를 둘러싼 논의에 대해 정리한다.

제3부에서는 분배와 호혜에 초점을 맞추어 한국형 제3의 길의 첫 번째 의미를 둘러싼 사례들을 다루는데, 여기에는 사회적 배제와 사회적 경제의 관계, 자활을 둘러싼 한국형 제3의 길의 후퇴, 그리고 이를 극복하는 생태적 자활의 대안 등이 포함된다. 또 제4부에서는 절차적 측면에서의 정의로운 지속가능성의 사례로 제3섹터를 중심으로 한 탈핵 지향에 접근하면서, 성장연합에 의한 핵발전소 유치를 반대한 울산 울주군 및 강원 삼척시의 스케일 정치(scalar politics)를 비교한다. 제5부에서는 한국형 제3의 길이 새롭게 개척할 승인, 역량을 둘러싼 사례로서, 산악지역 케이블카 건설 반대, 송전탑 반대운동에서의 주민환경운동과 노동운동의 연대, 핵발전소(이하 원전) 주변의 역량의 정의 추구 등에 대해 검토한다. 끝으로 결론에서는 이들 논의가 생태복지국가의 탐색에 대해 갖는 함의를 탈성장의 문제 제기와 관련하여 정리하고자 한다.

본 저술은 제3의 길의 한국화라는 문제의식에서 보편적 복지와 사회적 경제의 결합이라는 분배의 영역, 제3섹터가 주도하는 협치와 지속가능성의 절차, 승인의 영역, 녹색의 제3대안으로서의 생태사회적 웰빙을 위한 역량의 영역 등을 도출하여 생태복지국가의 얼개를 구성하려는 시도이다. 그 과정에서 사회적 가치, SES의 자산기초 접근, JMS 등의 개념이 매개변수로 고려되고 있으며, 방법론적으로는 성장연합에 저항하는 풀뿌리 제3섹터의 스케일 정치 및 도시-자연의 공동관리에 주목하고 있다. 본 저술의 한계는 생태복지국가의 본질과 특성에 정면으로 접근하지 못한 데 있으나, SES라는 통합적 틀에서 생태사회적 배제에 대응하는 여러 대안을 발굴함으로써 생산성주의만을 강조하는 기존 복지국가의 패러다임을 극복하기 위한 첫걸음이 되고자 한다. 그런 문제의식에서 본 저술의 전반적인 서술의 틀과 흐름을 밝히면 <그림 서론-1>과 같다.

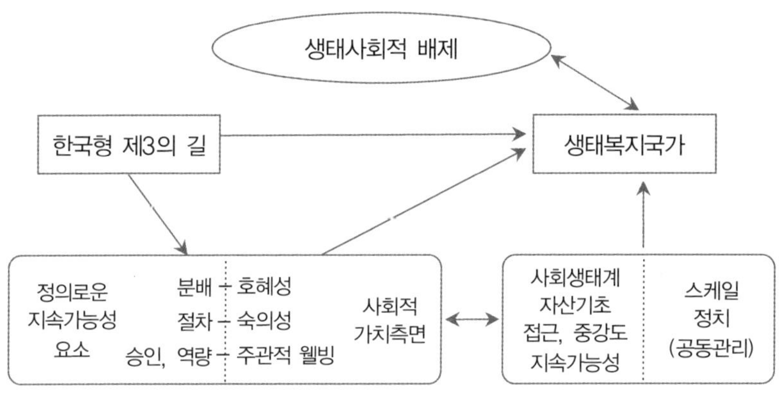

<그림 서론-1> 본 저술의 서술 틀

제1부

'한국형 제3의 길'을 찾아서

제1장

◆

서구에서의 제3의 길의 출현 과정

1. 제3의 길의 전사(前史)

1) 보수주의와 (신)자유주의

(1) 보수주의

주지하다시피 해방 후 한국의 지배 이데올로기는 1998-2007년의 사회적 자유주의 집권기 10년을 제외하고는 줄곧 보수주의에 의해 주도되었다. 노무현 정부 시기인 2004년에 보수집단의 자기반성으로 '신우파'(new right)가 등장한 이래, 2016년의 국정농단 사태로 보수주의의 분열이 발생되기까지 학계에서의 관심은 보수주의 자체보다는 신보수주의에 집중되어 왔다. 신종화(2012: 189)는 국내의 보수주의 연구 경향에 대해 외국의 신보수주의 사상에 대한 소개와 2000년대 들어 새로 대두된 보수 세력에 대한 연구라는 두 가지 흐름이 있다고 파악한다. 그런데 한국 사회의 이념적 기저로서 보수주의의 철학적 기원을 살피는 작업은 서구 제3의 길 출현의 한 단서를 포착함과 동시에, 한국형 제3의 길을 둘러싼 정치 지형에 대한 이해에도 도움이 될 수 있다.

일반적으로 보수주의의 성격은 전통, 권위, 질서의 가치를 존중하고 추상적인 이성, 대중민주주의와 폭력혁명을 반대하는 것으로 규정된다(이완범, 2012: 33). 좀 더 구체적으로 하비(Harvey, 2007: 109)에 따르면, (신)보수주의는 개인주의가 전형적으로 고취시키는 도덕적 관대함에 반대하여 도덕적 목적감과 고양된 질서 가치를 회복하고자 하는 시도이다. 그러므로 보수주의의 핵심은 일관된 도덕적 가치를 둘러싸고 동의를 구축하여 그 권력의 정당성과 더불어 사회적 통제를 추구하는 데 있다고 하겠다. 그리고 보수주의자들은 사용자 측의 이해관계와 밀접하게 관련되어 있기는 하나, 윤리적으로 빈약한 이윤 동기를 불편해하여 자본주의를 안정적으로 만들기 위한 국가의 이용에 찬성한다(Taylor, 2007: 32). 이렇게 볼 때 뒤에서 다룰 사회민주주의가 논의의 출발점을 사회에서 찾는 데 반해 보수주의의 우선적 관심은 경제에서 시작된다고 할 수 있다(<그림 1-1> 참조).

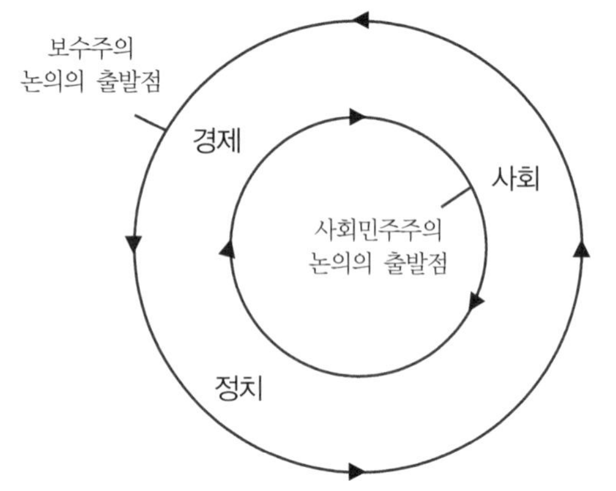

<그림 1-1> 보수주의와 사회민주주의 (출처: Fitzpatrick(2003: 25))

박정희 시대 경제개발계획의 예에서 보듯이 보수주의 경제의 논리는 정부의 적극적 역할을 옹호하며, 미국의 경우에는 경제 안정과 실업 및 인플레이션의 약화를 위해 국가 개입을 찬성한 닉슨 행정부의 사례가 대

표적이다. 민경국(2014: 35-38)에 따르면, 보수주의 국가관은 장기적 경제성장을 위한 산업정책을 장려하며 사적 도덕에 기초한 온정주의를 선호한다. 보수주의자들은 인간이 이기적이고 사악하게 창조되었기 때문에 이기적이고 타락한 사회에 살 수밖에 없다고 본다. 따라서 인간들이 사회에 중요한 공헌을 할 능력이 없을 경우, 사회정의와 평등에 대한 추구는 적절치 않은 것이다. 보수주의는 인간이 완전히 참여할 수 있는 사회에 대한 유토피아적 비전을 선전하기보다, 인간의 한계를 수용하고 스스로 감독되고 훈련될 필요가 있음을 인식하도록 요구하는 경향이 있다(Taylor, 2007: 34).

보수주의는 평등주의적 제도가 정치경제적 침체만 가져오므로, 자연적일뿐더러 사회에 유익한 것은 불평등이라고 파악한다.[1] 사회에 위계가 존재한다는 사실은 인간의 야망을 가속화하여 이들을 더 나은 수준의 성공으로 나가도록 채찍질한다. 그러기에 보수주의는 뒤에서 볼 자유주의보다 더욱더 결과의 평등에 대해 비판적이다. 평등주의는 사람들의 자립의지를 약화시킬 뿐만 아니라 목표 달성을 위해 모든 수단을 사용하도록 조장하는 많은 정부 대책에 의존하여 평등하게 될 권리가 있다고 확신시키려는 자유주의적 속임수에 불과하다는 것이다(Kendall, 1963: 18). 또 보수주의자들은 개인이 각각 다른 능력을 가지고 태어나기 때문에, 문명화된 가치를 개발하기 위해 노력해 온 사람이 사회를 이끌고 봉사할 기회를 가져야 한다고 강변한다.

보수주의는 급여제도를 국가의 핵심 의무라기보다는 일종의 동정 행위

1 해일셤(Hailsham, 1959:112; Taylor, 2007: 38에서 재인용)은 사회의 평등을 강요함으로써 경제적 다양성이 감소되는 경향을 노동당의 사회민주주의 정책과 관련지어 관찰했는데, 부유한 사람들이 자선행위를 통해 복지 제공에 중요한 역할을 하기 때문에 사회의 평등을 강요하고 경제적 다양성을 축소시키려는 시도는 저지되어야 한다고 주장했다.

로 간주하는 경향이 있다. 많은 보수주의자들은 어느 정도의 국가 개입이 고용 수준을 유지하고 실업자에게 일정한 구제를 제공하기 위해 요구된다고 인정한다. 실제로 보수주의 정부는 전통적으로 급여가 제공되어 온 유럽, 그중에서도 독일과 이태리의 급여제도 도입에 기여했다. 보수주의자들에게 급여제도는 계급 간 불평등 수준을 최소화하는 방법이라기보다는 체계를 유지할 필요성에 의해 지지되어 왔다. 이런 이유 때문에 보수주의는 국가가 이용할 수 있는 급여의 양에 엄격한 제한을 두고자 한다 (Taylor, 2007: 42-43).

(2) 고전적 자유주의와 신자유주의

고전적 자유주의는 자유방임을 옹호하면서, 자본주의 체제에서 시장의 활용이야말로 사람들이 원하는 것을 보장하는 가장 좋은 방법이라고 본다. 대표적 학자인 스미스(Smith, 1776: 572)는 사람들이 의도적으로 공공의 이익을 촉진하고 강화하기 위해서라도 자신의 이익을 추구하는 경향이 있다고 믿었다. 18세기의 스미스를 필두로 한 고전파 경제학자들은 개인의 자유와 전체의 조화가 필연적이라는 믿음을 갖고 있었고, 이기심이 생산에 참여하는 근본 동기이며 강제성 없이도 생산과 판매를 위한 자발적 의지가 발동된다고 생각했다. 물론 그는 인간의 이기심이 사회 구성원 간 갈등과 충돌을 야기해 사회를 파탄으로 몰고 갈 수도 있음을 인정했다. 하지만 수요와 공급을 조절하는 '보이지 않는 손'이 이러한 사회적 파탄을 억제하고 오히려 국부의 증진을 가져올 수 있다고 생각했다(이태수, 2014: 24).

더 나아가 스미스(Smith, 1759)는 어떻게 사람들이 감정적 수준에서 서로 반응하며 이것이 어떻게 적당한 사회화에 의해 규율되고 형성되는가, 그리고 어떻게 그것이 건전한 윤리에 기여하는가에 대한 정교한 이론을 발전시켰다. 그의 '도덕감정론'은 이후 신고전파 경제학의 한계혁명으로 등장한 개인주의적 경제인(homo economicus) 개념과는 달리, 감정적 상호작용의 일차적 영역과 공공정책과 정부를 밑받침하는 경제행위라는 이차적 영역을 관계시키고 있다. 스미스 이론에서 사회적 가치의 공적 원천으로 사회질서의 지속을 지탱하는 도덕적, 정치적 관계는 일상적인 감정적 상호작용의 기초 위에 확립되어 있다. 즉 다른 사람과의 동반 및 성공이나 공동의 축하와 노력에 대한 즐거움은 다른 사람의 소비에 대한 선호를 가지거나 그들에게 편익을 부여하는 비용을 기꺼이 부담할 때 설명될 수 있다는 것이다.

이후 고전파 경제학은 '보이지 않는 손'의 조화를 세계 경제라는 교환의 장으로 확대 적용한 리카도(Ricardo)의 '비교우위설'로 발전되었다.[2] 이 관점에 뿌리를 두고 19세기 후반의 '한계주의 혁명' 이후 신고전파 경제학으로 계승된 고전적 자유주의는 프랑스에서 자유무역 지지집단의 중상주의에 맞서기 위한 논리로 등장했다. 18세기 중반 초기의 자유주의는 국가로부터 교역의 자유를 획득하는 것을 목표로 했으나, 19세기 초 구빈법 비판에 즈음하여 고전적 자유주의는 사회복지에 반대하는 자본의 대변자 역할을 자임하게 된다. 자유방임 국가를 표방한 고전적 자유주의의 주된 관심은 정부 개입 없이 빈민을 적자생존이라는 자연법칙에 내맡김으로써, 풍부한 노동력을 획득하는 데 놓여 있었다고 볼 수 있다(이용범, 2010: 398-399).

물론 모든 고전적 자유주의자가 빈민이 보호 없는 상태로 완전히 내버려지는 것을 바라지는 않았다. 그들 중 일부는 개인들 스스로가 자신을

---

2 홍기빈(2015: 561)에 의하면, 스미스, 리카도 등의 노동가치론에 입각한 고전파 경제학은 생산과정에서 노동자 외에 지주나 자본가가 치르는 노동의 희생을 계산할 수 없었기 때문에, 생산과정에서의 비용을 노동이라는 단위로 파악하는 데 한계에 봉착하게 된다.

책임지는 것이 중요하다고 강조하면서도, 대규모 빈곤이란 어느 정도의 정부 개입이 필요한 사회문제라고 인식했다. 실제로 영국의 자유주의 정부는 전후 복지국가의 이론적 토대를 제공함과 더불어 급여제도를 창안하는 데 매우 중요한 역할을 수행했다(Taylor, 2007: 21). 그중에서 눈에 띄는 것은 1906-14년의 자유당 정부인데, 이때 연금, 아동노동 및 최저임금법 등 주요 개혁이 포함된 일련의 복지 입법들이 통과되었다. 그러나 당시 과거의 노동 거부 전력자, 10년간 교도소 수감 경험자, 구빈법 규정 아래 투표권 거부자 등에게는 수급 자격이 주어지지 않았다. 또한 예비연금수혜자를 대상으로 한 품성검사는 연금이 국민의 보편적 권리라는 관점을 약화시키기도 했다.

미국의 경우 고전적 자유주의에 입각한 1935년 루스벨트의 사회보장법은 급여를 최초로 도입함으로써 이전의 자선적 구제를 대체했다. 이때 주 정부들에게 실업보험이 도입되도록 권장되었으나, 모든 빈곤의 극복을 목표로 하지는 않고 비자발적 실업문제를 중점적으로 다루도록 한 것이었다. 1935년의 사회보장법은 실업보험에 기여하지 않은 성인 대신에 아동을 구제하기 위해 피부양 아동보조 프로그램을 창설했다. 이 제도는 열심히 일한 사람에게 보상하고 게으른 사람은 저지하고자 의도한 뉴딜 정책과 비슷한 문제의식을 갖는다. 자유주의는 복지국가나 급여제도가 자본주의의 약점을 드러내는 것처럼 접근하는 경향이 있다. 자유주의자들은 자본주의가 효율적으로 작동하는 데 급여제도 외에도 공공이나 민간에서 고려할 수 있는 다른 대안이 많이 있다고 생각한다.

한편 사회정책에서 제1의 길로 대표되는 사회민주주의가 출현한 이후 이에 맞서는 제2의 길은 고전적 자유주의를 승계한 신자유주의의 경향으로 규정될 수 있다. 신자유주의는 정부에 대한 불신과 시장에 대한 신뢰에 기반을 두고, 시장 자유화의 대상을 실물뿐만 아니라 금융부문으로까지 대폭 확대하는 특징을 지니고 있다. 이와 함께 '감세를 통해 일할 유인을 증가시키면 경제활동이 활성화되어 하위 소득층도 혜택을 볼 것'이라는 공급중시 경제학의 입장을 견지한다(임원혁, 2009: 31-32). 또 보크만(Bockman, 2015: 25)에 의하면, 신자유주의는 경쟁적 시장, 더 작고 권위주의적인 국가, 경영진과 주주들이 통제하는 위계적 기업, 자본주의라는 네 개의 지표를 모두 지지하는 특징이 있다.

신자유주의는 앞서 본 대로 가치의 기본 단위를 노동시간에서 개인의 주관적 효용으로 바꾸어 놓은 신고전파 경제학에 이론적 뿌리를 둔다. 1870년대 멩거(Menger), 왈라스(Walras) 등의 '한계혁명'은 주관적 효용의 극대화라는 원칙이 개인 행위를 어떻게 도출하는가, 그리고 이것의 총합으로서 전체적 가격구조가 어떻게 만들어져 종국적으로 일반 균형을 달성시키는가를 수학 논리로 구성해 냈다(홍기빈, 2015: 562). 특히 왈라스는 일반균형이라는 개념을 통해 개별 상품의 시장이 전체 시장권을 형성할 때 개별 시장은 상호 연관관계에 놓이게 됨으로써 모든 재화의 가격이 동시에 결정되면서 균형이 확립된다고 보았다.[3] 그리고 클라크는 임금, 이윤 등의 생산요소에 대한 대가로 주어지는 분배 몫이 그 생산요소의 마지막 1단위가 발생시키는 생산물의 증대량으로 결정된다는 '한계생산력설'을 주장했다(이태수, 2014: 32-34).

다른 한편으로 신자유주의의 맹아는 1920년, 30년대 사회적 위기에 대한 국가 개입의 강화를 경계하고 반내하는 자유주의 성향 지식인의 공포에서 찾아진다. 특히 하이에크(Hayek)는 국가의 개입 대신에 경쟁적 시장경제의 원리를 회복하고, 국가의 강제로부터 개인의 존엄 및 자유를 보

3 스미스와 한계효용학파의 보이지 않는 손에 의한 시장의 자기조정능력 개념은 오스트리아 학파의 후계자인 하이에크에 영향을 미쳤다. 그는 시장이 자생적 질서라는 점을 설파하기 위해 사회질서가 계획에 의해 만들어질 수 없으며 상황에 따라 조정되는 '분산적 질서'임을 강조했다. 이용범(2010: 66-67) 참조.

호하는 정치·경제 체제의 복원을 기획한 대표적인 학자이다. 또 1970년대 중반에는 위기에 봉착한 케인즈주의의 정책 헤게모니를 대체하기 위해 개인의 자유 실현, 시장에 대한 국가의 규제 해소, 노동과 경영의 새로운 규율 부과, 재정지출 축소, 공공부문의 민영화 등을 주장하는 프리드먼(Friedman), 스티글러(Stigler), 베커(Becker) 등의 시카고학파 경제학이 대두되었다. 이들 신자유주의자는 자연적 질서인 시장, 시장에서 자유로운 개인의 합리적 선택이 효율적 경제성장을 낳는다는 신념을 공유했다. 신자유주의적 사회정책의 핵심은 시장의 자기조정이라 할 수 있는데, 시장이 제약 없이 작동된다면 시장균형에 의해 욕구를 최적 상태로 충족시키고 생활 자원을 효율적으로 사용할 수 있게 하며 일하고자 하는 사람에게 일자리가 제공될 것으로 보았기 때문이다(오세근, 2014: 215-218).

그러면 사회민주주의에 대한 검토로 넘어가기 전에, 보수주의와 신자유주의를 아우르는 신고전파 경제학의 이론적 문제점을 지적해 보기로 하겠다. 이는 본 저술에서의 생태복지국가의 개념 구성을 위해서도 반드시 비판적으로 수행되어야 할 과제이기도 하다. 첫째, 신고전파 경제학은 개인의 경제적 효용 계산으로 환원할 수 없는 종류의 경제적 계산에 대해 완전히 무력하다는 결함을 갖고 있다. 즉 개개인에게 높은 주관적 효용을 가져다준다고 해서 사회적 차원에서도 높은 가치를 부여할 수 있는 것은 아니며, 그 반대도 마찬가지라는 것이다. 더욱이 환경문제 등과 같이 개개인으로서는 비용을 부담하려 들지 않고 회피하고 전가하는 것이 가능하지만 사회 전체로 보면 반드시 발생할 수밖에 없는 비용이 있는데, 이러한 사회적 비용에 대해서도 근본적인 해결책을 제시하지 못하고 있다(홍기빈, 2015: 569-571).

둘째, 권력의 문제가 완전히 이론에서 배제되어 있다는 점인데, 1990년대 이후 자본주의는 신고전파 경제학의 가정과는 달리 자본과 시장의 명령에 따른 위계적 상명하복체제로 변모해 왔다. 홍기빈(2015: 574)은 이와 같은 정치와 경제의 부당한 이분법을 넘어서서 사람과 자연이 물질적으로나 정신적으로나 풍요와 안녕을 보장받을 수 있는 민주적이고 효율적인 질서의 수립이 어떻게 가능한가, 그리고 그것을 가로막는 현실의 권력관계는 어떠한가를 분석하는 정치경제학의 수립이 당면한 과제라고 제시하고 있다.

2) 사회민주주의

서구의 자본주의화와 함께 처음으로 촉발된 산업혁명은 공리주의 철학을 바탕으로 자기조정적 시장에 대한 믿음을 추구하는 자유주의 고전경제학과 생산력 발전에 따른 프롤레타리아 혁명의 필연성을 강조하는 맑스주의 경제학의 대립을 가져왔다. 홍기빈(2011: 28-34)에 의하면, 바쿠닌(Bakunin)의 초기 아나키즘과 라살레(Lassalle)의 국가사회주의 사이[4]에서 등장한 맑스주의는 맑스 사후인 1891년에도 독일 사회민주주의 운동의 이념과 실천 강령으로 자리잡게 된다. 그러나 서구에서 생산력 발전에 조응한 프롤레타리아 혁명이 역사적 실패로 귀결되면서, '제1의 길'로 이름 붙여질 사회민주주의가 모습을 갖추기 시작했다. 이후 '제1의 길'은

4 바쿠닌의 초기 아나키즘은 도시 노동자 외에 농민, 도시빈민 등 모든 피억압 인민을 혁명의 주체로 파악했다. 또 혁명의 성공 이후에는 자율적이고 인간적인 사회질서가 생겨 어떤 국가도 필요하지 않게 된다고 이해함으로써, 정당 형태의 혁명운동과 과학적 이론의 지도 둘 다를 거부했다. 즉 혁명가의 역할은 피억압 인민들이 스스로 자각하여 행동 주체가 되는 것에 대한 지원에 그쳐야 한다는 것이다. 이에 비해 라살레는 1863년 맑스, 엥겔스에 앞서 전독일 노동자 연합을 조직했는데, 반동적 부르조아지에 맞서 노동계급이 사회주의를 쟁취하기 위해서는 강력한 국가의 힘을 활용해야 함을 강조했다. 그가 국가에 요구한 선결 조건은 노동자에 대한 보편적 선거권의 부여와 아울러, 자유방임주의 및 야경국가의 포기와 노동자 보호의 적극적 정책이었다. 라살레에 의하면, 이들 조건만 수용된다면 현존 국가와의 타협은 필수불가결한 것이었다. 홍기빈(2011: 28-31) 참조.

맑스주의의 수정으로서의 사회민주주의 노선으로, '제2의 길'은 신자유주의 정치세력에 의한 시장의 수요공급을 조절하는 '보이지 않는 손'에 대한 확신으로 이해되기 시작했다.

독일 사회민주당의 경우, 1차 세계대전이 끝난 후 카우츠키(Kautsky)의 정통주의와 베른슈타인(Bernstein)의 수정주의가 봉합된 채 제도 정치 내에서 의회 진출을 통해 사회주의의 목표를 달성한다는 합의를 이루게 되었다. 그 후 독일을 비롯한 스웨덴, 오스트리아 등에서 사회민주당은 국정을 책임지는 지도적 정당이 되었고, 사회주의나 노동계급과 관련 없는 모든 문제들에 대해서도 정책 대안을 제시하지 않을 수 없었다(홍기빈, 2011: 55). 19세기말 자본주의에 반대하는 노동계급운동을 지칭했던 사회민주주의는 1950년대 이후 사적 소유가 지배하는 경제 안에서의 활동을 목표로 하는 온건 중도좌파로 이해되기 시작했다.

1959년 독일 사회민주당이 "가능한 한 많은 시장을, 필요한 한 많은 국가를"이라는 슬로건을 채택한 이래, 사회민주주의는 시간이 흐를수록 순수 시장과 국가 소유 경제 사이의 넓은 타협을 가리키는 정책적 접근법으로 수용되어 왔다(Crouch, 2012: 22-23). 이 입장은 맑스주의와 달리, 혁명에 의한 혼란보다는 점진적 변동을 선호하며 자본주의 국가가 자본가계급의 독점 이익에 반해 공동선에 봉사할 수 있다고 믿는다. 예컨대 초기 사회민주주의자인 웹(Webb)은 1889년에 "우리 모두는 수행해야 할 사회적 기능이 있으며 개인은 사회의 선에 무지하거나 무관심하게 행동하는 것보다 이에 기여하도록 발전되어야 한다"고 지적하기도 했다(Taylor, 2007: 52).

종종 사회적 자유주의로 취급되기도 하는 베버리지의 복지제도 원리는 사회민주주의에 기초한 복지국가의 기틀을 닦았다(Beveridge, 1942). 베버리지의 목표 중 하나는 실업자, 병자, 노인들을 원조하는 급여제도를 확립하는 것이었다. 그것은 사람들이 복지에 의존하도록 만드는 것이 아니라 모든 노동자들이 함께 건설하고 유지할 수 있는 사회적 안전망을 제공하는 것이었다. 따라서 급여제도는 완전고용의 조건하에 운영될 수 있도록, 노동을 선택하지 않은 사람에게 장기적 휴식처로 이용될 수 없도록 설계되었다. 그러나 이런 제안은 가족이 동거하는 가운데 대부분의 남성은 노동을 하는 데 반해 대부분의 여성은 전업주부로 가정에 머무르며, 대부분의 사람이 은퇴 연령 이후 오래 생존하지 않아 단기간에만 연금을 받을 것이라는 가정 아래 수립된 것이었다.

어쨌든 선거를 통한 사회주의의 실현이라는 사회민주주의의 목표는 노동계급이 사적 소유를 용인하는 대신, 투표권 행사를 통해 스스로의 이익을 국가 영역 내에서 신장시킬 수 있다는 믿음에 근거한 것이었다. 그런데 제2의 길이 시장의 자기조정 능력을 확신하는 (신)자유주의 신고전파 경제학에 의지하고 있다면, 제1의 길은 케인즈주의적(Keynesian) 수요 관리와 밀접한 연관이 있다. 케인즈는 신고전파 경제학의 수요공급의 균형 원리가 현실 세계에서는 제대로 작동되지 않는다고 보는데, 그 이유는 구매의사 외에 구매능력까지 고려한 유효수요를 간과했기 때문이다(이태수, 2014: 40-41). 그는 정부의 거시적 개입을 장려하여 불황기에는 경제를 자극하며 인플레이션 시기에는 부채를 상환하면서 총수요를 줄일 것을 권고한다. 서구에서 이와 같은 케인즈주의 거시경제 정책의 실현은 제2차 세계대전 기간 중 엄청나게 증가한 군사 지출에 의해 가능해졌으며, 전후에도 새롭게 성장하는 복지국가 지출이 이를 대신하게 되었다(Crouch, 2011: 27-28).

케인즈주의 복지국가는 다음의 네 가지 차원으로 통합되어 있다(Fitzpatrick, 2003: 84). 첫째, 경제의 수요 측면 관리를 통해 완전고용의 조건을 보장한다. 둘째, 경제정책 및 사회정책은 시민권에 밀접히 고착되어 있다. 셋째, 지방적, 지역적, 국제적 국가를 민족적인 경제적, 사회적 우선순위에 종속시킨다. 넷째, 혼합경제가 국가제도에 의해 형성되고 지도되는 한 그것은 국가주의적 특징을 지닌다. 즉 케인즈주의는 위기에 대한 전면적 국가 개입으로 무엇보다 자본의 일방적인 축적행위에 대한 규제, 화폐 및 재정정책의 양 측면에서 경기를 부양하는 거시경제정책, 타협적인 노동복지 정책 등으로 구성된다고 볼 수 있다(오세근, 2014: 216). 이러한 케인즈주의의 등장은 서구에서 사회보장제도와 누진세제 등을 통한 소득재분배가 노동계급은 물론 경제 전반의 선순환에 도움이 된다는 정책 노선을 확산시키는 계기가 되었다.

크라우치(Crouch, 2012: 24-27)에 의하면, 사회민주주의는 인간이 야기하는 대규모 충격을 피하는 방식으로 효율성을 극대화하는 경제를 만드는 한편, 시장만으로는 달성하기 힘든 사회적 목표를 추구하고 시장의 진행과정에서 야기되는 불평등을 제한하기 위해 정부권력을 시장과 결합시키는 모든 전략을 의미한다. 사회민주주의의 특징은 종종 서로 배치되는 긴장관계로 상정되는 효율성 증대와 불평등 감소라는 두 개의 목표를 상호의존적으로 파악한다는 데에 있다. 또한 제2차 세계대전 이후 사회민주주의가 제1의 길로 부상하게 된 배경에는 임금 상승에 따라 대량생산 상품에 대한 대량소비가 증대한다는 포드주의적 선순환의 현실이 자리잡고 있었다.

나아가 김재훈(2013: 44)에 의하면, 복지국가는 사회정의와 경제적 효율을 동시에 달성하기 위해 사회 각 계급이 의식적으로 노력하여 성립된 이후 사회 각 집단의 역학구조에 따라 세계적 환경변화를 극복해 왔다. 복지국가는 원론적으로 모든 국민에게 최소한의 소득, 영양, 보건, 주택, 교육 등을 정치적 권리로 인정하고 최저 수준의 삶을 보장하도록 정부 책임을 제도화한 국가로 정의된다. 그런 의미에서 한국에서 복지국가는 2000년의 기초생활보장제도로 걸음마를 뗀 수준에 불과하며, 그렇기 때문에 블레어적 의미에서의 제1의 길은 한국에서 부재했다고 평가할 수 있다.

그런데 사회민주주의는 스스로의 진전을 통해 결국 사회주의의 길로 수렴될 수 있다고 가정하는 단선적 근대화 모형을 추구했다는 데 주목할 필요가 있다(정경배·최일섭, 2003: 25-26). 즉 복지제도가 점진적으로 확장되고 경제적 발전과 병행하여 사회적 권리를 더욱 충실하게 보장함으로써 시민권이 높아져 민주적 사회주의가 실현되리라고 기대했다는 것이다. 그 때문에 사회민주주의가 서구에서나마 지배 이데올로기가 될 수 있었던 것은 냉전 시대의 자본주의와 사회주의 경제체제의 양극적 대립에 따른 체제 보완의 결과로 해석될 수 있다.

어쨌든 맑스주의 자체도 노동가치론에 입각한 생산력주의로 치달았지만, 사회민주주의의 단선적 근대화 모형 역시 자연의 이용을 전제로 복지재정을 뒷받침하는 경제성장에 의해서만 실행가능하다는 점에서 생태적 지속불가능성의 위험 부담을 안는 것이었다. 이 지점에서 한국형 제3의 길과 생태복지국가의 지향은 지속가능성의 관점에서 사회민주주의의 지양을 추구하는데, 여기서의 어려움은 아직까지 서구 사회민주주의적 의미에서의 복지국가가 형성되지 않은 한국 특성에 근거할 때, 생태와 복지를 어느 수준에서 조정하면서 달성할 것인가에 있다. 즉 저성장, 탈성장의 조건 아래 복지 확대와 일자리 창출을 결합할 수 있는 생태사회적 경제 활동의 내용과 범위가 확정되어야 하는 과제를 안고 있다고 하겠다.

2. 서구적 제3의 길과 '지구적 제3의 길'

1) 서구에서의 '제3의 길'의 등장

1990년대에 배태된 서구의 '제3의 길' 담론은 흔히 '사회민주주의의 신자유주의에 대한 투항'을 포장하는 수사적 외피라는 비판의 대상이 되어 왔다. 김수행 외(2003: 98-99)는 영국은 물론 독일, 프랑스에서의 중도좌파 제3의 길 권력의 등장이 다음의 세 가지 측면에서 보수정당의 신자유주의를 그대로 계승하는 것이라고 해석한다. 첫째, 제3의 길은 신자유주의와 마찬가지로 자본의 세계화 현상을 추수하여 세계화에 따른 빈부격차, 금융 불안, 환경문제 등에 대해 비가역적이고 불가피한 경향으로 받아들인다. 둘째, 제3의 길을 표방하는 유럽의 좌파 정부들은 자본의 수익성 보장에 치중하고 노동의 유연화를 계속 추구함으로써 노동조합이나 노동자 권리에는 관심이 없다. 셋째, 개인의 권리와 의무를 동시에 강조하면서 공동체 구성원 사이의 협력을 권고하여 계급 이익을 대변하는 조합주의적 정치를 외면하고 있다.

필자의 소견으로, 지구적으로 확산되는 신자유주의의 힘에 대항하려면 모든 것을 신자유주의의 탓으로 돌리기보다 팍팍한 현실 속에서 미약하더라도 제3의 대안을 찾으려는 시도 자체는 소중한 것이다. 다른 한편으로 제3의 길 노선이 성립되려면, 제1의 길로서의 사회민주주의, 제2의 길로서의 신자유주의가 전제되어야 한다고 주장될 수도 있다. 이렇게 보면 한국의 경우 복지국가의 경험이 없고 사회민주주의 정치세력화가 미약하기 때문에, 원천적으로 '제3의 길' 개념을 적용할 수 없다고 규정하게 된다. 그러나 본 저술은 앞선 '신자유주의 귀착론'에도 부정적이지만, 서구적 잣대에 의해서만 지구적 제3의 길에 접근할 수 있다는 일면적 시각에도 반대한다. 즉 시공간 특성에 따라 각 지역과 나라에 적합한 'OO형 제3의 길'의 유형화가 충분히 가능하며, 사회민주주의와 신자유주의의 도식적 관계 속에 설정되는 중도 노선에 얽매이지 않는 다양한 상상력을 배태한 제3의 길의 재개념화가 요구된다고 하겠다.

따라서 제3의 길은 1990년대 중반 서구에서 신자유주의 강화에 적응하기 위한 차원으로 대두된 사회민주주의의 혁신 전략으로 통용되지만, 시대와 나라마다 주류와 비주류를 지양, 극복하려는 '대안적' 노선 일반을 폭넓게 가리키는 용어로 이해되어야 한다. 통상적으로도 자본주의와 공산주의 둘 다를 뛰어넘는 체제를 제3의 길로 명명하는 용법 또한 자주 발견되며, 20세기 초반 등장한 사회민주주의 역시 자유주의와 맑스주의 간 타협으로서의 제3의 대안이었다고 해석될 수도 있다. 실제로 1980년대 말 소련 붕괴 전 동서냉전체제에서는 '제3의 길'이라는 용어가 자본주의와 국가사회주의가 아닌 제3의 대안을 가리키는 것으로 흔히 쓰이곤 했다.

1970년대 이후 진행된 신자유주의화에 따라 과거 복지국가를 주도해 온 유럽 사회민주주의 정당은 변화된 상황에 적응시킨 '복지에서 노동으로'라는 스스로의 노동연계복지 지향을 제3의 길로 지칭했다. 유럽적 특수성을 내포한 이 개념은 기든스(Giddens, 2001)에 의해 비서구사회에까지 확장시키려는 취지에서 '지구적 제3의 길'이라는 더 폭넓은 외연으로 각색되어 왔다. 블레어(Blair, 1998)는 제3의 길이 신자유주의의 재판이라는 비판을 의식한 듯, 그것의 목표를 "정부는 통제하지 않고 가능케 하는 역할을 수행하며 시장권력은 공적 이익을 위해 봉사하는 개인의 역량강화(empowerment)와 기회에 기초한 역동적 지식기반 경제"라고 다소 포괄적으로 언급하고 있다. 즉 그에게 제3의 길 전략의 핵심은 시민사회의 재활성화, 상이한 이해관계 담지자와 정부의 파트너십 작동, 국제협력을 의미한다(한상진, 2005: 17).

주지하듯이 블레어의 제3의 길 노선은 클린턴 미국 민주당 '제3의 길'[5]에 영향을 받은 노동연계복지와 공동체 활성화의 집권 전략으로 등장했

5 미국의 신민주당은 제3의 길을 '새로운 진보주의'라고 묘사해 왔다. 그 핵심가치로는 평등한 기회, 개인 책임, 시민과 지역사회의 동원 등이 거론된다. 즉 좌파의 전통이 영국보다 약한 미국에서 제3의 길은 기든스의 정의에서 언급되는 사회민주주의의 혁신보다는, 정부정책 관점에서의 자유주의와 보수주의의 조화로 간주되는 경향이 있는 것이다.

다. 사회민주주의 노선을 따라왔던 블레어가 클린턴으로부터 제3의 길 정책 프로그램의 요소들을 '빌려왔다'는 점은 매우 역설적이다. 어쨌든 미국의 신 민주당과 영국의 신노동당 둘 다에 의해 발전된 제3의 길의 공통된 요소는 '복지에서 노동으로'라는 신자유주의적 절충의 관점에서 국가의 복지 개입보다는 가족생활, 범죄, 지역사회 쇠퇴 등에 대한 특별한 관심이었다. 블레어는 신노동당 정부가 실업, 열악한 주거, 취약한 건강 등과 같은 사회적 배제의 다양한 측면에 포괄적으로 대응하기 위해 '일을 통한 복지'라는 사회적 프로그램을 마련했다고 주장한다(Taylor, 2007: 88-90).

또한 기든스(Giddens, 1998)에 의하면, 복지체계는 가능한 한 많은 인구에게 유리한 방향으로 재구조화될 필요가 있으며 이는 시민권의 공동의 도덕성을 창출하는 데 도움이 되는 것이라고 한다. 그는 노동연계복지를 향해 재구성된 복지체계는 사회정의에 대한 가치를 담지하는 가운데 사람에 대한 투자와 위험 감수를 자극해야 한다고 보고 있다. 그럼에도 제3의 길은 사회정의의 증진이 결과의 평등 추구와 동일시되어서는 안 되며, 유권자에 대한 중과세 부과를 통한 광대한 공공지출과도 관계가 없다는 점을 명확히 한다. 더 나아가 블레어는 사적 부문인 제2섹터와 대적하여 기업의 역할을 축소하거나 제거하는 것은 소용없다고 주장한다. 오히려 기업과의 파트너십을 통해 정부는 신중한 경제 관리에 의거하는 지속가능한 장기적 성장과 시민에 대한 적절한 기능의 교육을 도모해야 한다는 것이다(Taylor, 2007: 88).

김윤태(2012: 128-130)는 제3의 길 정치를 궁극적으로 평등과 사회정의에 관한 사회민주주의의 가치와 이념에 대한 재구성 시도였다고 긍정적으로 파악하고 있다. 그는 기든스의 '새로운 평등주의'가 빈곤층에게 현금을 지원하는 대신 빈곤을 예방하는 복지를 강조하며 가난한 사람들이 교육을 통해 스스로 역량을 강화하도록 도와야 한다는 논지를 핵심으로 한다고 이해한다. 따라서 김윤태(2012)에 의하면, 서구에서의 제3의 길은 본 저술에서 '정의로운 중강도 지속가능성'의 요소로 설정하는 '역량'에 대한 접근과 유사하다고 해석되고 있다. 그는 블레어(Blair, 1990) 본인도 이러한 기치가 전통적 사회주의의 가치가 아니라 사회적 자유주의의 가치에 더욱 긴밀하게 연결되어 있음을 인식하고 있다고 주장한다.

한편 정경배·최일섭(2003: 32)은 서구에서의 제3의 길에 대해 민주적 사회주의와 자유주의의 결합이면서도 실제로는 자유주의의 비중이 무겁다고 평가한다. 그들은 예컨대 시장중심적인 근로복지(workfare) 개념도 스웨덴 모델보다는 영국의 자유주의 모델에서 비롯된 것이라 보며, 영국의 특성인 높은 비경제활동인구 비율, 고용증대에 따른 인플레이션, 낮은 수준의 임금문제 등에 대처하는 과정에서 도출되었다고 진단하고 있다. 또한 제3의 길의 목표는 세계화, 개인주의, 좌파와 우파의 갈등, 정치적 행위체(agency), 생태문제 등에 대해 검토하여 시대 변화 속에서 시민 스스로가 올바른 길을 개척하도록 돕는 것이라 한다.

특히 본 저술의 핵심어 가운데 하나인 생태복지와 관련해서는 그 노선의 특성으로 생태근대화를 강조하는데, 이는 근대화 과정에서의 문제점과 한계를 인식하는 것이라고 한다. 다시 말해 그들은 예측할 수 없는 과학기술 혁신의 에너지가 중요한 역할을 수행하는 전환의 세계에서 연속성과 사회적 응집력을 재확립하는 생태적으로 민감한 근대화가 요구된다고 한다. 하지만 필자는 이러한 생태근대화가 약한 지속가능성의 입장이기 때문에, 강한 지속가능성의 관점과 함께 종합되지 않고는 생태복지국가의 유일한 특성으로 간주되어서는 안 된다고 판단한다.

2) '지구적 제3의 길'에 대한 재정의[6]

영국 사회정책의 맥락에서 '제3의 길'은 복지 서비스의 공급을 국가로부터 자원부문으로 이전시켜 보호의 혼합경제(mixed economy of care)를 확립하려는 신노동당의 시도와 결합되어 있다(한상진, 2005). 하지만 좀 더 폭넓은 맥락에서 그것은 복지국가의 변화를 검토하고 그러한 변화가 '구좌파'의 연속인지, '신우파'와의 수렴인지, 아니면 독특한 '제3의 길'인지를 탐색하는 틀로 인식될 수 있다(Powell, 1999). 또 보놀리와 파월(Bonoli & Powell, 2002)은 서로 다른 사회경제 구조, 정치 제도와 전통 탓에, 이들 앵글로색슨 국가의 제3의 길 정책을 다른 지역에 수출하는 데에는 제약이 따른다고 주장한다. 하지만 '제3의 길'이 국가적 맥락에 의해 매개된다는 점을 올바르게 지적하고 있음에도 불구하고, 그들 스스로가 유럽의 정책 경험만 다루는 한계를 보인다고 비판될 수 있다.

기든스(Giddens, 1998)에 의하면, 제3의 길은 "지난 20-30년 동안 근본적으로 변화되어 온 세계에 사회민주주의를 적응시키기 위한 정책 결정 및 사고의 틀"로 좀 더 포괄적으로 정의된다. 그에 따르면, 제3의 길은 전통적인 좌파 노선을 재구조화하려는 유럽 및 기타 지역의 대다수 중도좌파 정당과 사상가에게 공통된 일련의 노력들을 가리킨다. 따라서 그것은 단순히 미국 신 민주당이나 영국 신노동당의 정책 외관으로 인식되어서는 안 되며, 몇 가지 지류를 포함하는 폭넓은 이데올로기적 흐름으로 파악되어야 한다는 것이다(Giddens, 2001).

이러한 입장은 노동연계복지를 향한 복지개혁이라는 의미보다 좀 더 포괄적인 제3섹터 중심의 '제3의 길'로의 개념화와 관련하여, 두 가지 중요한 문제를 제기한다. 첫째, 유럽의 제3의 길 모델을 다른 대륙, 특히 한국처럼 사회민주주의의 경험이 거의 없는 동아시아 국가들에 적용하는 것

6 이 절은 Hahn and McCabe(2006: 314-320)을 재구성한 것이다.

이 가능한가? 둘째, 이 개념을 영국 블레어 행정부의 중도좌파 정책 틀을 뛰어넘어 어떻게 확장할 수 있을 것인가? 예컨대 기든스(Giddens, 2001)는 '제3의 길' 구조개혁에 대해 정부개혁, 근대화에 대한 우선순위, 시장과 시민사회 둘 다를 규제하고 그것에 개입하는 국가의 역할, 권리와 책임을 연결시키는 새로운 사회협약, 평등한 사회 창조의 목표, 역동적인 완전고용 경제의 창조, 사회정책과 경제정책의 연계, 복지국가의 개혁, 범죄와의 전쟁을 위한 적극적 정책, 환경위기에 대응하는 정책, 그리고 책임 있는 자본주의의 효과적 틀 확립이라는 11개의 핵심 영역들을 식별한다.

그러나 실제의 세계에서 이 모든 11개 논점을 충분히 포괄하는 제3의 길을 발견하기란 거의 불가능하다. 그것은 너무 광범위한 개념이어서 현대사회(기든스의 용어로는 성찰적 근대화 사회)와 동의어로 간주될 수 있다. 더 나아가 그는 모든 세계의 정당이나 정부가 다른 두 개의 길이 더 이상 적용가능하지 않다는 사실을 인식해야 한다고 주장한다. 이러한 주장을 뒷받침하기 위해 기든스는 앞서 나열한 11개 논점 각각이 선진국뿐만 아니라 발전도상국에도 해당된다는 실증적 근거를 찾으려 시도하고 있다.

제3의 길은 한국과 같은 발전도상국, 신흥공업국에게도 진정으로 적합한 것인가? 이 질문에 대한 응답은 긍정적일 수 있지만, 그 함의는 기든스가 이야기한 것과는 판이한 것이다. 그의 작업은 서구의 이론적 관점에서 사회경제적 조건이 매우 다른 발전도상국에게 제3의 길 개념을 일반화하려 하는 서구중심주의의 시도로 비판되어야 한다. 따라서 지구적 수준에서의 제3의 길 논쟁은 지나치게 협소한 신노동당의 정책 관점도, 지나치게 광범위하게 추상화된 기든스의 이론적 관점도 뛰어넘는 재개념화가 필요한 것이다.

한상진과 맥코브(Hahn & McCabe, 2006)는 중범위적 대안으로 제3의 길이 사회민주주의, 국가사회주의, 구식 미국 민주당 모두를 아우르는 국가 주도 제1의 길과, 신자유주의와 보수주의의 시장 주도 제2의 길 둘 다와 차별화되는 시민사회가 주도하는 제3섹터의 관점에서 재정의되어야 함을 제안한다. 이 같은 관점에서 볼 때, 전 세계를 가로지르는 공통된 의미를 지닌 제3의 길을 확립하려면 서구적 관점에서의 사회민주주의와 신자유주의의 종합보다는 지구적 차원에서 국가와 시장을 뛰어넘는 제3섹터 역할을 중심으로 개념화하는 것이 필요하다고 하겠다. 달리 말해 지구화 시대의 제3의 길은 서유럽에서의 구식 사회민주주의의 혁신에 의해서 뿐만 아니라, 비서구적 맥락에서 내부적으로 중앙집권주의를 탈피하고 외부적으로는 신자유주의적 시장의 힘에 맞서는 것을 가능케 하는 시민사회의 권한강화에 의해서도 찾아질 수 있다는 것이다.

본 저술은 노동연계복지 및 이를 위한 시장과 공동체의 역할 강화라는 애초의 제3의 길 정의가 유럽 지평에서의 복지국가 경험을 전제로 하는 특수한 용법이라고 파악한다. 즉 지구적 제3의 길은 한상진과 맥코브가 정의한 국가 주도의 제1의 길, 시장 주도의 제2의 길과 구별되는 제3섹터 주도의 노선으로서, 복지개혁이라는 좁은 차원의 범주화를 넘어서는 것이다. 이러한 제3섹터 중심의 '지구적 제3의 길' 규정은 유럽 사회민주주의뿐만 아닌 국가사회주의 등의 다양한 제1의 길과 신자유주의나 시장만능주의와 같은 제2의 길 둘 다와 차별화되는 좌우를 넘어선 시민사회 주도의 발전 지향이라고 할 수 있다.

이러한 '지구적 제3의 길'에 대한 재정의가 본 저술에서의 한국형 제3의 길에 대한 논구와 관련해 갖는 함의는 다음과 같다. 우선 '복지에서 노동으로'를 추구하는 서구적 제3의 길에 바탕을 두고 그 외연을 세계적으로 확장하려는 기든스 등의 문제의식과 달리, 복지국가의 경험 여부에 상관없이 후진국이라 하더라도 제3섹터의 주도성이 명확할 경우 적용가능하다는 데 주목할 필요가 있다. 이에 따라 복지국가의 부재 탓에 노동으로 전환시킬 복지가 결여되어 있는 한국에서는 보편적 복지 확대라는 재분배 기능의 확장과 일자리 창출의 연계가 개념적으로 가능해진다. 다음으로 제3섹터 시민사회 역량과 권한강화를 강조함으로써, '지구적 제3의 길' 개념에 정치적 의사결정 과정에서의 주민참여나 숙의적 토론의 측면을 부각하는 의의가 있다. 마지막으로는 복지의 경제적 축소나 국가의 역할 변화 등에 대한 초점을 전체 사회적 차원으로 옮김으로써 사회적 가치에 근거한 웰빙 접근을 좀 더 용이하게 할 수 있다.

이처럼 넓은 의미의 '지구적 제3의 길' 프리즘에 의거해 본 저술의 관심대상인 생태복지국가 모델을 비추어 본다면, 더 이상의 성장이 불가능한 조건에서의 사회민주주의와 생태주의 간 화해와 공존의 논리로 설정할 수 있을 것이다. 즉 필자의 관점에서 제3의 길 담론은 서구적 맥락의 복지국가 개혁의 차원에서 협애하게 이해되기보다는, 지구적 차원에서 지속가능성과 제3섹터 주도성 등의 쟁점까지 포괄하는 신자유주의 이후 사회민주주의의 녹색화의 흐름으로 확대 해석될 필요가 있다고 하겠다.

제2장

◆

생산적 복지와 사회투자국가를 넘어서

1. 한국에서의 제3의 길 논의의 제기 - '생산적 복지'를 중심으로

앞서 보았듯이 1990년대 이후 '제3의 길'은 신자유주의에 적응하기 위한 서구 사회민주주의의 '복지에서 노동으로'라는 복지개혁을 대표하는 구호가 되어 왔다. 그런데 사회민주주의 정당에 의한 복지국가의 경험이 없는 한국에서도 김대중 정부에 의해, '생산적 복지'의 이념을 정당화시키기 위한 흐름에서 이 구호가 차용되기 시작했다. 이때 생산적 복지의 내용은 2000년부터 시행된 기초생활보장제도에 의한 생계급여 제공과 자활사업에 의한 일할 능력이 있는 수급자에 대한 조건 부과를 위주로 한 것이다. 이렇게 노동연계복지를 표방하는 제3의 길 정치는 노무현 정부에 와서 내용이 약간 바뀌어 '사회투자국가'라는 좀 더 포괄적인 담론으로 재포장되기도 했다.

서구적 맥락에서 할러데이(Holliday, 2000)는 '생산주의적 복지'를 에스핑 앤더슨(Esping-Andersen, 1990) 유형화의 대안으로 특징지으면서, 사회정책이 경제성장이라는 최우선적 정책 목표에 엄격히 종속되는 동아시아 체제로 식별하고 있다. 이러한 생산주의적 복지는 본 저술 제3장 3절에서 다룰 가계자산 위주의 자산기반 접근이라는 복지자본주의 유형에 조응한다고도 볼 수 있다. 그의 생산주의적 복지체제는 한국에서의 생산적 복지라는 정책 기조와 관계없는 논의이지만, 기초생활보장제도와 자활사업이라는 공공부조 및 노동연계복지를 도입할 때 생산성을 표방할 수밖에 없는 상황에는 어느 정도 일치하는 논법이라고 하겠다. 즉 '생산적 복지'라는 기치 아래 한국에 수입된 제3의 길 정치는 이처럼 경제성장에 대한 복지정책의 종속을 전제한 것이라 해석될 수 있다.

물론 한국에서의 제3의 길은 공공부조를 도입하는 데 저항할지 모르는 제2섹터나 신자유주의 추종자들을 설득하기 위해 생산성도 강조한다는 수사 차원에서 도입된 측면이 크다. 어쨌든 서구적 의미의 사회민주주의 정당에 의한 제1의 길 복지국가를 경험하지 못한 한국의 경우, 사회적 자유주의 정부가 제기한 제3의 길 담론이 이명박 정부, 박근혜 정부 등 신자유주의 체제 아래 경제성장에 대한 압박에 종속되어 실종되어 온 것 또한 사실이다. 본 절에서는 한국형 제3의 길을 찾아가는 논의의 여정으로 김대중 정부의 '생산적 복지'를 중심으로 한국에서의 제3의 길 담론의 등장과정을 검토해 보기로 한다.

1997년 경제위기 이전 한국에는 본래적 의미의 복지국가가 없었기 때문에, 서구적 의미에서 개혁되어야 할 복지가 부재했다고 할 수 있다. 그리하여 굿맨 외(Goodman et al., 1998)는 한국을 포함하는 아시아 복지국가의 성격에 대해 가족의 역할을 중시하고 정부개입 없는 가족복지를 가리키는 '복지 오리엔탈리즘'(welfare orientalism)이라는 용어를 적용하기도 한다. 하지만 김대중 정부의 생산적 복지 전략은 1999년 이래 노동시장 정책과 사회적 안전망 영역에서 경제성장의 부흥을 돕는 개혁을 도입함으로써, 실업률을 하락시키는 데 어느 정도 성공해 왔다. 예를 들어 생산적 복지 정책은 수급권자들로 하여금 복지의 덫(welfare trap)에서 탈피하도록 동기부여하고, 모든 자격 있는 수급권자들이 공평하게 일할 기회를 보장하도록 하여 경제적 효율성을 제고하도록 설계되어 있다.

그 밖에도 한국의 생산적 복지를 둘러싼 몇 가지 학문적 토의가 있어왔다. 우선 에스핑-안데르센 모델의 연장선 위에 있는 쿠늘(Kuhnle, 2001)은 생산적 복지 접근에 대한 독해로부터 한국의 복지체계가 스칸디나비아 사회민주주의 체제로 발전될 잠재력을 갖는다는 인상을 준다고 주장하고 있다.[1] 그는 물론 한국에서 전개되고 있는 복지체계(welfare system)가 에스핑-안데르센이 말한 복지체제(welfare regime)의 어떠한 이론적, 경험적 유형에도 완전히 적합하지 않으며, 지금까지의 한국을 포함한 동아시아 체계가 유럽보다는 좀 더 시장과 가족에 바탕을 두어 왔다는 점을 인정한다. 그렇지만 그는 생산적 복지모델의 요소들이 여전히 다른 유형들에 비해 사회민주주의 복지유형에 훨씬 더 근접해 있다고 설명하고 있다(Hahn & McCabe, 2006).

이러한 생산적 복지에 대한 평가는 생산적 복지에서의 국가 역할을 지나치게 강조하고 한국 정부의 문헌을 외부적 관점에서 피상적으로 일반화한 것이라 비판될 수 있다. 쿠늘에 의하면, 교육, 의료 및 노동시장 참여에 대한 한국 정부의 더 많은 공공 투자는 북유럽에서 발전된 적극적 복지국가의 현상과 유사하다고 한다. 그러나 한국의 사회지출은 1997년 당시 GDP의 6.8%였기 때문에, 스웨덴(33.4%), 덴마크(32.6%), 핀란드(32.1%) 등의 1/5에 불과한 상대적으로 매우 낮은 수준이었다. 따라서 생산적 복지모델을 사회민주주의 복지체제 유형과 비슷하게 취급하는 것은

1 에스핑 안데르센(Esping-Andersen, 1990)의 고전적 정식에 의하면, 복지체제는 복지국가로 전환되어 온 자본주의 사회들의 복지 프로그램 및 그 결과와 효과를 개념화하는 방식이다. 그는 OECD 국가들 내에서 자유주의(미국, 영국), 보수주의(독일, 이태리), 사회민주주의(스칸디나비아 나라들)라는 세 가지 복지체제를 구별하고 있다.

오류라고 할 수 있다.[2]

그런데 고세훈(2003: 210)은 김대중 정부의 생산적 복지모델이 강조하는 '생산에 복무하는 복지'라는 개념이 단순한 수사에 그치는 것이 아니라 유연생산체제의 생존전략 일환이며 복지를 고용과 생산을 위한 도구 수준의 하위개념으로 취급하는 것이라 지적한다. 또한 그는 생산적 복지의 문제점으로 시장의 내부자 및 외부자 간 갈등을 해소하기 위한 장치가 없다는 사실을 거론하고 있다. 이는 생산적 복지체제 아래서도 기업 이윤이나 경제적 임금이 국가를 매개로 하여 사회임금으로 적절하게 전환되지 못함을 가리킨다. 그리하여 그는 생산적 복지가 암묵적으로 가정하는 '일을 위한 복지'의 정신이 일을 통한 복지라는 서구 사회민주주의 정당의 원론적인 제3의 길 개념으로 보완되어야 함을 강조한다. 고세훈의 지적은 정당하지만, 필자의 관점에서 보면 복지국가 전통의 부재 탓에 원론적인 제3의 길과는 다른 경로를 걸을 수밖에 없는 한국의 현실에 대해 지나치게 서구적 잣대로 접근하는 문제가 있다고 평가된다.

그뿐만 아니라 그(고세훈, 2008: 182-183)는 한국에서의 '생산적 복지'의 태동 배후에서 서구 복지국가에서조차 '조세와 지출', '고부담, 고복지'의 '소비적 복지' 논리가 앞다투어 성토되는 마당에 복지 후발국으로서의 한국이 그러한 복지 논리와 관행을 무작정 추종할 수 없다는 사정을 짚어내고 있다. 그에 따르면 생산적 복지의 핵심은 새로운 유형의 복지국가가 생산성과 경쟁력의 향상에 기여함으로써 적극적 투자자, 또는 경제 행위자의 역할을 떠안아야 하며, 차후의 복지 공여는 교육과 훈련을 통한 노동의 기능적 유연성을 확보함으로써 소비보다는 생산에 적극적으로 공헌해야 한다는 데에 있다. 그런데 복지의 생산적 기능과 소비적 기능이

2 복지체제 이론에 대한 생산적 복지의 함의를 적절히 밝히려면, 비유럽 나라들의 에스핑 안데르센 모델에 대한 유사성을 예단하는 것보다는 이 모델의 틀을 동아시아 맥락에서 재구성하는 것이 무엇보다도 필요하다. Gough(2001) 참조.

불가분의 관계라는 점에 근거해 볼 때, 이러한 생산적 복지 정책은 본질적으로 협애성을 배태한 것이다. 따라서 이를 극복하는 차원에서도 본 저술의 '한국형 제3의 길'의 첫 번째 의미가 내포하는 것처럼 어느 정도의 소비 촉진과 생활의 질을 담보하는 보편적 복지의 확충과 일자리 연계가 필수적이라고 할 수 있다.

나아가 정경배·최일섭(2003: 33-35)은 한국에서의 제3의 길에 대해 경제구조 조정을 통해 확보할 수 없는 국민 개개인의 삶의 질 보장과 사회통합을 가능케 하는 포괄적 사고방식이라고 이해하면서, 유연성, 복합성, 조화를 추구하는 통합적 경제사회정책 구상의 맥락에서 모색하고 있다. 그들은 한국적인 중용의 정서와 상부상조의 공동체의식을 반영하여 국가역할과 개인책임의 조화를 이루어내고, 이와 함께 시민사회를 재조명하여 참여민주주의의 활력 부여를 위한 병행이 요청된다고 지적한다.[3] 이와 함께 본 저술에서의 '한국형 제3의 길'이 갖는 첫 번째 의미와 비슷하게, 후발국의 이점을 살려 국가의 적극적 개입에 바탕을 둔 복지의 제도화에 주목하기도 한다. 즉 보편적 국민욕구의 충족을 기하는 복지국가의 보편성을 추구함으로써, 자율적 시민사회의 성숙으로 다양하고 차별적인 개인의 복지 욕구에 유연하고 능동적으로 대응할 것을 권고하고 있다.

그들은 본 저술의 생태복지국가 지향과 접맥될 수 있는 성찰을 제시하는데, 이는 이제까지의 생산 우선적 사고방식이 국민생활의 충실을 기하는 데 큰 역할을 해 왔지만 앞으로는 활력 있는 경제활동의 전제를 기본으로 하면서도 정부, 기업, 국민이 한층 더 '생활 중시'의 방향으로 적극

3 정경배·최일섭(2003: 322-324)은 노무현 정부의 참여복지가 생산적 복지를 넘어서 참여와 균형을 꾀하는 대안이라고 서술하고 있다. 또 그것의 최종 목표인 균형복지는 자원배분(소득분배), 발전균형(경제성장), 정서균형(정서복지)이라는 세 가지 측면에서 총자원의 수급을 균형 맞추는 거시체계의 적정화 과정이 제도화된 사회로 지칭된다. 그리고 균형이란 상반된 두 변수가 공존을 이루는 상태로서, 자원균형, 생태균형, 분배균형, 재정균형, 정서균형 등으로 나타난다고 한다.

적 공유가 가능하리라고 예측하는 것이 그 예이다. 요컨대 한국에서의 제3의 길 담론의 수입은 사회민주주의적 복지국가의 경험이 부재한 비서구적 맥락에도 불구하고, 사회적 자유주의를 지향하는 김대중 정부가 외환위기 이후의 최소한의 복지 개입 필요성을 국민들에게 설득하기 위한 차원에서 이루어진 것이라 할 수 있다. 하지만 소비적 복지에까지 미치지 못하는 국가의 취약한 재정 역량 탓에 보편적 복지 서비스의 확충과 일자리 창출을 결합시키는 한국형 제3의 길의 첫 번째 의미는 아직 현재화되지는 못하고 있다고 파악된다.

2. 사회투자국가를 둘러싼 논의

김대중 정부에 뒤이은 노무현 정부에서는 생산적 복지와 비슷한 맥락에서 사회투자국가 개념이 제기되었다. 이혜경(2015: 391)에 따르면, 사회투자의 개념은 노동시장의 유연성과 개인의 고용가능성(employability)을 중시하고, 고용조건과 가족구조의 변화에 대응한 빈곤 세습의 예방을 목표로 하는 것이다. 생산적 복지 모델을 계승한 노무현 정부는 기초생활보장제도 도입에 의한 기본권 보장 외에 '일을 통한 복지'와 더불어 인적자본 투자를 확충하고자 했다. 그녀에 의하면, 케인즈주의적 복지국가였던 적이 없는 한국은 권위주의적 발전국가의 제도적 유산을 갖고 사회투자적 사회정책의 시대로 진입했다고 평가된다. 하지만 1997년의 IMF 사태 이후 한국의 복지는 평등과 사회정의의 이름으로가 아니라 아직도 따라잡아야 할 경제성장과 국가 경쟁력을 위한 사회투자의 이름으로 국정목표가 되었음을 지적할 수 있다.

사회투자국가 개념에 대한 해석은 논자에 따라 생산적 복지에 입각한 서구적 제3의 길에서부터 연성(軟性) 사회민주주의까지 다양한 스펙트럼에서 거론되어 왔다. 후자 입장에 가까운 임채원(2006: 213-225)은 사회투자국가의 사회정의관이 전통적 사회민주주의와는 달리 사회적 최소한(social minimum) 뿐 아니라 평등한 시민권, 기회의 평등, 공정한 분배에 초점을 둔다고 파악한다. 그에 따르면, 21세기 중도개혁의 시각은 지속가능한 사회정의를 추구하며 기회의 평등에서 더 나아가 개인의 책임과 적극적 참여에 더욱 관심을 두는 것이다. 이때 적극적 참여는 노동시장에 대한 것과 함께 존경과 자기존중을 증진하는 보호활동, 사회문화적 교육 등에도 해당된다고 한다.

사회투자국가론자들은 산업사회에서 지식기반 사회로 사회적 조건이 변화된 상황에서 어떻게 제도와 정책을 조건에 맞게 변화시켜야 하는가에 핵심적인 관심을 두고 있다(임채원, 2006: 345). 그들은 가족구조의 해체와 평생고용의 쇠퇴에 대응하기 위해 양성평등이나 고용가능성, 평생학습체계의 중요성을 전면으로 부상시켜 왔다. 또한 지식기반사회에서 가장 중요한 생산요소는 자본이나 토지보다 인적 자본이므로, 사회투자국가는 '사회가 사람에게 투자하는 국가'로 정의될 수 있다(임채원, 2006: 358). 필자가 보기에 토건국가의 사회간접자본 투자에 의한 고용확대 전략보다는 현실적합성이 크기는 하나, 사회투자의 논리 역시 고세훈(2003, 2006)이 비판한 대로 복지를 지나치게 생산 및 고용 중심으로 이해하는 문제점을 지니고 있다.

그럼에도 불구하고 임채진 외(2008)는 사회투자국가의 틀을 사회정책의 제3의 길로 명시하면서 한국형 사회투자정책의 필요성을 제시한다. 그들은 사회투자를 '사회구성원의 노동시장 참여의 권리와 기회를 보장하기 위해 국가 차원에서 이루어지는 인적 자본과 사회서비스에 대한 지출'로 정의하면서, 이것이 주목받는 까닭을 그 경제적, 사회적, 정치적 의미가 복지국가 황금기의 기본 원리와는 다르기 때문이라는 점에서 찾고 있다. 그런데 사회투자의 사회적, 정치적 의미가 부수되고 있음에도 불구하고, 그것의 주요 전략은 세계화와 지식기반경제, 생산인구 감소라는 변화된 환경에서 경제성장과 사회복지의 선순환구조를 형성하는 경제적 측면에 집중되고 있는 것이 분명하다. 사회투자정책의 보완 과제로 성장 동력을 확충하는 산업정책, 임금체계의 직무급제로의 전환 노력, 빈곤방지와 맞벌이 모델의 정립, 소득정책과 사회적 조정 등을 거론하고 있는 것(임채진 외, 2008: 416-420) 또한 이 모델이 생산적 복지의 연장선 위에서 노동시장의 변화에 관심을 두고 있음을 방증한다.

임채진 외(2008: 49-54)에 의하면, 사회투자정책의 주요 전략은 역량(capacity) 형성, 근로활성화, 사전예방적 투자 등으로 모아진다. 이 중 근로활성화 전략은 실업상태에 처한 사회적 배제계층에 대해 사회복지적 보호보다 경제활동 재참여를 촉진시키기 위한 본래적 노동연계복지 수단을 가리킨다. 또 사전예방적 투자전략이란 주로 아동에 대해 학습능력과 일에 대한 호의적 태도를 부여하는 기회의 평등 조치라고 할 수 있다. 한편 성인을 대상으로 하는 사전예방적 투자는 건강증진 체계의 구축과 산업재해로부터의 안전이 꼽히고는 있지만, 이것이 웰빙을 위한 건강과 안전의 확보라기보다는 비용 절감 목적의 경제적 가치 측면에서만 다루어지는 한계가 있다. 그리고 역량형성 전략은 지식기반 사회에서 도태되지 않도록 하는 인적자원 차원의 역량에 대한 투자 증대를 뜻한다고 한다. 하지만 본 저술에서는 생산과 고용을 위한 역량에서 더 나아가 삶의 질과 녹색사회민주주의를 지속가능하게 하는 또 다른 의미의 역량(capabilities)에 관심을 기울이고자 한다.

본 저술은 서구적 복지개혁의 한국화 과정에서 사회적 자유주의 정부 시대에 제기된 생산적 복지, 사회투자국가의 담론이 뒤에서 다룰 '한국형 제3의 길' 가운데 첫 번째 의미의 반면교사라고 파악한다. 즉 한국의 경우 보편적 복지를 향한 케인즈주의 복지국가의 과제가 여전히 달성되지 않은 미완의 과제이므로, 고용창출이나 인적자본 투자 등 지금까지의 시도가 복지재정 확충과 복지서비스 확대를 통한 사회적 경제의 활성화와 접맥되는 것이 요청된다고 할 수 있다. 다른 한편 제3섹터 주도성을 강조하는 한국형 제3의 길의 두 번째 의미에 비추어 볼 때, 생산적 복지나 사회투자에 초점을 맞춘 한국에서의 제3의 길 논의는 경제성장과 고용을 위한 국가의 역할에 경도되어 있는 한계가 드러난다고 하겠다. 따라서 최종적으로 정치적 절차나 사회적 합의를 조정할 국가의 기능을 무시하지는 않더라도, 한국형 제3의 길의 추구에서 제3섹터와 시민 스스로의 직접 참여와 거버넌스의 의의가 좀 더 부각될 필요가 있다고 생각된다.

3. 생산적 복지, 사회투자국가의 생산성주의에 대한 비판 - 재생산 가치의 관점

제솝(Jessop, 2002)의 관점에서 볼 때, 생산적 복지나 사회투자의 담론은 케인즈적 복지 민족국가 이후 슘페터적 근로복지 탈민족 체제(Schumpeterian Workfare Post-national Regime; 이하 SWPR)의 특성을 갖는 것이다. 그에 따르면, SWPR 패러다임의 특징은 다음과 같이 요약된다. 첫째, 경쟁력이라는 이름의 혁신과 유연성의 영구혁명을 위해 경제 및 노동시장 불안정성을 조직화 원리로 수용한다. 둘째, 복지보다는 근로복지에 관심을 둠에 따라 사회정책이 경쟁적 유연성의 수요에 종속된다. 그로 인해 개인의 욕구와 권리는 비즈니스의 욕구 및 이해에 대해 후순위가 되며 유급 고용이 웰빙의 주요 원천으로 폭넓게 가정된다.[4] 사회정책은 수요

4 이러한 SWPR의 특성은 제3부 제7장에서 다룰 사회적 배제에 대한 사회통합 담론과 관련이 있다. 특히 사회투자의 시각은 사람에 대한 통합적 관심이 아니라, 유급

측면의 개입에 덜 관심을 갖게 되며 시민을 노동자로 등치시키고, 후자를 시장 불안전성을 포용하는 역동적이고 위험용인적인 기업가로 다시 만듦으로써 노동공급 개선에 더 관심을 갖게 된다.

셋째, 민족국가의 공백화에 따라 위로는 국제기구 및 국가 간 포럼으로, 아래로는 지역 및 지방 수준으로, 옆으로는 경계를 초월한 거버넌스 형태로 탈민족적 정책이 이루어진다. 넷째, SWPR에서 국가의 역할이 약화되는데 이는 국가가 혼합적 사회복지 공급 경제에서 사적부문, 자원부문과 다양한 파트너십 관계로 진입할 수밖에 없기 때문이다. 위의 셋째, 넷째 특성은 기본적으로 생산과 고용이라는 경제적 가치의 관점에서 언급되는 것이기는 하나, 본 저술의 생태복지국가를 향한 탐색에서도 일정한 함의를 갖는다. 지구적, 지방적 차원의 생태적 지속가능성의 확보 문제와 거버넌스 및 파트너십에 입각하여 제3섹터가 주도하는 숙의적 의사결정 방식은 생태복지국가의 지향에서도 가치가 있기 때문이다.

(신)자유주의나 사회민주주의, 서구적 제3의 길은 각각 시민의 권리와 의무의 성격, 공식노동과 비공식노동의 관계 등에 관해 서로 다르게 접근하고 있으나, 모두 '유급노동'을 핵심 화두로 삼고 있다. 즉 서구에서의 민영화, 복지국가, 노동연계복지 등을 둘러싼 논의에서 공통으로 발견되는 것은 경제적 가치를 우위로 하는 성장 중시의 관점이라고 하겠다. 이들 담론에 의하면, 사회적 가치는 주요하게 경제적 가치이며 가치 있는 것은 생산성 성장에 기여하는 정도에 비례한다고 가정된다. 다시 말해 생산성 성장에 기여함 없이 그것을 감소시키는 활동이 필연적으로 가치절하(devalued)됨을 의미하지는 않으나, 경제적 기준에서 멀리 갈수록 가치의 비경제적 원천을 정당화시키기 어려워짐으로써 과소평가(undervalued)될

의 일자리 창출을 우선시하는 고용노동부의 사회적 기업 지원정책과 친화적이라 할 수 있다.

수밖에 없음을 가리킨다.[5] 따라서 생산적 복지나 사회투자를 밑받침하고 있는 생산성주의(productivitism)는 전문화, 분업, 자본에 의한 노동대체 잠재력 등이 더 큰 공식적 경제활동이 비공식 경제활동보다 자본스톡과 산출을 성장시키는 데 더욱 용이하다고 보는 셈이다.

여기에서 생산성주의와 탈생산성주의(post-productivitism)를 대비시켜 복지국가를 유형화하는 구딘(Goodin, 2001; Fitzpatrick, 2003: 95-98에서 재인용)의 논의를 참고해 보자. 구딘은 복지체제를 복지와 노동 간 관계에 의해 범주화한 다음, 보수적 복지국가는 복지가 아닌 노동의 이상에 근거하며, 조합주의 복지국가는 노동을 통한 복지에 기초한다고 구분하고 있다. 그에 의하면, 사회민주주의는 복지와 노동 둘 다에 기반하고 있는 것이다. 달리 말해 보수주의자들은 복지와 노동을 상호 배제적인 것으로 해석하는 데 반해 사회민주주의자들은 그것들을 보완적인 관계로 간주하며 조합주의자들은 둘 사이의 중간적 입장을 채택한다고 한다. 이러한 기초 위에 구딘은 탈생산성주의의 이상을 '노동 없는 복지'로 정의하고 네덜란드를 탈생산성주의 복지체계의 맹아로 식별하기도 한다.[6]

---

5 경제적 가치 우위론은 일종의 경제적 기울기가 있어 도덕적, 미적, 감성적, 자연적 가치가 불변적으로 편평한 경제적 지평을 극복하도록 투쟁해야 한다고 말하고 있다. 이러한 경제적 기울기는 사회민주주의보다 자본주의에 대한 보수적 입장에서 더욱 가파른데, 전자에서보다 후자에서 현금 흐름이 좀 더 두드러지기 때문이다. 그러나 부분적으로는 전통적 노동운동이 사회적 가치의 의미 재구성보다는 사회적 재화의 더욱 폭넓은 분배를 추구해온 까닭에, 사회민주주의적 자본주의는 그 기울기를 감소시켜 왔지만 그것 자체를 제거하지는 못해 왔다. Fitzpatrick(2003: 96-97) 참조.

6 구딘의 정식화는 생산성주의와 탈생산성주의 간 대조를 이해하는 출발점으로 유용함에도 불구하고, 다음과 같은 문제점을 갖고 있다(Fitzpatrick, 2003: 96). 첫째로 노동과 복지정책 간 관계에 대한 묘사는 정확하기는 하나, 좀 더 철학적으로 주관적 삶의 질을 포괄하는 웰빙이라는 의미에서의 복지에 관해 말해주는 바가 거의 없다. 둘째, 노동(work)이라는 의미에 임금 및 비임금 노동(labor) 둘 다를 포괄함으로써, 노동과 고용을 혼동하여 페미니스트들이 비판하듯이 비임금 노동에 대한 태도를 임금노동에 대한 태도로부터 무시하고 있다. 셋째, 탈생산성주의의 포장화는 언제 잃어버릴지 모르는 덧없는 것(hostage to fortune)처럼, 일하지 않는 사회가

이처럼 생산성주의와 탈생산성주의의 대비는 본 저술에서 사회적 가치로의 탐구를 이끌어, 생태복지국가의 이념형 탐색에 하나의 지침을 제공할 수 있다. 기존에 맑스주의나 사회민주주의는 물론 여성주의, 환경주의 내 일부 분파들도 생산성주의 경로를 옹호해 왔다. 대표적으로 노동운동은 경제성장을 재구성하기보다 그것을 창출하고 분배하는 더 나은 방식에 대해 투쟁하고 있다. 그러나 21세기의 지평에서 볼 때, 생산성주의는 스스로의 가치 원천을 침해하여 궁극적으로 자기기만적인 경향을 점점 더 드러냄으로써 탈생산성주의를 우선시하는 입장이 점점 힘을 얻고 있다(Fitzpatrick, 2003: 110). 이러한 재생산 가치(value of reproduction)는 경제적 가치의 한 부분이면서도 감정적, 생태적 가치를 통해 뒤에서 다룰 사회적 가치 범주와 연관되는 연계 역할을 수행할 수 있다. 피츠패트릭(Fitzpatrick, 2003: 98-100)은 생산성주의 일변도의 경제적 가치 관점을 비판하면서, 경제적 가치의 감정적, 생태적 기초인 재생산 가치를 중심으로 사회적 가치에 접근하고 있다.

재생산 가치는 본질적으로 경제적 측면의 가치이기는 하지만 그것의 대표적 예인 보호와 지속가능성의 문제는 완벽하게 양화되거나 경제적 기준으로 환원될 수 없을 정도로 포괄성을 지닌다. 따라서 재생산 가치와 경제적 가치는 상호 간에 모호함을 공유한다고 한다. 즉 경제적 가치는 그 조건의 재생산에 의존하나, 어떤 경제도 그것이 창출하는 감정적, 생태적 비용을 완전히 보상할 정도로 충분히 부유하지는 않기 때문에 이러한 의존을 인정할 수는 없다. 재생산 가치는 경제적 가치의 궁극적 원천이나, 재생산 활동을 보존하는 데 필요한 성찰적 기능과 자원을 제공함으로써 사회적 가치와 연계된다고 볼 수 있다.

생산적 복지나 사회투자 담론과 같은 생산성주의는 고용사회의 비용이

아닌 고용 없는 사회를 상상하게끔 제시하는 비현실성의 우려가 있다는 것이다.

경제 논리 내로 통합될 수 있다고 보아, 보호 노동과 지속가능성을 성장 친화적 일자리로 간주함으로써 생산 영역내로 재생산을 포섭하는 경향이 있다. 그러나 탈생산성주의는 생산의 비용이 완전히 인지, 흡수할 수 있는 고용사회의 역량을 초월하여 우리가 우리의 가치 및 풍요, 성장, 노동에 대한 개념을 바꾸어야만 한다고 주장하면서, 생산을 재생산 내부로 포섭한다. 피츠패트릭(Fitzpatrick, 2003: 98-100)에 따르면, 재생산은 생산의 중요성을 부인하는 것이 아니나 생산을 비생산성주의적 기준에 종속시킨다. 즉 재생산은 생산성의 성장이 재생산 가치 유지에 핵심적일 수 있기 때문에 생산성 자체가 아니라 생산성주의 이데올로기에 반대하는 것이다.[7]

이러한 관점에서 볼 때, 생산적 복지나 사회투자의 범주는 한국 사회에서 복지에 대한 국가 책임을 처음으로 제기한 의의가 있음에도 불구하고 그것을 성장 지향의 노동시장 활성화, 자본 투여 차원으로 협소화함으로써 뒤의 제7장에서 다룰 사회적 배제에 대한 사회통합 담론으로 귀결되고 있는 셈이다. 이 책에서 필자가 재생산 가치를 더욱 중시하는 이유는 한국형 제3의 길이 갖는 세 번째 의미에서 지속가능한 웰빙의 보장은 경제적 가치 위주의 성장 논리로는 달성될 수 없고 현세대의 역량과 미래세대 및 동식물 생명체의 재생산 권리에 대한 승인을 전제로 해야 하기 때문이다.

---

7 물론 생산성주의자들은 생산성 그 자체가 목적이 아니며 경제성장 또한 인간 복지를 개선하기 위한 것이라고 주장할 것이다. 하지만 탈생산성주의자들은 그 이상이 더 이상 지배적이지 않으며, 위의 주장 때문에 우리의 웰빙 또한 경제주의적으로 협소화되어 왔다고 응답한다. 즉 웰빙의 개선에 봉사하는 경제성장이 아니라, 경제성장의 추구에 봉사하는 웰빙으로의 협소화인 것이다. 따라서 탈생산성주의자에게는 경제적 가치를 밑받침하지만 그것으로 환원되지는 않는 감정적, 생태적 가치를 전면화시키는 것이 더욱 필요하게 된다(Fitzpatrick, 2003: 99).

4. 한국형 제3의 길이 갖는 세 가지 의미

생산적 복지나 사회투자국가의 개념이 갖고 있는 과도기적 의의를 무시하지는 않지만 위의 두 담론은 생산성 및 고용 일변도의 서구적 제3의 길에 치우치는 한계를 갖는 것이다. 그렇다면 재생산 가치를 고려하면서 사회적 경제, 제3섹터, 생태적 지속가능성까지 아우르는 한국형 제3의 길의 대안적 개념화에 대해 다루어 보겠다.

1992년의 미국 대통령 선거 당시 클린턴의 복지개혁 공약을 위한 수사로 처음 등장한 '제3의 길'은 1998년 영국 총선에서 노동당수 블레어의 '일을 통한 복지'라는 좀 더 내용을 갖춘 슬로건으로 재정립되었다. IMF발 경제위기 와중인 1997년 말에 등장한 김대중 정부는 초유의 실업사태와 빈곤 악화에 직면하여 기초생활보장제도를 구상하면서 서구 제3의 길의 문제의식을 담아내어 '생산적 복지'의 구호를 창안해 냈다. 어쨌든 한국, 미국, 영국 등에 걸쳐 1990년대에 동시에 나타난 제3의 길 담론의 지구화 현상은 사회민주주의가 신자유주의와 타협한 결과라고 할 수 있다.

왜곡된 보수주의로 점철된 한국 현대사에서 제3의 길 담론의 제기는 유사 이래 '복지'가 처음 공론화되는 계기를 만들었다. 생산적 복지라는 시장 질서와의 조화를 강조하는 어법으로 복지가 표현되긴 했지만, 영국이나 미국의 제3의 길이 '복지에서 노동으로'라는 복지 축소의 흐름에 있는 데 반해 한국에서는 어쨌든 대의 민주주의의 정상화 성과에 힘입은 복지 확대의 맥락을 확인할 수 있다. 그런데 본 저술에서 필자는 제3의 길을 사회민주주의와 신자유주의의 타협에 따른 중도노선이라기보다 한상진과 맥코브(Hahn & McCabe, 2006)의 규정을 받아들여, 생산이나 성장에 의해 공통적으로 밑받침되는 둘 다의 논리를 뛰어넘는 '새로운 길'로 설정한 바 있다. 신자유주의는 시장과 생산의 성장을 위해 국가개입을 최소화하려 의도하며, 사회민주주의 또한 이와는 나른 문제의식이기는 하나 국가개입을 강화하여 재분배의 토대인 세수를 확보하기 위해 마찬가지로 경제 성장이 중요하다고 보고 있다.

성장 담론을 당연시하는 기존 관점과 달리 한상진과 맥코브는 '지구적 제3의 길'에 대해 제1섹터인 국가도, 제2섹터인 시장도 아닌 제3섹터 시민사회가 주도하여 중앙집권주의의 탈피와 시장에 대한 통제를 추구하는 지향이라 규정한다. 이렇게 보면 '한국형 제3의 길'에서의 복지의 의미는 경제적 차원의 웰페어보다는 이를 포함하지만 좀 더 큰 범주인 사회적 차원의 웰빙에 가깝다고 할 수 있다. 개인적, 사회적 웰빙은 경제적 복지를 중요한 요소로 포괄한다. 빈곤과 실업이 건전한 삶의 질을 저해하는 것은 불문가지의 사실이기 때문이다. 하지만 웰빙은 웰페어의 충족에 그치지 않고, 호혜성에 근거한 감정적 가치, 지속가능성을 지향하는 생태적 가치는 물론 정치적 절차와 문화적 인정 등 삶의 질 전반을 포괄한다고 볼 수 있다.

이런 문제의식에서 필자가 제시하는 '한국형' 제3의 길의 위치 지점은 세 가지로 정리된다. 이들은 상호 연관성이 있으면서, 각각 경제적, 정치적, 사회적 측면으로 갈라져 생태복지국가로의 길찾기를 향한 지침으로 활용될 것이다. 첫째, 서구 제3의 길과 비슷하게 일자리를 중시한다고 하더라도, 복지 축소의 맥락이 아닌 보편적 복지를 확대하는 '복지와 일자리의 결합'을 중시한다. 이는 한국형 제3의 길의 경제적 차원으로, 재분배와 호혜를 연계시켜 복지 예산의 확대를 현금 급여보다는 사회적 경제의 확대와 연결시키는 전략이다. 또한 제3의 길은 유급노동으로의 복귀 일변도인 현재의 근로복지 노선에서 더 나아가, 국가의 재분배, 시장의 교환에 부분적으로 의존하면서도 협동조직화에 기초한 사회적 경제를 주축으로 해야 한다는 것이다.

둘째, '지구적 제3의 길'의 재정의(Hahn & McCabe, 2006) 흐름에서,

제3섹터 시민사회의 숙의성에 근거한 국가와 시장을 뛰어넘는 절차적 정당성의 추구와 관련되는 지점이다. 이를 '한국형'으로 명명하는 까닭은 2008년과 2016년 하반기 이후 지속된 세계적으로 유례없는 평화적 촛불 집회의 직접 민주주의 전통이 한국 사회에 어느 정도 고유하다고 보기 때문이다. 이는 한국형 제3의 길의 정치적 차원으로, 숙의민주주의의 과정에서 미래 세대나 비인간 생명체의 이해관계를 대변하는 '인정(認定)의 정치'가 개재될 수도 있다. 따라서 한국형 제3의 길의 두 번째 의미는 절차적 숙의성을 강조하는 생태민주주의의 가능성과도 연관된다고 하겠다.

셋째, 보수주의, (신)자유주의, 사회민주주의 등 서구에서 비롯된 담론이 대체로 경제성장에 기반을 두고 있는 반면, 한국의 경우 근대 이후 서구적 가치를 지향해 왔지만 전통적인 비서구적 가치도 혼재되어 있다는 데 주목한다. 특히 한반도에서는 70년 이상의 시장자본주의와 국가사회주의 간 대립과 경쟁을 통해 과잉경제화의 분단체제가 정착되었음에도 불구하고, 이를 극복하는 제3의 대안으로 저성장에 적응하고 탈성장에로의 전복을 꾀할 동아시아적 생명과 평화의 원리 또한 잠재되어 있다. 이는 한국형 제3의 길의 사회적 차원으로, 지속가능성의 추구를 통해 미래 세대 및 동식물 자연의 권리를 인정하는 승인의 요소와 관련된다. 또 이와 함께 경제적 가치를 포함하는 사회적 가치에 초점을 맞추는 역량 중심의 웰빙 관점과도 친화적이라 할 수 있다. 이러한 시각은 앞서 살핀 대로 저성장에 대응한 새로운 사회발전의 구상이 요청되는 현재, 성장 중심의 GDP 관점과 개인주의적 비용 및 효용 접근의 한계를 극복하기 위한 '사회적 가치'의 우선순위화를 요구한다.

지구상 유일하게 이념적 분단의 문제를 겪고 있는 한국에서 기실 서구적 제3의 길이 갖는 '복지에서 노동으로'라는 초점은 편협하고 심지어는 나이브한 것이다. 한국이 극복해야 할 제1의 길, 제2의 길은 서구적 맥락에서의 사회민주주의와 신자유주의에 그치지 않는다. 해방 이후 1987년까지 개발독재 권력에 의해 금압되었던 시민사회 제3섹터의 조직화는 이후 30년 동안 비약적으로 활발해지면서 제1섹터 정부 및 제2섹터 기업에 비견할 만한 역량을 갖추게 되었다. 더욱이 대한민국의 시장자본주의와 북한의 국가사회주의라는 양자의 노선을 극복할만한 현실적 이념체계가 불비한 가운데, 2018년 이후의 남북한 교류 및 통합 방안으로 비서구적 가치인 생명과 평화에 근거한 제3의 대안이 시급히 모색될 필요가 있다고 하겠다.

'지구적 제3의 길'의 관점에서 볼 때, 1960년대 이후 대략 1980년대 말까지 한국의 발전 경로는 서구적 사회민주주의와는 차별화되는 개발독재 차원의 제1의 길을 특징으로 하는 것이었다. 그러한 한국형 제1의 길은 미국식 시장 자본주의를 국가의 경제계획에 의해 이식하는 목적의 것이어서, 1980년대 이후에는 대기업의 역량이 증가되는 양상으로 전개되었다. 더욱이 21세기 들어 전 세계적인 신자유주의화에 따라, 기업 주도의 제2의 길에 상대적으로 익숙한 한국에서는 복지의 위기가 심화되어 대다수 개인의 삶 자체가 위협받는 양상까지 발견되고 있다.

여기서 강조되어야 하는 것은 신자유주의의 파괴력이 인간과 공동체의 삶의 질에 그치지 않고 동식물 생명체와 지구 자연에도 미친다는 사실이다. 인간과 공동체의 삶의 질 파괴를 둘러싸고는 1987년 이후 확장되어 온 제3섹터 역량에 의해 제1섹터와 제2섹터를 견제하려는 노력이 기울여져 왔다. 이처럼 제3섹터가 주도하는 한국형 제3의 길의 지향은 2000년의 국회의원 후보에 대한 낙천 및 낙선운동, 2008년 광우병 사태에 따른 촛불집회, 2016년 국정농단에 따른 대통령 탄핵요구 촛불집회 등에서 대표적으로 발견된다. 이와 함께 21세기 들어서는 복지국가가 추구하는 사회적 웰빙의 실현을 위해 사회 안전망과 일자리 등의 보장과 아울러 건강과 먹거리의 환경적 요소인 생태적 지속가능성 확보 문제가 뚜렷이 대두되어 왔다고 하겠다.

제3의 길 정치의 다양성에 바탕을 두고 볼 때, 한국형 제3의 길이 갖는 첫 번째 의미는 서구적 의미의 복지개혁, 또는 노동연계복지가 아닌 보편적 복지와 사회적 경제의 연계로 정의될 수 있다. 이는 서구처럼 일을 통한 복지에 초점을 두지만, 복지국가 기반이 취약한 한국의 특수성을 반영하여 보편적 복지를 향한 국가 개입도 동등하게 강조하는 노선이다. 이때 초점은 복지국가 확대와 일자리 창출을 연결시킬 때 단순한 유급노동의 양산보다는 협동조합과 같은 사회적 경제를 활성화하는 데에 있다.

다음으로 한국형 제3의 길이 갖는 두 번째 의미는 지구적 제3의 길을 주도적 섹터에 초점을 맞추어 재정의(Hahn & McCabe, 2006)하는 관점에 근거한다. 전술했듯이 이때 한국형 제3의 길은 정부 주도의 노선, 기업 주도의 노선보다는 시민사회의 제3섹터 비영리부문과 비정부조직이 주도하는 정책 및 사회운동 지향을 가리키는 것이다. 물론 한국 제3섹터의 활동이 서구나 제3세계 일반에 비해 두드러지게 활발하다는 실증적 근거가 있는 것은 아니다. 하지만 첫 번째 의미의 한국형 제3의 길에서도 정부 주도의 노동연계복지 정책보다는 제3섹터의 주요 구성부분 가운데 하나인 사회적 경제조직에 의한 보편적 복지와의 결합이 강조되었듯이, 한국의 경우 정부, 기업에 비해 제3섹터가 짧은 연륜의 한계에도 불구하고 경제적, 생태적 역할의 비중을 늘려나가고 있다고 하겠다.

마지막으로 세 번째 의미의 한국형 제3의 길은 신자유주의 강화가 생태와 복지의 경계를 계속 허물게 됨에 따라, 사회민주주의를 뛰어넘는 생태민주주의의 복지 지향을 뚜렷이 하는 것이다. 시장의 세계화로 인한 기후변화, 자원 고갈, 미세먼지의 빈발 등은 굳이 '한국형'으로 국한할 필요 없는 전 세계적 현상이다. 그럼에도 사회적 경제조직을 위주로 한 제3섹터가 주도하는 복지와 노동의 연계를 특징으로 하는 한국형 제3의 길은 더 나아가 지구상 유일한 분단국가로서 사회주의와 자유주의를 뛰어넘는 녹색주의의 전망으로 구체화되어야 한다. 또 이러한 한국형 제3의 길이 갖는 세 번째 의미의 설정을 통해 필자는 현 단계 한국에서의 복지국가의 과제에 기후변화와 에너지 위기에 대한 대응까지 포함시켜, 복지국가와 녹색국가를 융합시킨 생태복지국가의 지향을 명확히 하고자 한다.

주요섭(2013: 373-376)은 한국형 제3의 길의 세 번째 의미와 관련하여 기든스적 의미의 제3의 길이 진정한 제3의 길이 아니라고 주장하면서, 자유와 평등의 사잇길을 다시 한번 탐색하는 노력으로 재설정하고 있다. 그는 그러한 의미의 제3의 길을 초록 시선에서의 박애의 유토피아로 이해하면서, 30여 년 전 서유럽 녹색당이 적색도 청색도 아닌 것으로 제시했다고 파악한다. 그리고 한국의 전통적 생명사상을 토대로 서유럽 녹색운동에서 영감을 얻은 한국의 생명운동이 1986년의 한살림선언을 통해 바로 생명을 열쇳말로 하는 한국형 제3의 길을 주창했다는 것이다(주요섭, 2013: 374).

이러한 한국형 제3의 길의 세 번째 의미는 진정한 제3의 길로 규정되며, 그에 의하면 동학의 인식론이면서 진화론인 불연기연(不然其然), 즉 '아니다 그렇다'로 설명될 수 있다. 즉 생태민주주의의 복지 지향은 사회주의도 자본주의도 아님과 동시에, 자본주의이기도 하고 사회주의이기도 한 것이다. 그러므로 생태복지국가의 사회적 배경으로 시장의 활력도 절실하고 국가의 존재도 엄연하다. 또 그러한 호혜사회는 자유와 평등과 박애의 어우러짐을 통해 새로운 차원의 세계로 열리는 것이라 한다. 이를 다시 해석하면 이러한 세 번째 의미는 자본주의와 사회주의를 아우르는 한국형 제3의 길의 새로운 영역이라 할 수 있으며, 생태계와 사회체계를 통합하여 지속가능한 웰빙과 생태사회적 역량을 보전하는 창의적 시도를 요구하는 것이다.

제3장

◆

한국형 제3의 길에서 생태복지국가로 가는 이정표의 탐색

-사회적 가치와 사회-생태계 자산기초 접근-

여기서는 '한국형 제3의 길'이라는 복지와 민주주의, 그리고 지속가능성을 결합하는 노선에 대해 이정표 역할을 할 수 있는 두 가지 담론을 다룰 것이다. 하나는 사회적 가치의 개념 틀이며 다른 하나는 SES라는 통합 틀에 의거하여 자연적 자산과 사회정책을 동시에 다루려는 자산 기초의 접근이다. 이 두 가지 논의들은 제4장에서 살필 생태사회적 배제의 극복, 제5장에서 살필 JMS와 같은 개념적 도구와 함께 본 저술에서 생태복지국가를 탐색하는 나침반 역할을 수행할 것이다.

1. 사회적 가치의 관점에서 본 한국형 제3의 길

1) 사회적 가치의 의의

정보화의 기술적 추세와 아울러 날로 가중되어 온 환경악화는 한계생산비나 한계효용 등 근대경제학이 가격, 곧 경제적 가치를 결정하는 것으로 가정해 온 수요, 공급의 시장 원리를 뒤흔들어 왔다.[1] 산업혁명 이후 자본주의 경제는 사유재산체계에 기초하여 시장교환을 위한 생산에 상품과 노동을 동원해 왔고, 그 결과 노동과 생산을 반영하는 경제적 가치만이 오직 가치 있는 것처럼 만들었다. 그 사이 인간의 사회적 삶은 앞서 언급한 대로 '생산성주의'에 의해 압도되어 자본주의 생산을 위한 소비, 또는 노동력 재생산이라는 부차적 지위로 격하되는 한편, 제2장에서 보았듯이 복지조차도 생산성과 투자에 부수되는 결과를 가져왔다. 그럼에도 인류의 등장 이래 수렵채집 및 농경시대까지 생산은 인간의 재생산활동에 복무하는 이차적 영역이어서, 의식주라는 일상적 생명활동을 위해 생산(동식물의 포획 또는 재배)이 사용되었던 것이 분명하다.[2]

산업혁명 이후 경제적 가치의 독주 과정에서도, 신분으로부터의 해방과 노동력 상품이 갖는 시장에서의 자유는 인간 재생산의 근본적 토대인 사회성 자체를 대안적 가치로 부각시켜 왔다. 인간은 본원적으로 '사회적 존재'이기 때문에 산업혁명 이전에도 사회적 가치라는 용어만 없었을 뿐 인간관계와 공동체의 가치는 명확히 존재했다. 그것은 생명 유지와 관계

---

1 최근 들어 두 가지 AI가 사회적 관심의 대상이 되고 있다. 그것은 인공지능(Artificial Intelligence)과 조류 인플루엔자(Aviant Influenza)로, 일견 상관없어 보이지만 시장에서의 성장을 중시해 온 한계혁명 이후의 근대경제학이 내재해 온 이론적 한계를 공통적으로 드러낸다. 먼저 한계생산비 제로 시대의 도래는 사물인터넷을 통한 공유경제의 확산으로 신고전파 경제학의 공리인 희소성을 근본으로부터 위협하고 있다. 또 AI와 같은 신종 바이러스 등장과 기후변화 등에 따른 자연생태계의 지속 불가능성에 대한 경고는 현재의 소비나 수요가 시장에서의 효용보다는 인간기능화에 총체적으로 관련되는 역량에 의존해야 함을 보여준다.

2 농업이 체계화된 후에도 경제적 가치는 인간 노동력의 생산이나 모든 생산의 터전인 땅에 주로 국한되었고, 식량이나 가축 등의 경우 기본적으로 자급자족되었으므로 부분적인 교환의 가치만을 지닐 뿐이었다. 물론 낮은 기술 수준으로 인한 유기적 재생산의 어려움 때문에, 생산의 중요성이 점차 커져 결국 인력과 축력이 아닌 기계 에너지에 대한 의존 욕구가 나타났다고 해석된다.

하는 가치이기 때문에, 경제적 가치인 가격으로 환산될 수는 없으나 그보다 더 중요한 사랑, 희생, 안전, 건강 등을 반영한다.[3] 사회적 가치는 생산성, 부, 사적 소유 등과 같은 객관적 충족을 기초로 하는 주관적 웰빙, 또는 행복감이나 안녕 등으로 표현될 수 있다. 현시점에서 특히 사회적 가치가 강조되어야 하는 이유는 그동안 경제적 가치 지상주의가 부와 소유의 양극화를 정당한 것으로 유포하는 사이, 대다수 빈곤층은 물론 소수 부자까지도 인간관계 및 생태환경의 파괴로 인해 지속가능한 삶의 질을 위협받게 되었기 때문이다.

20세기 후반의 서비스 산업화로 인해 경제적 가치에 미치는 사회적 가치의 영향력은 계속 증대되어 왔다. 서비스는 본질적으로 봉사(serving)이므로 개인 재화에 대한 가격화 방식을 적용하기는 어려우며, 유급서비스 노동은 아니나 똑같이 봉사가 요구되는 가사노동의 사회적 가치에 대한 보상 문제 역시 돌출시키게 된다. 더욱이 그 가운데 정보산업은 공유와 소통이 전제될 수밖에 없는 '지식'의 개인적 구매라는 내재적 모순을 지니고 있다. 그동안 정보의 비소모성, 비경합성을 해결하기 위해 지적재산권이라는 개입이 이루어져 왔지만 인공지능과 공유경제의 확산으로 이 같은 통제는 더욱 힘들어질 것이다. 최근 들어서는 이러한 기술사회적 영향과 고용 부족의 장기화로 말미암아, 맑스주의 내에서 하트(Hardt, 2000)의 주장처럼 노동보다는 사회가 경제적 가치의 실제 원천이기 때문에 노동자보다는 전체 사회 성원이 그 가치의 몫을 주장해야 한다는 기본소득의 필요성이 공감을 얻고 있다.[4]

---

3 가치의 산정은 가치의 판단을 전제한다. 경제적 가치는 생산적 기여나 재생산에 대한 필요성, 희소성 등에 의해 단순하게 표출될 수 있지만, 사회적 가치는 경제적 가치로 환산되는 순간 그 가치의 진정성이 훼손될 수 있는 관계에 대한 존중이나 상호 감정 등이 포함된 심층적 영역에 속한다. 즉 사회적 가치는 경제적 가치를 포괄하며 그것에 영향을 미치지만, 그것으로 재단될 수는 없는 생명체이자 사회적 존재로서의 인간의 지속가능성 자체에 대한 가치라고 말할 수 있다.

물론 빈곤과 불평등이 항존하는 현실에서 복지와 경제적 가치의 중요성이 폄하될 수는 없듯이, 경제적 복지를 배제하는 관념론적 사회적 가치론도 지양될 필요가 있다. 자연생태계도 자연의 먹이사슬로 구성되어 있는 것처럼, 사회적 삶의 체계도 지속가능한 경제적 살림살이에 크게 의존한다는 것은 자명한 진리이다. 문제는 뒤에 상술할 SES라는 통합적 틀에서 사회적 가치와 경제적 가치의 관계를 설정하는 것이 아니라, 경제적 추상화에 의해 사회를 재단하려는 근대경제학의 발상에 있다고 하겠다. 1970년대 이후 사회주의가 쇠퇴하면서 근대경제학의 아성에 도전해 온 여성주의, 공동체주의, 환경주의 등 가운데 어느 정도의 학문적 인정을 받고 있는 것은 환경주의의 지속가능성 담론이라 할 수 있다.

2) 경제적 가치와 사회적 가치의 관계

사회적 가치는 경제적 가치를 포함하되 그보다 더 포괄적인 범주이다. 사회적 가치와 관련한 웰빙의 개념은 경제적 가치를 주축으로 하는 복지가 부재한 상태에서는 성립될 수 없는 것이기에, 20세기 후반까지 '복지'와 거의 동의어로 취급되었다.[5] 더욱이 사회적 가치가 경제적 가치로 환원

---

4 퍼거슨(Ferguson, 2017: 327-336)은 노동을 기반으로 하지 않는 분배가 구조적 대량실업 상태의 남아프리카에서 역할을 확대해가는 방식을 고찰하여, 보편적 기본소득에 바탕을 둔 '분배의 정치'를 주창한다. 그는 시장에서의 노동이 아닌 비공식 경제의 분배 노동, 연금 및 보조금과 연계된 국가 지원 등이 모든 세계에서 중요해지고 있음을 관찰한다. 본절 5)의 (2)를 참조할 것.

5 그 배경에는 20세기 초 전개된 관념론과 유물론 간 논쟁에서 후자가 결국 승리했다는 사실이 자리잡고 있다. 이후 관념론적 사고의 흔적이 사회학을 비롯한 자유주의적, 사회주의적 학문 접근에 영향을 끼쳤지만, 인간 번영의 쟁점에 대한 지배적 접근은 주로 경제학에 의존하게끔 만들었다. 웰빙이 사회적 상호의존 및 공공재로부터 도출된다는 관념론의 입장은 '과학의 방법이 가장 유익한 것으로 작동되는 분야'와 '정치인이 경제학자의 작업 위에 세우는 좀 더 용이하고 실용적인 조치', 그리고 '사회생활에서 하나의 명백한 수단이 돈'이라는 측면에서 '복지'의 경제학적 접근에 의해 압도당해 온 셈이다(Jordan, 2008: 1).

될 수 없는 것임에도 불구하고, 신자유주의의 물결에 힘입은 근대경제학의 패권화는 공공정책이나 후생, 복지를 경제결정론에 의거해 설명하려는 경향을 강화해 왔다. 그 대표적 예가 평균적 개인이 교환에서의 실질적 선택에 직면할 때 '덜'보다는 '더' 선택한다고 가정하는 공공선택론이다. 이 관점은 개인이 습관과 애착, 친구관계, 아동에 대한 부모의 영향, 광고, 사랑과 동정 등에 대해서도 개별적 선호를 갖고 효용을 극대화하기 위해 행동한다고 주장한다(Becker, 1996; Jordan, 2008: 3에서 재인용).

공공선택론은 사회적 가치를 경제적 가치와 동일시하여, 내생적 선호를 포함한 효용극대화 모델이 습관적, 사회적, 정치적 행위를 포함한 다양한 행동을 단일화시키는 데 적용될 수 있다고 한다. 이 이론을 포함해 경제적 가치에 경도된 대부분의 논의는 화폐라는 교환 매개체에 대해 사적 거래뿐 아니라 집합행동으로부터의 사적 이득이 동일한 회계 틀 내에서 측정되도록 하기 때문에 유용한 것이라고 판단한다.[6] 그러나 이러한 경제적 가치 일원론이 20세기 서구에서 승리했고 세계적으로도 확산되어 온 듯싶지만, '사회적' 삶의 현실과 괴리된다는 상식적 문제 제기 또한 이루어져 왔다.[7] 인간의 생존을 위해 경제적 토대가 중요하다는 사실이 공공정책과 삶의 질을 경제적 가치로만 설명하는 독단을 정당화시킬 수는 없다. 더구나 그것의 주요 개념인 효용은 신고전파 경제학에서 감정이나 만족에 의한 어떤 특정한 내용이라기보다는 선호의 일관된 집합을 가

6 공공선택론에서 개인은 궁극적으로 집합적 수단에 대한 정당화를 제공하는 목적과 필요의 담지자로서 간주된다. 개인이 너무 다양하고 그들의 원망(願望)에 대한 유일한 공통된 척도가 화폐이기 때문에, 가장 높은 국민소득을 생산하는 그러한 제도와 배분은 정당화된다(Jordan, 2008: 36).

7 경제적 가치 모델의 궁극적 결함은 상호작용에 관한 방법론적 개인주의의 가정에서 출발하기 때문에 사회관계의 교환을 단지 제한적으로만 설명한다는 데에 있다. 즉 복지의 분배가 효용극대화를 추구하는 개인 간 상호작용과 관련된다는 주장은 '개인들이 스스로 최선의 가능한 결과를 받을 수 있는 사회제도를 궁극적으로 선택한다'는 기만적 가정에 입각해 있다(Jordan, 2008: 35, 132).

리킬 뿐이다(Jordan, 2008: 16).

조던(Jordan, 2008: 133)은 사회과학계에서 경제적 가치가 사회적 가치를 압도해 온 이유에 대해 경제, 정치 및 국제관계의 공적 영역에서 상호작용의 상징적 가치가 근대성의 질서, 조화에 전복적이라는 이유로 배제된 데서 기인한다고 본다. 그에 의하면, 경제적 복지는 사회적 가치를 교환, 분배하는 개별 체계의 부분이며 물질적 소비에 의해 획득되는 효용 또한 사회적 기준에 의해 재평가되어야 한다.

3) 생태적 가치에 대한 탐구[8]

모든 생명체는 실제 그들의 욕구에 봉사하는 방식으로 자연환경을 나름대로 사용한다. 그런데 피츠패트릭(Fitzpatrick, 2014)은 인간에게 자연이 그러한 도구주의에 한정되어 있는지, 그러한 도구적 가치와 내재적 가치는 어떤 관계인지, 그렇게 하는 것이 인간에게 유익하지 않고 때때로 유해할 때조차 우리가 생태적 가치를 인정하고 보호할 수 있을지, 자연의 내재적 가치는 어느 정도 도덕적, 사회적, 정치적 사고의 부분인지 등의 질문을 던지고 있다. 그렇다면 여기서는 생태적 가치가 어떠한 내재적, 도구적 측면을 갖는지 검토하도록 하겠다.

피츠패트릭(Fitzpatrick, 2014)은 자연이 갖는 내재적 가치와 도구적 가치가 종종 갈등적이지만 항상 필연적으로 적대적일 필요는 없다고 지적한다. '상대방을 수단이 아닌 목적으로 취급하라'는 칸트의 유명한 주장처럼 생태적 가치 가운데 도구적 가치보다는 내재적 가치에 도덕적 우선순위가 부여되는 것은 옳다. x의 가치는 몇몇 역량에서 y에 봉사하는 한 도구적이나, x의 필연적 가치가 y의 외재적 현존과 상관없이 지속된다면 그것은 내재적이다. 그러므로 내재적, 도구적 가치 간 시너지가 상상될

8 이 절은 Fitzpatrick(2014: 41-44)을 요약한 것이다.

수 있고, 내재적 가치가 도구적 가치의 필연적 성질을 표출시키기 때문에 상대적으로 더 중요하다고 볼 수 있다. 만약 그렇다면 생태적 가치의 두 측면인 내재적 가치와 도구적 가치는 어느 지점에서 갈등하게 되는가?

자연은 인간/비인간이 식량, 산소를 위해 의존하는 지구로 태양에너지를 변형시키는 생명의 원천이다. 만일 인간과 비인간 동물이 부재하다면 식물은 가치를 갖지 못하거나 기껏해야 내면에서 활성화되지 못한 가치를 갖게 될 것이다. 그런데 인간과 동물은 식물을 먹음으로써 그 안에 있는 내재적 가치를 경시하지 않으면서 그것을 사용한다. 어떤 형태의 사용은 자연에 대해 그 내재적 가치를 존중하고 보존하는 방식으로 활성화하지만, 그렇지 않은 형태의 사용도 있다. 따라서 도구적 가치의 내재적 가치와의 갈등 여부의 범위는 자연이 생물에 의해 변형되는 수단 및 정당화에 의존하는 것이지 변형이라는 사실 자체에 의존하는 것은 아니다.

예컨대 당신이 지구상에 생존해 남아있는 마지막 인간이라고 상상해 보라. 비난할 인간이 없다고 해서 숲에 불을 지르고 수많은 동물을 당신만의 스포츠나 오락을 위해 살육하는 것은 도덕적으로 수용될 수 없을 것이다. 그 이유는 당신이 비록 가장 마지막 생존해 있는 인간일지라도 자연에는 지속적으로 소속되어 갈 상호연계망의 성원으로 의무를 소유하는 비인간존재가 많이 있기 때문이다. 인간은 다른 인간들뿐만 아닌 비인간존재 역시 판사이자 배심원인 윤리적 법정 내에서 자신의 활동을 정당화해야 한다. 이러한 관점에 따르면, 당신은 어떤 인간이 당신 뒤에 거주할지와는 상관없이 지구에 대해 적어도 당신이 그것을 발견할 때의 상태처럼 남겨놓을 의무를 갖는다. 인간은 숲이 비인간에게도 속해 있다는 것을 인정하는 한, 그것에 대한 사용권과 변형권을 가질 자격이 있는 것이다.

그러므로 생태적 가치를 존중하고 보전하는 사용들은 그러한 상호연계망을 승인하고 양성하기 위해 최선을 다해야 한다. 달리 말해 모든 생명체는 살아 있을 책임을 갖는다. 동물 a는 동물 b를 식량으로 생각하기 때문에 동물 b를 공격한다. 그러나 먹거나 먹히는 것은 여전히 자연의 상호연계망을 존중하는 것이다. 만약 동물 a가 아무런 목적 없이 스포츠나 오락처럼 사소한 이유로 살육을 자행할 정도로 잔인하여 동물 b가 멸종될 위험이 있다면 그러한 방식은 자연의 상호연계망을 존중하는 것이 아니다. 물론 종종 복잡한 가치판단을 내려야하는 매우 발전된 사회적 존재인 인간의 지위를 고려할 때, 생명체의 상호연계망을 승인하고 양육하는 활동은 여타 활동과 쉽게 구별되지는 않는다. 육식하는 사람이 단지 자연적 원인으로 죽거나 고통 없이 죽임을 당한 동물만 먹어야만 동물의 내재적 가치를 존중하는 것이라 말할 수 있을까? 철저한 채식주의자는 생선까지는 먹는 채식주의자보다 더 강한 도덕적 지위를 점유하는가?

피츠패트릭(Fitzpatrick, 2014: 43)에 따르면, 인간은 스스로가 항상 올바를 것임을 보증할 수는 없기 때문에 생태적 가치와 생명체의 상호연계망에 대한 그들의 존중 또한 안내하는 역할이지 보증까지 하는 것은 아니라고 주장한다. 그러므로 중요한 것은 내재적, 도구적 가치가 갈등하는 지점에서 인간 활동의 비개입과 철회를 고정된 반응으로 다루기보다, 그러한 갈등의 감소를 위한 맥락에서 인간의 활동 및 개입을 변화시키려고 시도하는 일이다. 또 하나 중요한 것은 자기이익, 선호의 극대화, 경쟁 및 개인주의 등으로 점철된 시장지배적 경제체계를 생태적 가치, 곧 자연의 내재적 가치에 비추어 성찰해야 하는 과제이다. 인간은 실제로 개미, 비버와 동등하게 자연을 사용한다. 그러나 인간의 몇몇 활동은 생명체의 상호연계망에 대한 내재적 가치를 침해할 수 있다. 대규모 토건 사업은 환경파괴를 낳으리라고 우려되더라도 일자리 창출의 다른 방법이 없다면 좀 더 쉽게 정당화된다. 그리고 그것이 '녹색성장'에 기여한다고 포장된 녹색 일자리일 경우에는 더 쉽게 정당화되기도 한다.

이러한 경제적 가치 위주의 강한 인간중심주의와 생태적 가치를 강조하는 강한 생명중심주의 사이에는 어떤 내재적 가치의 스펙트럼이 존재할까? 피츠패트릭(Fitzpatrick, 2014: 44)은 (1) 내재적 가치를 점유하는 어떤 생명체도 없는 세계, (2) 내재적 가치를 점유하는 의식적 생명체는 없지만 다른 생명체는 있는 세계, (3) 내재적 가치를 점유하는 정의적(情意的, sentient) 생명체는 없으나 의식적 생명체가 있는 세계, (4) 내재적 가치를 점유하는 인간생명체는 없으나 정의적 생명체는 있는 세계, (5) 내재적 가치를 점유하는 인간생명체만 있는 세계라는 다섯 가지 이념형적 가능성을 제시한다. 이 가운데 강한 인간중심주의는 (5)를 선호하는 데 반해, 강한 생명중심주의는 (2)를 선호할 것이다. 사회적 가치를 추구하는 인간은 대부분 (2)와 (4) 사이의 어떤 지점에 스스로의 위치를 발견할 가능성이 크다. 어쨌든 생태적 가치와 관련해 볼 때, 인간은 정의적 생명체, 비정의적 생명체, 또는 생명체 자체에 대해 의무를 얼마나 갖고 있으며 가져야 하는가? 이것도 매우 논쟁적인 질문이지만, 필자는 자연의 내재적, 도구적 가치를 고려하는 생태적 가치에 대한 사회과학적 탐구가 사회적 가치, 경제적 가치와의 연계 속에서 이루어져야 한다는 입장이다.

4) 사회적 가치와 경제적 가치, 생태적 가치의 개념적 관계

그러면 위의 논의들을 바탕으로 사회적 가치를 경제적 가치, 생태적 가치와의 개념적 관련성 아래 검토해 보자. 먼저 생태적 가치에 대해 녹색주의자들은 경제적 가치가 환경적 하부구조에 의존한다는 사실을 강조한다. 그 때문에 자원이 한 번 사용되고 난 뒤의 채굴된 자원과 오염된 생태계가 경제적 가치의 원천이 된다고 볼 수 있다.[9] 이 관점에 따르면, 자연

---

9 로크(Locke)가 재산을 지구의 결실과 노동의 혼합으로 정의한 이래 노동을 '능동적인 것', 자연을 '수동적인 것'이라고 암묵적으로 전제하는 노동가치론이 발생되었

은 그 자체로서 가치 있는 것이기 때문에 생태적 가치를 생태적으로 값진 것으로 따지려는 인간중심주의 편향은 극복되어야 한다. 나아가 인간의 사회적 상호작용에서 직조되는 사회적 가치 또한 이러한 생태적 가치의 한계 안에서 작동된다고 보아야 할 것이다.

첫째, 사회적 가치는 경제적 가치를 포괄한다. 둘째, 사회적 가치 또한 생태적 가치에 포괄된다. 이와 관련하여 근대경제학의 시장 논리뿐 아니라 20세기 유럽에서 만개했던 사회민주주의의 복지국가 담론 역시 분배의 원천을 확보하기 위해 경제성장을 옹호해 왔음에 유념할 필요가 있다. 그렇기에 사회적 가치에 대한 적절한 담론화는 기존의 효용가치론과 함께 노동가치론도 뛰어 넘는 생태복지의 틀을 요청한다.

셋째, 경제적 가치는 생태적 가치의 파괴와 관련되지만, 사회적 가치는 생태적 가치의 유지에 종속된다. 김홍중(2017: 22-26)은 20세기 초의 부국강병론과 20세기 중반의 냉전주의, 오늘날의 신자유주의를 사례로, 한국인의 가치가 정치, 경제를 위주로 한 생존주의 근대성에 압도당해 왔다고 파악한다. 반면에 한국에서 작동되어 온 사회적 가치는 전태일에서 노무현에 이르기까지 죽음이라는 상징과 결합된 숭고하고 성스러운 '사회적인 것'의 상상계와 관련되어 있다고 한다. 필자가 보기에, 이 주장의 논거는 종으로서의 인간의 유한성이라는 생태적 측면에서 사회적 가치가 비롯됨을 암시하는 것이기도 하다.

넷째, 경제적 가치는 생산, 노동에서의 경쟁을 반영하고, 사회적 가치의 일부로서의 생태적 가치 역시 자연에서의 약육강식이라는 먹이사슬에 의존한다. 하지만 전자는 국가주의, 시장주의에서의 고립된 '개인'에 초

다. 이는 이후 자본주의적, 또는 맑스주의적 외피로 치장되는 것에 상관없이 노동이 상품으로 전화시키는 자연 자체보다는 노동에 더욱 강조점을 두도록 이끌어 왔다. 녹색주의자는 이와 대조적으로 생태적 가치가 어느 정도 양화될 수는 있으나 궁극적으로 경제적인 것을 초월한다고 파악한다. Fitzpatrick(2003: 98) 참조.

점을 두는 반면, 후자는 종으로서의 공생과 삶, 죽음의 반복으로서의 생명 가치를 함축한다는 차이가 있다.

5) 사회적 가치 특성의 세 측면 - 한국형 제3의 길의 의미들과 관련하여

(1) 주관적 웰빙 – 경제적 복지에 기초하면서 그것을 넘어서는 건강한 역량

제2장에서 보았듯이 피츠패트릭(Fitzpatrick, 2003)은 경제적 가치에 대해 생산적 가치가 아닌, 보호와 지속가능성 등을 포괄하는 재생산 가치 차원에서 접근할 것을 제안하고 있다. 이러한 재생산 가치의 범주화는 경제적 가치와 사회적 가치, 더 나아가 생태적 가치 간 스펙트럼을 이해하는 데 도움이 된다. 재생산 가치라는 개념 틀은 웰빙, 곧 건전한 역량의 유지를 위해서만 생산성 성장 및 이로부터 뒷받침되는 복지가 유의미하다고 보아, 경제성장만 목표로 하는 생산성주의에 반대한다. 그런데 재생산 가치가 웰빙, 곧 삶의 질 자체에서 비롯되는 것이라 한다면, 사회적 가치는 웰빙을 내면화한 주관적 웰빙으로서 배려, 공감, 희생 등의 상징적 차원까지 포함한다고 볼 수 있다. 이처럼 주관적 웰빙과 건전한 역량을 강조하는 사회적 가치의 측면은 앞서 서술한 한국형 제3의 길의 함축 가운데 세 번째 의미와 관련된다고 할 수 있다.

사회적 가치를 주관적 웰빙으로 규정할 때, 그것의 필요조건은 '평균소득의 상승과 주관적 웰빙 수준 간에는 신뢰할 만한 연계가 없다'는 '이스털린 역설'(Easterlin paradox)에 근거하여 해석 가능하다. '이스털린 역설'에 관한 원인 분석은 관계 자체의 성격에서 도출되는 상호작용의 사회적 요소가 있고 경제학 모델이 이들 요소를 포착하지 못한다면, 경제적 가치가 지배적인 사회에 사는 사람들이 그들 행동의 이러한 비용/편익의 차원을 인지하지 못할 수 있다는 증명을 필요로 한다. 어쨌거나 현대인이 겪고 있는 소득 상승과 생애 만족 정체 간 간극은 개인주의와 소비주의의 지배 아래 위험에 처해 있는 인간 가치의 다양한 요소들에 의해 채워진다고 말할 수 있다. 그렇지만 이와 관련하여 어떤 활동, 교환이 성찰적으로 평가될 때 왜 다른 것보다 더 만족스러운가, 경험에서의 어떤 상실이나 놓친 요소들이 왜 지속적으로 해를 끼치는가와 같은 사회적 가치의 해명은 아직 본격화되지 못하고 있다.

필자는 주관적 웰빙의 필요조건을 시론적으로 제시하고자 하는데, 물론 이것이 사회적 가치로서의 주관적 웰빙에 포함되어야 할 감정적 차원까지는 포괄하지 못하는 한계가 있다. 먼저 소득 성장이 주관적 행복을 최종적으로 결정하는 것은 아닐지라도, 최소한의 인간다운 생활을 보장하는 경제적 복지가 주관적 웰빙의 첫 번째 요건으로 설정될 수 있다. 두 번째 요건은 앞서 언급한 재생산 가치와 관련되는 보호와 지속가능성의 측면이다. 예컨대 21세기의 인간이 과거보다 경제적으로 풍요로움에도 불구하고, 재생산 영역에서의 가족해체, 공동체 파괴, 환경악화 등에 따라 감정적 보호, 건강생활 등이 저해된다면 최소한의 인간다운 삶을 보장하는 보편적 복지가 완벽하다고 하더라도 결코 주관적으로 행복할 수는 없다.

조단(Jordan, 2008)은 행복한 삶을 의미하는 웰빙이 사회적 가치의 접근에 직접 관련되며, 경제적 복지는 사회적 가치를 교환, 분배하는 개별 체계의 부분으로 파악되어야 함을 역설한다. 고전적 자유주의 경제학자인 존 스튜어트의 효용론을 반박하면서, 일찍이 러스킨(Ruskin, 1860; Jordan, 2008: 37-38에서 재인용)은 "가치 있는 것은 생활을 향해 유용한 것이다. 실질적 정치경제과학은 국민에게 생활을 이끄는 것을 위한 원망(願望)과 노동을 가르치는 것이다. 생명 외에 부인 것은 없다"고 설파했다. 이보다 앞서 제1장 1절에서도 언급했듯이 스미스(Smith, 1759)는 감정이입이라고 해석될 수 있는 '또래 감정'이나 '감정의 조응'과 관련된 상호작용에서 행복의 원천과 슬픔에 대한 위안을 확인하고 있다. 스미스의 도덕감정론은 사회질서가 그것을 통해 지속되는 도덕적 정치적 관계(즉 사회적 가치의 공적 원천)가 매일의 감정적 상호작용의 기초 위에 세워져 있음을 보여준다.

이러한 설명은 단순하지만 신고전파 경제학의 시도보다는 더욱 신뢰할 만하다. 사회적 상호작용의 감정적 질을 이해하려고 한다면 신고전파 경제학의 전략은 도움이 되지 않을 뿐 아니라 실제로 잘못된 질문을 하도록 자극하기 때문이다. 사전적인(ex ante) 선호가 얼마나 사후적인(ex post) 경험의 정확한 예측과 상응하는가라는 문제는 파레토에 의해 경제학 영역에서 제거되었다(Sugden, 2005: 91, 95).[10] 이에 반해 인류학자 더글러스(Douglas, 1973; Jordan, 2008: 38에서 재인용)에 의하면 "소비재가 소유자를 바꿀 때마다, 한 사람은 다른 사람과 의사소통하고 있는 것이다. 상품은 사회적 범주를 정의한다. 우리는 상품을 공유하고 주는 정도에 관한 규칙에 의해 내포적, 배제적 범주를 정의한다. (중략) 빈곤은 재화의 부족이 아니라 자존감과 권력으로부터의 배제이다."라고 지적되고 있다.

생산적 복지나 사회투자의 담론이 사회민주주의의 개혁 맥락에서 생산성주의를 강조하고 있지만, 그것의 경제적 가치에 대한 초점은 신고전파 경제학의 관심에서 크게 벗어나 있지는 않다. <그림 1-1>에서처럼 전통적 사회민주주의 논의의 출발점이 사회에 있었던 것에 비하면, 서구적 제3의 길은 오히려 생산주의적 가치에 좀 더 경도된 측면도 없지 않다고 할 것이다. 그런데 빈곤과 불평등이 항존하는 현실에서 경제적 가치와 물

---

10 파레토(Pareto) 이래, 모든 종류의 상호작용에서 개인에 의해 극대화되는 효용은 선호라는 용어로 정의되고 소비 경험에서 도출되는 만족으로 정의되지는 않는다. 초기 경제학자들은 쾌락을 다루었고 따라서 명백히 의사결정이 어떻게 정신적 결과를 낳는가를 보여주기를 스스로 요구한 반면에, 후대 경제학자들은 '경험 효용'보다는 '결정 효용'에 한정시켜 개인이 모든 재화 꾸러미에 대한 그들의 선호를 질서지울 수 있다고 가정했다. Jordan(2008: 42) 참조.

질적 복지의 중요성이 폄하될 수는 없듯이, 경제적 복지를 배제하는 관념론적인 사회적 가치론도 지양될 필요가 있다.

(2) 호혜성 – 보편적 복지와 사회적 경제의 매개

사회적 가치의 두 번째 측면과 관련하여, 그것은 경제적 가치와 생태적 가치를 호혜, 협력의 차원에서 매개한다고 말할 수 있다. 최정규(2017: 38-44)는 행동경제학의 공공재 게임 결과를 바탕으로, 피실험자들이 자신에게 손해가 되더라도 타인에게 이득이 되는 방향으로 행동하는 성향을 갖는다고 설명한다. 또 그들은 다른 사람들도 자신과 마찬가지의 성향을 갖고 있다고 확인되는 경우에만 협력적 행동을 지속하며, 이처럼 조건부로 나타나는 협력적 행동의 성격 때문에 타인이 어떻게 행동할 것인가에 대한 기대가 중요한 역할을 한다고 본다. 위의 실험 결과는 인간이 개별 존재로서는 경제적 가치에 몰두하지만, 공동체적 삶의 상황이 인지될 때 '협력'이라는 사회적 가치를 공유함을 시사한다. 유목시대 이래 환대(hospitality)가 적의(hostility)에 대한 평화적 제압 기능을 암묵적으로 수행해 왔듯이, 호혜는 상호 불신에서 비롯되는 개인적 경쟁주의에 대항하여 공동체의 생명을 지탱하기 위한 지혜라고 말할 수 있다.[11]

한편 호혜성이라는 사회적 가치의 측면은 보편적 복지와 사회적 경제를 매개한다고 볼 수 있는데, 그 구체적 사례는 본 저술의 제7장에서 다룰 무상급식 정책을 통해 친환경 식자재를 생산하는 사회적 경제의 발전 시도가 해당된다. 보편적 복지의 강화는 경제적 가치를 평등하게 재분배되도록 하여 생태사회적 가치를 추구하는 다양한 협동적 사회연대 경제

---

11 김현경(2015: 207)에 의하면, 환대란 타자에게 자리를 주는 행위, 또는 사회 안에 있는 그의 자리를 인정하는 행위이다. 자리를 준다/인정한다는 것은 그 자리에 딸린 권리를 준다/인정한다는 것이다. 그녀는 환대받음에 의해 우리는 사회의 구성원이 되고 권리들에 대한 권리를 갖게 된다고 해석한다.

를 활성화할 수 있다. 따라서 이는 필자가 제시하는 한국형 제3의 길의 첫 번째 의미와 조응하는 것으로, 여기서는 보편적 복지의 사례로 기본소득, 사회적 경제의 사례로는 비공식경제(informal economy)의 의의를 살피고자 한다.

먼저 기본소득제도는 복지 확대가 필연적으로 경제성장에 의해 뒷받침되어야 한다는 지배 패러다임에 도전하면서, 경제성장을 낮은 수준으로 통제하면서도 시장체계의 개선으로 더 많은 복지를 확보하려는 구상이다. 기본소득은 결혼이나 고용상 지위, 고용 경력, 고용에 대한 의지 등과 상관없이 부여받는 무조건적 시민권이다. 그 논점은 국가와 시장에 대한 의존을 줄여 개인의 자유를 제고시키고, 여타 수입을 배제하지는 않기 때문에 빈곤 또한 감소시키는 데 있다. 이 제도는 다음과 같은 생태사회적 지속가능성에 대한 효과가 예측된다(Fitzpatrick, 2011: 146-147).

첫째, 인간역량을 약화시키는 상황 및 관계로부터 소득보장에 의거해 개인적, 사회적 활동의 여유를 되찾아 주고 생존을 위해 압착당하는 노동시간을 감소시킨다. 둘째, 소득, 부와는 차별화되는 건강한 라이프스타일, 교육, 여가 등과 같은 기본 욕구가 좀 더 종합적으로 실현될 수 있는 재정적 기초를 제공한다. 셋째, 경제에 대한 민주적 통제와 결합된 다양한 실험을 자극함으로써, 생산 및 소비의 지속불가능성을 억제할 수 있다. 예컨대 사회적 배당금은 사회적 소유 기업의 연간 이윤으로부터 모든 시민에게 실질적으로 지급되는 수익이다. 또 다른 예로 기후변화 대응과 관련해 탄소배출에 대해 엄격히 세금을 부과하되 그 세입을 모두 동등한 현금지급의 형태로 시민들에게 송금하도록 하는 구상도 있다. 이를 통해 수입이 적은 사람은 새로운 소득을 갖게 되고 온실가스를 대량으로 배출하면 처벌받고 적게 배출하면 보상을 주는 것이 가능해진다(Ferguson, 2017: 327-336). 물론 기본소득을 통해 증가될 수 있는 여가의 기회는 생태적 가치를 증진하기 위한 필요조건일 뿐 충분조건은 아니다. 그러므로 기본소득 외에도 사회적 경제나 환경정의를 지향하는 급진적인 지속가능성 전략이 요청된다고 할 것이다.

다른 한편으로 피츠패트릭(Fitzpatrick, 2011: 146-150)은 비영리조직 형태의 사회적 기업보다는 지방통화체계나 소규모 협동조합(한국의 경우 마을기업, 자활근로사업단 등) 등 '비공식경제'가 사회적 가치 증진에 더욱 유의미한 형태라고 파악한다. 이때 비공식경제는 생산, 소비 및 노동의 공식경제 외곽에 존재하여 공식적으로 측정되지는 않지만 사회적 웰빙에 기여하는 활동(Williams & Windebank, 1998; Fitzpatrick, 2011: 148에서 재인용)으로, 공공부문과 국가, 상업적 시장 공급, 독립적 비영리조직, 가족 등과 구별되는 시민사회의 영역이라고 정의된다.

예를 들어 지방통화체계는 지역사회 경제활동을 더 이상 화폐의 결핍으로 제한하지 않으며, 공식경제에 의해 평가절하되는 기능과 경험을 가진 사람도 비슷한 품성의 이웃과 함께 공동체적, 호혜적 교환에 참여할 기회를 제공한다. 비공식경제는 사회적 가치의 창출을 우선적으로 고려함으로써 SES의 지속가능성에 다음과 같이 기여할 수 있다. 첫째, 지구화 시대 큰 정부에 의해 빛바래져 온 이웃 간 시민적 결사를 재생시켜, 질적 자아, 또는 관계적 자아를 활성화시킨다. 둘째, 다른 부문들이 할 수 없는 방식으로 기본 욕구를 제공하는데, 예를 들어 실업자의 비고용 노동 형태를 도입함으로써 그들의 삶의 질을 제고하기 위한 시간의 거래를 가능케 한다. 셋째, 비공식경제의 성원이 된다는 것은 시민이 그 기획과 운영에 대해 발언할 수 있음을 뜻하므로, 현재의 공공 서비스와는 구별되는 상향적 거버넌스 모델의 맹아가 될 수 있다(Fitzpatrick, 2011: 149-150).

(3) 숙의성 – 제3섹터에 의한 실질적 거버넌스의 구축

사회적 가치의 세 번째 측면은 의사소통과 공정한 대우로, 상징적 가치의 형성에 상대적으로 밀접하다. 이원재(2017: 135-138)는 사회적 가치와 관련하여 시민사회의 문제해결 역량을 키우는 의사소통을 중시하면서, 시민사회 내부의 의사소통과정이 사회혁신과 사람 중심의 발전을 가능케 한다고 지적한다. 또 공정한 대우는 인간의 생명으로서의 존재 가치를 인정하는 것으로, 현시점에서의 계급 타파와 함께 미래 세대에 대한 공평한 배려, 비인간 동식물의 생존 권리에 대한 승인 등을 포괄한다.

여기서는 사회적 가치의 세 측면을 주관적 웰빙, 호혜성, 숙의성 등으로 정리하여, 이들 각각이 한국형 제3의 길의 세 번째, 첫 번째, 두 번째 의미들과 조응됨을 밝히고자 했다. 한국형 제3의 길을 설정하여 생태복지국가로의 경로를 찾는 본 저술은 그것을 매개하는 요소들로서 환경정의 및 지속가능성 담론에서 도출되는 분배, 절차와 승인, 역량 등의 개념틀을 강조하게 될 것이다. 특히 문재인 정부 들어 재조명되고 있는 사회적 가치의 범주는 이러한 생태복지국가를 향한 탐색에 비슷한 함축을 지니는 유용성을 갖는다고 할 수 있다.

2. 사회-생태계의 통합 틀에 입각한 자산기초 접근

1) 사회-생태계의 통합적 틀 설정

SES 개념[12]은 생물-지질물리학적 단위 및 이와 결합된 사회적 행위자

---

12 SES의 범주는 사회적인 것과 자연적인 것의 동시적 구성을 강조한 어윈(Irwin, 2001)의 입장, 그리고 인간을 동물의 기초적 본성과 생물학적 한계를 공유하는 존재로 간주할 뿐 아니라 상대적으로 자율적인 사회적 기제 및 과정도 인식할 수 있다고 보는 벤튼(Benton, 1991)의 비환원론적 자연주의에 근거하고 있다. 서영표

및 기관들로 구성된 복합적, 적응적인 체계로 정의된다(Glaser et al., 2012: 4). 이때 SES의 공간적, 기능적 범위는 개별 생태계와 그 문제 맥락으로 제한된다. SES와 관련된 자연과학이론은 체계생태학과 복잡성 이론 등으로 발전되는 경향도 있으나, 현재 서구에서의 SES 연구는 복잡성 이론이 간과해 온 공평성, 인간 웰빙 등의 사회적 관심사와 게임이론, 행태심리학 및 문화이론 등의 문제의식까지 포괄하고 있다(Sakai et al., 2014: 4). 자연생태계가 점점 더 인간 웰빙에 영향을 미치고 사람들이 지속적으로 생태계를 변형, 파괴함에 따라, 사람과 사회, 자연 간 문제의 해결책이 SES에 대한 통전적 관점에서 비롯되어야 한다는 학제 간 협업 필요성이 부상되어 왔다.

2008년 개최된 독일 인간생태학회 심포지움에서는 SES 개념의 활용방향에 대해 다음의 세 가지가 권고되었다(Glaser et al., 2012: 5). 첫째, SES 용어는 맥락특정적인 사회 및 생태조건을 고려하여 해석되고 조작화되어야 한다. 이는 지금껏 드물게 다루어져 온 지방적 지식을 방법론적으로 적절하게 처리하는 것을 포함한다. 둘째, SES 분석은 인간과 환경 간 실제 세계 상호작용의 모든 복잡성을 통합할 수 없다. 따라서 이러한 복잡성을 사회적으로 적절한 방법으로 환원하기 위해 SES 연구는 결정된 지리적 구역에서의 특정한 문제들을 다루는 데 초점을 맞추어야 한다. 셋째, SES를 둘러싼 학제 간 협력이 책임과 권리에 의거하여 자연과학 및 사회과학 간 균형된 분배로 기획되어야 한다.

(2013: 105, 111에서 재인용).

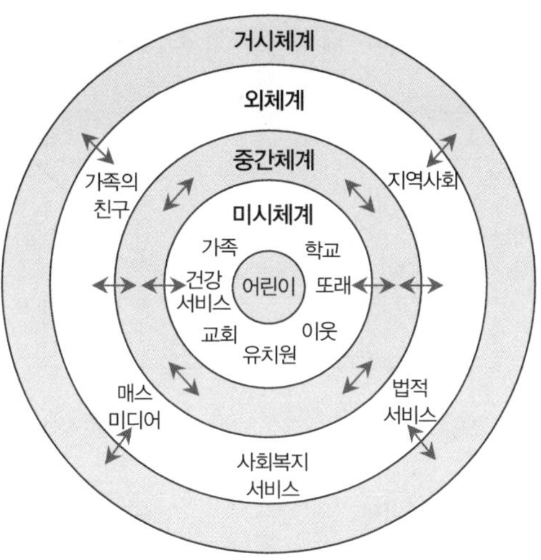

<그림 3-1> 브론펜부르너의 생태체계 모델
(출처 : 한상진(2018: 337))

생태계 개념은 자연적 생태체계를 가리킴에도, 사회과학에서는 도시공간의 분화를 설명하는 인간생태학으로부터 인간행동의 발달에 영향을 미치는 사회환경을 묘사하는 사회복지학, 또는 유아교육학의 생태체계 모델에 이르기까지 사회체계와 관련한 다양한 응용이 이루어져 왔다. <그림 3-1>은 후자의 대표적 생태학 접근인 브론펜부르너(Bronfenbrenner)의 어린이 발달과정에 대한 모델을 나타낸다. 인간이 구성하는 사회체계는 인간 생명체가 생태계의 일부인 이상 자연과 동의어인 생태계의 일부이다. 그러한 관점에서 보면, 사회체계 가운데 인간행동과 밀착된 가족, 친구, 사회연결망 등의 생활생태계를 근간으로 공간적 측면의 하위생태계로 도시가 존재하며, 기존에 하위체계라는 개념으로 식별되어 온 경제생태계(예: 사회적 경제 생태계, 정보기술 생태계 등 포함)나 문화생태계 등도 사회체계 내 하위생태계로 파악될 수 있다.

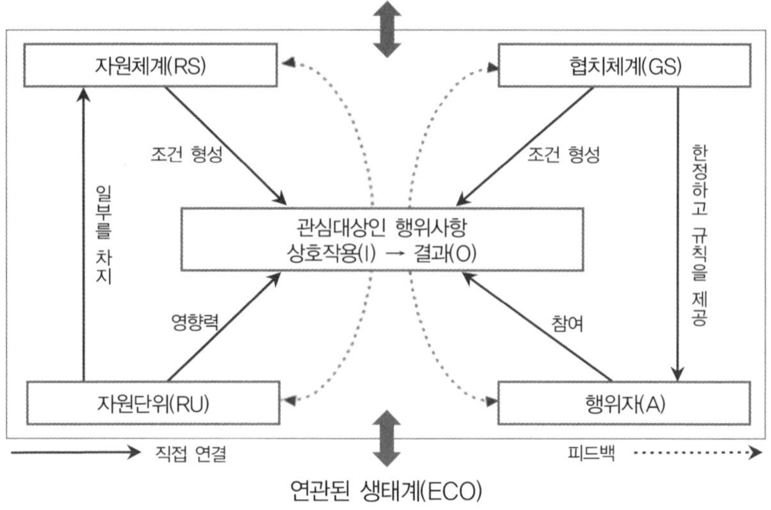

<그림 3-2> 사회-생태 다층진단법

SES의 개념은 사회체계와 자연 생태계를 통합적으로 고려하여, 자원관리의 불확실성에 직면할 경우 자연과 인간 사이의 상호작용은 물론 자연환경 시스템 자체를 이해해야 할 필요성에 따라 고안되었다. 최현·따이싱셩(2016: 48)은 이 범주가 사회과학에서의 제도분석 이론과 자연과학의 '복잡한 생태계의 자기조직 특성에 관한 연구'를 결합시켜, SES의 적응적 공동관리와 생태계 지킴에 개념적으로 활용될 수 있다고 강조한다. <그림 3-2>는 이 개념에 근거한 사회-생태 다층진단법을 나타내는데, 이는 기존 제도분석 이론에서의 자원체계, 자원단위, 협치체계, 행위자, 행위상황 등을 사회, 경제, 정치, 생태계의 맥락에서 접근하는 데 유용하다.

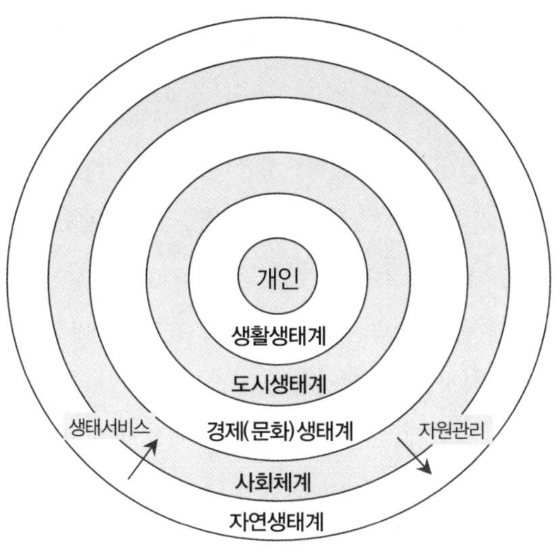

<그림 3-3> SES의 시론적 범주 설정

<그림 3-2>의 모델이 사회체계와 생태계의 상호교류를 강조하는 데 비해, 본 저술은 이러한 문제의식을 흡수하면서도 사회체계가 갖는 생태적 한계에 주목하여 <그림 3-3>의 시론적 모델을 제시하고자 한다. 이 같은 SES 모델은 <그림 3-1>과 같은 사회복지학의 생태체계 모델이 강조하는 개인과 환경의 이중 초점 발상과 비슷하게, 인간, 생활환경, 사회환경, 자연환경 등의 다중적 연계, 즉 사회체계와 자연생태계에 대한 동시적 고려에 주안점을 두고 있다. 이 모델의 의의는 생명체로서의 인간이 행동, 실천을 통해 조성하는 경제체계, 문화체계 등이 다른 인간 및 하위 사회체계 등과 네트워킹됨으로써 사회적 경제 생태계, 정보기술 생태계, 다문화 생태계 등 새로운 창조적 체계화로 이어짐을 포착하는 데에 있다. 전통적으로 인간생태학에 의해 설명되어 온 도시생태계 또한 인간의 생활생태계가 직조하는 전체 자연생태계, 사회체계의 한 부분으로 명확히 위치 지을 수 있는 이점을 갖는다고 하겠다.

2) 자산의 정의와 복지자본주의론에서의 자산기초 접근

(1) 자산의 정의

자산은 세대에 걸쳐 획득, 개발, 개선 및 이전될 수 있는 재정적, 인간적, 자연적, 사회적 자원의 스톡으로 정의될 수 있다(Frayne et al., 2012: 12). 그것은 단순히 사람들이 생계를 구축하기 위해 사용하는 자원이 아니며, 사람들에게 존재하고 행동할 역량을 준다. 따라서 자산의 취득은 수동적 행동에 그치지 않고 행위자를 창출하고 개인 및 공동체에게 임파워먼트를 연계할 수 있게 만든다. 자산은 경제적 안정성을 개선하고 재정적 가독성을 용이케 하며 개인이 위험에 대처하는 것을 가능케 하고 개인개발을 제고시키며 저축 및 기타 책임 있는 습관을 격려하고 모든 사람에게 사회에서의 자기 몫을 제공하며 사회적 네트워크에 활력을 불어 넣기 때문이다(Fitzpatrick, 2014: 37).

자산의 개념은 유형 및 무형의 자산 둘 다를 포함하는데, 가장 폭넓게 인정되는 범주로는 자연적, 사회적, 경제적 자산 등을 들 수 있다. 이 가운데 자연적 자산은 SES 개념과 가장 밀접히 연관되는 것으로, 오염과 희소한 결핍된 자원의 환경에서는 정신적, 감정적 건강이라는 무형의 자산이 성립될 수 없다는 데서 도출된다. 다음으로 사회적 자산은 가구 및 거주 안정성, 사회자본, 정치적 멤버십 등을 가리킨다. 끝으로 경제적 자산은 소득, 소비 및 자활 등으로 구별될 수 있다(Fitzpatrick, 2014: 37-39). 사회와 자연의 상호의존성은 확실히 이들 자연적, 사회적, 경제적 자산의 범주에 숨어져 있다. 예를 들어 오염과 희소한 결핍된 자원의 환경에서 물리적, 정신적, 감정적 건강을 개념화하는 것은 불가능하다.

환경정의 담론이 주장하듯이, 극빈층의 생활환경은 그들에게 불리한 사회적 불평등과 정책과정으로 인해 악화되기 때문에 충분하고 공정한 웰빙 상태가 성취될 수 없다. 자산은 성격상 개인적이고 집합적일 수 있다. 이는 자산이 유형에 따라 개인, 가구, 공동체, 또는 전체 사회에 의해 점유될 수 있음을 의미한다. 더 나아가 자산은 외부재(재산, 저축, 배당, 상속 및 직업 등)와 내부재(교육훈련 자격, 기능 및 재능, 자신감과 동기부여, 근로경험, 문화자본 등)를 포함한다.

자산은 경제적 안정성을 개선하여 위험에 대처하는 것을 가능케 하고 개인 개발의 제고를 통해 저축 및 기타 책임 있는 습관을 격려하며 모든 사람에게 사회에서의 자기 몫을 제공함으로써 사회적 네트워크에 활력을 불어 넣는 역할을 수행한다. 이렇게 볼 때, 자연적 자산을 포함하여 모든 자산은 사람들이 살림살이를 지속하고 그들의 복지를 제고하기 위한 기본적 자원이며 역량이라 할 수 있다. 인간적, 사회적, 물리적, 자연적 및 경제적 자본 등을 포함하는 자산의 리스트는 최근에는 개인과 사회집단의 능력을 결정하는 정치적, 심리적 자산도 중시하는 역량강화 관점으로 확장되고 있다.

(2) 복지자본주의 담론에서의 자산기초 접근

자산에 기초한 복지가 대안으로 부상되어 온 이유는 그동안 소득에 기초한 정책이 박탈에 대한 부적절한 측정으로 점점 더 간주되어 온 데다가, 단순한 물질적 차원이 아닌 역량의 문제가 웰빙의 핵심적 영역으로 인정된 데 따른 것이다. 그런데 SES의 통합 틀 맥락에 있는 자산기초 접근은 주로 아프리카 등 제3세계에서 발전되어 온 반면, 서구 및 동아시아의 복지자본주의 담론에서 그것은 금융자산이나 실물자산 등 경제적 자산을 가계가 복지의 대체수단으로 사용하는 측면을 주로 강조해 왔다(김도균, 2018: 3).

역사적 제도주의 관점[13]에 따르면, 복지국가는 사회혁명과 같은 급격

13 역사적 제도주의 접근에서 제도의 형성과 변화를 설명하는 핵심 개념은 결정적

한 변동의 결과로 출현한 것도 아니고 근대화의 정해진 경로를 따라 발전해 온 것도 아니다. 서구에서 복지국가의 등장은 아무도 예상치 못했던 현상으로, 큰 싸움이나 거대한 계획으로 등장한 것이 아니라 복잡하고 연속적인 정치과정의 결과였다(김도균, 2018: 19). 서구 복지국가를 이념형으로 설정하는 시각에 반대하여 한국형 생태복지국가의 가능성을 탐구하려는 본 저술 역시 복지국가를 복지자본주의의 다양한 유형 중 하나로 파악하는 이러한 문제의식에 동의한다.

다만 한국형 복지자본주의에서 가계자산의 중요성에만 초점을 맞추는 것은 자연자산을 포함하는 넓은 의미의 자산기초 사회정책에서 부분적 의의만을 갖는다고 해석하고자 한다. 김도균(2018: 5)에 의하면, 가계자산에 기반한 복지는 세계화, 고령화에 따라 더욱 중요해지고 있으며 그 이유는 복지국가가 상대적으로 축소되는 데 반해 새로운 사회적 위험에 대처하기 위한 민간복지의 비중이 증대되었기 때문으로 풀이된다. 나아가 그(김도균, 2018: 226-228)는 개인과 가족, 사회권과 소유권을 기준으로 복지자본주의의 네 가지 유형을 시민적 개인주의, 소유적 개인주의, 시민적 가족주의, 소유적 가족주의로 명명하고 한국의 경우 소유적 가족주의로 분류하고 있다.

한국에서 가족 위주 부동산 중심의 자산 기초는 낮은 조세부담과 연계되어 양극화를 강화시켰고, 그 결과 불평등의 세대 간 재생산과 심각한 저출산으로 귀결되어 왔다. 본 저술은 이러한 한국 복지자본주의의 위기

국면과 경로의존성이다. 결정적 국면이 제도 발생의 우발성이나 비의도성을 강조한다면, 경로의존성은 이렇게 우연히 형성된 제도가 지속적으로 재생산되는 과정을 강조한다. 그런데 경로의존성 개념은 제도란 일단 한 번 형성되면 행위자의 기대와 선호에 중요한 영향을 미치고, 행위자는 이미 수립된 제도에 자신의 전략을 적용시키고자 하기 때문에 기존의 제도적 질서를 강화하는 경향이 있다고 주장한다. 그러나 이 경우 제도의 폐기나 실패, 변화 등을 설명하기 어렵기 때문에 제도적 결정론이라는 비판을 받아 왔다. 김도균(2018: 16-17) 참조.

에 공감하면서도, 그 해결책은 가계자산의 사회화, 사회권의 신장뿐 아니라 자연적 자산과 연계된 생태복지의 지향 속에서 모색되어야 한다는 입장임을 재강조하고자 한다.

3) 자연적 자산을 포괄하는 자산기초 접근과 지속가능한 살림살이

본 장 1절 5)의 (2) 소절에서 논의한 것처럼 '비공식경제'는 사회적 가치의 호혜성을 내포하는 영역으로 재조명되어 왔다. 복지자본주의 담론에서의 자산기초 접근이 가계의 경제적 자산에 치중하고 있는 반면에, 제3세계에서 자산기초를 둘러싼 정책의 초점은 경제성장보다 완전고용에 대한 관심에서 도출되었다. 또한 개념적으로도 비공식경제에 속한 사람들을 배제하지 않음을 나타내기 위해 '고용'보다는 '생계'라는 용어가 선호되기도 한다. 그렇다면 자산과 생계가 왜 사회정책에 중요하며, 그것이 자연적 자산이나 생태적 지속가능성과 연관되는 이유는 무엇인가?

공식부문의 고용에 현실적으로 접근하기 어려운 제3세계를 포함한 모든 나라의 빈곤실업층은 그들이 갖고 있는 얼마 되지 않는 가계자산 외에는 비공식경제를 통해 축적할 수 있는 자산에 의존할 수밖에 없다. 더 나아가 모저(Moser, 2008)는 소득, 소비에 대한 사회정책의 초점을 이동하기 위해 '지속가능한 살림살이'(sustainable livelihood)라는 개념을 제안한다. 이 개념은 사회보호와도 연계되어 있지만, 개인 및 가계의 사회경제적 웰빙과 관련하여 빈곤 감축을 개선하는 데 자산과 역량이 수행하는 중요한 역할을 전면으로 부각시키고 있다. 예컨대 자마이카의 사회정책 구성을 보면, 정책적 전략 분야가 의례적인 영역을 벗어나 인간보장, 환경 및 확고하고 지속가능한 생계라는 쟁점들을 포괄하는 것으로 나타난다.

이처럼 비공식경제에 의거해 빈곤 감축을 지향하는 지속가능한 살림살이의 전략은 웰빙과 건강 등 인간의 사회적 역량 증진에 물, 식량, 에너지, 기후 등 자연적 자산의 보전이 핵심적임을 보여준다. 비슷한 문제의식에서 피츠패트릭(Fitzpatrick, 2014)은 사회경제적 권력의 분배에서 자원이 행하는 역할을 격하시켜서는 안 된다고 지적하면서, 역량이 중요하다면 그것을 가능케 만드는 것의 배경에는 생태계와 인간중심 체계의 상호작용이 있다고 주장한다. 그동안 자산에 대한 사회정책 논쟁은 자연에 대해 충분히 설명하지 못해 왔지만, 가계의 경제적 자산 외에 사회적 자산을 가리키는 네트워크, 호혜성, 신뢰 등은 물론 생태적 가치를 갖는 자연적 자산의 유의미한 비중이 점점 더 뚜렷이 인지되고 있다.

요컨대 자산에 대한 관심을 갖는 사람들이 그들 자산의 기초를 강화하고 자산에 대한 더 높은 수익을 획득하며 좀 더 안정적인 생계를 확보하려는 역량은 생태복지 차원의 자연적 자산에 대한 지속가능성 시도와 확실히 연계되어 있다고 할 것이다. 예를 들어 오염과 희소한 결핍된 자원의 환경에서 물리적, 정신적, 감정적 건강은 제대로 개념화될 수 없다. 환경정의의 관점은 극빈층이 생활환경의 질이 그들에게 불리한 사회적 불평등과 정책 과정으로 인해 악화되기 때문에 충분하고 공정한 웰빙 상태를 성취할 수 없음을 강조해 왔다. 본 저술은 SES라는 사회체계와 자연생태계의 통합적 틀에 비추어, 자산기초 복지가 경제적 자산 외에도 자연적 자산, 사회적 자산과도 불가분의 밀접한 관계라는 사실에 주목하고자 한다.

영세금융이나 영세신용(microcredit)의 기획자들은 개인적 저축 제고 차원에서의 사회적 프로젝트를 지원할 때, 작은 규모의 신용 창출이 빈곤층으로 하여금 자연자원에 대한 더 많은 통제의 행사를 가능케 한다고 발견해 왔다. 그런 맥락에서 모저(Moser, 2007)는 자연자본(숲, 공기와 오염)의 금융화를 제안하기도 한다. 그러나 서구의 경우 정부는 사회정책 의제에서 자연적 자산을 포함하려는 어떠한 시도도 하지 않아 왔다. 예컨대 1995년에 영국의 신노동당 정부는 포괄적인 지속가능발전 지표로서

15개의 대분류 척도를 개발했는데 여기에는 환경적 관심(하천 수질, 새의 숫자 및 대기오염 등)이 건강, 교육, 경제 성장이라는 친숙한 쟁점들과 함께 포함되었다. 그러한 시도는 환영받았지만 사회적, 경제적 지표와 환경 지표는 적절히 통합되지 못해, 새의 숫자가 일자리, 임금과 어떤 관계인지에 관한 질문에 명확히 답변하지 못하고 있는 실정이다.

제2부

생태사회적 배제,
정의로운 중강도 지속가능성,
그리고 생태복지국가

제4장

◆

생태사회적 배제

-담론 구성과 대응 전략의 모색-

2016년에 발생한 가습기 살균제 참사는 생태계를 고려하지 않은 기술개발의 파국을 보여준다. 이제 현대인의 생존과 안녕은 더 이상 생태적 고려 없이는 불가능하다. 중국, 한국의 오염물질 배출 자체도 문제일 터이나, 기후변화에 따른 온난화는 북극 빙하를 녹이고 계절풍 변화를 발생시켜 중국과 한국의 미세먼지 정체를 가중시키고 있다(KBS, 2017.3.17). 통계청의 '2015년 사망원인 통계'에 따르면, 한국에서 폐렴사망률은 1년 전보다 5.2% 늘어났으며 폐암 사망률도 10년 전보다 5.9% 증가했다(매일경제, 2016.9.27). 기후변화에 따른 생태사회적 빈곤(ecosocial poverty)을 다루는 피츠패트릭(Fitzpatrick, 2014)의 접근처럼, 생태계의 교란과 핍진은 취약계층의 물질적 궁핍뿐 아니라 모든 인간의 사회적 배제를 낳고 있는 것이 분명하다.

본 장에서는 환경악화와 사회적 불의를 아우르는 생태사회적 배제라는 새로운 범주를 제기하고 이에 접근하는 차별적인 담론들을 구성함으로써,

그것의 극복을 위한 대응 요소와 실행 전략에 대해 탐색하고자 한다. 이러한 시도는 본 저술의 생태복지국가가 생태적 배제와 사회적 배제가 동시에 발생하는 기제들에 효과적으로 대응하는 대안임을 강조하기 위한 것이다. 좀 더 구체적으로 본 장은 생태적 배제, 사회적 배제, 생태사회적 배제 등의 개념을 검토하고 생태사회적 배제의 담론화와 관련하여 생산 자원관리 담론, 재생산 생명체 웰빙 담론, 체계 통합유지 담론 등을 제시한다. 또한 이들 담론을 바탕으로 생태사회적 포용(ecosocial inclusion)을 위한 대응 변인으로서, 역량에 근거한 성장중독의 탈피, 공동관리(commoning) 각각에 주목한다. 그리고 생태사회적 배제에 효과적으로 대응하는 실행 전략으로, 도덕감정의 재사회화를 통한 민주적 희생, JMS 맥락에서의 공급, 수요 모두의 생태적 급진화(ecological radicalization), 지구적 생태거버넌스-국가 수준 생태민주주의-지방 생태결사체 간 스케일 교류 등을 구상한다.

서구에서 촉발된 '근대'의 주요 특성은 기술발전을 토대로 한 인간의 자유 증진과 경제성장에 대한 믿음으로 해석될 수 있다. 시장의 자유를 설파하는 (신)자유주의는 물론 생산력 증대에 따른 평등의 당위성을 실천하는 맑스주의, 더 나아가 세수 확보에 의해 보편적 복지를 추구하는 정통 사회민주주의[1]에 이르기까지 '근대성'은 인간의 자연에 대한 전유를 문제 삼지 않는 무제한적인 성장을 가정한 것이었다. 그런데 1972년 UN에 의해 '성장의 한계'의 경고가 나온 이래, 녹색의 생태적 가치는 근대성과 대립각을 세우며 자본주의의 성장 가속기를 멈추게 하지는 못했을지

1 경제성장을 강조하는 경제적 가치 우위론은 사회민주주의보다 신자유주의와 같은 자본주의에 대한 보수적 입장에서 더욱 두드러지는데, 그 이유는 전자보다 후자에서 현금 흐름이 좀 더 두드러지기 때문이다. 그러나 부분적으로는 전통적 노동운동이 사회적 가치의 의미를 재구성하기보다는 사회적 재화의 더욱 폭넓은 분배를 추구해온 까닭에, 사회민주주의 또한 경제성장에 대한 본격적 비판을 수행하지 못해 왔다(Fitzpatrick, 2003: 96-97).

언정 지속가능성 담론 등으로 계속 확산되어 온 것이 분명하다. 생태복지국가는 생태적 가치와 사회 진보의 매개 고리가 취약한 심층생태주의, 그리고 생태적 가치를 도외시하는 전통적 사회민주주의 둘 다에 대한 비판적인 지평에서 모색되어야 한다. 따라서 생태사회적 배제를 극복하기 위한 본 저술의 대안 역시 양자의 절충을 넘어 차별적인 이념과 전략을 구비하기 위한 개념 요소와 실천 방향에 근거해야 할 것이다.

1. 생태적 배제, 사회적 배제, 생태사회적 배제의 개념들

1) 생태적 배제

호지슨과 필립스(Hodgson & Phillips, 2011)는 현재의 생태적 도전에 대해 지구온난화를 주축으로 하여 자원고갈, 쓰레기 및 공해, 물, 생물다양성 등을 거론한다. 이들 현상은 개별적인 것처럼 보이지만 모두 인위개변적(anthropogenic) 과정에 의해 생태계로부터 비인간 생명체 및 인간을 배제해 왔다. 우선 지구온난화는 지구표면 및 근표면 대기, 해양에 이미 발생해 온 인위개변적 온도 상승과 미래의 지속적 온도 상승 둘 다를 가리킨다. 그 주범인 온실가스 배출의 출처는 다양한데, 세계적으로 발전소 21.3%, 공업생산 16.8%, 교통 연료 14%, 농업 부산물 12.5%, 화석연료 추출, 가공 및 분배 11.3%, 거주, 상업 등 기타용도 10.3%, 토지이용 및 바이오매스 소각 10%, 쓰레기 처분 및 처리 3.4% 등으로 구성되어 있다고 한다. 또 기후변화와 직간접적 영향을 주고받으면서도 생태적 배제를 초래하는 독자적 원인들로는 현 소비행태의 지속불가능성, 사회의 비재생자원에 대한 소진, 다양한 방식으로 환경에 대한 압력을 증가시키는 인구성장, 인간행위로 인한 멸종 및 쓰레기 공해 등이 손꼽힌다(Hodgson & Phillips, 2011: 20, 37).

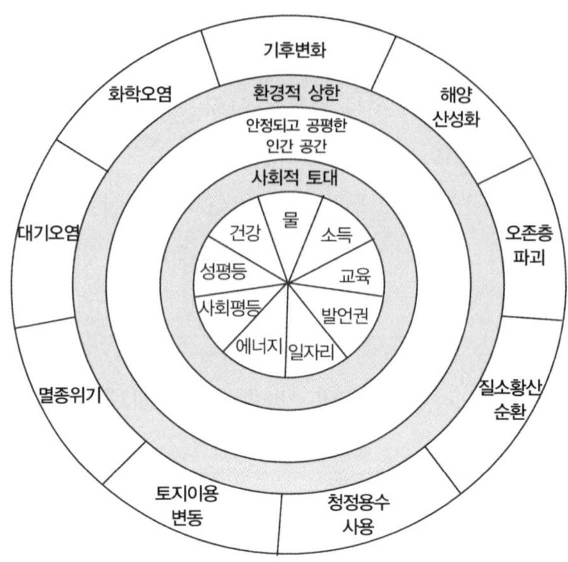

<그림 4-1> 안전하고 공평한 인간 공간의 생태사회적 조건
(출처 : Agyeman(2013: 54))

록스트룀 외(Rockström, 2009: 6; Agyeman, 2013: 51-52 재인용)는 생태적 배제와 관련된 지구행성의 문제를 기후변화, 해양산성화, 오존층 파괴, 질소, 황산 등 생화학물질의 발생, 수자원 고갈, 토지이용 변동, 생물다양성 소멸, 대기오염, 화학 공해 등 아홉 가지로 구체화하고 있다. 이들은 이 가운데 기후변화, 질소 및 황산 순환, 멸종 위기 등이 이미 위험수준에 도달했고 그중에서도 가장 위협적인 것은 기후변화라고 설명한다. 이러한 생태적 배제의 영역들에다가 인간적 박탈과 관계되는 사회적 기초들[2]을 결합시킴으로써, 래워드(Raworth, 2012; Agyeman, 2013: 53-54 재인용)는 <그림 4-1>처럼 도넛 모양 가운데 (1) 안전하고 공평한 인간의

2 이들 사회적 기초는 건강, 식량, 물, 소득, 교육, 회복탄력성, 발언권, 일자리, 에너지, 사회적 공평성, 성적 평등 등이다. Agyeman(2013: 54) 참조.

공간, (2) 포용적이고 안정적인 경제발전 등과 관련된 생태사회적 조건을 도시하고 있다. 이 그림은 본 장이 다루는 생태사회적 배제의 문제의식과 일맥상통하는 것으로, 인간의 삶의 질을 좌우하는 사회적 근거가 생태적 한계에 의존함을 나타낸다.

예를 들어 인간행위에서 비롯되는 비인간생명체의 다양성 소멸과 새로운 지구생화학물질 및 변종 미생물의 발생에 따라 조류 인플루엔자나 구제역이 창궐하면, 해당 생명체의 살처분이 초래될 뿐 아니라 인간의 식량 문제나 건강에도 직접 영향을 미치게 된다. 즉 사회적 배제와 병행되는 인간 중심의 경제성장과 기술개발이 미생물-식물-동물 등의 먹이사슬을 손상하는 생태적 배제를 낳게 되며, 이는 다시 인간의 사회적 배제를 악화시키는 것이다. 2017년 3월 사이언스에 게재된 '기후변화로 인한 생물다양성 재분배'에 따르면, 온실가스 배출로 인한 기후변화가 해수면 상승, 바다 산성화, 가뭄·홍수의 빈발 등을 불러오면서 빙하기 이후 최대의 생물 대이동을 야기하고 있다. 이는 식량생산의 위협이라는 사회적 영향을 미치는데, 예컨대 어류가 온난화되는 북극으로 향해 아이슬란드를 제외한 많은 나라의 어획량이 줄었고 호주의 경우 열대어가 유입되어 해초숲의 황폐화로 바다가재가 격감해 왔다. 더욱이 북반구 숲에서 나무좀이 더욱 북쪽으로 퍼짐으로써 온난 건조화되는 기후와 맞물려 산불을 자주 발생시켜 이산화탄소를 더 많이 배출시키는 악순환도 발견된다(연합뉴스, 2017.3.31).

2) 사회적 배제

사회적 배제는 1970년대 프랑스에서 사회보장체계가 포괄하지 못하는 개인을 가리키기 위해 사용된 이래, 뒤르껭적(Durkheimian) 전통 아래 고아 청소년, 실업자, 노숙자 등을 묘사하기 위해 동원되었다(Taket et al.,

2009: 6). 초기에 이 개념은 대체로 집합적 가치 상실과 연대의 결핍에 따라 전체 사회를 위협하는 의미로 이해되곤 했다. 이후 사회적 배제의 용어는 전통적 빈곤 개념을 관계와 동학에 초점을 맞추어, 빈곤의 상황이 물질적 자원의 접근에서 뿐만 아니라 권력을 둘러싼 사회관계, 주변화를 가져오는 문화적 과정에서 비롯됨을 보여주는 것으로 확대되어 왔다 (Hague et al., 2001).

피츠패트릭(Fitzpatrick, 2014: 9)은 빈곤을 배제의 맥락에서 재해석하여, 사람들이 통제력을 갖지 못해 사회의 특징적 활동에 대한 완전한 참여로부터 배제되어 원하는 삶이 저해되고 유의미하게 불이익을 받는 불평등의 억압적 형태라고 정의한다. 그는 빈곤이 불의의 다른 형태와 상호 관련되면서 이에 영향을 미치는 불의의 또 다른 유형이라고 봄으로써, 전통적인 경제적 해석으로부터 탈피하고 있다. 정의를 재산, 자원 및 자본의 공정한 분배라는 측면에서 정의하는 것이 일반적이지만, 이 같은 물질적-분배적 접근은 다음의 두 가지 이유로 제한적이다. 첫째, 초기 개신교도에게 부와 축적의 의미는 그들을 가톨릭 전통 및 관행과 구별시키는 것을 도왔던 것처럼, 물질적 재화는 언제나 일정한 상징적 의미를 전달하기 때문이다. 둘째, 선물경제에서의 선물이 사회적 의미를 갖고 다른 맥락에서의 선물과는 다른 가치를 갖는 것처럼, 경제적 관계는 문화적 맥락과 이해에 침윤되어 있는 까닭이다.

<표 4-1> 사회적 배제 담론의 특성 비교

	사회적 배제의 초점	급여수준 증가에 대한 관점	부불노동에 대한 입장	불평등에 대한 처리
도덕적 하류 계급 담론	주류로부터 문화적으로 배제된 복지의존층	수급자의 의존을 강화시키므로 나쁜 것	부불노동 자체를 인정하지 않음	사회구조보다는 빈곤층 행태에 초점을 둠
사회통합 담론	유급노동에 대한 참여 여부가 중요	빈곤을 감소시키는 대신 복지의존층을 증가시킴	유급노동을 강조하기 때문에 부불노동이나 성별 불평등에는 관심이 없음	유급노동자간, 자본가/노동자 간 불평등은 무시됨
재분배 담론	빈곤은 여전히 사회적 배제의 주요 원인임	빈곤의 감소를 가져옴	부불노동에 대한 가치부여가 가능하다고 봄	불평등을 낳는 과정에 초점을 맞춰 자원, 권력의 재분배를 지향

빈곤을 사회적 배제라는 관점에서 다루는 의의는, 첫째, 물질적 결핍과 아울러 정치적, 사회문화적 차별이라는 다양한 차원들을 고려할 수 있고, 둘째, 배제의 결과보다는 그 과정에 집중하게 하며, 셋째, 빈곤과 배제가 야기되는 원인에 초점을 맞추게 함으로써 정책적, 실천적 대안의 모색을 풍부하게 한다는 데에 있다. 르비타스(Levitas, 2006: 178)에 의하면, 이 개념의 강점은 '참여의 증가'를 추구하는 진보진영이나 '통제의 증가'를 추구하는 보수진영 모두를 아우르는 유연한 정치적 함축에 있다고 지적된다. 더 나아가 그는 사회적 배제를 둘러싼 담론들을 도덕적 하류계급 담론, 사회통합 담론, 재분배 담론 등으로 구분하고, 급여수준 증가, 부불노동, 불평등 등에 대한 각각의 상이한 접근을 식별하고 있다(<표 4-1> 참조).

이 가운데 생태사회적 배제의 개념화와 관련하여 가장 유의미한 것은 재분배 담론인데, 그 이유는 이 담론이 물질적 빈곤과 사회적 배제의 관계에 초점을 맞추면서 여성의 보호나 지방 등에 의한 부불노동 가치를 인정하는 데서 찾아질 수 있다. 또한 사회적 배제를 낳는 물질적 궁핍의 차원에서 볼 때, 빈곤의 내용인 의식주 등 생활상 결핍은 온난화, 식량위기, 에너지 문제 등 생태적 배제의 과정과도 밀접히 연관되어 있다고 하겠다.

워커(Walker, 2012: 1)에 의하면, 어떤 사람들에게 환경은 번영, 건강 및 웰빙의 내재적 부분이지만 밑바닥 사회집단에게는 위협과 위험의 원천이어서 에너지, 물 및 녹지와 같은 자원에 대한 접근이 제한되거나 제거되어 있다. 비슷한 맥락에서 재분배 담론의 대표적 논자라 할 수 있는 타운센드(Townsend, 1979; Fitzpatrick, 2014: 7에서 재인용) 역시 환경적 박탈을 마당 공간 및 시설, 정원, 교통, 공기 질과 아동 놀이터 등의 측면에서 사회적 배제 범주에 통합시킨 바 있다.

3) 생태사회적 배제

빈곤은 보통 환경권의 결여와 동반되므로, 빈곤층은 산업오염과 자연재해에 의해 불비례적 영향을 받으면서 불량주택과 악화된 자연환경 속에서 살아가게 된다(Dominelli, 2012: 29). 생태사회적 배제는 생태적 배제와 사회적 배제의 결합이라는 현실을 가리키기도 하고, 사회적 배제에 대한 생태적 접근이라는 하나의 관점으로 해석될 수도 있다. 사회적 배제의 원인이 인간에 의한 인간 착취와 체계적 불평등이듯이, 생태적 배제 역시 인간에 의한 자연착취에 따른 생태계 교란 및 역동적 균형의 파괴에서 비롯되는 것이다. 그러므로 생태사회적 배제의 극복을 의미하는 생태사회적 포용이란 인간과 사회체계가 생태계 내부로 재통합하거나 공동자원화를 통해 SES 내부에 역동적 균형이 재정립되는 과정을 뜻한다고 하겠다.

현행 자본주의의 재산 및 자원체계는 사회적 부의 소유 및 축적 기회로부터의 빈곤층의 배제와 사회적 부의 주된 원천인 자연세계의 자원으로부터의 대부분 사람의 소외라는 이중적 배제를 발생시켜 왔다. 전자와 관련하여 시장 중심의 자본주의는 부, 성장 및 진보를 개인주의적, 물질주의적으로만 사고하도록 강요함으로써, 사회집단을 서로 소원하게 만들어 타인을 희소자원에 대한 경쟁자로 치부케 하는 경향이 있다. 또 후자에 대해 피츠패트릭(Fitzpatrick, 2014: 47)은 사회적 부의 원천이 인간과 상호 연계되어 있는 자연환경에 궁극적으로 존재함에도 불구하고, 근대성은 자연을 착취되어야 할 이윤의 장소로 끊임없이 구성해 왔음을 강조한다.

생태사회적 관점은 현재의 SES가 사회경제적 자원, 자연자원 둘 다에 대한 공평한 분배와 충분한 통제는 물론, 둘 간의 적절한 시너지 또한 결여하고 있음을 부각시키는 것이다. 맑스(Marx)는 노동생산물로부터의 소외 외에도 작업장 내 자기조직의 결여로부터 인간 상호 간 소외가 발생한다고 파악한 바 있다. 이는 화폐 및 재화의 상대적 결여일 뿐 아니라 빈곤층과 비빈곤층 모두에게 영향을 미치는 더 깊은 소원화를 시사한다. 그런데 '생태사회적인 것'은 이와 비슷한 통찰에서 시작하지만, 부가 사회자연적 자원임을 더욱 확고히 하는 차이가 있다.[3] 그러므로 사회적 배제에 대한 이해는 부에 대한 끊임없는 추구가 야기하는 자연환경의 악화가 인간을 궁핍화시키고 자연의 내재적 가치로부터 소외시킴으로써 인간의 번영과 웰빙의 이행을 가로막는 생태사회적 배제에 대한 탐구와 불가분의 관계이다(Fitzpatrick, 2014: 48).

---

3 여기서 돕슨(Dobson, 1998: 41-54; Fitzpatrick, 2002: 44-45에서 재인용)이 제안한 '생태사회적인 것'(the ecosocial)의 세 가지 개념화 방식에 유의할 필요가 있다. 첫째는 인간생활의 영속에 필수적인 자연자본의 핵심적 측면에 치중하는 인간중심주의 관점이다. 둘째는 그 손실을 회복시킬 수 없는 자연세계의 측면에 주목하는 것으로, 인간복지의 중요성을 인정하지만 사라질 위험에 처해 있는 비인간 자연의 보전 또한 중시한다. 셋째는 자연의 내재적 가치에 주목함으로써 인간복지에 의해 측정될 수 없는 지속가능성을 확인하는 것이다. 이를 종합해 볼 때 '생태사회적인 것'에 대한 추구는 단기적 사회체계의 이익을 앞세워 생태계를 재단하지 않고, 전자의 생존이 후자의 지속가능성에 의존한다는 호혜적 논리를 따른다고 할 수 있다.

2. 생태사회적 배제의 담론 구성

본 저술은 생태사회적 배제의 담론 구성을 위한 배경 변수로서 생산/재생산 간 초점, 원인/과정/결과에 대한 강조 등을 고려하기로 한다. 그리하여 이로부터 (1) 생산 자원관리 담론, (2) 재생산 생명체 웰빙 담론, (3) 체계 통합유지 담론 등을 도출한다. (1)은 생산 영역에서의 생태사회적 배제의 원인에 주로 관심을 두며 지속가능한 생산의 조건인 생태서비스의 질과 경제활동의 공급에 초점을 맞추는 데 비해, (2)는 재생산 영역에서 생태사회적 배제의 결과와 주로 관련되며 동식물 서식의 안정성이나 인간의 건강 등 생명체 웰빙에 우선순위를 두는 것이다. 한편 (3)은 생산/재생산을 포괄하는 생태사회적 배제 자체의 역동적 유지 과정에 주목하면서 사회체계와 생태계의 상호 포용을 위한 체계 수준의 관리에 주목하는 담론이다.

생산 자원관리 담론에 의하면, 인간의 생산활동이 자원을 지속불가능하게 착취함으로써 생태사회적 배제를 야기한다고 파악된다. 그 해결책을 둘러싸고는, 녹색성장론과 같은 생산기술의 녹색화 입장에서부터 반(反)자본주의적인 생태사회주의 노선, 더 나아가 탈성장을 실천하는 심층생태주의까지 다양한 갈래가 있다. 그리고 재생산 생명체 웰빙 담론은 생태사회적 배제가 결과하는 동식물 생명체의 재생산 위협과 그로 인한 인간의 건강한 소비 저해에 관심을 둔다. 이와 함께 체계 통합유지 담론은 생산과 재생산을 포괄하여 SES 자체의 지속가능성에 초점을 맞추며, 사회체계 내부에서도 지구, 국가, 지방의 스케일에 따른 생태서비스와 자원관리 간 역동적 균형의 과정을 중시하고 있다.

이들 생태사회적 배제 관련 담론을 구체화하려는 차원에서 생태사회적 배제를 둘러싼 대응 변인 및 극복 전략으로서의 생태복지국가 요소들을 각 담론과 연계시키면 <그림 4-2>와 같다. 두 가지 대응 변인 가운데 '역량에 근거한 성장중독의 탈피'의 경우, 성장중독의 현실은 주로 생산 자원관리 담론과 연관되지만, 대안에 해당하는 역량 접근의 경우 재생산 생명체 웰빙 담론과 연계된다고 할 수 있다. 한편 '공동관리'라는 대응 변인의 경우 체계 통합유지 담론과 관련성이 크다고 하겠다.

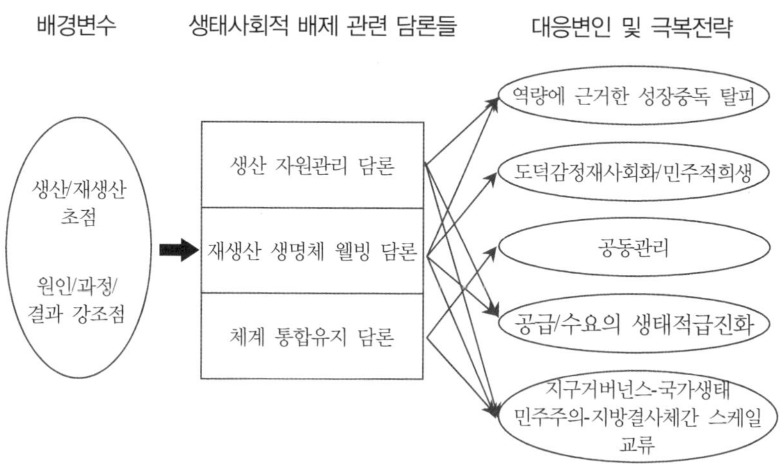

<그림 4-2> 배경변수, 생태사회적 배제 담론, 대응 변인 및 극복 전략 간 관계에 대한 접근 틀

다음으로 생태복지국가의 구성 요소라 할 수 있는 생태사회적 배제의 극복을 위한 실행 전략과 관련하여 '도덕감정의 재사회화를 통한 민주적 희생'의 경우에는 재생산 생명체 웰빙 담론과, 뒤에 다룰 JMS와 일맥상통하는 '공급/수요 측면 모두의 생태적 급진화'는 생산 자원관리 담론, 재생산 생명체 웰빙 담론 둘 다와 관련된다고 볼 수 있다. 이에 비해 '지구적 생태거버넌스-국가수준 생태민주주의-지방 생태결사체 간 스케일 교류'는 세 가지 담론 모두에 기초하는 것이다.

3. 대응 전략의 모색

1) 생태사회적 배제를 둘러싼 대응 변인

(1) 역량에 근거한 성장 중독의 탈피

자본주의는 탄생 이래 시장을 확장하고 상품과 화폐, 자연, 정보 등을 새롭게 상품화하는 과정에서 '성장의 신화'와 '성장 중독'을 강화해 왔다. 이에 길들여진 인간은 성장률의 약간의 저하로 인한 소득, 소비의 감소와 일자리 위협에 대해 심각하게 여길 수밖에 없다. 하지만 제한된 자원의 고갈을 수반하는 고도성장은 삶의 위기에 대한 근본적 대안이 될 수 없으므로, 성장 중독이 빚어내는 거품을 제거하는 재정향이 요청되는 상황이다. 성장으로 파이를 키워 재분배하겠다는 사회민주주의의 발상은 20세기 유럽에서의 특수한 고도성장 시기에 잠시 적용되었던 것이지, 21세기에는 더 이상 유효하지 않다.

'성장은 인류의 암'이라는 말까지 나올 정도로 성장 중독은 인간의 웰빙을 저해하는 사회적 질병의 한 요인이 되어 왔다. 현세대의 인간이 이미 성장 중독에 의해 생명과 사회적 삶을 위협받고 있기 때문에, 탈성장은 단지 생태적 지속가능성만을 목표로 하는 미래 후손과 동식물 생명체에 대한 이타적 관심에 그치는 것이 아니다(Latouche, 2015: 30-31). 라투슈(Latouche, 2015: 18)에 의하면, 성장의 단순한 늦춤은 오히려 사회를 혼란에 빠뜨리고 실업률을 상승시키며 삶의 질과 관련해 최소한의 필요를 보장하는 사회, 보건, 교육, 문화, 환경 등의 프로그램을 서둘러 포기하게 만들 수 있다.

이와 관련하여 누스바움(Nussbaum, 2015)은 성장을 통해 얼마나 많이 갖는가가 아니라 선택한 대로 충분한 기능을 수행할 수 있는 역량의 여부가 더 중요하다고 말한다(Schlosberg, 2007: 30). 그녀의 역량 접근에 의하면, 소득과 부는 단지 어떤 것을 할 능력을 부여하는(enable) 것일 뿐 실제 그것을 할 수 있는지 여부는 여타의 많은 요소들에도 의존하는 것이다. 효용(utility)에 대비시켜 역량의 개념을 강조한 센(Sen, 1999: 27-32) 역시 자유의 수단에만 집중하는 기존의 효용, 성장 중시 관점에 반대하여, 사람들이 성취할 수 있는 바 그 자체인 자유가 더욱 중요하다고 강조한다. 이러한 역량 접근은 성장중독에서 벗어난 생태사회적 포용의 지향으로서, 생태사회적 배제계층의 잠재력을 실현하는 기회를 소유하는 품위, 자유 및 존중의 삶을 살 권리에 초점을 맞추고 있다.

(2) 공동관리

공동관리(commoning) 또는 공동자원화의 개념은 오스트롬(Ostrom, 2010)이 '공유지 비극'을 비판하면서, 공동(관리)공간 관점에서 지속가능한 자원관리 제도를 설계한 데서 비롯되었다. 이에 대해 정영신(2016: 108)은 인간과 환경의 상호작용을 통해 사회 속에서 문화적 관습으로 생성, 정착하고 역사적 변화 속에서 변용과 지속, 소멸의 과정을 거친다고 파악한다. 이에 덧붙여 장훈교(2016: 279)는 공동체를 단위로 하는 능력의 확장을 통해 공동자원 간 순환을 만들고 관리하는 방식을 공동자원 생활체계(commonfare)로 명명하고 있다. 이는 도시와 자연의 공동관리 전략을 통해 생태사회적 배제를 극복하기 위한 공유 영역이 확대될 수 있음을 함축한다. 그리고 라인보우(Linebaugh, 2012)는 공동관리에 대해 자원을 일종의 선물처럼 제공할 수 있어 모두가 공유하는 동시에 재생산할 수 있는 실천이라고 정의한다. 즉 공동관리의 개념은 자연과의 관계로부터 분리될 수 없는 사회적 관계를 표현하는 활동으로 이해될 수 있다(정영신, 2016: 427).

한편 한윤애(2016: 55)는 공동관리 개념을 '공유실천운동'으로 번역하면서, 도시 공동공간에 대한 인클로저의 일환으로 발생하는 극단적 부동산 상품화에 저항하는 대안적 공간 및 관계의 형성 노력으로 이해하고 있다. 생태사회적 지평에서 볼 때, 도시 내 사회적 배제의 주요 계기인 젠트리피케이션은 생태적 배제의 효과 또한 낳을 수 있으므로 독립 공간을 지키려는 이들의 반란은 소수자로서의 비인간생명체의 권리 승인과 접맥될 여지가 있다. 그런 흐름에서 에스텝스(Esteves, 2016: 372)는 포르투갈의 타메라(Tamera) 생태마을 연구를 통해, 사람, 비인간세계 간 지속가능한 연관이 직조됨으로써 공동관리의 기술과 방법론이 개발될 수 있다고 결론짓는다. 생태마을의 공동관리 실천은 물, 에너지, 식량의 자율성을 촉진하기 위한 생태적 재생전략과 지역사회의 공동체적 협치를 구축하려는 사회적 기술 간에 시너지 효과를 입증하고 있기 때문이다.

2) 생태사회적 배제의 극복을 위한 실행 전략 - 생태복지국가의 요소

그러면 본 저술의 생태복지국가의 탐색을 위해 생태사회적 배제 담론에서 도출된 그 극복전략을 살피기로 하자. 그 내용은 (1) 도덕감정의 재사회화를 통한 민주적 희생, (2) 공급/수요 측면 모두의 생태적 급진화, (3) 지구적 생태거버넌스-국가 수준 생태민주주의-지방 생태결사체 간 스케일 교류 등으로 구성된다. 이들 요소는 생태사회적 포용을 지향하는 생태복지국가의 기본 얼개가 될 것인데, 특히 (1), (3)은 위의 대응변인 중 각각 성장중독 탈피, 공동관리에 연계되며 (2)는 다음 장에서 다룰 JMS의 특성이라고 볼 수 있다.

(1) 도덕감정의 재사회화를 통한 민주적 희생

스미스(Smith, 1759; Jordan, 2008: 37-38 재인용)는 오늘날 감정이입(empathy)이라고 해석될 수 있는 도덕감정의 상호작용에서 행복의 원천과 슬픔에 대한 위안이 비롯된다고 본다. 그의 도덕감정론은 도덕적, 정치적 관계는 물론 경제적 행위와 사회질서가 매일의 감정적 상호작용을 기초로 이루어짐을 강조하고 있다. 최정규(2017)는 도덕감정의 확산과 관련하여 첫째, 사람들은 때때로 이타적이고 상호적인 성향을 보이며 이는 자신의 이익을 극대화하려는 동기로 완전히 환원되지 않고, 둘째, 사람들은 타인의 이득을 위해 자신의 이득을 희생하기도 하고 규범 이탈자들에 대해서는 자신에게 비용이 들더라도 이를 징계 처벌하려고 하며 규범 순응자들에 대해서는 자신에게 비용이 들더라도 이를 포상하려는 성향을 갖는다고 설명한다. 즉 신자유주의와 정보기술 등에 의해 개인주의가 심화되는 상황에서도, 인간은 자신의 이득만을 극대화하는 방향으로 의사결정하지 않고 나의 행동의 결과 타인의 복지에 어떤 영향을 주게 되는가에도 관심을 갖는다는 것이다.

도덕감정의 재사회화는 시장에서의 단순한 불평등에 대한 대응뿐 아니라 생태사회적 배제를 극복하는 인간과 지구 자체의 지속가능성을 위해서도 매개적 역할을 할 수 있으리라 기대된다. 더 나아가 본 저술의 제13장은 '민주적 희생'의 필요성을 언급하는데, 이때 희생이라는 용어는 위해적, 극단적 의미라기보다는 계몽된 자기이해(自己利害), 청지기정신 등과 비슷하게 해석될 만한 것이다. 물론 도덕감정의 재사회화와 마찬가지로, 민주적 희생의 공감 확산을 위해서는 어떠한 사회경제적 기제가 우선적으로 확보되어야 하는가에 대한 토론도 요구된다.

(2) 공급/수요 측면 모두의 생태적 급진화

생태적 급진화는 개량주의와 급진주의의 조화를 추구하면서 생산주의 정통에 의해 간과되어 온 탈생산주의적 잠재력에 주목하는 입장이다(Fitzpatrick, 2003: 124). 생태적 급진화의 전략은 공급과 수요 측면 둘 다에서 찾을 수 있는데, 공급 측면에서는 재생불가능한 자원을 재생가능 자원으로 대체하고 결핍 및 오염 문제에 대한 기술적 해결책을 찾아 자원의 스톡을 확장하고자 한다. 수요 측면에서는 세계를 현재의 사회에 적합하게 적응시키기보다 인간 스스로가 자연의 유한성에 부응하도록 현재보다 훨씬 덜 소비하게끔 인간 사회의 수요를 축소시키고자 한다. 그리고 전자를 약한 지속가능성으로, 후자를 강한 지속가능성으로 규정한다면, 생태적 급진화는 뒤이은 제5장에서 다룰 MS를 지향하는 것이다.

(3) 지구적 생태거버넌스 – 국가 수준 생태민주주의 – 지방 생태결사체 간 스케일 교류

'지구적 생태거버넌스-국가 수준 생태민주주의-지방 생태결사체 간 스케일 교류'라는 원리는 지방에서의 공동관리를 통해 국가 수준에서의 생태민주주의의 가능성을 확장함으로써 지구적 통치체제에 영향을 미치는 아래로부터의 스케일 정치를 의미한다. 이는 구도완·여형범(2010: 504)이 한국의 생태사회적 발전전략으로 제기한 "생태적 공동체/어소시에이션을 바탕으로 자본주의 개발국가를 생태적으로 전환하여 생태복지국가를 만들어감과 동시에 국가를 넘어서서 생태민주주의를 발전시키는 자치연합을 만드는 것"과 비슷하다. 특히 인간의 몸까지 스케일로 포함하는 관점에서 보면, SES 내 스케일 교류는 인간-동물-식물-미생물의 생태적 연쇄와 웹2.0에 의거한 사회관계망 등을 매개로 할 수도 있다.

더 나아가 이 원리가 리스케일링의 논리를 뛰어넘기 위해서는 각 스케일마다 제9장에서 다룰 생태경제적 협동조직화(Ecological, economic Co-operative Organizing; ECO)라는 내용이 확보될 필요가 있다. ECO는 협동조합 등 사회적 경제와 생태적 결사체의 역동적 연계가 근린, 도시, 국가, 지구에 걸쳐 확산되는 과정을 함축한다(한상진, 2012). 이 개념은 인간의 살림살이를 호혜성에 기반을 둔 사회적 경제로 재형성시키면서, 시장경제의 과도화가 초래하는 생태사회적 배제에 대항하여 협동적 경제활동을 SES 내 공동관리의 맥락으로 일치시키는 것을 지향하고 있다.

4. 소결

본 장에서 살핀 생태사회적 배제를 극복하기 위한 세 가지 담론과 그에 입각하여 모색된 대응 요소 및 실행 전략들은 현 단계 생태사회적 포용을 향한 정책의 틀로 활용될 수 있다. 이를 위해서는 사회-자연의 상호의존에 대한 종합적 이해가 결여되어 온 전통적 사회민주주의의 녹색화는 물론, 환경주의의 사회민주주의화 역시 요청되는 것이다. 생명체의 모든 종이 그러하듯, 인간의 웰빙과 사회적 통합을 지향하는 조치에 의거해야만 생태적 배제에 대한 인간의 관심이 구체화될 수 있기 때문이다. 여기서는 결론적으로 현실주의에 근거한 생태사회적 배제의 극복 대안으로서, 공급, 수요 측면 모두의 생태적 급진화가 갖는 의의를 검토하기로 한다.

생태급진주의는 '지금 여기에서 시작'하며, 시장교환이 현대인의 사회경제적 사고에 미치는 지배력 정도 또한 부인하지 않는다. 그 때문에 부가적 방식이나 이유로 자연에 가치를 부여하는 것을 배제하지는 않지만, 계산 가능하지 않을 경우 자연을 사회경제적 실천에 통합시킬 수 없는 관계로 환경 자산의 스톡으로서의 자연자본 범주를 용인할 수도 있다 (Fitzpatrick, 2014: 41-42). 이 경우 남는 문제는 사회적 자본의 개념으로 신뢰, 공동체를 개발하듯이, 나머지 자연이 인간에 대해 갖는 가치를 어떻게 측정하여 생산적 용량에 대한 한계 공유에 적용하는가이다.

이제 마지막으로 생태사회적 배제의 생태적, 사회적 측면을 통제하기 위한 방안을 제시하고, 신자유주의의 허위적 현실주의를 불식하기 위해 SES 내 공동관리라는 상상력이 지향하는 바를 개괄해 보도록 하자. 먼저 생태직 배제를 극복하기 위한 진략은 생산 자원관리 담론에 입각하여 재생 불가능한 자원의 단순한 대체라는 논리보다 생태적 투자를 좀 더 강조하는 경향이 있다. 생태적 투자의 유형에는 첫째, 에너지 효율성 제고, 쓰레기 감소, 재활용 등 자원 효율성을 높이고 자원비용을 절감시키는 투자, 둘째, 재생가능 에너지와 같이 청정 또는 저탄소 기술을 이용하여 전통 기술을 대체시키는 투자, 셋째, 기후 적응성 제고, 조림, 습지 회복 등 생태계를 강화시키는 투자 등이 있다(Jackson, 2013: 181). 또 SES 내부의 사회적 배제에 대응하는 실행 전략은 무엇이 가치 있고 가치 없는 노동인가에 대한 광범위한 개념과 유급고용에 비해 비임금 활동이 선호될 수 있는 구체적 가능성의 확립 또한 요청한다고 볼 수 있다.

한국의 정치 지형은 분단체제 아래 사회민주주의의 척박한 기반을 특징으로 하는 관계로, '사회적 자유주의' 시대라 불릴 수 있는 1998-2007년의 기간에도 생산적 복지나 사회 투자 등 시장의 생산성에 복무하는 공공부조, 아니면 성장과 선순환을 맺는 분배의 강조 등 신자유주의적 기조가 유지되었다. 이처럼 사회민주주의가 미발달 상태인 한국에서 그것의 성장 일변도 전략을 지양하여 녹색 가치를 접합시키는 생태사회적 포용은 어떻게 가능할 수 있을까? 필자가 보기에, 한국 사회에서 생태사회적 배제를 효과적으로 극복하기 위해서는 토지신탁과 생태과세 등 사회적 배제계층의 생태적 배제에 대한 공감을 확보하는 정책 개발부터 선행될 필요가 있다. 또 앞선 체계 통합유지 담론에 의거해 볼 때, 국가 스케일의 생태사회적 배제에 대한 해결 노력과 아울러 지방 스케일에서의 공동관리의 네트워킹으로 SES의 실체를 가시화함으로써 삶의 현장에 침윤된 시장교환 신화로부터의 탈주도 시도되어야 할 것이다.[4]

---

4 에스테바(Esteva, 2014: 156)는 공동관리가 대안인 이유를 다음과 같이 적고 있다. "(멕시코 반란군) 짜빠띠스따가 말하듯 세계를 변화시키는 것은 매우 어렵고 아마 불가능하다. 실행가능해 보이는 것은 완전히 새로운 세계를 창조하는 것이다. 이는 사람들이 전 세계에 걸쳐 공동관리를 통해 추구하는 바이다."

제5장

◆

'지속가능한 발전'의 구체화

- 정의로운 중강도 지속가능성 -

1. 지속가능한 발전의 개념적 모호성

1972년 로마클럽의 '성장의 한계'에 대한 선언 이후 50년 가까이 흘렀는데, 성장의 신화는 근본적으로 도전받지 않은 채 사회적 삶을 더욱 지속불가능하게 만들고 있다. 브룬틀란트 위원회(Brundtland Commission, 1987: 8)가 30여 년 전에 정의한 '지속가능한 발전'(sustainable development)이란 미래 세대의 욕구에 부응하는 능력을 훼손하지 않는 현세대 욕구의 충족이라는 다소 모호한 절충 어법으로 이해된다. 왜냐하면 인간이 만드는 수요가 무한하고 현실적으로 착취할 수 있는 자원은 유한하다면, 인간은 지속가능한 존재로 남아있을 수 없을 것이기 때문이다.

경제성장, 사회발전, 환경보전이라는 세 가지 축은 2015년 제70차 총회에서 채택된 UN '2030 지속가능발전 의제'의 17개 목표에 대한 기반이 되었다. 이는 또 한국의 국가주요지표 개념 틀인 경제적 효율성, 사회적 통합성, 환경적 책임성에도 그대로 연계되어 있기도 하다(이재열, 2017:

178-181) 이재열 외(2016)는 지속가능한 발전에 대해 경제성장, 사회발전, 환경보전이 균형을 이루는 것으로 이해함으로써, 성장에 대한 초점만 예외로 한다면 개인적, 사회적 삶과 생태적 조건이 환류한다고 보는 <그림 3-3>의 SES 개념 틀과 비슷한 문제의식을 드러낸다.

우선 <그림 3-3>의 동심원 가장 중심에 있는 개인의 지속가능한 삶은 자연생태계와 사회체계 둘 다의 지속가능성에 의해 담보되면서, 동시에 생활생태계 속에서의 관계들, 도시생태계 및 경제(문화)생태계 속에서의 역할에 의해 일상적으로 재구성된다고 할 수 있다. 다음으로 생활생태계의 지속가능성이란 인간행동의 일상적 기반으로서 가족, 이웃, 지역사회 등 호혜적 관계망의 건전한 유지를 가리킨다. 또한 하위 사회체계라 할 수 있는 도시생태계, 경제생태계를 둘러싸고는 지속가능한 도시,[1] 지속가능한 기업을 위한 생태적, 사회적 준거 및 지표들이 명확해져야 하며, 그럴 때에만 사회체계와 자연생태계의 지속가능한 공존이 명백히 가시화될 수 있다. 후자와 관련하여 이재열(2017)은 기업의 지속가능성이 고유한 경제적 활동과 공동체를 위한 사회적 가치 추구 활동의 결합을 통해 이익이나 손실과 무관한 혁신적인 기업 생태계를 지향하는 공유가치 창출 전략에서 비롯되어야 함을 지적한다.

이처럼 '지속가능성' 담론은 21세기 들어 인간의 태도, 정체성 및 가치에 대해서도 성찰해야 한다는 문제의식으로 심화해 왔다. 그런데 좀 더 깊이 성찰해 보면, 이재열 외(2016), UN 등의 정책적 접근은 경제성장, 사회발전, 환경보전 간 관계를 조화와 균형이라는 당위적 희망으로 과장하는 문제점이 있다. 이에 반해 사츠(Sachs, 1999: 30)는 경제성장이 사회

1 예를 들어 미국 샌프란시스코의 지속가능 도시지표는 환경, 종의 다양성, 에너지 및 기후변동, 음식 및 농업, 유해물질, 인간건강, 공업 및 개방 공간, 고체폐기물, 교통, 물 및 폐수, 경제 및 경제발전, 환경정의, 지방자치단체 지출, 공공정보 및 교육, 위험관리 등 15개 영역으로 분류되어 있다. Portney(2013: 50-53) 참조.

적 배제나 사회의 이질화와 결합되어 잘못된 발전(maldevelopment), 탈발전(dedevelopment)을 초래할 수 있음을 지적한다. 뿐만 아니라 성장은 환경적으로 유익할 수도 있지만 그동안의 생태적 가치 훼손에서 보듯 환경을 악화시킬 수 있다. 따라서 그는 경제, 사회, 환경이라는 세 가지 기준을 결합하여 다음과 같은 경제성장의 네 가지 이념형을 식별한다. 첫째, 야만적이고 사회적으로 불공평하며 환경적으로 파괴적인 성장의 유형이다. 둘째, 사회적으로 유익하나 환경적으로는 파괴적인 성장으로 1945-75년 동안 유럽에서 복지국가를 가능케 했던 종류의 것이다. 셋째, 환경적으로는 유익하나 사회적으로 불공평한 성장으로서 사츠에 의하면 미래에 어느 정도 가능한 시나리오이다. 넷째, 사회적으로 공평하고 환경적으로도 유익한 성장으로 지속가능한 발전에 유일하게 조응한다.

앞의 두 유형은 생태적 가치가 증가하는 21세기의 지평에서 더 이상 현실화되기 어려운 것이다. 이에 비해 넷째 이념형이 관념적으로는 가장 이상적이지만, 오히려 가능할 수 있는 경우는 셋째 이념형이다. 이처럼 사회적 불공평을 강화시키는 친환경적 성장이란 실제로는 제로 성장을 지향하는 탈성장 노선에 가까울 것이다. 물론 '강한 지속가능성'의 추구가 언제나 사회적 불평등을 결과하는 것은 아니지만, 그 극단적 사례인 '환경파시즘'의 개연성은 언제나 존재한다. 뒤에서 다룰 녹색 GDP 접근과 같은 '약한 지속가능성'의 노선은 공급 측면에서의 대체를 유일하게 강조하는 경제적 개념화에 치우쳐 있다. 반면에 강한 지속가능성의 전망은 덜 소비하기 위한 수요의 수정에 관심을 두며, 세계를 인간에게 적합하게 적응시키기보다 인간 스스로가 자연의 유한성에 부응하도록 유도한다(Fitzpatrick, 2003: 119). 필자는 지나치게 관념적인 심층생태주의의 입장 말고는 SES의 존속을 위한 강한 지속가능성의 실천 필요성에 공감하나, 현 단계에서는 공급 측면의 약한 지속가능성을 배제하기보다 이를 포괄하는 균형 감각이 필요하다는 입장이다.

2. '약한 지속가능성'과 녹색 GNP 범주에 대한 비판

'약한 지속가능성'의 노선은 인간 수요를 감소시키기보다는 자원을 증가시켜 균열을 감소시키는 데 초점을 맞추는 경향이 있다. 그리하여 재생불가능 자원을 재생가능 자원으로 대체하고 결핍과 오염의 문제에 대한 기술적 해결책을 찾음으로써 자원 스톡을 확장하는 방안이 중시되어 왔다(Fitzpatrick, 2003: 119-120). 이 입장은 SES 내 사회적 역량의 유지에 우선적 관심을 두어, 생태투자[2] 및 환경기술 개선과 같은 공급 측면의 '생태근대화'(ecological modernization)에 주력하는 경향이 있다. 생태근대화는 새로운 기술, 시장 인센티브, 현존 제도의 개혁 등으로 성장을 탈탄소화된 녹색성장으로 변형시켜 경제성장과 환경적 위해(危害)를 분리시킬 수 있다는 관념을 말한다. 그 핵심적 가정은 우리가 자연자산을 또 다른 자본형태로 결합되는 자연자본으로 개념화하는 것을 허용받았다는 것이다.

이러한 전략을 방어하는 다양한 이유가 있다. 첫째, 실용주의적 고려이다. 우리는 우리가 있는 곳에서 출발해야만 하는데, 이는 시장교환이 현재의 사회경제적 사고를 지배하는 정도를 인정해야 함을 의미한다. 우리는 우리가 측정하지 못해 온 것을 보존할 수는 없다. 확실히 우리는 자연을 부가적 이유와 부가적인 방식으로 가치를 측정하지만, 자연을 계산 가능한 차원으로 먼저 끌어들이지 않으면 그것을 우리의 사회경제적 관행으로 통합시킬 수 없다. 따라서 자연자본은 토지와 흙, 숲과 정글, 해양, 강 및 습지, 음료수, 광물 및 대기를 포함하는 환경자산의 스톡이다. 둘째로 좀 더 원칙적이고 철학적인 고려이다. 인간이 자연적 상호의존망에 실제로 직조되어 있다면 자연을 개발하고 개선하려는 열망에 대해 내재적

2 생태투자의 종류에는 첫째 에너지 효율성 제고, 쓰레기 감소, 재활용 등 자원효율성을 높이고 자원 비용을 절감하는 투자, 둘째 재생가능 에너지처럼 청정 저탄소 기술을 이용하여 전통 기술을 대체시키는 투자, 셋째 기후적응성 제고, 조림, 습지 회복 등 생태계를 강화시키는 투자 등이 있다(Jackson, 전광철 역, 2013: 181).

으로 반대할 수 없다. 인간이 행하는 것은 단지 개미와 비버가 행하는 것의 좀 더 복잡한 버전일 뿐이다. 모든 종은 그들의 욕구와 이익에 봉사하기 위해 환경을 바꾸고 그것에 적응한다. 자연이 비인간에게 가치를 갖는 것처럼 자연자본은 자연의 나머지가 우리에게 갖는 가치를 포착한다(HM government, 2011).

생태근대화의 논점에 따르면, 자연은 우리가 활용하도록 완벽히 자격을 얻은 인간에 대한 자원이며 자연자본의 생산적 역량을 고려하는 것이 정당하다(Fitzpatrick, 2014). 또 이와 같은 관점의 함의는 복지, 정의 및 지속가능성의 쟁점을 인간사회가 그동안 유지해 온 사고의 근본적 변혁 없이도 통합할 수 있다는 것이다. 자연자본을 포함한 자산이 생태적 지속가능성과 사회복지의 형평을 보증하는 수단이라면, 생태근대화와 자산기초 접근 간 유용한 시너지는 발전될 수 있을 것이다. 본 저술의 제3장 2절에서 다루었던 자산기초 접근은 경제적, 사회적, 자연적 자산들의 상호연관성과 자연적 자산에 기초한 사회경제적 접근의 필요성을 부각시켰다. 필자는 자연적 자산을 자연자본으로 취급하는 생태투자와 약한 지속가능성의 노선이 민주주의와 정의라는 사회경제적 차원이 연계되지 않을 때 지속불가능성을 심화시키는 위험을 내재한다고 본다. 따라서 뒤이은 3절에서 논의할 것이지만 약한 지속가능성은 수요 측면의 강한 지속가능성과 반드시 접맥되어 중강도 지속가능성의 전반적 틀 내에서 조정되어야 할 것이다.

한편 본 절에서는 약한 지속가능성 흐름에 있는 대표 논의로서 현존 성장형태 및 성장률을 유지하면서 국내총생산 측정에 환경기준을 도입하려는 녹색 GDP 접근에 대해 비판적으로 검토하도록 한다. GDP는 재화와 서비스에 대한 소비자 및 정부 지출, 고정자본 총투자와 순수출의 총합으로 계산된다(Jackson, 전광철 역, 2013: 162). 그런데 GDP 측정의 문제로는, 육아, 무상의료처럼 가격이 존재하지 않는 재화 및 서비스가 있다는 점, 대부분의 생산물이 시간 경과에 따라 변화한다는 점, 시장가격과 사회적 가치 간 괴리가 있다는 점 등을 지적할 수 있다(Stiglitz et al., 박형준 역, 2011: 77-78).

녹색 GDP 논의는 환경이 적절한 수수료를 지불해야 하는 자본의 형태이므로 자연자원을 대체하는 제조된 등가물에 대한 지원이 필요하다고 본다. 녹색 GDP 범주의 장점은 현재의 관행과 결합시켜 대체를 통해 환경악화 비율을 완화하려는 실용성에 있다. 하지만 대체는 한 단위의 산출을 생산하는 데 요구되는 자원량을 감소시킬 수는 있지만 자원고갈 자체를 중단시킬 수는 없다. 또 현존하는 시장 선호에 따른 생태적 가치의 추정은 가격과 가치를 혼동하고 근본적으로는 환경을 다른 재화와 동등하게 간주하는 것으로 비판될 수 있다. 데일리(Daly, 박형준 역, 2016)는 이 접근이 자연과 성장의 엔트로피적 효과를 과소평가하는 것이며, 희소성과 생태적 유한성의 궁극적 문제 또한 극복할 수 없다고 주장한다.

전반적으로 약한 지속가능성 모델은 개인이 주어진 자원량을 갖고 시장에 진입하여 효용을 극대화하기 위해 재화, 서비스를 교환하는 유형화된 결정 규칙에 따라 행동한다고 전제한다. 이때 시장의 작동 원리인 할인과 대체는 특정 시점에서 결정을 행하는 고립화된 개인이 가정될 때에만 합리적이다. 지속가능성에 대한 경제적 개념화는 자연세계의 경제 생산에 대한 기여(자연자본)와 제조된 자본의 기여가 대체가능하다고 보아, 오직 총자본 스톡의 유지에 관심을 기울인다. 만약 이러한 대체가 실제로 가능하다면, 경제는 자연자본 스톡을 낮추더라도 그 상실을 벌충하기 위해 제조된 자본을 충분히 창출하여 지속가능하게 될 것이다(Gowdy, 1999: 165). 또한 이 관점은 인간에게 가치를 부여하는 자연 및 제조된 자본의 속성이 단일하고 공통된 척도, 즉 화폐로 환원되어야 한다는 경제결정론에 입각해 있다.

약한 지속가능성의 관점은 지속가능한 성장(sustainable growth) 개념에 친화적이다. 이들 지향은 모두 인간에게 가치를 부여하는 자연 및 제조된 자본의 속성이 단일하고 공통된 척도, 즉 화폐로 환원되어야 한다는 경제결정론에 입각해 있다. 이 같은 경제적 가치 우선주의는 인간 수요를 감소시키기보다는 자원의 증가에 따른 균열 감소를 우선시하는 공통점을 갖는다. 그리하여 이들 접근은 결핍과 오염의 문제에 대한 기술적 해결책에 치중함으로써 결국 자원스톡의 확장을 낳는 경향이 있다(Fitzpatrick, 2003: 119-120). 그러나 엄격한 의미에서 경제적 지속가능성을 유지하려면, 사회의 수확률이 재생가능 자원의 재생률과 동일해야 하며 폐기물 발생률 또한 폐기물이 방출되는 생태계의 자연동화 능력과 동등하게 유지되어야 한다. 나아가 데일리(Daly, 1990; Sachs, 1999: 30에서 재인용)에 의하면, 양적 성장은 생태적 측면에서는 존속될 수 없기에 지속가능한 성장 자체가 모순어법이라고 비판되고 있다.

근대경제학의 시장 논리뿐 아니라, 20세기 유럽에서 만개했던 사회민주주의의 복지국가 담론 역시 재분배의 원천을 확보하기 위해 경제성장을 옹호해 왔다. 한편 녹색주의자들은 경제적 가치가 환경적 하부구조에 의존하기 때문에, 자원이 한 번 사용되고 난 뒤의 채굴된 자원과 오염된 생태계가 경제적 가치의 원천이 된다고 파악해 왔다.[3] 피츠패트릭(Fitzpatrick, 2003: 98)은 경제의 녹색화를 위해 효용가치론은 물론 노동가치론도 뛰어넘는 폭넓은 재생산 가치의 관점을 주창하면서, 생태적 가치의 내재적 본질을 보전하는 가운데 인간 노동이 지속가능하려면 탈생산주의와 사회민주주의를 결합한 생태복지의 틀이 정립되어야 한다고 본다.

---

3 지구의 결실과 노동의 혼합으로서의 로크의 재산에 대한 정의는 노동이 암묵적으로 '능동적'이라 정의되고 자연은 '수동적'이라고 보는 노동가치론을 발생시켰고, 이는 이후 자본주의적 또는 맑스주의적 외피로 치장하는 것에 상관없이 노동이 상품으로 전화시키는 자연보다는 노동 자체에 강조점을 두는 것으로 이끌었다. 이와 대조적으로 녹색주의자에게 환경의 가치는 어느 정도 양화될 수 있으나, 궁극적으로는 경제적인 것을 초월하는 것이다. Fitzpatrick(2003: 98) 참조.

3. 약한 지속가능성과 강한 지속가능성을 포괄하는 대안 - 중강도 지속가능성

공급 측면에서 대체를 강조하는 약한 지속가능성에 반대하는 입장은 현재보다 덜 소비하기 위한 수요의 수정에 관심을 둔다. 이는 세계를 인간에게 적합하게 적응시키는 것이 아니라, 인간 스스로가 자연의 유한성에 부응하는 방법을 찾는 '강한 지속가능성'(Fitzpatrick, 2003: 119)의 노선이다. 한국형 제3의 길과 SES 범주에 근거하여 자산기초 접근 등 자연 및 사회에 대한 통합적 접근을 강조해 온 본 저술은 제4장에서 언급한 생태급진주의의 입장에서 공급, 수요 측면을 아우르는 중강도 지속가능성(Moderate Sustainability; MS)의 대안을 제기하도록 하겠다. 다른 한편으로 본 저술은 탈생산성주의에 입각하여 생태근대화론과 같은 개량주의와 심층생태주의를 종합하는 차원에서 MS의 개념을 노선화하고자 한다. 여기서는 MS 노선에 대해 앞 장의 3절에서 다루었듯이 유토피아와 디스토피아 사이에서 강한 지속가능성에 대한 장기적 차원의 가능성을 차단하지는 않으나 즉각적이고 위협적인 문제부터 전환시키는 생태적 급진화의 시도로 규정한다. 본 저술은 약한 지속가능성 노선이 경제성장과 환경보전의 관계를 막연한 낙관으로 가정하여 지속불가능성을 악화시킨 책임도 있으나, 전면적으로 거부되기보다 생산에 대한 단기적이나마 생태적인 지향은 비판적으로 수용한다는 관점을 견지하고 있다.

그러면 MS의 주요 입장을 먼저 정리해 보자. 첫째, 이 입장은 메타 이데올로기가 되어 버린 경제성장이 모든 지속불가능성의 중심에 있다고 주장한다. 특히 생태투자를 배제하지는 않는 탈성장을 강조하며, (녹색) GDP에 매몰되지 않는 사회적, 생태적 역량에 더욱 초점을 맞춘다. 둘째, MS 노선은 현 사회체계가 임금 취득을 물질적 보장, 자기 정체성, 사회참여의 원천으로 지나치게 강조한다고 보아, 경제적 웰빙의 배경으로 고용, 부불노동, 여가의 질 향상 등에 관심을 둔다. 셋째, 이 접근은 현재의 사회조직 및 복지공급 형태가 시민의 자기조직적 범위를 과소평가하며, 대의민주주의 또한 공공재를 향한 수동적이고 소비자주의적 태도를 자극하여 정치참여 수준을 극소화한다고 비판한다. 그 대신 기금을 통제하고 복지수급자가 스스로 생산자가 되도록 허용하는 시민결사체의 활성화, 분산된 정책 공동체나 협력 동아리에 대한 국가의 규제, 책임성, 기초 서비스 제공 등과 같은 보편주의적 틀의 확보가 중시되고 있다.

4. 정의로운 지속가능성과 한국형 제3의 길

1) 정의로운 지속가능성의 요소들

피츠패트릭(Fitzpatrick, 2000)에 따르면, 사회정의와 생태적 지속가능성은 필연적으로 병존하지는 않는다. 그러나 많은 사람들은 생태적 지속가능성과 양립되는 사회정의의 접근을 전개할 필요성을 인지하고 있다. 정의로운 지속가능성(Just Sustainability; JS)는 어게먼(Agyeman, 2005)이 주창한 개념으로, 경제성장과 기술개발을 당연시하는 생태근대화론에 대한 비판으로 제기되었다. 그에 따르면, JS는 지속가능한 공동체를 발전시키는 데 사회정의, 경제복지, 환경보전의 상호의존이 필수불가결하다고 보며 더 많은 지방적-지구적 연계 속에 사후반응적이 아닌 사전대처적인 비전을 중시한다. 이 개념은 더 많은 화폐(생활수준)가 더 큰 행복(삶의 질)을 의미하지 않는 '신경제학'을 요구함으로써, 충족성이 효율성만큼 중요하다고 주장하고 노동자 권리 또한 강력히 옹호하는 관점이다. 또한 과정이 결과만큼 중요하다고 보아, 대중의 적극적 참여를 이끄는 시민배심원제, 비전 회의 등과 같은 숙의적이고 포용적인 절차에 관심을 기울이고 있다.

<표 5-1>은 어계먼(Agyeman)이 전통적인 지속가능성 개념에만 초점을 맞추는 신환경 패러다임(New Environment Paradigm)과 대비시켜 JS의 특성을 요약한 것이다. 그가 주창하는 JS 패러다임을 앞의 환경정의 패러다임과 비교해 볼 때, 신경제학으로 표현되는 대안적 생태경제에 대한 지향, 숙의민주주의를 통한 정책적 절차의 중요성 등이 좀 더 부각됨을 알 수 있다. 이렇게 JS의 접근은 분배적 환경정의를 둘러싼 사후적 대응보다는, 사전적 전략에 의거한 절차적 환경정의와 함께 승인적, 역량의 환경정의와 관련된 폭넓은 맥락에서 새로운 경제 모델을 강조하고 있다.

JS의 내용을 좀 더 명확히 하려면 '불의한 지속가능성'이나 '지속불가능한 정의'라는 반대말과의 차이를 음미해 볼 필요가 있다. 우선 불의한 지속가능성과 관련하여, 쿡 등(Cook et al., 2012: 4-5)은 지속가능성 개념을 환경오염 감소로 인한 경제적 이익의 촉진 관념으로 변형시키는 신자유주의적인 기술관료적 입장이 이에 해당한다고 본다. 그러나 이 입장은 시장주도성과 기술의 우위를 표방하는 '녹색 자본주의'에 경도되어, 사회정의와의 관련성이 실종되기 쉽다.[4] 한편 지속불가능한 정의란 개별 지역의 방어에 국한되는 분배적 정의의 추구로서, 환경피해를 더욱 열악한 지역사회로 이전시키는 의도하지 않은 결과를 가져올 수 있다(Faber, 2007: 145). 물론 지속불가능한 분배적 정의의 전략일지라도 주민환경운동의 조직화 계기를 제공한다는 점에서, 이후 생산적 정의, 승인적 정의 등으로 업그레이드된다면 지속가능한 정의의 형태로 발전될 수도 있을 것이다.

---

4 물론 지속가능성이 정의를 전제한 개념이라는 반박도 가능하다. 하지만 서구에서 지속가능성 개념은 환경보전과 경제개발 둘 다를 포괄하는 것으로 통용됨으로써, 특히 경영자 집단에 의해 그 용어의 의미가 취사선택되어 온 것은 분명한 사실이다. 예컨대 기업 경영층은 지속가능성 개념을 식민화시켜, 고가 브랜드의 건축 자재, 식품 등이 미국과 같은 전형적인 소비자 사회의 환경문제를 제거할 수 있다는 마케팅 홍보 전략으로 사용하기도 한다(Nils Peterson, 2007: 192).

<표 5-1> 정의로운 지속가능성 패러다임과 신환경 패러다임의 비교
(출처 : Agyeman(2005: 89-90)에서 재구성)

	정의로운 지속가능성 패러다임	신환경 패러다임
핵심전제와 초점	사회정의, 경제복지, 환경보전의 상호의존이 지속가능한 공동체를 발전시키는데 필수불가결함.	생태중심적이거나 기술중심적인 입장에서의 더 나은 환경보전을 강조함.
시민혁신 및 참여에 대한 접근	공중의 적극적 참여를 이끄는 시민배심원제, 미래 조사, 비전 회의 등과 같은 숙의적이고 포용적인 과정 및 절차를 사용하여 포용적, 대의적, 숙의적 시민과정을 창출하는 것이 목적임. 과정이 결과물만큼 중요하다고 봄.	환경보전에 대한 전제 때문에 시민혁신의 환경적 측면에 국한되며 참여 또한 제한적임. 결과물이 과정보다 좀 더 중요하다고 봄.
시장 및 경제에 대한 태도	더 많은 화폐(생활수준)가 더 큰 행복(삶의 질)을 의미하지 않는 '신경제학'을 요구함. 충족성이 효율성만큼 중요하고 노동자 권리를 강력히 옹호함.	생태주의자에게는 '신경제학'이 목표이나 기술중심주의자는 신자유주의 유지를 선호. 충족성보다 효율성이 우선.
환경정의 패러다임과의 차이	정의와 평등을 요구하는 변혁적 패러다임이라는 점에서 유사하나 지속가능한 공동체 발전에 대한 핵심전제, 더욱 폭넓은 진보적 정책기초 해결의 추구, 신경제학의 발전에 대한 일관된 요구, 더 많은 지방적-지구적 연계가 발견되며 환경정의 패러다임이 전형적으로 사후 반응적인 데 반해 사전 대처인 비전을 중시함.	정의와 평등은 명백하지 않고 단지 함축적이라는 사실에 근거하고 있기 때문에 많은 차이가 발견됨.

다시 말해 JS는 환경정의 담론을 경제적 지속가능성과 웰빙의 차원에서 재구성한 것이라 할 수 있다. 20세기 후반 유색인종에 대한 환경위해 시설의 차별적 입지 반대에서 비롯된 환경정의의 담론과 실천은 이후 분배적 차원에 주로 관심을 기울여 왔다. 하지만 21세기 들어 환경보전을 위한 숙의민주주의의 과제, 미래세대 및 동식물 자연의 권리 인정문제 등이 부상되면서, 분배적 정의 외에 절차적, 승인적 환경정의, 그리고 역량의 환경정의 등이 새롭게 개념화되었다. 따라서 JS의 요소는 지속가능성과 형평성을 고려하는 분배, 절차, 승인 및 역량의 측면 네 가지로 도출될 수 있다.

2) 한국형 제3의 길과 JS 요소의 매칭

그러면 한국형 제3의 길이 갖는 각각 세 가지 의미에 따라 연계 가능한 JS의 요소들을 식별해 보기로 한다. 우선 첫 번째 의미의 한국형 제3의 길은 보편적 복지와 사회적 경제의 결합을 특징으로 하므로, JS의 분배적 측면과 연관된다고 할 수 있다. 물론 분배적 정의를 추구하는 보편적 복지 지향의 사회적 경제 활성화는 JS 요소로서의 환경을 둘러싼 위험과 편익의 불균등 분배 차원과는 별개의 것으로 간주될 수도 있다. 하지만 본 저술에서는 JS의 분배 요소를 광범위하게 설정하여, 복지 예산의 확충에 의거한 사회적 경제, 또는 생태경제적 협동조직화의 활성화와 함께 위험 및 편익의 불균등성에 대한 투쟁까지 포괄하는 것으로 이해하고자 한다.

두 번째 의미의 한국형 제3의 길은 제3섹터가 주도하는 숙의민주주의와 시민참여의 노선으로서, JS 요소 가운데에는 절차적 측면과 관련된다고 하겠다. <표 5-1>에 적시되어 있듯이 JS는 공중의 적극적 참여를 이끄는 시민배심원제, 미래 조사, 비전 회의 등과 같은 포용적 절차를 사용하여 숙의적 시민과정을 창출하는 것을 주요 목적으로 삼는다. 즉 정의로운 과정이 결과물만큼 중요하며 지속가능성 자체도 숙의적 참여에 의해 밑받침된다는 것이다. 제3섹터가 주도하는 절차적 정의의 추구 사례는 한국에서 드물게 발견되는데, 이러한 절차의 요소는 분배, 승인, 역량 등 여타 JS 요소와도 불가분의 긴밀한 관계를 맺는다고 할 수 있다.

한국형 제3의 길이 갖는 세 번째 의미는 자본주의와 사회주의를 뛰어넘는 녹색의 생태적 가치와 가장 직접 연결되어 있다. 이에 걸맞은 JS의 요소는 승인, 역량 등으로, 미래 세대 및 비인간동물에 대한 배려, 웰빙이라는 사회적 가치의 강조와 맥락을 같이 한다. 이는 사회와 자연이 끊을 수 없는 생태적 연쇄로 이어져 있다는 SES 개념을 근거로 하며, 생태적 배제와 사회적 배제에 동시적으로 대응하는 생태복지의 통합적 해결 방향을 요구하는 것이다.

JS와 환경정의는 비슷한 개념이라고 볼 수 있으나, 후자가 주로 분배적 불평등의 극복을 강조하는 데 비해 전자는 분배적 정의는 물론 절차적 정의, 역량의 정의에도 초점을 맞추면서 특히 웰빙의 정치경제적 기초를 강조한다고 볼 수 있다. 따라서 필자는 JS의 주요 개념적 요소를 분배, 절차, 승인, 역량이라는 네 가지로 설정하며, 이들 요소와 한국형 제3의 길의 세 가지 의미를 연계해 보면 <표 5-2>와 같다. 한편 이 표에는 이들 연계 외에 제3장 1절 5)에서 다룬 사회적 가치 특성의 세 가지 측면 또한 조응되어 있다.

<표 5-2> 한국형 제3의 길이 논점들과 관련 JS 요소

한국형 제3의 길의 주요 논점	강조하는 차원	JS 요소	관련되는 사회적 가치 특성
보편적 복지와 사회적 경제의 결합	경제	분배	호혜성
제3섹터 주도의 절차적 숙의성 강조	정치	절차	숙의성
저성장에 적응하는 생명, 평화 원리	사회	승인, 역량	주관적 웰빙

5. MS와 JS의 개념적 연계를 통한 정의로운 중강도 지속가능성 명제의 도출

사회적 지속가능성은 평등과 민주주의라는 기본적 가치에 의존하여 모든 사람이 정치적, 시민적, 경제적, 사회적, 문화적 인권을 효과적으로 전유하는 상태로 정의될 수 있다. 즉 사회적 지속가능성은 사람의 능력을 유지하고 경제활동에 필요한 사회구조를 지원하는 사회적 역량이라고 볼 수 있는 데 비해, 생태적 지속가능성은 생태적 다양성을 보전하고 생태계의 본질적 기능과 과정을 유지하는 생태계의 역량으로 규정된다(이재열 외, 2016: 193-194). 앞서 본 약한 지속가능성의 관점은 민주주의, 복지국가 등을 상대적으로 강조하는 지속가능한 성장을 주장하여, 지속가능성의 생태적 측면보다는 사회적 측면에 비중을 두는 경향이 있다. 한편 생태사회적 지속가능성은 사회적 지속가능성과 생태적 지속가능성이 서로 조건 지우는 관계에 있어, 사회계약이 자연적 계약에 영향을 받는 가운데 현재 및 미래세대와의 동시적이고 통시적인 연대를 요구하는 이중의 윤리적 명령(Serres, 1990; Sach, 1999: 27-28 재인용)에 의거하는 것이다.

본 절에서는 MS와 JS를 통합시킨 '정의로운 중강도 지속가능성'(Just and Moderate Sustainability; 이하 JMS)의 대안을 구체화하고자 하는데, 그 내용은 MS를 JS의 요소에 비추어 재조명함으로써 구성될 수 있다. <표 5-2>에서 다룬 대로 JS의 개념적 요소는 분배, 절차, 승인, 역량 등으로 구성된다. 본 저술은 이들 JS 요소를 위에서 언급한 사회적, 생태사회적 지속가능성과 개념적으로 연계시킴으로써 아래와 같은 두 가지 명제를 제안하고자 한다.

우선 <명제 1>은 'JS 요소 중 사회적 지속가능성에 주로 관련되는 것은 분배, 절차이며, 생태사회적 지속가능성에는 주로 역량, 승인이 연관된다'이다. 한편 <명제 2>는 '역량, 승인이라는 JS 요소를 주요 측면으로 하는 생태사회적 지속가능성은 분배, 절차라는 사회적 지속가능성의 차원에서 재현실화되어야 한다'이다. JS 개념의 기반이 되는 환경정의 담론은 애초에 분배 요소를 중심으로 제기되었고, 그다음에는 절차적 공정성과 승인의 문제, 더 나아가서는 역량 접근으로 발전되어 왔다. 윤순진(2006: 12)에 의하면, 분배적 환경정의는 환경편익과 부담의 공평한 분배에, 절차적 환경정의는 정책 및 법, 계획 등의 결정이나 이행과정에 대한 참여에 관심을 두는 것이다. <명제 1>에서 분배와 절차의 요소를 사회적 지속가능성과 연계하는 이유는 전자의 경우 환경부담을 발생시키는 원인에는 상대적으로 무관심하고 후자의 경우 미래 세대나 비인간 동식물의 권리까지는 제대로 고려하지 못하기 때문이다.

그러면 생태사회적 지속가능성과 관련된다고 가정된 승인, 역량의 요소에 관해 좀 더 검토해 보자. 먼저 승인, 또는 인정(認定)은 누가 존중되고 누가 가치 없는 것으로 불인정되는가를 둘러싼 범주로서, 환경문제에 적용될 때는 통상 비인간 자연의 가치 수용이라는 차원에서 이해된다. 승인적 환경정의의 개념은 분배적 불의가 창출, 지속되는 문화적 과정을 강조하기 위해 등장한 것이지만, 비경제적 차원의 상호작용이나 절차적 정당성에 대한 쟁점으로 확대되어 왔다(Walker, 2012: 10). 특히 미래 세대나 동식물의 권리 인정은 개인주의적 경제적 가치 일원론에 의거해서는 도저히 성립될 수 없다. 따라서 타자와의 동반이나 공동의 축하라는 즐거움이 타자의 소비에 대한 선호를 갖거나 그들에게 편익을 부여하는 비용을 기꺼이 부담할 때 설명될 수 있다는 조던(Jordan, 2008: 43)의 웰빙 접근에 의거해, 승인을 둘러싼 생태사회적 기제를 좀 더 구체화해야 할 것이다.

어쨌든 승인, 또는 인정의 원리는 비경제적 차원의 상호작용이라는 사회적 재화와 우선적으로 관련된다. 영(Young, 1990)은 분배 패러다임이 물질적 재화와 사회적 위치에만 관심이 있어서, 비물질적이며 문화적인 사회적 재화를 무시한다고 비판하고 있다. 호네트(Honneth, 2001) 또한 예컨대 사회적 협동에 참여할 능력이 감소된 실업자의 경우, 실업이 사회적 자존의 부정을 대표하므로 인정과 분배적 정의 둘 다 사회적 자존감에 대한 수요에서 도출되는 것이라 주장한다. 하지만 피츠패트릭(Fitzpatrick, 2003: 111)에 의하면, 호네트 관점의 문제점은 실업이 개인에게 자존감을 빼앗는다 하더라도 이는 실업의 결과이지 동기부여 요소의 결과는 아니라는 데 있다. 고용주는 자존감을 줄이기 위해서가 아니라 시장 요구에 반응하여 해고를 하기 때문에, 호네트는 인정을 받을 때조차 분배적 불의에 처할 가능성을 간과하고 있다는 것이다. 요컨대 사회적 가치를 중시하는 인정의 정치 역시 분배라는 경제적 요소와 불가분의 관계라고 할 수 있다.

다음으로 센(Sen, 이상호 외 역, 1999)과 누스바움(Nussbaum, 한상연 역, 2015)의 역량 접근은 제3장에서 언급한 이스털린 역설의 '부유함이 필연적으로 주관적 웰빙으로 전환되지는 않는다'는 명제에 대한 유력한 이론적 설명이다.[5] 사회적 가치와 관련된 주관적 웰빙의 출처가 다면적인 것과 마찬가지로, 인간에게 필요한 적절한 수준의 영양, 주거, 건강, 공통적 상호작용 등과 같은 기초적 기능수행에 필요한 역량 또한 다양하다고 말할 수 있다. 그들에 따르면, 역량은 실질적 자유와 기회의 개념을 함축하는 것으로 그 의미는 상이한 지리적 장소와 역사적 시기에 있는 사람마다 전적으로 동일하지는 않다(Fitzpatrick, 2014: 21). 분배적 환경정의 담론에서처럼 지금까지 소득과 부의 재분배가 사회 정의의 개선에 필수적인 것으로 파악되어 왔지만, 역량의 환경정의에 근거해 보면 분배는 사회정의의 여러 요소 중 하나에 불과하다. 역량의 측면에서 소득과 부는 단지 어떤 것을 할 능력을 부여하는 것일 뿐, 실제 그것을 할 수 있는 여부는 여타의 많은 요소에도 의존하는 까닭이다.

다음으로 <명제 2>의 내용에 대해 상술하고자 하는데, 이때 논의할 주요 개념은 '승인적 절차'(procedure comprising recognition)와 '역량의 분배'(distribution of capabilities)이다. 승인적 절차란 미래 세대 및 동식물의 권리에 대한 인정이 현존하는 민주주의 절차로 제도화될 필요가 있음

5 센(Sen, 1999)은 스스로의 삶을 살아가는 데 필요한 자유를 구비시키는 '역량의 공간' 구분을 중시하는 데 비해 누스바움(Nussbaum, 2015)은 보편적으로 적용되는 역량의 리스트를 제시하는 데 관심이 있다.

을 함축한다. 예를 들어 환경에 위해적이지만 사회경제적으로 필요한 시설을 둘러싼 숙의 과정에서, 미래 세대를 대표하는 청소년이나 비인간 자연의 권익을 대변하는 집단(환경운동단체, 해당 시설에 근접하여 환경피해에 더욱 민감한 집단 등)에 가중치를 부여하는 방안을 도입하는 것이다. 그동안 한국에서 숙의민주주의의 제도적 수단으로는 주민투표, 시민배심원제 외에 최근의 공론조사 등이 동원되었지만, 앞으로는 좀 더 다양한 의사결정 방식이 숙고되어야 한다.

마지막으로 역량 접근이 소득, 부 등에 대한 과도한 비판으로 물질-분배의 패러다임을 경시한다는 피츠패트릭(Fitzpatrick, 2014: 23-28)의 비판을 음미해 볼 필요가 있다. 그에 의하면, 센, 누스바움 등의 역량의 정의 관점은 신자유주의 가속화로 인한 자본, 계급의 중요성 증가를 포착하지 못함으로써 빈곤과 불평등이 항존하는 현실에 둔감해 왔다. 이에 비해 '역량의 분배'라는 본 저술의 대안적 개념화는 환경악화에 따른 식량, 자원 등의 빈부격차에 초점을 맞추는 한편, 인간의 사회경제적 웰빙이 전반적 SES의 지속가능성과 관련해 평가되어야 함을 강조한다. 특히 후자는 홀랜드(Holland, 2008b: 320-321)의 메타역량(meta-capability) 및 그것의 상한(ceiling), 하한(threshold)과 같은 용어들(Holland, 2008a: 419-420)에서 응용된 것이다.

비슷한 문제의식에서 가우디(Gowdy, 1999)는 MS(본인의 표현으로는 강한 지속가능성)을 구체화하기 위해 물과 공기의 질, 생물학적 종이나 숲과 어업 등을 포함하는 재생가능 자원과 비재생가능 자원을 구별한다. 그리고 이들 자원에 대한 공통적 규칙으로 수확률이 자연적 재생률 이하로 유지되어야 하며, 경제로부터의 폐기물 흐름이 환경의 흡수역량 이하로 유지되어야 한다는 것을 제안하고 있다. 즉 메타역량의 하한을 침범하지 않도록 경제적 개입의 상한을 설정하는 것은 생산과정에 대한 투입의 안정적 공급과 경제활동을 위협하지 않는 수준의 폐기물 축적을 보증하는 것으로 볼 수 있다. 누스바움(Nussbaum, 2006: 167) 또한 건강한 기능수행의 최저 기준점 이하에서는 화폐와 건강의 교환(trade-off)이 불가능하므로, 신체 역량의 하한에 미달하는 경우 다른 모든 것이 높더라도 생존 자체를 유지할 수 없는 기초적 정의의 실패로 귀결된다고 지적한다.

이러한 맥락에서 메타역량이라는 용어를 고안한 홀랜드(Holland, 2008a: 419-420)는 그것의 하한과 이에 상반되는 경제활동의 상한 개념을 다음과 같이 예시한다. 즉 누스바움(Nussbaum)이 역량의 열 번째 리스트로 예시한 환경통제 역량의 경우, 한 사람의 경제적 자산으로부터 지하수를 추출하는 역량의 상한은 해당 자산 소유자가 작물 생존을 위해 개간하는 데 필요한 충분한 물의 최저 하한 수준에서 설정될 수 있다는 것이다. 이와 같은 개념적 기제는 경제적 가치로부터 추동되는 환경적 하부구조의 착취에 대한 상한이 사회생태계의 지속가능성이라는 사회적 가치를 밑받침하는 메타역량의 하한에 의거해 제약되어야 함을 가리킨다.

이와 함께 홀랜드는 누스바움이 인간의 역량을 둘러싼 자연환경 구성에 대해 적시하지 않음으로써 사회정의의 성취에 중요한 조건인 생태적 지속가능성을 제대로 포착하지 못하고 있다고 지적한다. 또 이 문제를 해결하려면, 생태적 조건이 모든 핵심적인 인간 기능수행의 역량 리스트에 요구되는 메타역량으로 설정되어야 한다. 그는 메타역량의 하한을 보호하려는 취지에서 그것과 상호갈등 관계에 있는 경제활동의 개입 또한 오염시킬 수 있는 역량, 여성 및 장애인을 차별하는 역량 등으로 표현하여 사회적 제한의 맥락에서 사용하고 있다. 다시 말해 메타역량의 하한은 경제적 가치를 추구하는 오염설비 역량의 상한과 조응되며, 역으로 메타역량의 상한은 인간 문명 활동을 위한 오염 설비역량의 하한과 관련된다고 하겠다.

제6장

◆

생태복지국가를 둘러싼 논의와 과제

1. 생태복지국가를 둘러싼 서구 논의들

1) 생태국가와 복지국가의 관계

(1) 사회복지에 대한 생태적 사고의 의미

사회복지의 생태모델은 다음 세 가지로 분류될 수 있다. 첫째는 생태주의자가 현행의 사회복지 공급에 대해 수행하는 비판의 주요 측면들을 스케치하는 것이며, 둘째는 한국의 생산적 복지 및 사회투자 담론과 같은 많은 제도, 논쟁 및 개혁들이 추종해 온 복지의 생산주의 모델이며, 셋째는 이들에 대한 대안인 생태주의적 탈생산주의 복지모델이라고 할 수 있다. 많은 생태주의자들은 신맑스주의와 결합된 관점에서 복지국가가 사회통제 체계로 작동한다는 의심을 갖고 있다. 유럽에서 좌파 사회민주주의 정부는 자본주의를 사회화하려고 시도해왔지만, 자본주의와 불가분인 사회관계 자체는 건드리지 않아 왔다. 심지어 탈상품화된 복지체제인 스웨덴도 단지 시장으로부터의 매우 제한적인 자유를 제공해 왔으며, 시장가격에 근기하여 개인을 행정적 합리성에 기초한 고객, 비인격적 관류제 및 전문가로 대우한다고 파악되고 있다.

반면에 생태주의자들은 사회응집과 조건의 평등이 상호포용적이라는 관념을 주류 사회민주주의자들과 공유하기도 한다. 더 많은 평등이 없이 응집과 연대에 대한 담론은 단지 수사이자 극빈층에 대한 의무로 포장되는 더 많은 부담 지우기의 수단으로만 남기 때문이다. 따라서 폭넓은 공공재의 개념이 집산주의적 사회 및 공공정책의 정당화와 대중적 수용을 확증하기 위해 필요하며, 생태주의자들에게 그 공공재는 생태적 재화의 필요성을 반영하는 것이어야 한다. 그런데 생태주의는 여성주의가 끼친 체계적이고 종합적인 영향만큼 사회과학에서 큰 영향력을 발휘하지는 못해 왔다. 생태주의는 여성주의와 관련하여 현존 사회정책의 두 가지 측면에 주목하는데, 하나는 비공식 영역에서 보통 여성에 의해 부불활동이 수행된다는 것이고 다른 하나는 공식적 노동시장에서 주로 여성에 의해 저임금 활동이 실행된다는 것이다. 이와 같은 녹색가치와 페미니즘에 의거하는 사회정책은 세 가지 기본조건을 필요로 한다. 첫째, 중심과 주변으로 분리되지 않는 노동시장의 출현, 둘째, 비공식 활동의 중요성 인지, 셋째, 공식 및 비공식영역 간 자유로운 이동으로 그 자체 임금취득과 소득유지가 현재보다 더 완벽하게 해체되는 것이다.

다른 한편으로 녹색 사고는 더 높은 수준의 경제성장이 사회적, 개인적 웰빙의 기본조건, 종종 충분조건이라고 보는 산업주의 논리에 대항하는 관점이다. 주지하듯이 복지국가는 초기 자본주의가 경험한 최악의 국면을 크게 인간화해 온 근대 산업화의 산물이다. 이러한 인간화를 위해 지불된 가격은 국가 복지가 산업적, 그리고 이후에는 탈산업적 성장과 조화를 이루고 결국 이것에 기여해야 한다는 기대를 낳았다. 결과적으로 사회복지는 끝없는 경제성장에 의존해 왔으며, 모든 사회정책 논쟁에서 복지의존의 필요성에 대한 합의는 계속 강력해져 왔다. 즉 성장을 위한 성장이 근대 사회의 리바이어던이 되어 왔던 것이다. 그런데 21세기 들어 사회적 가치와 자산기초 관점이 부각되고 실질적 지속가능성의 전략이 주된 과제로 제기됨에 따라, 생태복지의 실현을 위한 탈성장 논의까지 활성화되고 있다.

(2) 복지국가와 생태국가의 특성 비교

서구에서 발전된 복지국가는 대략 다음과 같은 특징을 갖는다고 볼 수 있다(Meadowcroft, 2005: 15-18). 첫째, 복지국가는 비교적 긴 기간에 걸쳐 발전되었다. 서구에서는 1880년부터 1차 혁신이 있었고 1930년대나 1950년대 이후 성숙한 체계로의 광범위한 공고화가 진행되어, 복지국가의 설립 기간이 50년에서 80년까지 소요되었다.

둘째, 복지국가의 진화과정에서 급성장이나 혁신의 기간이 공고화 또는 정체의 국면을 바꾸어왔다. 복지국가의 발전은 완만한 것이 아니라 불균등하고 우연적이어서, 애초에 소수 인구집단에 국한되었던 혜택이 인구성장과 고령화에 따라 모성급여, 가족수당, 주간보호 등으로 다변화되어 갔다.

셋째, 복지국가가 발전하면서 복지공급의 매우 상이한 (국가)패턴이 출현했다. 사회지출의 상대적 규모, 프로그램 범위, 부유층으로부터 빈곤층에로의 재분배 정도 면에서 미국과 북유럽 나라(스웨덴, 노르웨이 등)라는 양극단이 존재하며 그 밖의 나라들은 그 스펙트럼 사이에 위치한다.

넷째, 실제로 현존하는 복지국가는 부분적으로 겹치고 이따금 모순적이기도 한 법률, 행정규칙 및 프로그램의 잡동사니들로 구성되어 있다. 역사적 산물로서의 복지국가는 급여 도입을 위한 캠페인에 나선 사회개혁가와 이론가들이 제안한 규범적 모델의 단지 매우 조야한 근사치일 뿐이다.

다섯째, 복지 프로그램의 도입 이후 100년 이상 동안 복지국가의 성격과 역사적 발전에 관한 대조적인 이론들이 발생해 왔다. 예컨대 피어슨

(Pierson, 1998; Meadowcroft, 2005: 18에서 재인용)은 복지국가를 산업화, 근대화 및 자본주의의 기능적 반응으로 보는 입장과 근본적으로 모순적인 발전으로 파악하는 입장을 기본적으로 구분할 것을 제안하고 있다.

여섯째, 복지국가는 단지 상대적으로 안정적일 뿐 개혁, 재조정 및 후퇴의 지속적 대상이 되어 왔다. 물론 그렇다고 해서 복지국가의 급격한 해체에 대해 공포감을 갖는 것도 과장된 측면이 있다고 하겠다.

또한 복지국가와 생태국가(ecostate)의 유사점은 다음과 같다. 첫째, 두 형태 모두 새로운 사회적 삶의 영역에 대한 국가기관의 확장, 적어도 현존 개입의 체계화, 강화에 관련된다. 정치인은 과거 세대가 단지 주변적으로만 관심 있었던 문제들에 몰두하게 되고, 전문화된 기관이 새로운 프로그램 관리를 위해 설립되기도 한다. 국가 관료제는 부가적 기능의 수행을 위해 성장하고 공공기금 지출도 새로운 영역에서 상승한다.

둘째, 시장 및 자원 행동의 인지된 실패에 대한 반응으로 구성된다. 복지국가는 안전망, 국민 최저생활기준, 집합적 보험기금, 보충적 시민급여를 제공하는 것으로 이해되어 왔다. 또 생태국가의 경우 시장과 자원적 노력은 국가에 의한 적극적 주도가 없는 상태에서는 장기적 생태 활력을 확보하지 못한다고 받아들여져 왔다.

셋째, '정상적인' 경제적 상호작용 패턴을 변경시키지만 유의미한 경제적, 정치적 제약 내에서 작동된다. 일련의 행동을 명령하고 사회적 소득을 흡수, 재정향시킴으로써 국가는 개인과 기업에 대응하여 선택 패턴을 변경하고 시장 및 재산권의 작동을 수정하며 경제발전의 속도와 방향에 실질적 영향력을 갖는다.

넷째, 경제적, 사회적, 정치적 발전의 장기 과정에 대한 정부 활동의 지속적인 조정을 대표한다. 어떤 의미에서 국가 활동의 양 영역(복지국가, 생태국가)은 정치체계가 근대 세계에 대한 지속적인 기술적, 경제적, 사회적 변형과 관련한 새로운 문제들을 관리, 조정하려고 시도하는 실험 과정을 통해 출현한다.

다섯째, 둘 다 복합적이고 논쟁적인 규범적 결사체를 갖는다. 상이한 논쟁 흐름이 상이한 시간에 상이한 프로그램을 지지하고 상이한 기관을 획득하기 위해 전개된다. 한편 이러한 규범적 요소의 서로 다른 혼합은 복지공급과 환경보전에 대한 대안적 접근을 정당화하는 데 사용될 수 있다.

다른 한편 복지국가와 생태국가의 차이는 다음과 같이 요약된다. 첫째, 복지국가의 발생에는 노동계급, 노동운동, 사회민주주의 정당 등이 큰 역할을 했으나 생태국가와 관련해서는 계급, 운동, 정당의 역할이 별로 없다. 오히려 복지국가 건설에 가장 중요한 세력이었던 노동자, 노조 및 사회민주주의자들은 생태국가에 장애물을 대표하는데, 왜냐하면 이들은 물질적 삶의 기준, 일자리, 경제성장을 위협하는 어떤 기획에도 의심을 품기 때문이다.

둘째, 복지국가는 항상 성장하는 경제의 보완물로 파악되어 왔으나, 생태국가는 유한한 생태계 내에서 자원소비와 쓰레기 처리가 영원히 성장할 수 없다는 성장의 질에서의 변동에 관심을 갖는다. 생태국가 틀에 의하면, 필요한 것은 경제적 수행을 물질적 영향에서 탈피시키는 것이며, 그에 따라 사회복지가 자원 투입 및 쓰레기 수준의 하락에도 불구하고 상승할 수 있다고 본다. 복지국가는 소득재분배(상이한 수급자의 상이한 지출)와 서비스 제공(건강 보호 등)을 통해 소비 패턴에 영향을 미치나 생산에 대한 그 영향은 간접적(수요 및 노동시장 효과)이다. 반면에 생태국가는 생태적 한계 내에서 생산과 소비의 패턴을 유지하는 것에 명백히 관심을 갖는다.

셋째, 20세기에 걸쳐 복지국가는 본질적으로 국가적 창조물로서, 복지정책은 주로 국가적 영역에서 다루어져 왔다. 반면에 국가적으로 정향된 생태국가란 거의 용어 모순으로, 기후변화와 같은 많은 환경문제들이 국제적으로 조정된 반응을 요구한다고 볼 수 있다.

넷째, 두 국가가 상이한 종류의 문제에 관심을 갖기 때문에, 개입 형태도 다르다. 복지국가는 개인과 기업으로부터의 소득을 흡수하고 지불 이전에 지출하며 급여 제공 등에 의해 작동된다. 대조적으로 환경정책은 규제와 금지, 규범적 권고, 조세 및 보조금, 협상된 협약 등의 혼합된 포트폴리오에 의존한다.

다섯째, 복지국가는 민주화와 좀 더 직접적인 연계가 있으나 생태국가는 그렇지 않다. 물론 복지와 민주주의 간 연계는 종종 제시되는 것보다는 좀 더 미묘하다. 어떤 맥락에서는 복지적 조치가 민주주의를 연기하려는 전략의 일부로 도입(비스마르크의 복지 프로그램 등)되기도 하고 몇몇 비민주 개발도상국에서 나타나는 복지체계를 확립하기 위한 관심은 시장경제의 산업에 대한 기능적 요건과 관련됨을 암시하기 때문이다. 어쨌든 역사적 용어로 민주주의는 환경보전 정치보다는 복지 정치에 더 긴밀히 연결되어 있다.

이러한 관찰이 생태국가의 가능한 진화에 어떤 암시를 주는가? 복지국가와 유사한 역사적 궤적을 따를 경우, 생태국가의 프로그램과 구조의 출현은 적어도 반세기 이상의 비교적 긴 시간 프레임으로 확산될 것이다. 또한 생태국가 발전에서 혁신 기간, 상대적 정체 및 공고화 기간 등이 반복될 것이다. 생태주의 국가는 단지 상대적으로 안정적인 것으로 증명될 것이다. 그렇다면 생태복지국가의 이념형은 복지국가와 생태국가의 단순한 총합일 것인가, 아니면 양자의 융합에 의한 새로운 창의적 형태가 될 것인가?

2) 생태복지국가를 둘러싼 관련 개념들의 비교

(1) 환경 신자유주의 국가, 환경복지국가, 녹색국가

체스토프(chestoff, 2005)는 환경문제와 관련한 국가의 유형을 환경 신자유주의, 환경복지국가, 녹색국가, 생태파시즘 국가 등으로 구분한다. 이 중 생태파시즘 국가는 이념형적 분류이기는 하나, 사회복지와 인권을 희생하여 생태가치에 우선순위를 놓는 국가로 규정할 수 있다. 이는 구체적으로 1970년대 초의 신맬더스주의자와 생태생존주의자에 의해 제안된 권위주의 국가와 유사한 것이다. 한편 환경 신자유주의 국가는 고전적 신자유주의 국가와 구별되는데, 후자의 특징은 약한 국가의 사회 및 환경복지 역량과 여러 정책 영역에서의 시장지향적 해결책을 향한 강한 편향을 드러내는 데에서 찾을 수 있다.

이에 비해 환경적 신자유주의 국가는 약한 국가의 사회복지 역량과 사회복지문제에 대한 시장지향적 해결책에 대한 편향이 강한 편이지만, 이와 병행하여 중간 이상의 강도로 환경복지 역량을 개발시키는 특징이 있다. 다음으로 환경복지국가 또한 기존의 사회복지국가와 차별화되는데, 후자는 주요 환경문제나 쟁점을 거의 인지하지 않거나 외부성으로 배제시키면서 자본축적의 재생산과 정당화를 보증하는 잘 개발된 국가 사회복지 역량과 기능을 특징으로 한다. 환경복지국가는 이와는 달리 생태근대화에 관여하는 그들의 개발된 역량으로 구별된다. 이 국가는 자본축적의 “자연무지적” 형태의 재생산과 정당화를 보증하거나 단기적인 인간복지 요건에 부응하는 환경활동에 지배적으로 관여한다고 할 수 있다.

이와 함께 녹색국가는 강한 지속가능성을 목표로 하는 국가활동의 유형 지배를 특징으로 한다. 여기서 국가 활동은 생태적으로 지속가능한(그리고 사회적으로 정의로운) 결과를 향한 사회경제 활동에 중점적으로 지향되어 추동하는 지배적인 도덕적 목적을 갖는다. 그것은 그 핵심에 물질적 활동의 환경적 제약에 대한 인식을 통합하며 인간복지에 덧붙이거나 그것과 분리된 채 자연에게 실질적으로 이익이 되는 제도적 발전을 반영한다. 생태적으로 지속가능한 개발을 위한 유의미한 국가 역량은 합의 형성, 전략적 계획, 정책 조정과 통합, 실행 등의 영역들에서 명확하다.

먼저 합의 형성의 영역에서 녹색국가는 그 활동으로 실질적인 생태적 지향의 경제사회 변동을 위한 프로그램의 숙의적 고려에 대한 제도 및 과정에서 시민사회를 매우 높게 포용한다. 그리고 전략적 계획 영역에서 녹색국가는 특정 산업 또는 사회섹터의 행위자에게 가용하거나 의미 있는 것을 초월하는 지평에서 생태적 지속가능성을 목표로 하는 장기 통합적 사회경제계획을 위한 역량을 제공하고 이를 용이하게 한다. 또 정책 조정과 통합의 영역에서는 국가 내, 그리고 경제활동 및 시민사회 섹터 둘 다에 걸쳐 생태적 관심사가 의사결정에 효과적으로 통합되는 것을 보증함으로써 효과적인 생태 거버넌스를 가능케 한다. 끝으로 실행과 관련하여 녹색국가는 자원이 적정한 규제, 감독, 배분 및 생산의 과업에 가용하도록 보증해야 한다.

(2) 환경복지국가, 녹색국가 등을 둘러싼 쟁점들

그렇다면 환경복지국가, 녹색국가 등 생태복지국가 유사 개념들과 관련된 쟁점을 다루어 보기로 한다. 이는 환경복지국가와 녹색국가가 사회복지국가와 동시적으로 발전되는지, 또는 이에 의존적인지에 관한 것과 생태복지국가의 추동력 및 진입 기준 등에 관한 것이다.

우선 환경복지국가, 또는 녹색국가는 복지국가의 발전과 어느 정도 동시적인가, 그것에 어느 정도 의존하는가, 아니면 그것 위에 어느 정도 기초하는가? 체스토프(Chestoff, 2005: 48)는 호주를 사례로 하여 국가의 상이한 부분에서 양자의 발전은 유의미하고 지속적인 탈구 속에 존재하며 환경국가가 사회복지국가로부터 단순하게 진화한다고 결론내릴 수는 없다고 주장한다. 즉 복지국가의 환경복지국가로의, 이후 녹색국가로의 진화라는 단순한 역사적 연속 또한 지탱될 수 없는 논증이라는 것이다.

다음으로 '어떤 힘이 환경복지국가의 발전을 추동하는가, 그리고 이는 복지국가의 원천과 어떻게 관계되는가?' '다양한 환경국가 또는 녹색국가의 궤적의 운명은 어느 정도 복지국가의 그것으로부터 자율적인가?'와 같은 쟁점이 있다. 이러한 연계는 간접적이고 복잡하며 정치적으로 결정되는 국가의 오랜 제도적 역사를 포함하는 것이다. 생태위기-기후변화와 같은 지구적 쟁점이나 위협받는 숲과 종들의 운명과 같은 국내적 쟁점-는 다른 (사회경제적) 정책 쟁점에 의존하지 않고 그로부터 핵심을 끌어내어 심지어 그것으로부터 관심을 이탈시키는 방식으로 정치적 동원과 행동에 영향을 미칠 수 있다.

국가가 사회적 재생산과 관계되는 배분적, 생산적 기능에 대한 역사적으로 부여된 책임으로부터 후퇴하거나 심지어 탈각시키더라도, (지구) 환경위기의 강화는 국가가 환경영역에서의 복구, 하부구조 제공, 연구 및 실행 등을 조직화하여 관련 재정을 마련하고 환경악화를 규제함으로써 녹색복지 기능을 이행해야 하는 압력을 점점 더 받게 된다. 이들 비용은 아직은 주변적이지만, 미래에는 기후변화 등에 비추어 심각한 정치경제적 부담이 될 것이다.

끝으로 언제 '환경복지국가, 환경 신자유주의국가, 또는 녹색국가를 가졌다고 말할 수 있는가?'라는 문제이다. 피어슨은 복지국가의 확립을 획정하는 세 가지 기준을 사용한다. 이것들은 사회보험의 도입 일자, 사회적 시민권의 확장시기, 사회복지 공공지출의 GNP의 3% 이상으로의 성장이다. 비슷한 기준이 환경복지국가의 존재를 획정하는 데 사용될 수 있는데, 그것은 유의미한 공공제도, 공해 및 자연보전 관련법이 제정되었거나 실행된 시기, 유의미한 공공환경예산의 성장 등이다.

피어슨의 기준과 다른 구별들을 사용해서 보면, 호주는 현재 자율적이고 유의미한 국가 및 지방 환경제도와 법률, 그리고 주요 국가 환경 회복(remediation) 프로그램을 갖고 있다. 그러나 호주 시민은 이제 명확히 정의된 생태 프로그램을 갖춘 녹색당에 투표할 수 있지만 환경문제에 대한 실질적 법적 입지를 갖추지 못하고 완전한 환경적(생태적인 것은 고사하고) 시민권의 기준도 충족시키지 못하고 있다. 모두 5억 호주달러 정도인 폐기물 처분과 같은 매우 주변적인 환경활동을 포함하는 국가 총지출(중앙 및 지방정부 지출 총괄)은 호주 GNP의 3% 미만이며, 더 중요하게는 환경회복 및 환경하부구조 변형에 필요한 총량을 꽤 하회하고 현재 화석연료 착취와 토지정비와 같은 환경적으로 파괴적인 활동에 대한 숨겨진 보조금 충당비용보다 적기 때문이라고 한다.

3) 생태복지국가의 이념형

(1) 생태복지국가의 정의

서구에서 복지국가는 초기 자본주의의 최악 국면을 크게 인간화시켜온 근대 산업화의 산물임이 분명하다(Fitzpatrick, 2000: 345-346). 그런데 역사적으로 성장에 의존하는 복지국가는 더 많은 성장에 대한 수요를 촉발하면서 그것이 의존하고 있는 바로 그 자원을 소진하는 데 도움을 주어왔다. 이처럼 복지국가의 목표는 자본주의 시장경제에 의거한 산업적, 탈산업적 성장을 전제로 하는 반면에, 생태적 가치는 경제성장을 지향하는 자본주의 시장 논리와 종종 배치될 수밖에 없었다.

생태와 복지를 복합화하는 새로운 담론은 더 높은 수준의 경제성장이 사회적, 개인적 웰빙의 조건이라는 근대적 상식에 도전한다. 즉 녹색의 사회정책을 설계하고 실행하는 시도와 관련하여, “녹색국가의 원리와 일치된 사회복지를 어떻게 방어하고 확증시키는가?"라는 질문에 응답해야 하는 것이다. 어쨌든 생태복지국가는 합리성에 기초하여 국가주의의 재분배만 강조하는 것이 아니라, 호혜를 지향하는 제3섹터의 보편적 복지 요구가 사회적 경제 및 생태계 보전과 결합되도록 하는 시도라고 할 수 있다. 본 저술은 신자유주의 세계화가 가중시키는 복지국가의 위기가 시장경제의 성장에 기대려는 민영화나 노동연계복지 등으로 해소되기 어려우며, 생태사회체계 관점에서의 정의로운 지속가능성의 추구라는 좀 더 근본적 차원에서 대응되어야 한다는 입장을 견지한다.

생태복지국가는 현실적인 정책 단위라기보다는 하나의 이념형적 가능태이다. 한국형 제3의 길이라는 논법에서 이 범주를 정의해 본다면, 복지국가를 경험하지 못한 채 지구적 생태위기에 직면한 한국의 경우 보편적 복지의 목표를 사회적 경제와 접합시킬 뿐 아니라 구체적인 생태적 지속가능성 전략과도 연계시킬 필요가 있다. 더 나아가서는 본 저술의 제9장에서 언급하듯이 다양한 생태결사체 등 제3섹터의 활성화를 통해 생태와 복지를 연결시키는 '생태경제적 협동조직화'(ECO)가 모색되어야 한다. 그럴 때에만 생태사회적 웰빙이라는 삶의 질 측면에서 경제적 복지와 생태적 안녕이 통합될 수 있을 것이다. 이에 덧붙여 피츠패트릭(Fitzpatrick, 2003: 98)은 생태복지의 개념에 대해 생태적 가치의 내재적 본질을 보전하면서 인간 노동을 지속가능하게 만드는 탈생산성주의와 사회민주주의의 결합으로 정의하고 있다.

(2) 생태복지 결사체로서의 국가의 역할

국가의 진공화와 경제적 지구화에 직면하여 국가 역할이 감소, 약화되고 있다는 주장이 많지만, 국가는 사멸되지 않으며 진보적 녹색정치를 제공하는 데 무용한 것으로 간과 또는 거부되어서는 안 된다고 할 수 있다

(Barry & Eckersley, 2005: 255). 녹색정부가 직면한 전략적 선택은 정치적 과제를 국가 내에서 또는 국가에 반대해서 추구하는가라는 단순한 것이 아니다. 오히려 문제는 녹색운동이 창출하고 관여하여 시민사회에서 그 뿌리를 심화하고자 하는 국가는 어떤 종류여야 하는가이다.

개량주의, 가벼운 녹색, 통상적 비즈니스 입장과 보통 어울리는 국가주의라는 한 극단과 국가, 경제, 사회의 거부나 완전한 변혁을 요구하는 급진적 녹색과 통상적으로 연계되는 반국가주의라는 또 다른 극단은 녹색정치에 대한 잠재력과 지방적, 지구적 지속가능성의 용이화 면에서 국가의 역할을 판이하게 파악한다. 최근의 공통된 주제 가운데 하나는 기업권력 및 신자유주의 자본주의의 파괴적 차원을 반대하는 데 필요한 제한과 저지의 방식에 의한 국가의 녹색화이다. 개별 국가들은 이러한 신자유주의적 의제를 진전시키는 데 확실히 연루되어 도전을 받고 있지만, 국가를 녹색 관점으로부터 고칠 수 없는 것으로 거부하거나 무시하는 것은 전략적으로 유해하고 이론적으로 도움이 안 되는 일이라 할 수 있다.

주지하다시피 국가의 법 체계는 투자, 생산, 소비 및 재생산 패턴을 형성하는 재산권, 계약, 상업규칙, 과세, 회계, 노사관계 및 부채를 창출하고 유지하는 데 중요한 역할을 수행한다. 국내정책 이니셔티브에 의해서나 다층적 협약에 의해서나 경제활동 규칙이 환경 보호 및 정의와 양립 가능하도록 확증하는 것은 국가에 의한 체계적 기초 위에서만 수행될 수 있다. 덜 지속불가능한 세계를 향해 적극적 변화를 만드는 데 관심 있는 사람들에게 국가는 그것의 긍정적 잠재력을 탐구, 개발하고 그 단점을 가능한 개선의 신호로 검토하며 그 동학과 특성을 그것의 독특성으로 이해하도록 관심 대상이 되어야 한다. 요컨대 21세기의 지속가능성은 특히 기후변화, 멸종위기, 자원 고갈 등의 도전에 대응할 더 녹색의 국가체계 창출을 포함해야 한다.

(3) 생태복지국가와 생태근대화의 지양

많은 학자들은 생태복지국가의 대립적 개념으로 앞서 다룬 약한 지속가능성의 흐름에 있는 '생태근대화'를 주로 거론한다. 생태근대화는 많은 측면에서 더 나은 환경보전과 지속적인 경제성장 둘 다에 의한 요구에 직면한 국가에 의해 채택되는 약한 지속가능성의 대응 전략이다. 생태근대화의 성공적 전략은 환경적, 경제적 이득을 갖는 산업혁신 과정을 추동하는 환경 규제로 대표되어 왔기 때문에 수요 측면의 웰빙보다는 공급 측면의 기술개발 및 제도적 개선에 치중하는 것이 사실이다. 실제로 생태근대화의 많은 근대화 측면은 생산과정에서의 기술, 분배체계와 경영 둘 다의 혁신에 주된 초점을 맞춘다.

생태근대화는 생산의 (환경) 비용을 사회화(외부화)하는 것에 대한 반응으로서 대체로 생산을 정치적으로 규제하려는 시도로 파악된다. 이는 전형적으로 배출 기준의 설정, 시장에 기초한 수단의 나열(녹색 과세와 수수료, 거래되는 오염허가권 등), 자발적 자기규제의 격려, 오염자 지불법 제정, 사전예방원칙 지지, 의무적 환경영향평가 제공, 최적 가용기술 사용의 처방 등을 가리킨다. 생태근대화는 생산의 부정적 생태비용의 내부화를 추구하고 환경재화 및 서비스의 경제적 유용성과 가치를 고조시킴으로써 대체로 신고전파 환경경제학의 처방을 따른다. 따라서 집합적 생태문제는 시장 행위자(국가에 의해 지원되는)에 대한 선별적 경제적 기회로 전환된다. 실로 환경경제학자들의 처방은 환경문제에 대한 점점 더 국가 관료/행정의 반응의 수용된 부분이 되는 경향이 있다. 이 모든 것은 생태근대화가 자본축적을 촉진하는 국가의 핵심적 경제적 정명에 대한 녹색 수요에 부착되어 있는 데서 비롯된다.

생태근대화는 또한 근대국가의 위기관리 기능에 대한 생태적 차원을 제공하는 국가의 정당화 정명에 봉사한다. 체스토프가 설명해 온 것처럼,

생태근대화는 “생태적 불만을 관리하고 그들의 사회적 규제 역할을 재정당화하는 정부에 유용한 담론적 전략이다. 환경문제에 대한 정책 반응으로서 정부에 대한 생태근대화의 매력은 그것이 상대적으로 고통이 없는 윈-윈(win-win) 정책 선택을 제공한다는 데에 있다. 이러한 종류의 생태근대화는 경제에서의 주요 구조 변동을 요구하지 않는다. 그것은 소유의 조직 및 원리, 기업 지배구조의 구조와 관행, 또는 시장기제의 한계에 도전하지 않는다. 더욱이 그것은 재화와 서비스의 총량적 산출 증가에 대한 진보의 개념이나 집착에도 도전하지 않는다. 오히려 그것은 이러한 목적들이 추구되는 수단(생태적, 기술적, 경제적)을 주로 다룬다. 그것은 단지 좀 더 환경친화적인 기술과 생산방법을 나열함으로써 환경적 생산성(에너지, 물질, 쓰레기를 더는 재화, 서비스의 생산)의 개선을 추구한다. 요컨대 생태근대화는 산출을 확장하는 좀 더 환경적으로 효율적인 방식을 추구한다.

더욱이 생태근대화는 “덜 갖고 더 많이 만드는 것”을 추구하면서 소비보다는 생산에 초점을 둔다. 이런 의미에서 생태근대화는 환경정책에 대한 주로 수요 측면보다는 공급 측면의 접근이다. 그것은 경제에서의 재화, 서비스에 도전하거나 그것을 규제하는 것을 추구하지 않으며, 사회 내 소비 및 쓰레기의 분배에 관한 쟁점들을 다루지도 않는다. 모든 공급 측면 정책들과 마찬가지로 생태근대화는 사회적 또는 분배적 정의와 평등의 쟁점을 폄하하거나 회피한다. 현재의 후기 케인즈 시대에 수요 측면과 소비 동학을 정치적으로 규제하거나 다루는 일은 단지 모든 정부에게만 부여된 것이 아니다. 이와 같은 공급 측면 접근의 채택은 에너지나 자원 부족 문제와 환경 외부성(오염)의 과잉생산에 대한 지속가능성 도전을 감소시킨다. 그 결과 생태근대화의 논리는 지속가능성으로의 이행에 필요한 부분으로서의 과잉수요 및 소비 문제를 다룰 필요성을 간과한다. 지속가능성은 자원 및 에너지 효율성뿐 아니라 (북반부의) 과잉소비 또한 다루어야 한다.

본 저술은 생태복지국가를 복지국가론의 녹색 포섭적 접근으로 이해하여, 복지국가의 한계와 역할을 인정함과 동시에 생태적 고려를 연계하는 방식으로 정의한다. 즉 한국의 경우 복지국가와 녹색국가를 이중으로 완성하는 과제를 안고 있으며, 그 때문에 생태근대화에서 지향하는 신자유주의적 환경경제학의 해법에 대해서는 유보적인 입장을 취하고자 한다. 그럼에도 불구하고 제4장에서 다룬 공급/수요 양 측면의 생태적 급진화라는 차원에서 공급 측면에서의 생태근대화적 기술개선의 유용성을 부인하지 않는다. 따라서 이명박 정부의 녹색성장 노선이 보여주었듯이 수요 측면에서의 웰빙과 비인간생명체에 대한 고려를 무시한 생태근대화의 정책들은 지양되어야 하겠지만, 생태복지와 JMS라는 큰 틀에서의 공급 측면 개입은 여전히 유효하다고 할 것이다.

2. 생태복지국가 개념화와 관련된 한국에서의 논의들

본 저술은 생태복지를 탈성장 시대 사회민주주의의 녹색화라는 차원에서 다룰 것인데, 여기서는 본격적 논의에 앞서 관련 유사 개념인 환경복지, 녹색복지에 대한 국내의 연구 흐름을 일별해 보고자 한다. 필자는 생태복지국가의 이념형을 생태국가와 복지국가의 합성으로 보고, 체스토프(Chestoff, 2005)의 유형화를 원용하여 환경복지국가와 녹색국가를 포괄하는 것으로 일단 느슨하게 범주화하고자 한다. 한국에서 생태복지, 생태복지국가라는 말은 매우 낯설다. 윤수진 외(2016: 252)는 '생태복지'를 거론하는 드문 한국의 논의들로 최재천 외(2009), 서해정(2009), 홍성태(2009, 2011) 등을 소개하고 있다. 하지만 이들 논의는 생태와 복지의 결합이라는 이론적 특정성을 내포하기보다, 환경복지, 녹색복지 등과 크게 차별화되지 않는 평면적이고 관행적인 어법을 따르는 것으로 풀이된다.

정작 윤수진 외(2016: 254)는 국제개발협력 사업을 대상으로 한 분석에서 환경복지라는 용어를 선호하여, 이에 대해 환경정의 개념이 담고 있는 분배적, 절차적 형평성을 포함함과 동시에 지속가능 발전이나 생태복지 등이 제시하는 '자연의 한계 존중', '환경수용 능력'에 초점을 둔다고 파악한다. 그리하여 환경복지 개념은 지역사회의 지속가능한 환경 질을 유지하면서 지역주민들의 삶의 질이 저하되지 않도록 하는 원칙과 기준이 될 수 있게 된다. 한편 최경구(2013)는 '공생주의 환경복지국가'에 대해 환경문제를 생태적으로 해결하고 사회정의와 환경정의를 실현하여 공생할 수 있는 국가라고 정의한다. 이러한 환경복지국가는 후세대와의 갈등 요인을 제거하면서도 현세대가 자연과의 조화 속에서 복지적 삶을 살 수 있도록 하는 제도적 과정과 결과라고 인식되고 있다.[1]

또한 이윤형(2016: 37)은 비슷한 흐름에서 환경복지국가를 모든 국민이 향유할 수 있는 최소 수준의 환경을 충족시키고 소득, 지역 등 개인차에 따른 환경불평등의 격차를 없애는 국가 형태로 규정한다. 그에 따르면, 환경복지는 복지의 관점에서는 사회취약계층과 취약지역에 대한 환경문제를 뜻하고 환경의 관점에서는 환경에 대한 불평등을 해소하고 이에 따른 사회안전망을 구축하는 복지적 문제로 취급된다. 이렇게 볼 때 환경복지(국가)라는 용어는 생태복지나 녹색복지에 비해 이론적 지향의 성격이 옅은 대신에 정책적 개입에 대한 관심이 상대적으로 더 큰 편이라고 할 수 있다.

---

1 최경구(2013: 5)는 환경복지(environment welfare)가 환경적 복지(environmental welfare)와 생태복지의 개념적 혼합으로 설정하는데, 이때 환경적 복지는 도시미관이나 위생, 안전을 고려하는 도시계획 등을 가리키며 생태복지란 인간의 자연에 대한 수탈이 인간의 인간에 대한 수탈부터 금지해야 막을 수 있다는 입장과 인간과 생물을 하나로 보는 생물중심주의로 환경문제를 해결하고자 하는 관점을 모두 가리킨다고 한다.

다음으로 한국에서 가장 많이 소개된 녹색국가를 둘러싼 논의에 대해 살펴보자. 정규호(2006: 27)는 이에 대해 생태적으로 지속가능한 사회를 지향하면서 생태적 합리성을 준거로 정치, 경제, 사회 전체적인 변화를 지향하는 국가로서, 전통적 국가체제를 유지, 활용하거나 해체하려는 기존 인식의 틀을 넘어서 국가에 대한 성찰과 재구성을 통해 녹색화 전략을 추구한다고 밝힌다. 더 나아가 정태석(2013: 388)은 녹색국가를 인간과 자연생태계의 조화를 포함하는 다양한 녹색가치를 추구하는 국가로 폭넓게 설명하는데, 이처럼 보면 자연, 생태, 생명을 존중하는 것을 넘어서 평화, 평등, 민주주의 등 다양한 진보적 가치와 연관된 의미를 함축하는 이점을 갖는다. 이와 함께 구도완(2013: 397-398)은 국가와 긴밀히 연결된 자본주의와 산업주의가 세계적인 환경문제와 불평등의 주된 원인이라고 볼 때, 생태사회 위기를 극복하기 위해 국가를 강화해야 하는가, 아니면 그것을 넘어서야 하는가라는 근본적 질문을 제기하고 있다.

한국의 녹색국가 담론화에서 선구적 역할을 담당한 문순홍(2006: 82)은 녹색국가를 최소한과 최대한의 두 가지 측면에서 다음과 같이 정의한다. 즉 최소한의 정의에서 그것은 환경부담의 관리를 진지하게 떠맡은 국가이고, 최대한의 정의에서는 이해당사자들이 참여할 수 있는 민주적 과정과 절차를 시민사회 내에 마련하고 이에 더해 스스로를 변형하는 국가로서 이 변형의 지향점은 이념형으로서의 자연국가와 생태자치연방이라고 전망하고 있다. 이렇게 그녀는 녹색국가의 유형화를 통해 녹색국가로의 전환은 물론 그것의 해체 가능성까지 열어 놓는 역동적 접근을 취하고 있다. 구도완(2013: 399)은 그녀의 시도에 대해 국가 넘어서기를 당위적으로 강조하지 않고 녹색의 관점에서 생태적 지속가능성과 민주주의를 어떻게 함께 발전시킬 것인가에 관심을 기울인 작업이라고 높이 평가한다.

마지막으로 이정필(2011)은 복지적, 생태적 관점을 결합하는 차원에서 녹색복지국가의 개념을 제시하면서, 관련된 논의의 맥락을 4가지 유형으로 제시하고 있다. 첫째는 생태주의 이념형 중심의 녹색복지 접근으로, 사회복지학계에서 제기되는 기존 복지국가 패러다임의 생태가치 기반 복지 패러다임으로의 전환 요구를 가리킨다. 이 유형에서의 대안은 주로 생태공동체 및 지역자립형 모델에 초점이 맞추어지는 경향이 있다. 둘째는 생태주의 진영의 국가론적 접근 가운데 하나인 녹색국가론인데, 앞서의 정규호(2006) 입장처럼 복지에 대한 녹색의 실질적 포섭을 지향하지만 모든 좋은 것은 녹색이라는 쌍끌이식 개념 규정 때문에 현실 분석력과 적용가능성이 떨어진다고 비판된다(이정필, 2011: 99). 셋째는 또 다른 생태주의 진영의 국가론으로 녹색과 복지를 구분한 후 복지국가의 생태적 전환 형태가 녹색복지국가라는 주장인데, 조명래(2006), 구도완 외(2008)가 대표적이다. 넷째는 복지국가론의 녹색 포섭적 접근으로서 복지국가의 한계와 역할을 인정함과 동시에 생태적 고려를 연계하는 모델이다. 이 입장은 한국의 경우 복지국가와 녹색국가를 이중으로 완성하는 과제를 안고 있으므로, 녹색복지국가가 녹색국가보다 현실에 적합한 국가의 성격을 나타낸다고 파악한다.

본 저술에서의 생태복지국가 개념은 위의 네 가지 분류 가운데 넷째 용법에 가깝다. 한국의 경우 복지국가가 미발달한 가운데 녹색국가 논의가 각개 약진 방식으로 전개되어 왔으나, 복지국가의 한계를 예방하는 가운데 생태적 고려를 통해 새로운 복지의 모델을 추구할 필요가 크다. 즉 한국형 제3의 길이 '복지에서 노동으로'가 아닌 복지와 노동의 동시적 추구에서 개념적으로 배태되었듯이, 생태복지국가 또한 '복지에서 생태로'라는 과도한 심층생태주의의 논법보다는 인간의 웰빙과 이를 위해 필수적인 생태적 지속가능성에 동시에 접근하는 녹색 가치와 사회민주주의의 융합적 사고가 요청된다고 하겠다.

3. 생태사회적 배제 극복과 JMS에 기반한 생태복지국가의 탐색

1) 생태사회적 포용을 위한 생태복지국가의 좌표

생태복지국가의 특성은 사회민주주의와 탈생산성주의의 결합으로 이해된다. 한국형 제3의 길의 관점에서 볼 때, 문제는 보편적 복지를 실현하는 본래적 사회민주주의가 미완인 상태에서 탈생산성주의에 입각한 SES의 자산기초 접근을 추구해야 하는 이중의 모순적 과제를 해결해야 한다는 점이다. 이를 사회적 가치 차원에서 해석하면, 사회적 안전망 구축을 위한 경제적 복지에 초점을 두면서 주관적 웰빙의 주요 요소인 생태적 포용(인간과 동식물의 공존 추구)을 함께 추구해야 하는 딜레마로 표현될 수 있다.

달리 말하면, 한국형 제3의 길이 갖는 첫 번째 의미인 '보편적 복지 확대와 사회적 경제의 결합'의 두 번째, 세 번째 의미인 '절차적 숙의성'과 '녹색 지향의 생평, 평화원리'와의 통합이 생태복지국가의 좌표를 설정하는 기본 틀이 될 것이다. 지금까지 본 저술은 한국형 제3의 길과 생태복지국가라는 두 가지 변수 사이에서 그 매개고리로 기여할 만한 사회적 가치, SES, 자산기초 접근, JMS 등을 탐구해 왔다. 이제 사례 분석으로 나아가기에 앞서 아직은 미완성인 생태복지국가를 탐색하기 위한 이론적 좌표들을 잠정적으로 제시해 보기로 하겠다.

첫째, 생태복지국가는 하나의 체계일 수도 있지만 생태사회적 포용을 지향하는 과정으로 파악되어야 한다. 사회적 배제를 극복하는 사회민주주의의 이념형에도 과정적 측면이 내포되어 있지만, 북유럽 모델과 같이 경제성장과 국가 개입, 사회적 합의 등을 통해 이상적 복지국가의 현실화가 전혀 불가능한 것은 아니다. 그러나 생태적 배제는 지구적 차원의 비인간 동식물과 후속 세대 등이 관여되는 훨씬 복잡한 상호연계망으로 이루어져 있어, 그것을 극복하기 위한 '생태국가'의 모델은 끊임없는 시도와 노력을 요구하는 것이다.

둘째, 생태복지국가는 생태사회적 배제 과정에서 동시에 발생하는 생태적 배제, 사회적 배제 각각을 별개의 영역으로 다루지 않고 생태사회적 포용이라는 큰 틀에서 통합적으로 대응한다. 본 저술의 제4부는 주로 보편적 복지와 사회적 경제의 관계를 다루고 제5부는 절차적 지속가능성을 달성하기 위한 아래로부터의 리스케일링 사례를 다룬다. 두 부분은 서로 상관없는 것처럼 보일지 모르지만, 생태복지국가에서 사회적 경제에 의거한 생태사회적 자활과 지속가능한 에너지 공급을 위한 숙의적 절차 확립은 상호 연관되는 것이다.

셋째, 생태복지국가의 이론적 기초는 생태적 가치와 경제적 가치를 아우르는 사회적 가치, SES의 자산기초 접근, JMS를 통한 생태사회적 포용 등으로 파악된다. 이에 못지않게 생태복지국가 형성의 방법론적 접근도 중시되어야 하는데, 제4장에서 언급한 '지구적 생태거버넌스-국가 수준 생태민주주의-지방 생태결사체 간 스케일 교류'가 이에 해당한다. 그중 무엇보다 지방 스케일에서의 SES 공동관리의 국가, 지구 스케일로의 상향 리스케일링이 생태복지국가의 고정 요소로 중요하다고 할 수 있다.

넷째, 생태복지국가라는 일견 모순적인 대안의 모색은 공동공간(commons)을 보존, 생성시키기 위한 공동관리자(commoner)라는 새로운 인간 유형을 등장시켜 그들의 웰빙과 생태사회적 지속가능성을 위한 전방위적 공동관리를 요청한다. 공동관리가 갖는 의의는 우선 SES의 접면을 확장하여 자연생태계의 일부로서의 도시 및 문화, 경제 등의 사회체계를 재정초시키는 데 있다. 이에 못지않는 또 다른 의의는 한국형 제3의 길이 갖는 두 번째 의미와 비슷하게 지방 스케일의 다양한 결사체, 비정부 및 비영리조직들이 '승인적 절차'를 만들면서 개인주의와 사적 소유체계로 유지되는 신자유주의적 통치체제를 포위, 장악할 수 있다는 점이다.

2) JS에 입각한 생태복지국가의 가능성과 제3부 이후의 구성

그러면 제5장 4절 2)에서 한국형 제3의 길이 갖는 의미별로 도출한 JS의 요소들을 중심으로 생태복지국가의 가능성 형성에 어떤 기여를 할 수 있으며 그것을 가늠하기 위한 본 저술에서의 사례 분석 내용은 어떠한지 개괄해 보자. 본 저술의 제3부, 제4부는 이와 같은 JS, 또는 JMS의 요소별로 생태복지국가의 가능성을 탐색하는 사례들로 구성될 것인데, 그에 앞서 여기서는 생태복지국가를 열린 담론의 대상으로 다루면서 그것의 정의에 필수적인 탐색 틀을 검토하도록 한다. 실행가능한 생태복지국가의 구축과 관련하여 JS의 분배, 질차, 승인, 역량 요소들은 일종의 프리즘으로 구실한다. 또 필자가 규정한 '한국형 제3의 길'의 노선은 이들 JS 요소들의 매개를 통해 생태복지국가를 향한 길잡이가 될 수 있다.

먼저 JS의 분배 요소는 보편적 복지와 사회적 경제의 결합이라는 측면과 최저생활을 유지하기 위한 자활의 범위를 생태적 차원에까지 확장시키는 측면에서 고찰하고자 한다. 본 저술에서는 분배적 정의의 차원에서 지속가능성을 달성하기 위해 서구적 제3의 길에서 발견되는 유급노동 창출을 목적으로 한 노동연계복지보다는 복지재정의 확충을 사회적 경제 일자리와 결합시키는 재분배 전략이 유효함을 밝히려고 한다. 그럼에도 신자유주의 시장 논리에 따라 자활사업의 공동체적 초점이 어떻게 개인화되는가를 밝히고자 하며, 이에 대응하는 생태사회적 자활의 대안적 개념화를 제시할 것이다.

다음으로 절차적 측면의 JS 요소는 숙의민주주의적 의사결정 수단의 개발을 통해 생태복지국가의 실천 수단으로 확보되어야 한다. 이를 위해 본 저술에서는 성장 일변도의 지방자치단체 전략으로 유치된 원전을 둘러싸고 도시 스케일에서의 지속가능성을 추구하기 위한 절차적 정의의 시도에 대해 울산 울주군과 삼척시의 사례를 통해 살피도록 하겠다. 이때 성장레짐에 의해 추동되는 지방자치단체장의 원전 유치 전략에 대해 지역사회 제3섹터들이 주민투표 등과 같은 숙의 절차를 어떻게 동원, 활용하는가에 초점을 둘 것이다.

이와 함께 JS의 승인 요소에 대해서는 송전탑 반대주민과 비정규직 노동자 간 연대와 미래 세대를 위한 희생의 사례를 중점적으로 다룬다. 또 최근에 지방자치단체의 관광상품으로 부상되고 있는 케이블카 설치에 대해 산악 동식물의 생존이라는 관점에서 반대 입장의 논리를 점검하도록 한다. 마지막으로 역량이라는 JS 요소는 분배, 절차, 승인 등을 포괄하는 인간 건강과 생태적 하한을 가리키는데, 본 저술에서는 원전 주변에서의 암환자의 소송 사례 및 주민 이주 요구 사례와 동시에 해수담수화 시설에 대한 주민 반대 사례를 비교하도록 하겠다.

제3부

재분배와 호혜의 결합으로서의 한국형 제3의 길의 입구 찾기

제7장

◆

사회적 배제 담론과 한국의 사회적 경제

사회적 배제(social exclusion)는 1970년대 프랑스 좌파 정치인들에 의해 최초로 사회보장체계가 포괄하지 못하는 개인을 가리키기 위해 사용되었다(Taket et al., 2009: 6). 이후 이 용어는 프랑스에 독특한 뒤르껭적(Durkheimian) 전통을 반영하여, 고아 청소년, 실업자, 노숙자 등의 현실을 묘사하는 것으로 확장되어 왔다. 이처럼 초기에는 사회적 배제가 집합적 가치 상실과 연대의 결핍에 따라 전체 사회를 위협한다는 의미로 이해되었던 셈이다. 르비타스(Levitas, 2006: 178)에 의하면, 사회적 배제 개념의 강점은 '참여의 증가'를 추구하는 진보진영이나 '통제의 증가'를 추구하는 보수진영 모두를 아우르는 유연한 정치적 함축에 있다. 이는 사회통합, 연대, 사회적 응집을 동시에 연구한 뒤르껭에 대한 상이한 해석에 입각한 것으로, 제4장에서 다룬 사회통합 담론(Social Integration Discourse; SID), 재분배 담론(REdistribution Discourse; RED), 도덕적 하류계급 담론(Moral Underclass Discourse; MUD)의 연원을 이룬다고 하겠다.

사회적 배제의 용어가 빈곤이라는 전통적 개념을 대치하게 된 또 다른 배경으로는 '제3의 길' 노동연계복지 노선의 영향을 들 수 있다. 기든스

(Giddens, 1998)는 제3의 길이라는 새로운 정치가 평등을 포용(inclusion)[1]으로, 불평등을 배제로 정의한다고 주장해 왔다. 그에 따르면, 사회적 포용이란 실질적이고 경제적인 사회적 권리가 아니라 모든 시민이 공공공간에 대한 기회와 참여를 갖는 시민적, 정치적 권리와 의무에 관련된다. 이렇게 제3의 길에 입각한 노동연계복지 정책은 형식적인 시민권 및 정치적 권리를 우선시하며, 실질적인 사회보장보다는 노동시장에 대한 참여기회를 더 중시해 왔다(Dean, 2004: 182-183). 이런 흐름에서 21세기 들어 넓은 의미의 노동연계복지 수단으로 부상해 온 사회적 기업(social enterprise)과 사회적 경제조직(social economic organization)[2]은 여러 나라에서 사회적 배제를 극복, 완화하기 위해 다양한 형태로 발전되고 있다.

이에 반해 윔베르와 사토(Humbert & Sato, 2012: x-xi)는 경제적 불평등이 저소득층에게 빈곤의 덫으로 느껴진다면 사회는 배제의 상황에 직면하고 있다고 지적함으로써, 사회적 배제가 본질적으로 경제적 쟁점임을 환기한다. 이들은 1980년대 이후 유럽에서 복지국가의 위기에 따라 등장한 신자유주의가 노동시장의 유연성을 추구한 결과, 사회적 배제를 더욱 악화시켰음을 강조하고 있다. 본 장은 한국에서의 사회적 배제 담론

---

1 한국에서 사회적 포용(social inclusion)은 통상 사회적 통합으로 번역되기도 하나, 본 저술에서는 사회적 배제 담론 가운데 사회통합(social integration) 담론과 구별하기 위해 포용으로 해석하기로 한다. 이 용어는 한국에서 거의 쓰이지 않다가 최근 문재인 정부의 포용국가 개념으로 재활용되고 있다.

2 아민(Amin, 2009: 3-4)에 의하면, 1980년대 이후 완전고용의 종언과 복지 공급의 위기가 출현함에 따라 유럽 국가는 창업 보육, 사회적 보수(補修), 복지 전달 등을 둘러싸고 비시장, 비화폐의 호혜(reciprocity)를 실현시키는 사회적 경제조직에 대한 기대를 높여 왔다. 좀 더 최근의 사건인 2008년의 세계 금융 위기 이후에는 시장경제의 세계화를 지향하는 신자유주의에 대한 대안적 발전 전략으로서의 사회적 경제의 역할도 조명받고 있다. 본 저술은 사회적 경제조직을 넓은 의미와 본래적인 좁은 의미로 구분하는데, 전자의 경우 사회적 기업을 포괄하는 제3섹터 전반으로, 후자의 경우에는 시장경제와 차별화된 호혜 및 공동체 원리를 지향하는 조직으로 규정하고자 한다.

의 대두가 자활사업과 같은 노동연계복지제도의 도입과 맥락을 같이했음을 인정하면서도, '한국형' 제3의 길의 경우 첫 번째 의미에서 적시했듯이 복지국가의 후퇴를 경험한 유럽과는 달리 초보적이나마 재분배가 새로 적용되는 가운데 사회적 경제조직에 대한 지원이 모색되었다는 점에 초점을 맞추고자 한다. 즉 필자의 관심은 한국의 사회적 경제조직이 갖는 비서구적 특수성과 다양성을 해명하기 위해, 사회적 배제 담론이 갖고 있는 불평등, 공적 부조, 빈곤층 규정 등에 관한 서로 다른 시각을 적용해 보는 데 있다.

한국의 사회적 경제조직은 1990년대 초 도시빈곤층 거주지에서 자발적으로 모색된 생산 협동조합 운동에 뿌리를 두고 있다. 그런데 정작 사회적 경제, 또는 사회적 기업에 대한 학문적 관심은 2000년부터 실시된 기초생활보장제도가 도시빈민 생산자협동조합[3]의 또 다른 표현인 자활기업[4]을 생계급여의 조건으로 의무화함과 동시에 본격적으로 이루어졌다. 이후에는 자활기업의 발전 방향과 관련하여, 조건부수급자와 차상위계층 대상의 탈수급 수단이라는 제한적 위상에서 벗어나 사회서비스를 제공하기 위한 사회적 기업의 필요성이 대두되었다. 그리하여 2007년에 고용노동부가 취약계층의 노동통합과 사회서비스 제공을 목표로 사회적 기업 인증 제도를 고안했으며, 2010년에는 안전행정부가 주관하는 마을기업[5] 지원정책이 추가되었다. 이어 2012년에는 협동조합기본법이 제정

---

3 1990년대 초반에 전개된 하월곡동의 건설일용노동자 협동조합, 상계동의 봉제협동조합 등 도시빈곤층 생산자 협동조합운동은 1996년 김영삼 정부의 자활지원센터 설립 정책에 의해 빈곤층 거주지에서의 창업을 지원하는 자활공동체로 제도화되었고, 1999년에 제정된 국민기초생활보장법에서는 노동의무 부과를 위한 보건복지부 자활사업의 주요 수단으로 확장, 편제되었다. 신명호·김홍일(2002ㄴ) 참조.

4 자활기업은 기존의 자활공동체 명칭을 2012년부터 재명명한 것으로, 공동체형 자활기업과 1인 자활기업으로 구분된다. 보건복지부(2013) 참조.

5 마을기업은 지역공동체 사업에서 세분화되어 나온 형태로 마을 단위를 대상으로 한 정주공간에서 비즈니스 활동을 통한 자립기반 구조를 마련하여 지역 일자리를

됨으로써, 5인 이상의 신청에 의해 협동조합 결성이 가능해지고 사회적 협동조합의 제도적 근거도 마련되었다.

이에 여기서는 2000년 이후 한국에서의 다양한 사회적 경제조직의 발현을 르비타스의 세 가지 사회적 배제 담론에 비추어 정리하고자 하는데, 이는 넓은 의미의 사회적 경제조직 가운데 재분배와 호혜에 초점을 둔 한국형 제3의 길 지향을 차별화하기 위해서는 사회적 배제에 대한 근본적 관점으로부터의 식별이 요구되기 때문이다. 필자는 복지국가 노선인 제1의 길을 경험하지 못한 한국에서 제3의 길이 '복지에서 노동으로'라는 서구적 맥락이 아닌 재분배 정책을 새롭게 도입하면서 개인취업 외에 사회적 경제조직의 창업을 최초로 쟁점화했다고 이해한다. 그런데 기초생활보장제도와 연계된 자활기업의 등장은 한국에서 제3의 길 노동연계복지를 적용한 첫 시도로 인정되기는 하나, '한국형 제3의 길'의 본래적 형태라기보다 과도기적 제약을 갖는 것으로 평가될 수 있다. 자활기업은 최소한의 재분배 시행에 따른 도덕적 해이 방지라는 소극적인 의미에 국한된 것으로, 보편적 복지의 확대와 결합된 적극적인 사회적 경제조직의 역할을 수행하기에는 한계가 있는 것이다. 그리고 고용노동부 인증 사회적 기업의 경우, 한시적 인건비 지원에 의한 유급노동의 창출을 목표로 함으로써 사회적 배제의 초점을 노동통합의 유무에 두고 있음이 명백하다.

창출함으로써 지역주민의 소득증대에 기여하기 위한 것이다(양세훈, 2012). 이는 영국, 일본 등에서 활발한 커뮤니티 비즈니스와 유사한 제도적 유형인데, 사회적 경제조직에 대한 비영리조직 접근에 근거하고 있으면서도 지역공동체에 기초한 협동적 호혜 원리를 추구하는 특성을 갖고 있다.

1. 이론적 틀

1) 사회적 배제의 세 가지 담론

여기서는 르비타스(Levitas, 2006: 14-28)의 논의에 의존하여 MUD, RED, SID 각각의 논점을 대비해 보도록 한다(<표 4-1> 참조).

(1) MUD

1980년대 서구의 복지국가 위기 이후 신자유주의와 함께 대두된 신보수주의는 자유보다는 질서, 가족, 민족, 도덕 등에 관심을 두는 이데올로기로서, 특히 빈곤층의 복지에 대한 의지를 급여체계 자체에서 창출되는 병리적인 윤리적, 심리적 의존으로 해석해 왔다. 신보수주의에 따르면, 복지지출은 게으름, 범죄 및 노동윤리의 침식이라는 빈곤의 문화를 발생시킨다. 이는 빈곤의 구조적 원인에 대한 관심을 빈곤층 자체의 도덕적, 문화적 성격으로 이동시켜, 도덕적 하류계급과 복지의존층 개념의 기초를 제공한다고 볼 수 있다. 물론 모든 빈곤층이 하류계급을 구성하는 것은 아니며, 그 실체는 비합법성, 범죄, 그리고 노동으로부터의 탈락 등의 증상으로 나타난다고 한다. 신보수주의자들은 급여체계가 한부모 여성의 자녀 양육을 용이하게 만들고 결혼에 대한 압력 또한 제거함으로써 복지의존층을 양산한다고 파악한다. 따라서 이들의 논의가 갖는 정책적 함의는 시민권의 확장이 아니라 그것의 조건성 강화, 감축 또는 제거에 집중된다.

MUD에 의하면 편부모 양육은 부적절한데, 그러한 일탈적 형태는 노동윤리와 가족에 대한 신념을 저해하기 때문이다. 아도니스(Adonis)와 폴래드(Pollard)는 도덕적 하류계급의 용법이 '밑바닥 사람이 갖는 기초기능, 역할모델, 교육, 노동문화 등과 관련된 사다리의 완전한 결핍이라는 계급곤경의 핵심을 포착'한다고 긍정적으로 평가하기도 한다(Levitas, 2006: 20에서 재인용). 이에 반해 비판적 사회정책의 관점은 MUD가 빈곤의 측면이 합성되는 방식을 포착하는 데 유용함을 인정하더라도, 그것의 개념적 부정확성, 경험적 증거의 결여, 지지적이라기보다는 처벌적인 정책적 함의 등으로 인해 결함이 많은 것으로 치부하고 있다.

요컨대 사회적 배제에 대한 MUD의 특징은 다음과 같이 열거된다(Levitas, 2006: 21). 첫째, 도덕적 하류계급, 또는 복지의존층은 주류로부터 문화적으로 구분되는 것으로 제시한다. 둘째, 전체 사회의 구조보다는 빈곤층의 행태에 초점을 둔다. 셋째, 급여는 수급자에게 의존을 부추기므로 좋은 것이라기보다 나쁜 것이다. 넷째, 나머지 사회의 불평등은 무시된다. 다섯째, 게으르고 범죄적인 청년 남성 및 편부모 여성에 대한 성차별 담론이다. 여섯째, 부불노동은 인정되지 않는다. 일곱째, 국가에 대한 의존은 문제로 간주되지만 남성에 대한 여성과 아동의 개인적인 경제적 의존은 그렇지 않다.

(2) SID

프랑스에서 비롯된 사회적 배제의 담론은 경제, 사회, 문화적으로 주변화된 집단과 공간적으로는 외곽의 교외 지역, 그리고 교육, 고용, 주택, 건강 분야에 대한 관심을 촉발했다. 이후 프랑스로부터 유럽 수준으로 확장된 사회적 배제 개념은 빈곤에 대한 자유주의적인 앵글로색슨 관점과 도덕적 통합 및 사회질서에 대한 좀 더 보수적인 대륙유럽 관점이 접합된 채 대중화되어 왔다. 특히 뒤르껭의 전통을 이어받은 실버(Silver, 1994)는 도덕적 통합을 '연대 패러다임'의 독특한 특성이라고 보는데, 그녀의 입장은 사회적 연대가 호혜성, 공동체적 신뢰 등을 함축한다는 통상적 이해와는 약간 다른 맥락에서 사회질서와 기능적 통합에 초점을 두는 것이다.

한편 유럽연합이 1994년에 발간한 『유럽 사회정책』과 『성장, 경쟁, 고용』이라는 2개의 백서는 실버의 연대 패러다임보다도 사회적 배제를 더욱 좁게 이해하고 있어서, 르비타스는 이를 유급노동의 통합적 기능을 강조하는 SID의 대표적인 저작으로 소개하고 있다. 이들 유럽연합 문건은 연대라는 언어를 사용함에도 불구하고 사회참여가 아닌 유급노동으로부터의 배제에 주로 관심을 기울이고 있다. 두 문헌의 키워드는 경제적 효율성과 사회적 응집이며, 배제는 종종 빈곤으로 정의되고 사람은 노동자와 동일시된다. 또 노동생활은 유급노동을 뜻하고 부불노동은 비숙련노동으로 간주한다. 부불노동의 범위, 사회생활과 인간관계 유지에서의 그 필요성과 잠재적 시장화의 한계 등은 과소평가될뿐더러, 노동시장에서의 낮은 지불과 성 분리의 문제도 무시되고 있다.

더 나아가 연대는 재분배가 아닌 사회복지비용 감축을 위한 수단으로 간주되는 한편, 유럽 내 시민권에 대한 법적 정의 또한 유급노동에 편향시키고 있다. 이들 논의의 본질적 측면은 유급노동에 대한 강조가 사회통합의 주요 수단이며, 부불노동에 대비시킨 유급노동의 특권화는 시민권 지위 자체에 대한 유의미한 성별 반향을 갖고 온다는 데에 있다. 이렇게 볼 때, 유급노동을 통한 사회통합에 초점을 두는 SID는 사회를 경제로 환원하는 동시에 경제활동에 대한 이해를 시장에서의 활동으로만 국한하는 경향이 있는 셈이다.

사회적 배제에 대한 SID의 특성을 요약하면 다음과 같다(Levitas, 2006: 26-27). 첫째, 사회적 배제의 차원을 유급노동에 대한 비참여로 협애화한다. 둘째, RED와는 달리 급여수준 증가가 빈곤 감소를 의미하지 않고 복지의존층을 늘린다고 본다. 셋째, 유급노동자 간 불평등을 제대로 다루지 않는다. 넷째, 생산수단을 소유한 집단과 노동인구 간 불평등을 무시한다. 다섯째, 여성이 남성보다 부불노동에 더 종사하고 더 저임금을 받음에도 불구하고 노동시장에서 계급은 물론 성별 불평등을 불분명하게 처리한다. 여섯째, 사회에서의 부불노동 문제를 적절하게 다룰 수 없으며 부불노동과 그것의 성별 분포를 무시함으로써 여성의 전체적 노동부하량 증가에 일조한다. 일곱째, 유급노동에 대한 비참여의 정당성을 침해한다.

(3) RED

RED는 비판적 사회정책의 흐름에서 상대적 빈곤론자로 알려진 타운젠드(Townsend)의 논의에 뿌리를 둔다. 그가 제안한 해결책은 명백히 재분배적이다. 타운젠드는 한부모 가족 빈곤의 원인을 여성의 낮은 수입 규모, 공공보육의 부재, 아동보호가 한부모에게 부과하는 실제적 제약, 미혼 부모에 대한 태도, 여성이 1차적 양육자라는 사회적 기대, 결혼여부에 상관없이 자녀양육을 담당하는 여성의 소득권 결여 등 다양한 요인에서 찾는다. 타운젠드 주장의 전체적 논지는 빈곤이 사회적 참여로부터의 배제를 결과한다는 것이나, 초기에는 사회적 배제라는 용어를 사용하지는 않았다.[6] 어쨌든 그는 조세급여 체계 및 공공서비스를 통해서만이 아니라, 소득격차 감소, 노동불능 집단의 최소임금과 최저소득, 적어도 조건부 참여소득을 통한 부불노동에 대한 재정적 인식에 의거하여 재분배 전략을 주장하고 있다.

한편 워커(Walker, 1997)는 타운젠드와 비슷하게 빈곤을 사회에 필요한 물질적 자원, 특히 소득의 결여라고 정의하고, 배제에 대해서는 개인의 사회적 통합을 결정하는 사회, 경제, 정치, 문화체계로부터의 완전한,

---

6 이에 대해 타운젠드(Townsend, 1996)는 몇 년 동안 이 용어에 대해 저항감이 있었는데, 그 이유가 차별, 배제란 원인이라기보다는 결과이고 계급에 의해 만들어진 시장의 부산물이기 때문이며 사회적 배제에 대한 과도한 강조가 박탈에 대한 관심을 다른 데로 돌리게끔 하기 때문이었다고 말한 바 있다. 그러나 그는 나중에 "내가 틀렸다. 사회적 배제는 주변화되고 배제된 사람은 물론, 그들의 배제에 대한 잠재적 수단에 관심을 돌리게 한다"고 언급했다(Levitas, 2006: 9-14).

또는 부분적 방출이라는 역동적 과정을 가리킨다고 규정한다. 그에 따르면, 사회적 배제란 빈곤의 결과가 아니라 원인이며 시민적, 정치적, 사회적 권리의 부인으로 파악될 수 있다. 이렇게 볼 때 RED는 1950년대 마셜(Marshall)의 시민적, 정치적, 사회적 권리 모델에 이론적 연원을 둔다고 하겠다. 마셜은 계급 불평등에 비해 인종과 성을 간과했다고 비판되지만, 집산주의적이고 재분배적인 광범위한 사회적 배제 및 포용, 시민권의 문제를 최초로 제기했다고 볼 수 있다. 특히 보수당이 집권한 1979-97년의 영국에서는 사회민주주의와 관련하여 빛바랜 재분배 의제가 이와 같은 사회적 배제와 시민권이라는 새로운 언어로 부활했다고 볼 수 있다.

끝으로 사회적 배제에 대한 RED의 특성은 다음과 같이 정리될 수 있다(Levitas, 2006: 14). 첫째, 빈곤을 사회적 배제의 주요 원인으로 강조한다. 둘째, 급여 수준의 상승은 빈곤의 감소를 의미한다. 셋째, 부불노동에 대한 가치부여가 잠재적으로 가능하다. 넷째, 경제적 시민권 외에 사회적, 정치적, 문화적 시민권을 강조하여 물질적 불평등을 포함하지만 그것에 제한되지 않는 전반적인 불평등에 대한 비판으로 확장시킨다. 다섯째, 불평등을 낳는 과정에 초점을 맞춘다. 여섯째, 불평등의 급진적 감소와 자원 및 권력의 재분배를 함축한다.

2) 사회적 경제조직의 다양성

한국은 물론 세계적으로도 사회적 기업은 종종 국가의 경직된 전통적인 사회보장과는 대립되는 흐름에서, 취약계층의 노동시장 복귀와 사회서비스 전달의 효율성 및 유연성 제고를 위한 정책 수단으로 취급된다. 그러나 다른 한편으로 유럽의 지평에서 보면, 사회적 기업을 포함하는 넓은 의미의 사회적 경제조직은 사회적 연대와 지역공동체에 뿌리내리는 가운데 복지 네트워크의 확장 및 재정형화에도 핵심적 역할을 수행해 왔다(Gonzales, 2007: 122). 본 장에서는 사회적 경제조직이 서구 제3의 길에서의 사회서비스 전달의 도구로 국한되는 것이 아니라, 재분배와 보편적 복지의 흐름과 접맥될 수 있음에 주목하고자 한다. 특히 한국형 제3의 길과 관련하여 볼 때, 한국의 사회적 경제조직은 복지의존층의 유급노동으로의 통합 도구에서 더 나아가 사회적 시민권, 지역공동체 삶의 질 개선 등을 쫓는 재분배와 호혜의 결합 모델을 지향해야 함을 주장하고자 한다.

앞서 언급했듯이 한상진과 맥코브(Hahn & McCabe, 2006: 319)는 서구와 동아시아를 포함한 '지구적 제3의 길'에 대해 사회민주주의, 국가사회주의 등을 아우르는 국가 주도 제1의 길과 신자유주의, 신보수주의의 시장 주도 제2의 길 둘 다와 차별화되는 시민사회가 주도하는 제3섹터의 관점에서 재정의할 것을 제안한다. 이렇게 보면 사회적 배제에 대응하는 제3의 길 노동연계복지 노선은 중앙집권주의를 탈피하고 시장의 힘에 맞서는 시민사회의 권한 강화에 의거할 수도 있는 것이다. 물론 21세기 들어 한국에서도 신자유주의가 더욱 두드러지면서, 사회적 경제조직에 대한 시민사회의 주도권이 시장에서의 기업 사회적 책임(corporate social responsibility)에 압도되는 경향이 발견되기도 한다. 그럼에도 불구하고 필자는 한국형 제3의 길의 향방을 둘러싸고, 보편적 복지를 추구하는 시민사회 진영이 국가에 대한 재분배 강화 요구와 사회적 경제의 활성화를 어떻게 결합시키는가가 중요하리라고 본다.

한편 드푸르니(Defourny, 2001)는 사회적 경제조직의 개념과 관련하여 제3섹터를 가장 포괄적 범주로 설정하며 이에 대한 접근방법으로 미국에서의 비영리조직 모델과 유럽에서의 좁은 의미의 사회적 경제 모델을 구분하고 있다(한상진, 2005: 55). 그에 따르면, 제3섹터에 대한 비영리조직 모델은 법인 성격을 전제한 일정 정도의 제도화를 갖춘 형식성, 국가 및 공공조직과는 구별되는 사적 성격, 자체의 규제와 의사결정체를 가져야 한다는 의미의 자율지배, 이윤을 감독자, 소유자에게 분배할 수 없다는 비분배적 제한, 구성원의 자유롭고 자원적 판단에 근거한 시간, 금전의 봉사 등을 구성 요소로 한다. 이에 비해 사회적 경제 모델은 협동조합, 상호공제회 등에 뿌리를 둔 것으로, 이윤 창출이 아닌 공동체에 대한 봉사, 독립경영, 민주적 의사결정, 소득분배 면에서의 사람과 노동의 우선성 등을 운영 원리로 하는 것이다. 필자는 넓은 의미에서의 사회적 경제 조직을 드푸르니의 제3섹터 개념과 등치시키고, 자활기업, 노동부 인증 사회적 기업이 비영리조직 모델에, 마을기업, 협동조합이 좁은 의미의 사회적 경제 모델에 해당한다고 파악한다.

아민 외(Amin et al., 2002: 7-8)에 의하면, 본래적인 사회적 경제의 특징은 다음과 같이 구체화될 수 있다. 첫째, 개인 상호 간 네트워크와 집합적 참여를 통해 경제적 효율성 제고와 민주적 프랜차이즈의 확장을 꾀하는 시민사회의 역량인 사회적 자본의 원천이 된다. 둘째, 대의 민주주의의 한계를 극복하여 풀뿌리 역량강화와 사회정의의 상향식 접근이라는 새로운 정치를 추구한다. 셋째, 개인의 탐욕, 이윤, 시장가치에 매몰된 자본주의에 대항하여, 사회적 욕구와 자율 및 사회 생태적 균형에 기초한 사회적 재구성과 변형이 가능하도록 하는 반문화적 특성을 지닌다. 이렇게 볼 때 좁은 의미의 사회적 경제조직은 사회적 소유의 다양한 형태, 공동체의 자원을 동원하고 생산적으로 활용하기 위한 재정 지원, 생산자/소비자의 역량 강화, 인간적 연대와 윤리적 보호의 재강화를 지향하는 셈이다. 더 나아가 아민은 사회적 경제 모델이 시장경제를 사회화시키는 것뿐만 아니라, 화폐, 시장, 생산체계를 인간발전과 생태 보전, 집합적 연대의 맥락에서 작동시키도록 해야 함을 강조한다. 이에 발맞추어 최근의 사회적 경제조직은 협동조합, 상호공제회 등의 전통적 형태뿐만 아니라, 집합적 재분배와 사회적 시민권 강화에 공헌하는 커뮤니티 비즈니스, 로컬푸드, 지방통화체계 등으로 다변화되어 가고 있다.

이와 함께 현존하는 넓은 의미에서의 사회적 경제의 다양한 형태를 드푸르니(Defourny, 2010: 16-17)의 '사회적인 것'(the social)의 의미에 대한 분류와 연결해 보면 다음과 같다. 첫째, 사회적 기업의 속성을 사회적 배제계층이 경험하는 실업, 빈곤 등과 같은 사회문제의 해결에서 도출하는 것으로, 이때의 '사회적인 것'은 비영리조직이나 좁은 의미의 사회적 경제조직 모두에서 발견되는 용법이라 할 수 있다. 둘째, 기업 이윤의 '사회적' 환원을 강조하는 것인데, 수익의 지역사회를 위한 사용을 전반적으로 가리키지만 특정하게는 기업의 사회적 책임 차원에서의 사회적 기업 지원이 이에 해당한다. 이러한 맥락의 사회적 기업은 주로 미국의 비영리조직 모델에 바탕을 두고 있다. 셋째, 기업 조직이 의사결정권을 보유함으로써 자신의 운명을 스스로 결정한다는 취지의 '사회적' 측면으로, 이는 협동조합과 같은 좁은 의미의 사회적 경제 모델에 고유한 것이다. 넷째, 시장에서 제공되기 어려운 보건, 복지, 교육 등의 '사회적' 서비스 공급이나 정부 보조금의 민간위탁이라는 '사회적' 자금조달 방식을 '사회적인 것'의 기능으로 해석하는 경우이다. 이는 우리나라에서 2003년 이후 부상된 '사회서비스 일자리 창출'이라는 문제의식과 유사하며, 본 장에서의 초점인 강화된 재분배에 의거한 보편적 복지 서비스의 확대를 제3섹터에 위탁하는 방향과도 부합되는 것이다.

3) 사회적 배제 담론과 사회적 경제조직의 관계 설정

김정원(2007: 26-28)은 사회적 배제를 완화하기 위한 과제로서, 임파워먼트 향상, 사회적 연결망 강화, 노동참여 기회 확대, 적절한 사회정책 수립이라는 네 가지를 열거한다. 이 가운데 임파워먼트 향상과 사회적 연결망 강화는 자활의욕 고취를 통한 자립과 관련된다고 할 수 있으며, 노동

참여 기회 확대는 유급노동으로의 통합과 연결시킬 수 있다. 또 적절한 사회정책 수립은 재분배와 사회적 경제조직 지원의 창의적 결합을 요청하는 것이라 볼 수 있겠다. 그는 지역자활센터, 실업자지원센터 등의 비영리 자활지원조직을 사례로 하여, 위와 같은 과제의 실현이 사회적 자본의 함양을 통해 어떻게 가능한가를 분석하고 있다. 본 장에서는 MUD, SID, RED의 담론 각각을 위의 사회적 배제 극복을 위한 과제와 폭넓게 대비함으로써 한국에서의 사회적 경제조직의 다양성을 해명하고자 한다.

<그림 7-1>을 볼 때, 먼저 MUD는 수급자가 복지의존층으로 전락하는 것을 방지하는 자활의욕 고취와 탈수급의 필요성을 강조한다. 그리고 그것은 2000년 이후 노동능력이 있는 수급자의 기초생활보장을 위한 조건으로 부과된 자활기업과 연결된다고 하겠다. 한국 최초의 노동연계복지제도인 자활정책은 당시 김대중 정부에서 '생산적 복지'라는 제3의 길로 개념화된 바 있다. 그런데 중간지원조직인 지역자활센터가 제3섹터 위탁을 통해 설립되었다는 점에서는 한상진과 맥코브(Hahn & McCabe, 2006)가 재개념화한 제3의 길 노선과 같은 맥락에 있지만, 사회적 배제계층의 노동시장 기회를 대체로 개인취업으로 설정하는 서구 제3의 길과는 달리 자활기업에 의한 공동창업을 주요 수단으로 하는 차이를 발견할 수 있다. 개별적 노동통합이 아닌 사회적 기업 형태의 창업을 강조하는 차별성이 '한국형 제3의 길'의 특징이라고 이해할 수도 있겠으나, 이는 공적 부조 및 노동연계복지 전달체계의 준비 부족[7]에 따른 것이므로 '한국형'의 본질적 측면으로 보기는 어렵다고 생각된다.

7 2000년 당시에도 노동능력이 있는 수급자의 자활 경로로서 보건복지부 산하 지역자활센터가 담당하는 공동창업 외에도 고용노동부 산하 고용센터가 담당하는 개인취업이 명문화되어 있었다. 그러나 김혜원(2012: 30-32)에 따르면, 당시의 고용센터는 고용보험 대상자의 처리에 급급하여 자활 대상자에 대한 지원 여력이 없었기 때문에 개인취업을 목표로 한 자활 서비스는 2008년까지 거의 실행되지 못했다.

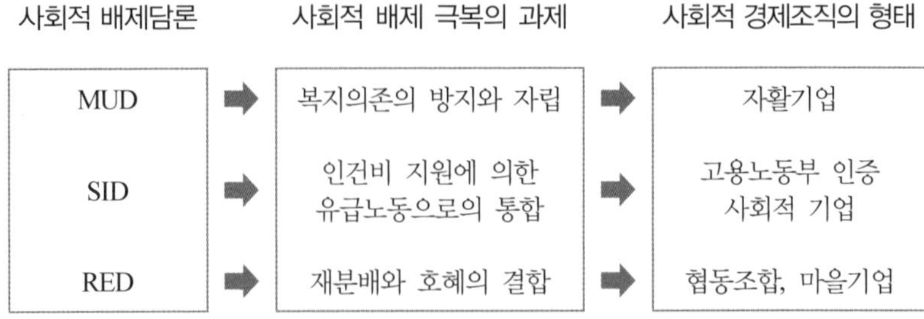

<그림 7-1> 사회적 배제의 담론과 관련 사회적 경제조직

다음으로 SID는 유급노동에 대한 참여 기회의 확대를 무엇보다 중시하며, 이는 인건비의 한시적 차등 지원을 골자로 하는 고용노동부 인증 사회적 기업과 뚜렷이 연계되는 것이다. 고용노동부가 사회적 기업 인증제도를 고안한 2006년을 전후해서는 고령화, 저출산 등에 대응하는 취약계층 대상의 사회서비스 공급이라는 쟁점이 취약계층의 노동통합 못지않은 국정과제로 대두되었다. 김혜원(2008: 14)에 따르면, 사회적 기업 육성법(이하 육성법)의 제정 국면에서 고용노동부는 사회서비스의 확충을, 제3섹터 조직들로 구성된 '사회적 경제 연대회의'는 취약계층의 사회적 배제 극복을 강조하는 대립이 발생했다(한상진·황미영, 2010에서 재인용). 2006년 말에 제정된 육성법 제14조의 '사회서비스 제공 사회적 기업에 대해서는 운영에 필요한 인건비 등의 재정적인 지원을 할 수 있다'는 규정은 그 당시 고용노동부가 일자리보다 사회서비스를 제공하는 사회적 기업에 우선순위를 둔 증거라고 볼 수 있다.[8] 인건비 지원이라는 사회적 기업에 대한 정책 수단은 한시적이라도 유급노동을 창출하여 고용률을 제고하려는 의도를 내재한 것이라 풀이된다.

8 그런데 고용노동부는 사회서비스를 제공하는 사회적 기업에 인건비를 제공한다는 육성법을 넓게 해석하여, 2008년 5월부터 일자리 제공형을 포함해 인증받은 전체 사회적 기업을 대상으로 인건비 지원 공모사업을 시행해 왔다(조영복·강승화, 2008).

끝으로 RED에 입각한 사회적 배제의 극복은 서구적 흐름에서 '복지에서 노동으로'라는 밀어내기 방식의 노동연계복지가 아니라, 재분배를 강화하는 가운데 제3섹터 주도의 공동체 경제를 지향한다는 점에서 '한국형 제3의 길'의 첫 번째, 두 번째 의미를 함축하고 있다. 더 나아가 RED는 보편적 복지의 확대에 필요한 적절한 재분배 정책을 수립함으로써, 급여의 충실을 기하면서도 이로부터 파생되는 사회서비스가 호혜를 바탕으로 하는 본래적인 사회적 경제조직으로부터 공급되는 것을 함축한다. 이와 같은 보편적 복지를 위한 재분배의 영역에는 무상보육, 무상급식, 에너지 복지, 노인 장기요양, 현물 주거급여 등이 포함될 수 있다. 또한 이에 해당하는 사회적 경제조직은 자활기업, 노동부 인증 사회적 기업에 비해 제도적으로 가시화되어 있지는 않으나, 지역공동체의 역할이나 구성원의 민주적 참여를 강조하는 마을기업, 협동조합의 형태로 발전될 가능성이 크다고 예견된다. 물론 재분배의 확대에 따라 생겨나는 사회서비스의 공급에 자활기업이나 고용노동부 인증 사회적 기업이 참여할 기회를 차단할 필요는 없을 것이다. 그러나 양질의 보편적 서비스 제공을 위해서는 참여자의 도덕적 해이 방지나 노동통합에 목표를 둔 이들 형태보다는 호혜적 자조조직인 협동조합, 마을기업이 더욱 유효한 역할을 수행할 수 있으리라 판단된다.

2. MUD와 SID에 비추어 본 한국의 사회적 경제조직

1) MUD와 자활기업

2012년부터 공식적으로 등장한 '자활기업'은 우리나라 사회적 기업의 원조인 자활공동체를 지역자활센터 현장의 요구에 따라 개명한 것이다(이문국, 2012: 13). 자활공동체는 1996년에 도시빈민 생산자 협동조합을 가리키는 용어로 처음 사용되었고, 1999년까지는 기초생활보장제도와 무관하게 정부 지원에 따른 사회적 경제 활동을 수행해 왔다. 그러므로 MUD의 흐름에 있는 사회적 기업으로서의 자활기업은 조건부수급자 가운데 노동능력이 상대적으로 미약한 비취업대상자의 수급 조건으로 재정립된 2000년 이후의 자활공동체에 한정되는 것이라 할 수 있다. 신명호(2007: 79-80)는 서구의 노동연계복지에서 뚜렷한 수급자의 복지의존 탈피 목표가 제1의 길을 경험하지 못한 한국의 기초생활보장제도 도입 초기에는 현재화되지 않았기 때문에, 자활기업에 대한 참여 의무화는 장차 발생할지 모르는 복지의존성과 예산 급증을 막기 위한 조치였다고 설명한다. 그러므로 MUD가 제시하는 도덕적 하류계급에 비해 자활기업 참여자는 복지의존이나 빈곤 문화의 정도가 상대적으로 크지 않은 셈이다.

한편 복지의존성을 방지하는 수단과 관련하여, 적극적, 소극적 차원이 구별될 수 있다. 전자는 자립 성공에 의한 탈수급으로 복지의존층 자체로부터 벗어나는 것인 데 비해, 후자는 노동능력이 있는데도 생계비를 수급하는 데 따른 도덕적 해이의 예방 차원에서 노동의무를 부여하는 것을 가리킨다. 한국의 경우 2009년에 와서야 자립성공률 제고를 목표로 하여 조건부수급자의 개별취업 촉진 프로그램인 '취업성공패키지'가 시행되었음에 비추어, 기초생활보장제도 도입 이후 10년 동안의 자활기업 정책은 결과적으로 복지의존 방지의 적극적 측면보다는 소극적 측면에 주력해 온 셈이다. 그 예로 경기지역자활센터 수급자를 대상으로 조사한 백학영 외(2012: 157)에 의하면, 이들의 탈수급 사유는 가구원의 소득증가가 34.8%로 본인의 소득증가 12.2%에 비해 훨씬 높아 자활기업을 통한 자립의 비율이 비교적 낮은 편이다. 더 나아가 류만희(2008: 128)는 자활성공자의 수급자격 유지 비율이 2004년에는 5.9%였다가 2005년에 9.4%로 증가하는 것을 근거로, 자활기업의 창업 이후에도 근로유인체계가 없는 탓에 오히려 복지의존성이 심화된다고 주장하고 있다.

<표 7-1> 자활기업의 창업시기, 운영기간, 사업자등록 형태(2008)
(출처: 조성은(2012: 28)에서 재구성)

창업시기	개수(%)	운영기간	개수(%)	사업자등록형태	개수(%)
2004년 이전	78(21.5)	1년 미만	124(35.0)	1인 명의	71(19.7)
2005년	38(10.5)	1년-2년 미만	88(24.9)	2인이상 명의	183(50.7)
2006년	62(17.1)	2년-3년 미만	49(13.8)	법인 명의	15(4.2)
2007년	110(30.4)	3년-4년 미만	30(8.5)	지역자활센터	64(17.7)
2008년 이후	74(20.4)	4년-5년 미만	32(8.8)	사업자등록중	
		5년이상	31(8.5)	기타	28(7.8)
계	362(100.0)	계	354(100.0)	계	361(100.0)

2010년 현재 자활기업은 전국적으로 1,243개여서, 2008년의 712개에 비해 꽤 증가하고 있다. <표 7-1>은 2008년 6월을 기준으로 자활기업의 현황을 조사한 결과인데, 2007년 이후 장업하거나 창업한 지 2년 미만인 비율이 각각 절반 이상이어서 안정적이고 지속가능한 성장에 미치지 못하고 있음을 암시한다(조성은, 2012: 26-28). 그리고 이는 시장진입형 자활근로사업단을 운영하면서 2년 이내(시·군·구청장 인정 시 3년)에 자활기업으로 창업하지 않으면 사업단을 지속할 수 없게 한 보건복지부의 지침 탓에 '밀어내기식 창업'이 많았음을 보여준다(김정원, 2012: 77). 뿐만 아니라 <표 7-1>의 사업자등록 형태에서도 엿볼 수 있듯이, 2009년 현재 자활기업 평균 구성원의 중위값은 3명이어서 대부분 영세자영업의 수준으로 나타난다(김정원 외, 2013: 15). 이에 덧붙여 중위값을 기준으로 2009년 현재 자활기업의 월평균 매출은 693.5만원, 월평균 수익금은 121.5만원, 1인 월평균 임금은 90만원이어서, 자활기업의 창업으로 탈수급에 필요한 자립적 소득을 충족시키기에는 한계가 뚜렷한 셈이다(김정원 외, 2013: 14).

그럼에도 불구하고 한국 사회적 기업의 원조로서의 자활기업은 2012년 현재 고용노동부 인증 사회적 기업의 12.0%를 배출하는 등, 마을기업과 협동조합과 같은 다양한 사회적 경제조직 형태의 제도적 밑거름을 마련했다고 평가될 수 있다. 그럼에도 불구하고 자활기업은 조건부수급권자의 복지의존 탈피와 생계비 수급에 따른 도덕적 해이 방지라는 두 가지 차원을 혼란스럽게 요구받다가, 2013년 현재 고용노동부의 개별취업 촉진을 위한 자활 프로그램이 전면으로 대두되면서 그 위상을 위협받고 있다. 그런데 이 같은 귀결은 이미 십수 년 전에 신명호·김홍일(2002ㄱ: 71-74)에 의해 다음과 같이 예견되고 있었다.

> "'자발적 선택'이라는 요건은 생산 공동체를 성립시키는 첫 번째 원칙이다. (...) 현재 자활사업에서 가장 문제가 되고 있는 조건부수급권자의 소극적 태도와 저조한 의욕이 과연 교육 프로그램으로 해결될 수 있을지에 대해서는 회의적이다. (...) 참여자의 입장에서 보면 생산 공동체는 아직 실현되지 않은 미래의 이익에 대한 기대가 의욕을 불러일으키는 장점을 갖는 반면, 현행 자활제도에서는 '받을 것은 이미 다 받은 상태'이고 오로지 강제 규정에 의해 이행해야 할 의무만이 부가적으로 주어지는 셈이다. (...) 앞에서 살펴보았듯이 의욕이 발휘되지 않는 가장 큰 원인은 참여의 자발적 선택과정이 없다는 것, 그리고 노동의 인센티브가 주어지지 않는 제도적 조건에 있다."

2) SID와 고용노동부 인증 사회적 기업

SID는 유급노동으로부터의 배제를 주요 초점으로 하므로, 엄밀히 말해 노동통합(work integration) 담론이라 불릴 만한 것이다. 한편 김윤태(2008)는 유럽의 사회적 기업을 추구하는 목표에 따라 노동통합형, 사회통합형, 혼합형으로 구분하고 있다. 그중 노동통합형은 사회적 취약계층을 대상으로 보호고용과 과도적 고용을 제공하며, 시장메커니즘에서의 수익 활동을 강조한다. 그리고 사회통합형은 SID보다는 RED에 가까운 것으로, 공공기관이 공급하지 못하는 사회서비스를 제공하기 위해 전 계층을 고용하고 정부예산에 전부, 또는 일부라도 의존하는 유형이다. 또 혼합형이란 고용과 사회서비스 제공을 동시에 목표로 하여, 취약계층을 주로 고용하면서 시장수익과 정부예산 모두에 의지하는 형태이다.

유럽에서 일반적인 노동통합 사회적 기업의 경우 SID에 입각한 유급 노동으로의 통합이 주요 목표이기는 하지만, 사회적 협동조합 등 좁은 의미에서의 사회적 경제의 전통과 접맥하여 공동체 이익의 증가라든지 시민권의 호혜적 증진과 같은 부가적 목표를 동시에 추구하는 경향이 있다. 이에 비해 한국의 고용노동부 인증 사회적 기업은 종사자에 대한 인건비 지급을 주된 지원책으로 함에 따라, 재분배에도 어느 정도 기여할 수 있겠으나 본질적으로는 유급노동의 확대를 겨냥해 왔다. 인증 사회적 기업 종사자 중 취약계층 비율을 보면, 2007년 55.3%, 2008년 58.7%, 2009년 57.8%, 2010년 58%, 2011년 60% 등으로 꾸준히 상승하고 있어 사회서비스 제공형보다는 일자리 제공형이나 혼합형의 비중이 커지고 있음을 보여준다.

<표 7-2> 고용노동부 인증 사회적 기업의 사회적 목적 실현별 분포(2007-13)
(출처: 이나영(2011), 한국사회적기업진흥원(2012), 고용노동부(2013)에서 재구성)(단위: 개수(%))

	2007년 인증대상	2008년 인증대상	2009년 인증대상	2010년 인증대상	2012년말 현재 전체	2013년 7월 전체
일자리 제공형	16(29.1)	75(45.2)	46(59.7)	151(69.9)	433(60.5)	539(62.9)
사회 서비스 제공형	7(12.7)	22(13.3)	7(9.1)	10(4.6)	49(6.8)	56(6.5)
혼합형	17(30.9)	49(29.5)	16(20.8)	16(7.4)	122(17.0)	126(14.8)
기타	15(27.3)	20(12.0)	8(10.4)	39(18.1)	112(15.6)	135(15.8)
계	55(100)	166(100)	77(100)	216(100)	716(100)	856(100)

실제로 <표 7-2>를 볼 때, 노동통합형에 해당하는 일자리 제공형 사회적 기업이 해마다 증가해 온 결과, 2012년 말 현재 전체의 60.5%를 차지하며 혼합형이 그다음으로 많은 17.0%여서 취약계층을 고용한 형태가 전체의 77.5%나 됨을 알 수 있다. 이에 반해 고용노동부 인증 사회적 기업 가운데 취약계층 고용과 무관한 사회서비스 제공형은 전체의 6.8%에 그치고 있는데, 이는 고용노동부라는 주관 부처의 특성상 고용률 제고의 차원에서 사회적 기업 인증에 대응하고 있음을 시사한다. 또한 본 저술이 고용노동부 인증 사회적 기업을 SID와 관련시키는 핵심적인 이유는 현행 제도가 인증된 모든 형태에 대해 최저임금 수준의 인건비를 지원함으로써 유급노동의 창출에 초점을 맞추고 있기 때문이다. 고용노동부의 인증 사회적 기업에 대한 그 밖의 지원은 경영컨설팅, 공공기관 우선구매, 판로개척, 전문인력 제공 등 다양하게 존재하나, 2010년 현재 중앙정부 지원 예산 1,487억 원의 2/3가 넘는 72%는 인건비에 소요되고 있다(한겨레신문, 2011ㄱ).

고용노동부 인증 사회적 기업에 대한 인건비 지원은 예비 사회적 기업 단계를 포함하여 최장 5년에 대해 한시적으로 적용된다. 그리고 지방자치단체가 지정하는 예비 사회적 기업에 대해서는 1차 연도 100%, 2차 연도 90%, 고용노동부 인증 사회적 기업에 대해서는 1차 연도 90%, 2차 연도 70%, 3차 연도 50%로 순차적으로 인건비 지원 비율을 낮추도록 되어 있다.[9] 그러나 인건비 비중을 매년 낮추어 6차 연도 이후에는 정부 보조 없이도 자립할 수 있게 유도한다는 것은 공급자 위주의 주먹구구식 발상이다. 이는 2017년까지 3,000개의 사회적 기업 인증을 달성하겠다는 목표와 마찬가지로 단지 고용률을 제고하기 위한 외형적 성과주의에 그

9 고용노동부(2013)에 따르면, 사회적 기업의 재정의존도 및 지원 종료시 충격을 완화시키기 위해 2014년부터 인건비 지원 비율을 예비 사회적 기업 1차 연도 90%, 2차 연도 80%, 인증 사회적 기업 1차 연도 80%, 2차 연도 60%, 3차 연도 50%로 조정할 계획이다.

칠 우려가 크다.[10] 김혜원(2011: 79)은 사회적 기업이 경제적 가치 생산을 통한 사회적 가치 극대화라는 자체의 미션을 갖는 조직이기 때문에, 현재의 고용노동부 인증 제도가 갖고 있는 일자리 창출 중심주의를 반드시 극복해야 한다고 주장한다. 더 나아가 그는 사회적 기업 주무 부처를 고용노동부로부터 대통령실로 이관할 것을 제안하고 있다.

이와 비슷한 맥락에서 박찬임(2008)은 현재의 인건비 보조는 노동통합이 어려운 중증장애인, 출소자, 약물중독자, 노숙인, 탈북자 등에 대한 사회적 기업으로 한정하고, 이보다는 종사자에 대한 퇴직적립금 등을 지원하는 것이 바람직하다고 제안한다. 그리고 최혁진(2010: 83)은 개별 사회적 기업에 대한 인건비 지원에서 더 나아가, 각 지역별, 업종별 네트워크 단체에 대한 지원책을 마련하는 것이 중장기적으로 사회적 기업의 자립 역량 구축에 필요하다고 보고 있다. 협동조합의 경험에 비추어, 네트워크 단체나 지원기관이 일정한 역량을 갖추게 되면 충분한 검증 없이 사회적 기업으로 인증된 영세업체의 부실화를 막아내는 데 효과적이기 때문이다. 그는 또한 정부가 사회적 기업의 하부구조를 조성하되 금융지원 체계를 정비해야 하며, 단계적으로 유사사업의 통폐합과 간접적인 지원 방식으로 전환해야 한다고 주장하고 있다(한겨레신문, 2011ㄱ에서 재인용).

3. RED에 비추어 본 사회적 경제조직 - 재분배와 호혜의 결합 시도를 중심으로

도시빈민운동 차원의 생산자 협동조합에서 출발한 한국의 사회적 경제

10 경기개발연구원의 조사에 따르면, 2011년 현재 한국 사회적 기업의 영업 손실은 2009년 매출액 대비 23.8%인 반면, 중앙정부나 지방자치단체 지원금은 35.7%에 이르고 있다(한겨레신문, 2011ㄱ).

조직은 자활기업과 고용노동부 인증 사회적 기업을 거쳐 최근에는 협동조합, 마을기업 등으로 다변화되고 있다. 본 절에서는 RED와 관련되는 한국에서의 사회적 경제조직 형태가 아직 현재화된 것은 아니지만 보편적 복지의 흐름에서 재분배를 확대하여 호혜 원리와 결합시키는 노력으로부터 시작될 수 있다고 가정한다. 즉 이러한 보편적 복지 서비스의 공급은 보건복지부, 고용노동부가 규정한 기존의 취약계층 범주에만 의존하기보다는, 베이비 붐 퇴직자, 경력단절 여성 등 새로운 사회적 배제계층을 포함한 다양한 지역주민의 협동적 자조조직화에 의거하는 것이 바람직하다는 것이다. 재분배와 호혜를 결합시키는 이와 같은 마을기업이나 협동조합 모델은 완성된 형태라기보다는 현재진행형이기 때문에, 여기서는 친환경 무상급식을 로컬푸드 관련 사회적 경제조직화와 연계시키는 울산 북구 친환경 무상급식센터(이하 북구 센터)의 사례를 중심으로 살피고자 한다. 그 밖에 RED의 맥락에서 재분배와 호혜를 결합시키는 기존의 시도로는 기초생활보장제도의 현물 주거급여, 노인 장기요양보험제도 등을 활용한 집수리 및 간병 사회적 기업이 있다.

그러면 북구 센터에 대한 고찰에 앞서, 협동조합 간 네트워킹을 통해 친환경 급식 사회적 기업이 모색되고 있는 원주시의 사례를 검토해 보기로 한다. 한겨레신문(2011ㄴ)에 의하면, 원주에서는 2009년 12월에 '원주 푸드 육성 및 지원에 관한 조례'가 제정된 이후 2013년 완공을 목표로 '원주 푸드 종합센터'의 설립이 추진되어 지역에서 생산된 친환경 농식품의 전처리, 가공, 유통, 교육, 인증을 담당하게 된다. 원주시는 친환경 농산물로 만든 점심 식재료를 관내 유치원, 초등학교에 공급하고 나머지는 도시민에게 공급하는 등의 로컬푸드 관리체계의 구축을 위해 2014년까지 150억 원을 투입할 계획이다. 이와 같은 지방자치단체와의 협력적 거버넌스를 이끌어 낸 제3섹터 조직은 2009년에 결성된 '원주 협동사회경제 네트워크(이하 네트워크)'이다(류만희, 2012: 96-99). 네트워크가 구성된 이후 원주 한살림, 원주 생협 등 도시 내 6개의 생활협동조합은 '조합원의 상호이용 협약'을 체결하여 폐쇄적 이용구조를 개방하기도 했다. 또한 2010년 12월에는 친환경 급식 사회적 기업 '맞두레'가 고용노동부의 인증을 받아, 결식아동 급식 지원을 포함한 초중고 대상의 친환경 식자재 공급 사업을 수행하고 있다. 맞두레는 원주 생명농업협동조합, 원주 가농 영농조합, 현계산 영농조합 등으로부터 학교급식용 무농약 쌀을 수매하고 친환경농산물을 약정 재배하여, 2012년에 15억 원의 매출액을 기록하기도 했다.

한편 울산의 북구 센터는 2010년 6월의 지방선거에서 민주노동당 구청장이 당선된 이후 8월에 민관 거버넌스 조직으로 발족한 '친환경 무상급식 추진단'에서 비롯되었다(김형근, 2011). 이후 11월까지 로컬푸드, 권장 식단, 식재료 품질기준, 센터의 역할, 외국의 사례 등에 대한 세미나와 워크샵을 거쳤으며, 2011년 1월에는 울산 북구 의회에서 '친환경 무상급식 지원에 관한 조례'가 통과, 공포되었다. 이어 1월 20일에 급식지원심의위원회가 개최되었고, 1월 25일에는 생산자, 배송자(농소농협 하나로마트), 북구청 간 사회적 협약이 체결되었다. 그리고 2월 7일에는 농소농협 내에 북구 센터가 설치되어 활동해 왔다.[11] 북구 센터는 울산 북구청 농수산과의 부서로 설치된 행정직영 형태의 무상급식 기관으로서, 환경

11 김형근(2011)에 의하면, 북구 센터의 역할은 다음과 같다. 첫째, 친환경 식재료의 공급으로, 지역산 우수농산물과 인근 친환경 농산물을 공급한다. 둘째, 생태친화 식재료의 공급으로서, 수입산, 유전자조작 식품, 트랜스 지방, 첨가물 등을 배제한 가공품을 사용한다. 셋째, 권장 식단 적용의 권유로, 지역산 식재료, 제철 음식, 전통 음식 등을 최대한 이용한다. 넷째, 식재료의 안전성 담보로서, 잔류농약 검사, 토양검사, 생산자와의 수시 교류에 치중한다. 다섯째, 식생활 교육, 친환경 체험, 식인성 질환 예방 등으로, 농장 체험, 아토피-천식-비만 치료 효과 등을 추진한다. 여섯째, 배송 관리로서, 배송자인 농소농협 하나로마트의 물품조달 관리에 만전을 기한다.

운동가 출신의 센터장과 2명의 팀장(물품, 전산)으로 구성된 민관 거버넌스 조직이다.[12]

RED와 관련하여 주목할 만한 것은 이 센터가 친환경 무상급식비 지원에 따른 식재료 공급을 수행한다는 것이다. 2011년 현재 다른 지방자치단체와는 달리 울산광역시청, 교육청과의 협조가 미비하여, 울산 북구청은 단독으로 20개 초등학교의 약 14,180여 명에게 친환경 식재료비와 해당 초등학생 6학년 2,734명에게 무상 급식비를 지원하고 있다. 그 밖에 재분배와 결합된 호혜적 조직화 차원에서 눈여겨볼 수 있는 것은 지역산 농산물 우선 원칙 아래 2011년 9월 현재 지역 생산자 25명이 구성한 '친환경 먹거리 작목반(이하 작목반)'을 통해 1차 친환경 농산물의 대부분이 공급되고 있다는 점이다.[13] 더욱이 2012년부터는 울산 북구 인근의 동구 친환경급식지원센터에도 작목반의 친환경 농산물이 공급되기 시작하여, 2011년에 25개 품목 30톤이었던 공급량이 2012년에는 37개 품목 82톤, 2013년 11월까지는 37개 품목 84톤으로 증가해 왔다(울산저널, 2013).

이와 함께 작목반에서 친환경 인증을 받은 생산자는 2011년의 2명에서 2013년에는 21명으로 급증했다. 한편 2011년 3월 현재 북구 센터를 통한 친환경 생산물의 가격은 서울에 비해 약 25% 낮고 농촌인 나주나 순천과 비슷하며 특히 울산의 유통업체를 통할 때보다는 15-45% 정도

---

12 2011년 현재 16개 광역자치단체 중에서 13개가 친환경 무상급식을 실시하고 있는데, 그 실행의 주도 조직이나 기관이 미비한 지역이 대부분이다. 그런 가운데 북구 센터는 지방자치단체가 적극적으로 나서면서 민간 환경운동의 전문성을 결합한 행정책임형의 최초 사례를 만들었다고 할 수 있다. 김형근(2011) 참조.

13 2011년 현재 울산 북구 초등학교 대상 권장 식단으로 3-7월에 사용되는 77종의 채소, 과일 중 47종 약 94톤(중량 대비 93%)이 북구 센터를 통해 친환경으로 공급되고 있다. 북구 센터와 작목반은 계절과 토질, 기후 등을 반영한 생산 계획을 입안, 공유하고 있으며, 연중 생산자의 희망가격과 다른 지역 자료를 참고하여 생산물에 대한 적정한 가격을 책정한다. 이를 통해 직접적 신뢰를 통한 '얼굴 있는 먹을거리'의 로컬푸드와 공동체 지원 농업(community supported agriculture)을 실현하려 하고 있다(김형근, 2011).

낮은 수준이다. 이는 유통 단계가 1단계 이상 축소되면서 생산자 몫은 높아지지만 최종 가격을 낮춘 결과이다. 또 지역 농산물의 직접 공급으로 인해 급식의 물리적 사고 위험이 감소하며, 반품, 결품에 대처하는 시간이 신속하고 하루 전날이나 당일 새벽에 작업함으로써 안전하게 '얼굴이 보이는' 생산물의 관계를 달성하는 셈이다. 김형근(2011)에 의하면, 작목반과 북구 센터는 울산 북구 농업 생산물의 직접적인 학교급식 공급망을 갖춤으로써 생산과 소비가 유기적으로 결합하는 선순환적 관계와 공생의 기반을 형성했다고 평가될 수 있다.

현재 북구 센터나 작목반은 새롭게 제도화된 마을기업이나 협동조합으로의 전환에 대해 공감대를 형성하고 있다. 어쨌든 이 사례는 SID에 의거한 유급노동의 확대 수단에 그치지 않고, 보편적 복지와 관련된 RED의 주요 영역인 무상급식을 근거로 하여 호혜를 추구하는 사회적 경제조직화의 의미 있는 시도라고 평가된다. 김형근(2011)에 따르면, 북구 센터가 작목반 외에도 관내 생산자와의 사전 수매계약으로 확보된 식자재로 학교와 협조하여 '장 담그기'와 '김치 담그기' 행사를 벌이고 그 보관과 주문 시 조달에 의해 수익을 확보하는 마을기업이나 협동조합으로 발전시킬 계획을 갖고 있다.[14] 그리고 학교 외에 어린이집, 유치원, 지역아동센터, 요양시설, 주민 등을 대상으로 지역 생산물의 소비체계를 확대하고 친환경 농산물의 가공품을 제조, 유통, 서비스하는 사회적 경제조직을 다양화하여 북구 센터를 '로컬푸드 통합지원센터'로 전환하는 것도 필요하다고 볼 수 있다(김형근, 2013: 71-72).

14 희망제작소(2012)에 의하면, 울산 북구 친환경급식과 관련한 커뮤니티 비즈니스의 방향은 청년, 여성, 은퇴자 등을 주체로 하여 농산물 가공, 그린 투어리즘, 농가 레스토랑, 농가 민박, 제빵 제과 교육 등으로 사업을 확장하는 데서 찾아질 수 있다.

4. 소결

김대중 정부가 추진한 '생산적 복지'에 기반을 둔 제3의 길은 시대적 제약 가운데 RED와 MUD의 동시적 연계를 모색한 미완의 정책 노선이었다고 평가될 수 있다. 그리고 노무현 정부 말기에 추진된 육성법은 SID에 입각하여 사회적 기업을 대량으로 인증하고 있으나, 사회적 배제계층의 사회적 시민권 확보에는 미치지 못해 왔다. 그리하여 본 장에서는 자활기업, 고용노동부 인증 사회적 기업 등처럼 제도화된 형태는 아니지만, RED의 연장선 위에서 재분배와 호혜의 결합 모델인 친환경 무상급식과 관련된 사회적 경제조직화를 대안적 사례로 제시해 보았다. 그리고 여기에서 다룬 북구 센터의 시도가 지역 간 네트워킹을 통해 전국화될 경우, 보편적 복지를 향한 재분배 강화와 본래적인 사회적 경제의 확장이 접목되어 '한국형 제3의 길'을 개척할 수 있으리라 전망된다.

필자는 SID에서 주장하는 사회적 배제계층의 유급노동으로의 통합이 넓은 의미의 사회적 경제조직이 추구해야 할 사회적 포용의 최종 목표는 아니라고 판단한다. 모든 사회적 경제조직이 호혜 원리에 입각하여 운영될 이유는 없지만, 지역사회에서의 일자리 창출이나 사회서비스 제공은 주민의 삶의 질 개선을 위한 재분배와 사회적 시민권의 강화에 이바지하는 방향에서 이루어질 때 더욱 지속가능하고 신뢰할 수 있기 때문이다.

본 장의 사례인 북구 센터의 잠정적 성공 요인으로는 진보정당 구청장의 선출로 어느 정도 확대된 재분배 영역을 둘러싸고, 지역 환경운동단체가 시민참여 캠페인이나 정책 비판에서 더 나아가 로컬푸드와 사회적 경제의 실천에 나섰다는 점을 지적할 수 있다. 즉 본 장에서의 실천적 함의는 한국의 취약한 복지국가가 보편적 복지를 확충해 나가는 과정에서 새로이 창출되는 사회서비스 시장을 둘러싸고 진보적 지방자치단체장과 지역환경운동이 호혜적 조직화에 동참했다는 데 있다고 하겠다.

친환경 무상급식, 에너지 복지 등의 영역에서 RED의 문제의식을 사회적 경제조직에 적용할 때 중요한 것은, 지방 수준의 토건적 개발주의 체제에 대항하여 재분배와 생태경제적 협동조직화를 어떻게 연동시킬 것인가라는 지역특화적 문제의식이 될 것이다. 그리고 2010년대 이후 제도화되어 온 마을기업과 협동조합 등은 향후 시행착오를 겪기도 할 테지만, 기존의 자활기업, 고용노동부 인증 사회적 기업의 한계를 뛰어넘어 호혜적 마을 만들기는 물론 보편적 복지의 확충 도구로써 활용될 수 있으리라고 기대된다.

더 나아가 본래적 의미에서의 사회적 경제조직의 활성화는 재분배 강화뿐 아니라, 창조적 도시재생, 기후변화 대응 등 실생활 쟁점을 지속적으로 사업화하는 방향에서 모색되어야 할 것이다. 이때 모든 사회적 경제조직에 일률적으로 적용하기는 힘들겠지만, 마을기업과 협동조합의 목표는 현존하는 소득재분배를 개선하는 차원에서 생산물 및 서비스에 대한 공정한 접근으로부터 배제된 계층의 사회적 포용과 사회 정의를 확보하기 위한 '사회적' 목적에 있다는 점이 재삼 강조될 필요가 있다.

제8장

◆

한국형 제3의 길의 후퇴와 자활의 개인화

1. 머리말

2000년에 기초생활보장제도의 도입과 아울러 신설된 자활급여는 케인즈주의 복지국가의 경험이 부재한 한국에서 '생산적 복지'라는 한국형 제3의 길을 모색하려는 시도였다고 해석될 수 있다. 서구의 제3의 길 노선은 신자유주의의 영향 아래 재분배보다는 '복지에서 노동으로'라는 복지의존층에 대한 취업 의무화를 강조하는 데 비해, 한국의 자활제도는 일할 능력이 있는 수급권자에게도 최저생계비 수준을 보장함에 따라 이들의 도덕적 해이 방지를 위한 조건 부과의 도구로 활용되어 온 측면이 크다.[1] 이처럼 근로능력이 있는 조건부 수급자와 차상위계층의 자립을 목표로 하는 자활사업은 기초자치단체 단위로 편제된 지역자활센터가 지원하는 자활근로, 자활공동체 등을 주요 정책수단으로 해 왔다. 그런데 10여 년 동안 적지 않은 재정이 투입되었는데도 탈수급률이 상승하지 않자, 2009

1 노대명(2010)은 한국의 자활정책에 대해 명시적으로는 빈곤층의 자립, 자활에 목적을 두지만 실질적인 제도 설계는 빈곤층의 도덕적 해이 예방과 근로동기의 유지 향상에 두고 있는 것으로 설명한다. 김정원(2011: 18)에서 재인용.

년 이후 자활공동체 창업이 아닌 개인 취업을 우선적으로 지원하겠다는 정책의 전환이 가시화되어 왔다.

자활정책은 2000년의 도입 초기부터 조건부 수급자의 노동능력을 판정하여 고용노동부의 취업서비스 대상인 집중취업지원대상자와 보건복지부의 복지서비스 대상인 근로능력강화대상자 및 근로의욕증진대상자로 구분하는 이원화된 체계를 유지해 왔으나, 실제로는 후자에 주로 초점[2]을 맞춰 근로의욕 고취와 공동체 서비스 제공을 목표로 해 왔다. 그럼에도 불구하고 지금까지 시·군·구 지역자활센터에 의한 공동체 창업이라는 자립지원 방식을 둘러싸고, '한국형 제3의 길'과 같은 담론을 개발하여 이를 적극적으로 평가하고자 하는 작업은 별로 이루어지지 않았다. 본 장에서는 보건복지부 자활사업의 낮은 탈수급률이 고용-복지 연계의 미비, 개별급여 부재 등 제도적 여건에 의해 복합적으로 영향을 받은 것이기 때문에, 지역자활센터의 역량이나 공동체 초점의 자립지원 방식에만 원인을 돌릴 수 없다고 판단한다. 또한 여기에서는 이런 문제의식 아래 전 세계적으로 강화되고 있는 신자유주의가 자활정책에 미치는 영향을 '스케일(scale) 변동'이라는 지리학적 틀에 의거하여 살피고자 한다.

공동체 초점의 창업 방식에서 개인 취업 위주로의 정책 전환에 대해 본 장이 스케일과 리스케일링(rescaling) 개념을 잣대로 삼는 까닭은 글로벌 및 전국 스케일에서의 신자유주의의 강화가 도시나 개인의 몸에 일방적으로 관철되는 것이 아니라, 인간관계 및 근린 차원의 공동체화[3]라는

---

2 2011년 말 현재 전체 자활참여자 가운데 조건부 수급자 중 근로능력강화대상자와 차상위계층을 주로 포괄하는 보건복지부의 복지서비스 관련 참여자 비율은 90.5%인 데 반해 고용노동부의 취업서비스 관련 참여자는 10%에 미치지 못하고 있다(백학영, 2012: 16).

3 공동체화(communalization)란 공동체를 국가, 개인과 대비시킨 실체로 규정하는 것에 반대하여, 인간 상호관계망의 사회적, 경제적, 생태적 확장이라는 과정을 강조하는 용어이다. 한상진(2012) 참조.

밑으로부터의 상향 리스케일링 과정과 상호작용하게 됨을 부각하기 위한 것이다. 즉 본 장에서는 최근 진행되고 있는 자활정책 변동의 배경으로 한국형 제3의 길의 후퇴와 신자유주의의 강화에 주목하고, 지역자활센터에 의한 자활공동체 사업의 실행 단위인 도시 스케일이 어떠한 리스케일링 과정을 겪고 있는지 분석하고자 한다. 이때 도시 스케일은 농어촌까지 포함하는 것으로, 주로 광역자치단체 단위인 지역(region) 스케일과 마을 단위의 근린(neighborhood) 스케일 사이에 위치한다. 그리고 개인의 몸을 스케일에 포함시키는 입장에도 의문이 제기될 수도 있으나, 글로벌, 전국, 지역, 도시를 포괄하는 스케일이 결국 개인까지 포섭한다는 것은 논리적으로 타당하다고 여겨진다. 이에 덧붙여 신자유주의가 개인 스케일의 중요성을 부각한다는 논점은 최근 한국 사회에서 활발히 제기되고 있는 '시장화된 개인화'(김혜경, 2012; 신경아, 2013 등)와 문제의식을 공유하는 것이지만, 도시 스케일의 공동체 초점이 약화되는 현상과 대비시키기 위해 스케일 관점(scalar perspective)에 의지하고 있음을 밝혀둔다.

본 장의 구성은 다음과 같다. 먼저 한국에서 자활정책에 대한 기존 논의를 검토하고 이론적 배경으로 신자유주의, 스케일과 리스케일링 등의 개념에 관해 고찰한다. 또한 신자유주의와 차별화되는 공동체 초점의 자활 담론으로 '한국형 제3의 길'에 대해 정리한 다음, 자활공동체의 위상을 점검해 본다. 이와 함께 도시(시·군·구) 스케일에서 전개되어 온 자활정책의 리스케일링 사례로서, 개별 취업의 강조라는 몸(개인) 스케일로의 재편과 광역 및 중앙자활센터의 설치 등 지역, 전국 스케일로의 확장에 대해 다룬다.

2. 기존 논의의 검토와 이론적 배경

1) 한국에서의 기존 논의에 대한 간략한 검토

한국의 자활정책을 둘러싼 주요 논의들은 지금까지 제도설계 및 성과관리(신명호·김홍일, 2002; 류만희·유희원, 2012; 신동면·김도한, 2012; 서광국, 2013 등), 고용-복지의 연계(김수영, 2012; 백학영, 2012; 유태균, 2013; 노대명, 2013 등), 자활사업과 사회적 경제의 관련(한상진, 2005; 황미영, 2007과 2009; 신명호, 2008; 조성은·백학영, 2009, 김기태, 2013 등) 등을 주축으로 전개되어 왔다. 그리고 이 같은 논의들은 대체로 정책대상에 대한 범주 획정이나 자활사업의 목표 및 성과 간 괴리를 좁히기 위한 문제의식에서 이루어졌다고 볼 수 있다. 이에 비해 자활제도의 이념적 배경과 정책 초점의 변화에 대한 포괄적 분석은 그리 많지 않아, '스케일'이라는 프리즘을 통해 한국형 제3의 길과 신자유주의라는 두 가지 이념형에 의거하여 자활정책의 재편을 검토하는 본 장의 내용은 나름의 학술적, 실천적 의의를 갖는다고 하겠다.

여기서는 본 장의 문제의식에 근접해 있는 기존의 논의들로서 김수영(2012), 류만희·유희원(2012), 신동면·김도한(2012) 등을 검토해 봄으로써, 자활정책의 최근 동향에 대해 신자유주의 강화와 리스케일링이라는 이론 틀로 재해석할 수 있는 근거를 확보하고자 한다. 먼저 김수영(2012)은 자활사업 실무자와 참여자에 대한 심층면접 자료를 바탕으로 사회복지와 노동시장을 연계시킨 자활사업이 갖는 딜레마에 접근하고 있다. 이 연구는 복지체계의 일부로 출발한 노동연계복지 정책에 무비판적으로 시장원리를 도입하다 보면 그 효과성이 저하될 수 있다고 보면서도, 순수한 복지체계의 원리만으로는 경제적 자립을 달성하기 어렵다고 결론 내린다. 또한 사회적 기업이나 바우처 서비스와 같은 복지혼합의 혼종적 영역이 부분체계로 분화를 시작했다고 지적하여, 자활정책을 둘러싼 제3의 길이나 신자유주의의 영향을 암시하고 있다.

다음으로 류만희·유희원(2012)은 성과관리 차원에서 보건복지부가 시행해 온 희망리본사업의 효과를 분석하고 있는데, 기존의 자활사업에 비해 취업에 대한 성공가능성과 탈수급의 전망이 대체로 긍정적이라고 파악하고 있다. 그리고 신동면·김도한(2012)은 같은 사례인 희망리본사업의 성과관리 체계에서 취업률, 취업유지율, 탈수급률과 같은 결과 중심의 성과 지표가 1:1 맞춤형 사례관리 서비스를 제공하는 해당 사업의 목표를 포괄적으로 반영하지는 못해 왔다고 지적한다. 또 이를 해결하기 위해서는 이에 부가하여 사례관리 성과를 중심으로 중간 목표를 설정하고, 그 성과에 따라 경제적 유인을 다르게 책정하는 성과급 지급방식이 필요하다고 보고 있다. 위의 두 연구는 최근에 자활공동체의 낮은 탈수급률에 대한 해결 방안으로 모색되어 온 성과중심형 자활사업의 제도적 개선을 꾀한다는 의의를 갖지만, 복지서비스 대상으로 분류된 수급자를 둘러싸고 공동체 창업이 아닌 개인 취업으로의 초점 전환이 갖는 이데올로기 및 개인화에 대한 함의까지 도출하지는 못하고 있다고 평가된다.

2) 이론적 배경

(1) 신자유주의

신자유주의란 제1장 1절의 1)에서 본 것처럼 시장과정이 효율적 자원 배분뿐만 아니라 혁신과 경제성장을 촉진하는 인센티브를 제공한다는 이데올로기이다. 신자유주의의 개념은 고전적 자유주의[4]로의 선별적 회귀

4 18, 19세기에 출현한 고전적 자유주의의 특징은 다음과 같다. 첫째, 사회의 최고 덕목은 개인에게 쾌락 추구를 허용하는 정도라고 주장한다. 즉 쾌락추구의 권리가 '자연'(흄), '사회 계약'에 근거(로크)라는 차이가 있지만, 모든 자유주의 사상가는

와 결합된, 일반적으로는 집산주의적 자유주의(egalitarian liberalism), 특별하게는 케인즈주의 복지국가에 대한 거부로 대두되었다. 집산주의적 자유주의란 밀(Mill, J.S)을 추종하여, 고전적 자유주의의 교의가 대중에게 부를 재분배하는 강력한 국가 없이는 획득될 수 없다는 입장을 말한다. 이 같은 집산주의적 자유주의 및 케인즈주의가 복지국가의 개입을 정당화하는 근거는 다음과 같다(Fainstein & Campbell, 2011: 3).

첫째, 케인즈주의는 시장이 완전히 자기규제적일 수는 없으며 다양한 정부 수준에서의 계획된 개입이 없다면 자기파괴적일 수 있음이 강조된다. 또 그 핵심 원리는 유효수요의 유지라 할 수 있는데, 정부가 소득재분배 형태를 제공함으로써 더 많은 상품을 소비시키는 집합적 능력의 성장을 지원함을 부각한다. 둘째, 어떤 재화는 집합적으로 소비되거나 개별적 기초 위에 가격을 매기기 어려운 경우 공공적이거나 사회적인 것으로 고려될 수밖에 없다는 점이다. 셋째, 부정적인 외부효과가 존재하여 정부 개입을 필요로 하는 시장의 실패가 초래되기 때문이다. 넷째, 주류경제학이 시장의 실패 원천으로 가정하는 '불완전한 정보'의 상황인데, 이상적인 시장은 생산물 가격, 특성 등에 대한 완전하거나 완전에 가까운 정보 없이는 적절하게 작동될 수 없는 까닭이다.

이에 반해 신자유주의는 재화, 토지, 정보 등의 상품화를 증진하기 위해 사적 소유의 법적 확장을 추동해 왔다. 그 결과 시장실패의 이데올로기를 대치하는 '정부 실패론'이 득세하여, 시장에서 비롯된 어떤 실패라 해도

개인 자율성이 무엇보다 앞선다는 공통된 입장을 나타내고 있다. 둘째, 스미스(Smith)를 추종하여, 족쇄 풀린 시장이 개인 자율성을 증진시키고 개인 쾌락의 동시적 추구가 무정부 상태를 이끌지 않음을 확증하는 데 가장 효율적이고 효과적인 수단이라고 생각한다. 셋째, 불개입적 국가에 대한 강조로서, 고전적 자유주의자에 의하면 국가는 안전의 추구, 경쟁(족쇄 풀린, 또는 비독점적) 시장과 개인 권리, 특히 재산소유권을 보장하는 헌법에만 초점을 맞추어야 한다는 것이다. Hackworth(2007: 3-4) 참조.

시장 외부에서 규제를 시도하는 정부의 비효율성, 불공정성, 부패에 의해 빛이 바래지고 있다. 더욱이 정부의 재분배가 국제 경쟁력에 장애로 여겨져, 통화주의만이 전국 스케일의 유일한 개입 수단으로 인정되는 실정이다(Hackworth, 2007: 10). 더 나아가 신자유주의는 구체적인 정책 수준을 뛰어넘어 이데올로기로서의 헤게모니를 중시하는데, 왜냐하면 신자유주의적 상식을 지배 담론화하는 것이 시장에 대한 대안을 성취하거나 상상하는 것을 막는 데 도움을 주기 때문이다(Purcell, 2011: 43).

또 하나 주목할 만한 것은 하트와 네그리의 시각으로, 그들은 신자유주의가 실제로 규제되지 않은 자본의 레짐(regime)이라기보다는 자본의 지구적 운동과 이윤을 용이케 하는 국가규제의 또 다른 형태라고 주장한다. 그러한 관점에서 국가는 역할이 축소된 것이 아니라 노동자, 빈곤층에 대한 지원은 해체하는 대신 자본에 대한 지원을 증가시키고 있는 것이라 해석된다. 이렇게 본다면 신자유주의와 집산주의적 자유주의의 경계가 모호해지는 상황까지 가정할 수 있지만, 어쨌든 티켈과 펙(Tickell & Peck, 2002)은 이와 같은 국가의 성격을 경제규제 및 복지지출의 '후퇴'(roll-back)와 친시장적 정책의 '복귀'(roll-out)로 이름 붙이고 있다. 이를 종합해 볼 때, 신자유주의는 언제 어디서나 자본, 시장에 대한 방해물을 파괴하면서 그것에 대한 지원을 창출하는 프로젝트라고 정의할 수 있다.

(2) 스케일과 리스케일링

스케일은 인간 활동의 그릇이라기보다 그 공간적 산물로 정의될 수 있다. 인간의 사회적 활동이 국가, 시·도, 시·군·구 등과 각각 일치할 수도 있지만, 스케일은 그러한 행정 단위를 뛰어넘어 그 활동과 다른 과정이 어떻게 관계되는가에 주로 관심을 둔다(O'Lear, 2010: 7-10). 헤롯(Herod, 2011)은 이 같은 스케일의 범주에 글로벌, 전국, 지역, 도시와 아울러, 개인의 몸까지를 포함시키고 있다. 또 스윈거도우(Swyngedouw, 2004: 33-34)에 의하면, 스케일은 고정된 것이 아니라 그 범위, 내용, 상대적 중요성, 상호관계의 측면에서 지속적으로 재정의, 재구조화되는 것이다. 따라서 권력 이동에 따른 공간적 범위, 상호관계의 측면에서 스케일의 지형은 항상 재편되며, 새로운 사회적, 경제적, 정치적 스케일이 구성되는 동안 다른 스케일은 사라지거나 변형되기도 한다.

아민(Amin)은 스케일을 지방, 전국, 글로벌이라는 분리된 공간 개념과 등치시키는 것을 반대하여, 서로 다른 스케일 사이에는 복합적이고 비대칭적인 상호의존의 연쇄가 존재한다고 주장한다(Peck, 2002에서 재인용). 케인즈주의 복지국가 시대에는 무엇보다 전국 스케일에서 거시경제 관리, 고용유지 및 보호정책, 복지와 조세를 통한 사회적 재분배가 통합적으로 관리되는 특징이 나타난다. 하지만 개별 스케일과 특정 사회과정 간의 결합은 역사적, 지리적으로 우연한 것이므로, 케인즈주의 복지국가 시기에 오직 전국 스케일만이 특권적으로 부각되었다고 보는 것은 잘못이다. 또한 신자유주의가 강화된다고 해서 도시 및 지역 스케일에서의 민간위탁이나 글로벌 스케일의 탈규제만 부각하고, 전국 스케일을 무시하는 것 역시 오류라고 할 수 있다.

신자유주의의 등장은 증가하는 자본 이동성, 지역 및 도시 간 경쟁의 격화, 국가 규제와 경제적 생산의 글로컬라이제이션(glocalization)[5] 등에 따른 리스케일링을 초래하는 경향이 있다. 이에 발맞추어 최근에는 근로복지 및 적극적 노동시장 정책의 글로벌 스케일로의 확산과 동시에 복지프로그램의 지방 스케일로의 권한 이양과 전국적 복지기관의 위기가 진

5 스윈거도우에 따르면, 글로컬라이제이션과 관련한 핵심 문제는 국가가 글로벌화, 또는 지방화되고 있는가 자체가 아니라 어떤 종류의 투쟁이 누구에 의해 수행되고 있으며 글로컬을 향한 국가의 리스케일링이 어떻게 상대적인 사회공간적 권력 지형에서의 변동을 생산함과 동시에 이를 반영하고 있는가이다. Peck(2002) 참조.

행되고 있다. 그런데 펙(Peck, 2002)은 글로벌을 시장 중심의 경제적인 스케일로, 지방을 이에 대응, 적응하는 정치적인 스케일로 단순화하려는 시도를 비판하면서, 케인즈주의 복지국가는 단순히 후퇴하는 것이 아니라 리스케일링되고 있음을 강조한다. 요컨대 신자유주의 국가의 성격을 리스케일링과 연결시켜 본다면, 케인즈주의 시대 경제와 복지에 대한 스케일을 좌우하던 국가 역할이 신자유주의로 전환된 이후에도 완전히 포기되는 것은 아니고 글로벌, 지역, 도시, 몸 등의 다른 스케일로 재구성됨으로써 그 역할을 다변화시킨다고 할 수 있다.

3. 기존 자활정책의 스케일 - 도시 스케일에서의 공동체

본 절에서는 신자유주의가 강화되기 이전 김대중 정부에 의해 주창된 생산적 복지의 이념을 '한국형 제3의 길'로 해석한 다음, 자활공동체를 중심으로 전개되어 온 기존의 자활정책이 시·군·구 단위 지역자활센터에 대한 확대 설치를 통해 어떻게 도시 스케일의 공동체 초점을 유지해 왔는지를 살피기로 한다.

1) 자활정책의 이념으로서의 '한국형 제3의 길'

앞서 논의했듯이 '한국형' 제3의 길이란 케인즈주의 복지국가에 의한 '제1의 길'의 경험이 부재한 우리나라에서 재분배가 어느 정도 강화되는 가운데 제3섹터에 의한 공동체 초점의 노동연계복지가 모색되었음을 함축한다. 기초생활보장이라는 한국 최초의 재분배 정책과 동시에 도입된 자활사업은 생계급여의 조건으로 부과됨[6]으로써 생산성을 강조하는 신

6 한상진·김용식(2007)의 울산 동구 조건부 수급자를 대상으로 한 면접 결과에 따르

자유주의적 맥락에 있으면서도, 탈수급의 경로로 개인 취업보다는 기초자치단체 단위의 도시 스케일에서 제3섹터 협력에 의한 공동체 창업을 우선시하는 특징을 나타낸다.

한국형 제3의 길은 '생산적 복지'로 구체화되었는데, 김대중 정부는 외환위기 이후의 실업대란에 따른 고용창출 요구에 효과적으로 대응하고 복지수혜자들의 도덕적 해이를 막기 위한 방안으로 기초생활보장제도와 연계된 자활정책을 수립하기에 이른다. 이때 논란이 되는 것은 생산적 복지가 재분배를 통한 복지서비스와 고용창출에 의한 생산성 향상 둘 중에 어느 것을 우선했는가의 문제인데, 2000년 당시 노동부 산하 고용지원센터는 고용보험 대상자의 지원에 급급하여 자활사업에 대한 여력이 없었던 탓(김혜원, 2012: 30-32)에 지역자활센터에 의한 복지서비스가 주류를 이룰 수밖에 없었다고 할 수 있다. 실제로 김 대통령 본인은 1999년 8월에 생산적 복지에 대해 "생산성 상승의 수단이 될뿐더러 모든 시민의 인간다운 생활에 대한 사회권과 그러한 목표를 전달하기 위한 국가책임 둘 다를 강화시키는 접근"이라고 규정했다.[7] 결국 '한국형 제3의 길'은 생산성 향상이라는 신자유주의적 시장경제 논리를 훼손하지 않는 가운데 재분배 차원의 복지 서비스 맥락에서 노동과의 연계를 추진하는 자활정책으로 구체화되었다고 하겠다.[8]

면, 자활사업에 대한 조건 부과가 당연한 것이며 자립을 위한 기회라는 대체로 긍정적인 반응이 나타나고 있다. 이는 한국 사회가 갖고 있는 노동윤리의 내재화에 따른 것일 수도 있지만, 어쨌든 한국의 최저생계비 이하 빈곤층은 자활근로와 자활공동체에 대한 참여를 징벌적 성격으로 받아들이지는 않는다고 할 수 있다.

7 또한 김대중 정부 당시 대통령 자문 정책기획위원회의 연구 결과인 정경배.최일섭 외 (2003: 36)에 따르면, 제3의 길에 기초한 한국 복지경제 모형은 자율적 시민사회를 육성하여 분권화와 투명성을 제고시키면서 생산적 복지와 고용증대를 연계할 수 있는 적극적 복지정책을 통해 생산의 효율성과 분배의 평등성이 조화를 이루는 것이라고 한다.

8 2003년에 등장한 노무현 정부는 한미 FTA의 추진 등 신자유주의 기조를 계속 유지하면서도, 사회 서비스 일자리 창출정책을 둘러싸고 '성장과 분배의 선순환' 논

그리하여 2000년의 제도 도입 단계부터 자활의 두 가지 경로로 복지서비스 외에 취업서비스도 제시되었음에도 불구하고, 자활정책의 하부구조는 실질적으로 보건복지부의 복지서비스 전달을 위한 도시 스케일의 기초자치단체와 지역자활센터로 일원화되기 시작했다. 조건부 수급자의 자활근로와 자활공동체 형성을 지원하는 지역자활센터는 기초생활보장제도 도입 전인 1999년에 20개였으나 5년 후인 2004년에는 모든 기초자치단체 단위를 포괄하는 243개로 급증했다(한상진, 2005). 한국형 제3의 길과 관련하여 이처럼 짧은 기간 내에 지역자활센터가 전국적으로 확장되었다는 사실은 자활사업이 시·군·구 현장에서는 탈수급의 성과를 위한 구실 외에 지역 특성에 기초한 공동체 복지의 장으로 활용되기 시작했음을 시사한다. 이와 함께 자활사업의 초기에는 보건복지부 전달체계에 비해 제3섹터 위탁조직으로 구성된 전국자활센터협회 및 지부의 주도권이 두드러졌다고 볼 수 있다.

2) 자활공동체의 기원과 전개

한국에서 '자활공동체'라는 용어는 외환위기 직전인 1996년에 4곳의 시·군·구라는 도시 스케일에서 자활지원센터를 지정하면서 처음 사용되었다.[9] 이때 자활공동체는 기초생활보장제도와는 상관없이 도시빈민지역운동의 차원에서 자발적으로 전개되어 온 생산자협동조합 모델을 제도화

리를 부각함으로써 케인즈주의에 가까운 집산주의적 자유주의 성향을 나타내기도 했다.

9 당시에 자활지원센터 설치의 근거로 활용된 한국보건사회연구원(1995)은 "자활지원센터는 지역사회의 자생적인 노력이 중심이 되어 지역사회에 기반한 자활공동체를 건설하고 정부가 이를 위한 재정적인 지원을 제공하는 일종의 파트너십의 형태로 운영 되는 것이다. 자활지원센터는 기본적으로 지역사회 자원을 조직하고 동원함으로써 저소득 주민과 지역사회의 자원망을 구축하는 매개체 역할을 하도록 고안되었다."라고 언급하고 있다.

한 것이었다.[10] 생산자협동조합 모델은 제7장에서도 언급했듯이 1980년대 후반부터 건설일용노동자, 봉제하청노동자 등 도시빈곤층의 다양한 문제 가운데 생산영역에서 취업과 실업을 반복하는 직업, 소득의 불안정을 해결하기 위해 생겨난 자구적 시도이다. 따라서 기초생활보장제도 도입 이전의 자활공동체란 생산자협동조합이 정부 지원으로 시장에서 성공을 거둘 수 있다면 보조금이 끊기더라도 참여자를 경제적으로 자립시킬 수 있으리라는 기대 아래, 도시빈민지역운동의 경험을 원용하여 정책 목표인 '자활'을 달성하려는 근로복지 프로그램으로 동원된 것이었다고 하겠다(신명호·김홍일, 2002: 10). 그리고 도시빈민지역운동의 생산자협동조합 자체가 아닌, 김영삼 정부가 규정한 초창기 자활공동체의 이념적 기반은 공동체 자유주의[11]에 유사한 것으로 이해될 수 있다.

이렇게 김대중 정부는 생산적 복지의 이념 아래, 일반 빈곤층의 자립수단이었던 자활공동체를 도시 스케일에서의 지역자활센터의 지원을 받는 조건부 수급자 및 차상위계층의 탈빈곤의 도구로 재정립시켰다. 그 당시 청와대 삶의 질 향상 기획단(2000)은 자활공동체의 위상과 관련하여 기초 생활보장제도와 무관하게 전개되어 온 기존의 '공동체형 자활사업'과의 차별화를 위해, 변화된 정책 환경에 걸맞은 '제3섹터형 자활사업' 모델을 제안한 바 있다. 여기에서 제3섹터형 자활사업이 기존의 공동체형 자활사업과 다른 점은 자활공동체 내부의 자급자족보다는 지역사회

10 보건복지부(1997)에 의하면, 자활지원센터는 빈곤층 지역을 대상으로 성직자, 사회복지사 등이 직접 파고들어 이들의 능력에 맞는 자활 프로그램을 개발, 2-3년간 밀착, 집중 지원함으로써 성공적인 경제적 자립을 도와주는 자활후견기관으로 정의되었다.

11 임채원(2006: 402-406)에 따르면, 한국에서의 공동체 자유주의는 자유가 근간이지만 자유주의 또한 결함을 갖고 있으므로 이를 보완하기 위해 공동체주의가 필요하다는 입장을 취한다. 즉 이 견해는 경쟁이 불가피하게 승자와 패자를 낳을 수밖에 없기 때문에 이 자본주의적 경쟁의 탈락자에게 어떻게 사회적 안전망을 제공하고 다시 기회를 부여할 것인가 하는 문제의식을 지니는 셈이다.

연대성에 기초하여 사회적 협의기구, 민간 후원조직, 자활지원금고 등의 자원과 역량을 적극 활용함으로써 과거보다 더 시민사회의 지원을 강화하는 방향에서 사업을 추진시키는 데에 있다고 한다. 그럼에도 불구하고 제3섹터형 자활사업 모델 역시 조건부 수급자의 자립수단을 여전히 자활공동체에 의지함으로써, 군 단위를 포함한 도시 스케일의 공동체에 대한 초점을 계속 유지하고 있는 셈이다.

이처럼 시·군·구 수준에서 제3섹터 협력에 의해 조건부 수급자의 근로의욕 및 능력을 업그레이드시켜 공동체 창업에 이르게 하는 구상은 재분배와 공동체를 중시하는 한국형 제3의 길의 맥락에서 배태되었다고 할 수 있다. 그런데 김수영(2012: 217-218)은 자활공동체가 '따로'를 함축하고 있는 자활과 '같이'를 함축하고 있는 공동체의 합성어로서, '공동체'라는 사회적 방법으로 '자활'이라는 시장경제의 목표를 이루려는 방식은 본질적으로 모순적이라고 주장한다. 하지만 노동연계복지 일반을 사회복지와 노동시장의 충돌로 이해하는 관점은 타당하나, 한국의 자활정책을 노동력의 재상품화라는 시장 논리의 흐름으로 파악(김수영, 2012: 204)하는 입장은 한국의 경우 복지국가라는 탈상품화의 경험이 부재했다는 점에서 오류라고 볼 수 있다. 한국형 제3의 길 노선에 의거해 해석한다면, 자활공동체는 도시 스케일의 제3섹터 조직인 지역자활센터가 수급자의 도덕적 해이 방지와 근로능력 계발을 공동체적으로 지원함으로써 또 다른 재분배 기능을 수행해 왔다고 평가될 수 있기 때문이다.

물론 자활공동체가 생계급여의 조건 이행 단위로 자리 매겨지면서, 정책의 지원효과가 높을 것으로 기대되는 차상위계층의 참여가 제한되고 공동체 창업의 성공률 또한 저조하다는 점은 분명하다.[12] 하지만 이같이

---

12 2008년의 조사에 의하면 자활공동체의 지속기간은 1년 미만 35%, 3년 미만 73.7%로 평균 약 2년에 불과(황미영, 2009: 4)했으며, 2010년 현재 자활공동체의 1인당 월평균 급여액은 984,280원으로 3인 가구 최저생계비에 미치지 못하고 있는 형편

낮은 경제적 성취에도 불구하고 사회적 맥락에서 볼 때, 자활공동체는 시니어클럽, 사회적 기업, 돌봄 영역의 사회서비스 공급 등 우리나라 사회적 일자리 사업의 모태 역할을 수행해 왔다고 할 수 있다. 더 나아가 최정은(2013)은 도시빈곤층이 겪고 있는 일반 노동시장에서의 부적응, 고용과 실업의 반복, 저임금구조 등에 비추어, 시장에서의 경쟁보다는 자활공동체와 같은 사회적 경제조직을 통한 창업, 취업으로 협동하는 삶의 터전을 확대해 나가는 것이 중요하다는 견해를 밝힌다. 더구나 조건부 수급자가 탈수급된다고 당장 가난에서 벗어나고 삶이 행복해지는 것은 아니라고 하면서, 높지 않은 소득으로도 함께 관계하는 사람들이 서로 지지해주고 도시 공동체 안에서 당당하게 소통할 수 있으며 이웃과 나누고 더불어 살아가는 삶의 현장을 확대해야 한다고 주장하고 있다.

4. 자활정책의 리스케일링과 자활의 개인화

김대중 정부의 생산적 복지나 노무현 정부의 노동연계복지 정책 또한 신자유주의적 성향을 어느 정도 포함한 것이었지만, 2008년에 출범한 이명박 정부는 과거와는 차별화되는 강화된 신자유주의를 내세웠다.[13] 이명박 정부의 신자유주의 정책 기조는 공공성보다는 경쟁과 효율, 보편주의 보다는 잔여주의, 국가 역할의 강화보다는 민간에 대한 부담 전가, 복지재정의 확대보다는 복지재정 내의 효율화를 특징으로 한다(이태수,

이다(이선우, 2010).

13 신진욱·이영민(2009)에 의하면, 김대중 정부는 시장 자유화, 노동시장 유연화, 공기업 민영화, 적극적 외자 유치 등 신자유주의적 요소를 경제·노동정책에 대거 도입했으나 시장 이데올로기가 전 사회적 지배력을 갖게 된 이명박 정부 이후와는 달리 이를 사회통합의 수단으로 활용했다는 차별성을 갖는다. 신경아(2013: 275-276)에서 재인용.

2009). 한편 2013년에 등장한 박근혜 정부는 '일자리 중심의 창조경제'와 생애주기별 맞춤형 복지, 자립을 지원하는 복지체계의 구축 등을 추구하고 있어, 신자유주의의 강도가 비교적 약화된 것처럼 보인다.[14] 그러나 전반적으로 볼 때, 이명박 정부가 시장지상주의로 일관했다면 박근혜 정부는 총자본의 이해와 시장질서 유지를 위한 신자유주의적 개혁에 좀 더 적극적인 것으로 해석될 수 있다. 본 절에서는 2008년 이후의 신자유주의 강화에 따른 자활정책의 리스케일링을 두 가지 방향에서 접근하고자 한다. 하나는 도시 스케일의 공동체 창업을 몸 스케일의 개별 취업 위주로 재편하려는 위로부터의 압력이고, 다른 하나는 도시 스케일의 자활공동체 지원에 필요한 지역 및 전국 스케일의 전달체계 확보를 위한 아래로부터의 대응이다.

1) 몸 스케일의 개별 취업에 대한 강조

2008년 이후 강화되어 온 신자유주의적 복지의 기조는 자활정책에 대해 조건부 수급자의 도덕적 해이 방지 수준에 그치는 것이 아니라, 최저생계비 이상의 소득을 벌게끔 유도하여 탈수급률을 제고하도록 압박해 왔다. 그러한 맥락에서 조건부 수급자의 조건 유예 및 제외에 따른 낮은 자활사업 참가 경향[15]을 개선하도록 하여, 과거 생계급여의 조건 이행 차원에서 자활참여자가 될 필요가 없었던 최저생계비 이하 취업자 등도 탈수급의 대상으로 포괄시키는 변화가 나타나기도 했다. 또한 2013년부터

---

14 이에 대해 김성구(2013)는 이명박 정부를 영미권 신자유주의로, 박근혜 정부를 독일권 신자유주의로 구분하고, 이러한 변화의 토대를 양극화, 실업, 불안정노동, 노후 불안 등 신자유주의 폐해에 대한 대중의 분노와 저항에서 찾고 있다.

15 국회 예산정책처(2012)에 의하면, 2011년 현재 전체 조건부 수급자 중 14.3%만이 자활사업에 참여한 가운데 10%만 자활사업을 통해 탈수급에 성공한 것으로 나타난다.

자활근로 참여자에게 내일키움통장[16]을 적용시키거나 같은 해 7월에 개최한 자활박람회를 '내 일'(My Job) 자활박람회로 명명하는 등 자활정책을 둘러싸고 '내일'이라는 형용사가 빈번하게 등장하는 배경에는 자활이 나의 일이라는 몸 스케일에 대한 강조를 통해 공동체보다는 개인의 책임을 부각하려는 정책적 의도가 내재된 것이라고 하겠다.

이와 함께 개인 취업에 초점을 두는 비슷한 용법에 의한 것이기는 하나, 2013년의 자활지원계획에서 고용노동부와 보건복지부간 부처 칸막이를 없앤 '내일행복지원단'[17]이라는 원스톱 전달체계를 기초자치단체에 설치하기로 한 것은 노동연계복지의 효율화를 위한 진일보라고 평가된다. 부처 칸막이를 없애기 위한 또 다른 시도로는 고용노동부에 의한 취업성공패키지와 보건복지부에 의한 희망리본사업 간 연계를 강화하여, 전자에 참여했는데도 취업에 성공하지 못한 사람에게 후자의 서비스를 제공하여 재도전의 희망을 주겠다는 정책 설계를 들 수 있다. 이 중 취업성공패키지는 2009년부터 시행된 것으로, 고용센터가 최저생계비 150% 이하인 조건부 수급자와 차상위계층을 대상으로 진단, 경로설정(1개월) → 의욕, 능력증진(5-11개월) → 취업알선에 이르는 취업 서비스를 제공하고 취업에 성공할 경우 취업 성공수당을 지급하는 사업이다. 2011년을 기준으로 이 사업에는 기초생활보장제도에 의거한 집중취업지원대상자 외에 청년층, 훈련층도 참여하고 있는데, 63,728명의 참여자 가운데 41,550명이 취업에 성공함으로써 65.2%의 비교적 높은 취업성공률을 나타낸다(머니투데이, 2013).

---

16 내일키움통장이란 자활근로 참여자의 자산 형성을 통한 자립지원 사업으로, 이 통장에 가입하여 월 5-10만원씩 적립하다가 3년 이내에 취업, 또는 창업을 하면 최대 1,300만원까지 지원을 받을 수 있다(보건복지부, 2013).

17 노대명(2013)은 내일행복지원단에 대해 2010년 현재 전국에 230개인 기초자치단체 단위로 편제되며, 기존의 자활담당 공무원, 자활상담사 외 상담인력이 추가 배치되어 노동빈곤층에 대한 통합적 이력관리를 담당할 것을 제안하고 있다.

다음으로 희망리본사업 역시 2009년부터 시행되었는데, 2011년에는 7개의 광역자활센터에 주로 위탁하여 4천여 명의 개별 취업을 알선하도록 계획되었다. 이 사업은 조건부 수급자 중 집중취업지원대상자에 비해 노동능력이 취약한 근로능력강화대상자와 전체 참여자의 30% 이내로 한정시킨 차상위계층을 대상으로, 기초상담 → 맞춤 취업준비 → 취업알선이라는 3단계 서비스를 제공한다(보건복지부, 2013). 2011년 현재 희망리본사업에는 4,259명이 참여한 가운데 약 1,500명이 취업에 성공해, 취업성공패키지에 비해 낮은 35.2%의 취업성공률을 나타내고 있다. 그런데 보건복지부 스스로 이 사업을 기존의 공동체 창업지원과 차별화시켜 성과중심형 자활사업으로 이름붙인 것을 볼 때, 2008년 이후 강화된 신자유주의가 복지서비스 대상자인 근로능력강화대상자에게까지 탈수급의 성과를 낳는 데에 상대적으로 유리한 개인 취업의 경로를 요구하고 있음을 짐작할 수 있다.

그러면 '내일이 행복'이라는 신자유주의적 고용연계를 부각시키는 두 사업의 성격을 평가해 보자. 우선 취업성공패키지는 2000년의 자활정책 초기부터 취업서비스 대상자에 대한 고용노동부 사업으로 설계되었던 것이 9년 늦게 현실화된 것으로, 한국형 제3의 길 노선에 근거해 보더라도 자활 참여자의 욕구에 적합한 방향이라고 판단된다. 하지만 복지서비스 위주의 근로능력강화대상자로 판정된 조건부 수급자까지 희망리본사업을 통한 개별 취업으로 이끄는 것이 타당한가는 의문의 여지가 있다. 물론 앞으로 도시 스케일의 내일행복지원단에서 근로능력은 떨어지더라도 개인 취업을 희망하는 수급자가 고용센터와 적절히 연계될 수 있도록 한다면 이들에 대한 취업서비스 하부구조도 상당히 정비될 수 있을 것이다. 그러나 김정원(2011: 22)은 시장경쟁에서 탈락한 이들이 별도의 체계적 훈련을 받지 않은 상황에서 다시 진입할 수 있는 노동시장은 매우 제한적이어서, 일시적으로 취업에 성공하더라도 탈수급보다는 반복 빈곤의 위험에 노출될 가능성이 크다고 지적한다.

끝으로 개별 취업에 대한 강조와는 별개의 맥락이지만, 2012년부터 자활공동체의 명칭을 자활기업으로 변경하고 공동체형 자활기업 외에 개인형 자활기업을 신설한 것도 신자유주의화와 관련된 개인화의 일환이라고 할 수 있다. 이는 자활공동체를 사회적 기업의 한 유형으로 포함시키고자 하는 의도로 보이지만, 탈수급률 제고에 필요한 자활공동체의 시장 진입 및 수익 확보의 중요성을 부각시키려는 취지도 있으리라고 여겨진다. 사회적 경제의 다변화된 환경에서 자활공동체의 명칭에 연연해하지 않고 자활기업이라는 새로운 브랜드를 개발하는 것은 의미가 있을 수 있으나, 개인형 자활기업을 추구하는 것보다는 도시 스케일의 다양한 사회적 기업, 협동조합, 마을기업 등에 유급 및 자원봉사 인력으로 연결하는 것이 좀 더 현실적이지 않을까 생각된다.

2) 자활사업의 광역화

도시 스케일의 자활공동체 창업보다는 개별 수급자에 대한 취업을 우선시하는 자활정책의 재편이 신자유주의 강화에 따른 위로부터의 리스케일링을 보여준다면, 2004년부터 전개된 지역 및 전국 스케일에서의 광역자활센터, 중앙자활센터의 설치는 자활공동체 지원을 위한 아래로부터의 리스케일링에 해당한다. 김정원(2012: 25)에 의하면, 중앙자활센터와 광역자활센터를 통한 자활사업의 전국화, 광역화는 지역자활센터의 사업 운영을 지원하는 조직이 설립되어야 한다는 제3섹터의 요구가 반영된 결과물이라고도 할 수 있다. 그런데도 지역자활센터 실무자들은 중앙자활센터에 대해서는 평가기관으로 인식하는 경향이 강한 데다가 필요성은 긍정하나 만족도는 부정적인 것으로 나타난다(김정원·이문국, 2010). 중앙자활센터는 2008년에 국민기초생활보장법에 근거하여 설립된 조직으로, 자활지원을 위한 조사·연구 및 프로그램 개발·평가, 민간자원 연계, 자활관련 기관 간 협력체계 구축 등에 의거하여 자활사업 지원체계의 전문성 및 효율성 제고를 담당해 왔다.

한편 광역자활센터는 기초 단위의 자활지원체계와는 별도로 광역 단위의 공동사업 추진, 자활사업 네트워크 구축을 담당하며 2013년 현재 인천, 대구, 경기, 부산, 강원, 전북, 서울 등 7개 지역에 지정되어 있다(보건복지부, 2013). 이러한 자활사업의 광역화는 자활공동체, 또는 자활기업의 스케일링(scaling) 전략으로 지칭되는데, 이때 스케일링이란 '제3섹터에서 만들어낸 창조적 방안을 더 큰 효과의 창출을 위해 다른 지역으로 확산시키는 것'을 의미한다고 한다(김정원. 2013: 29). 그런 흐름에서 자원재활용, 청소, 집수리, 돌봄, 배송 등의 자활사업 네트워크가 전국적 조직화를 꾀해 왔으며, 최근에는 서울 및 경기 광역자활센터의 지원으로 음식점, 생산품 유통매장 등의 사회적 프랜차이징[18]이 활성화되고 있다. 이렇게 볼 때 광역자활센터는 몸 스케일의 개별 취업에 대한 강조와는 별개의 맥락에서 설치된 것이 분명하지만, 2009년 이후에는 희망리본사업과 같은 개인 취업을 담당하는 전달체계로도 활용되고 있다.

고용노동부와 보건복지부간 통합적 자활지원체계의 구축과 관련해 볼 때, 중앙자활센터나 광역자활센터 또한 도시 스케일의 내일행복지원단을 기초 단위로 하는 전국 및 지역 스케일의 위상으로 재정립되는 것이 요청되고 있다. 그렇지만 두 부처가 통폐합되지 않는 한 현실적으로 중앙자활센터가 광역 및 지역자활센터 사업 외에 고용센터의 취업성공패키지 중 150% 이하 저소득층 대상 사업만 떼어내어 관여하는 것은 쉽지 않을 것

18 사회적 프랜차이징이란 사회적 가치가 있는 프로젝트의 복제 전략의 일환으로, 사회 문제 해결을 위한 사회적 경제의 실천에 가맹점 운영과 같은 상업적 수단도 활용할 수 있어야 한다는 문제의식에서 대두되었다. 김정원(2013) 참조.

이다. 그리고 만약 지역자활센터가 도시 스케일에서 내일행복지원단에 참여하는 가운데 사회적 경제 개발에 치중하는 역할을 부여받는다면, 광역자활센터는 고용노동부의 사회적 기업 지원기관과의 협력 아래 예비 사회적 기업, 마을기업, 협동조합 등에 대한 현장밀착형 지원 조직으로 전환되는 것을 고려해 볼 수도 있다.

5. 소결

필자가 재분배에 입각한 공동체적 자활의 필요성을 강조한다고 해서, 지속가능한 일자리로 생계급여 이상의 소득을 창출시키는 탈수급의 필요성을 부정하는 것은 아니다. 단지 여기서는 미국 등에서의 '복지에서 노동으로' 노선이 추구해 온 밀어내기 방식의 근로복지가 아니라 기초생활보장과 연계된 적극적 노동시장 정책의 중요성을 강조하려고 할 뿐이다.[19] 또 현재의 신자유주의 강화에 따른 리스케일링을 둘러싸고, 본 장에서는 도시 스케일의 공동체 초점이 여전히 유효하다는 입장을 견지하고자 한다. 조건부 수급자, 차상위계층의 자립은 대도시, 중소도시, 도농복합도시, 농어촌 등의 지역사회 특성에 바탕을 두어야 하며, 복지국가를 경험하지 못한 '한국형 제3의 길'의 실험과 관련해 볼 때도 현 단계에서 요구되는 재분배의 강화는 공동체에 초점을 둔 사회적 경제 일자리의 확대와 결합되어야 한다고 보기 때문이다. 그러므로 앞으로의 자활정책 재편 과정에서 특히 도농복합지역, 농어촌의 지역자활센터는 시·군·구 단위

---

19 슈램(Schram, 2006: 35-37)에 의하면, 사회민주주의 국가 가운데서도 덴마크의 적극적 노동시장 정책은 아동보호와 현금지원, 높은 최저임금 및 급여기준 등과 같은 실질적인 사회적 지원에 밑받침되는 가장 이상적인 모델이라 할 수 있다. 그 결과 덴마크에서는 '유연보장'(flexicurity)이라는 형태로 더 큰 시장 유연성과 사회복지 보장의 균형이 효과적으로 실현되고 있다고 한다.

에서 미비한 형편인 사회적 경제활동을 개발, 육성하도록 자리매김하는 것(김기태, 2013)이 바람직하다고 하겠다.

본 장에서의 논의를 요약해 볼 때, 한국에서 도시 스케일의 공동체에 초점을 둔 자활정책은 2008년 이후 신자유주의의 본격화에 따라 몸 스케일에서의 개별 취업에 대한 강조로 전환되어 왔다고 할 수 있다. 그리고 이 같은 위에서의 리스케일링 압력은 밑으로부터의 상향 리스케일링 요구를 압도하여 자활사업 주체의 요구에 따라 설립된 광역자활센터까지 신자유주의적인 개인 취업의 도구로 활용하는 경향마저 발견된다. 지금까지 지역자활센터는 고용센터에 의한 취업서비스가 마련되지 않은 노동연계복지 정책의 사각지대[20]에서 복지서비스 위주로 근로능력이 있는 수급자에게 생계급여의 조건을 이행시키기 위해 도시 스케일에서의 공동체 조성을 도모해 왔다. 그러나 2009년부터 고용센터의 취업성공패키지가 도입됨으로써, 시군구 단위에서 공동체적 자활을 중심으로 활동해 왔던 지역자활센터의 위상은 재편이 불가피한 상황이다.[21] 그럼에도 불구하고 조건부 수급자 가운데 근로능력이 우수한 경우에 한정하여 취업서비스 프로그램을 적용해야지, 그렇지 못한 복지서비스 대상자까지 개별 취업의 경로를 강요하는 것은 온당치 못하다고 생각된다.

요컨대 여기서의 주장은 복지서비스 대상자 중 일부가 취업서비스 지

---

20 2000년 이후 2008년까지 한국의 자활정책은 조건부 수급자에 대한 고용노동부 차원의 취업서비스가 부재한 가운데 지역자활센터의 복지서비스가 지배적이었던 반면에 최근에 들어서는 낮은 탈수급률을 기록해 온 복지서비스가 폄하되는 대신에 취업서비스만이 효율적인 자립의 도구로 각광받는 양극단의 편중된 현상이 나타나고 있다. 노대명(2013) 참조.

21 이때 고용노동부와 보건복지부의 지방전달체계가 통합됨으로써 취업서비스를 담당하는 고용센터와 복지서비스를 담당하는 지역자활센터가 조건부 수급자의 욕구에 근거한 맞춤형 서비스를 제공하는 단일한 전달체계로 편제되는 것이 가장 바람직하다. 그런데 현재 기초자치단체 단위로 설치하도록 구상되고 있는 내일행복지원단의 경우 고용센터가 시군구마다 설치되어 있지 않은 관계로 조정이 필요하다고 할 수 있다.

원에 의해 근로의욕 및 능력을 향상시켜 몸 스케일에서의 개별 취업 및 창업을 꾀할 수도 있겠으나, 대다수는 도시 스케일의 공동체 활성화를 위한 사회적 경제조직 개발 및 이에 대한 인력 지원의 방향으로 설정할 필요가 있다는 것이다. 자활정책의 재편 방향을 취업 서비스에 의거한 개별 수급자의 탈수급 위주로 하는가, 아니면 근로능력 및 욕구가 취업서비스에 적합한 수급자를 제외하고는 복지서비스와 결합된 공동체 중심의 노선을 견지할 것인가는 현재의 주요 정치적 쟁점인 보편적 복지 논쟁과도 연관이 있다고 하겠다. 신자유주의 국가는 어떠한 빈곤층이라도 노동시장에 복귀시켜 재정부담의 대상에서 탈피시키는 것을 최고의 목표로 삼을 것인 데 반해, 보편적 복지를 지향하는 국가의 자활정책은 수급자의 복지서비스를 개선하고 그로부터 창출되는 사회적 경제 활동을 자활근로사업단이나 공동체적 자활기업과 연계시키는 것에 관심을 기울일 것이기 때문이다.

제9장

◆

생태적 자활과 생태경제적 협동조직화의 대안

본 장에서는 생태복지국가의 생태사회적 삶의 양식과 경제활동의 대안을 모색하기 위해 '생태적 자활'(ecological self-sufficiency)이라는 시론적 개념을 탐구하고 생태경제적 협동조직화(ECO)의 얼개에 관해 서술하기로 한다. 생태복지국가가 아직은 완성되지 않은 가능태의 이념형이라고 할 때, 분배, 절차, 승인, 역량 등의 요소로 구성되는 그것의 가능성 구축은 생태사회적 연계와 아울러 경제와 생태적 지속가능성의 결합 노력을 통해 가시화될 수 있다.

1. 인간의 빈곤과 자연의 착취 문제

지구화의 영향이 세계 곳곳에서 확장되고 심화되면서, 그것이 갖는 사회 생태적 효과가 더욱 가시화되어 왔다. IMF(2000)에 의하면, 전 세계적으로도 20세기 동안의 급속한 경제성장에도 불구하고 세계 인구 1/5의 삶의 질이 상대적으로, 또는 종종 절대적으로도 열악한 상황이라고 보고되고 있다. 더 나아가 자본주의적 지구화에 따라 산업생산의 규모 확장이 기상이변을 현실화시키는 동시에, 그러한 생태계 파괴로 말미암아 국경을 넘나드는 신종 질병 바이러스가 사회적 위협의 대상이 되고 있다.[1]

하비(Harvey, 2005)는 현재의 지구화가 석유라는 자연의 자원화에 바탕을 둔 미국 주도의 군사 패권적 힘에 의해 추동되고 있다고 이해한다. 이처럼 전 지구 차원에서의 자본주의 확장은 공간의 장소성, 시간성 상실[2]을 가속화하는 가운데, 자연자원의 희소성을 둘러싼 '사람에 의한 자연 지배'와 강대국의 야만성에서 나타내어지는 '사람에 의한 사람 지배'를 있는 그대로 드러내는 것이다. 공간이 갖는 장소성 상실의 대표적 예는 전 세계에 걸친 인터넷 보급으로 확산되는 사이버 공간이라 할 수 있다(한상진, 2004). 사이버 공간에서 시간은 속도로 치환되어 역사성을 탈각하며, 그러한 분열된 시공간 구도 속에 사람 사이의 관계 역시 자연적 대면에 대한 민감성을 잃는 경향이 있다. 또한 더욱 고도화된 자본주의 단계에서의 생명공학 기술은 마침내 '사람의 생명체 지배와 변형'이라는 사람에 의한 사람 및 인간 지배의 통일적 논리를 더욱 극명하게 폭로하고 있다.

본 장에서는 자본주의적 지구화에 맞선 지속가능한 지구화를 모색하기 위해, '생태적 자활'[3]이라는 인간의 빈곤과 자연의 착취 둘 다를 동시에

---

1 사람, 상품, 이념의 범세계적인 교통 급증은 질병의 세계화도 동시에 수반시켜 왔다. 이제는 한 사회의 건강을 지키기 위해 전 인류의 건강을 살펴야 하는 세상이 된 것이다. 프렌치(2001: 48).

2 근대의 시간과 공간은 분리성과 표준화를 특성으로 함으로써 공간의 시간성과 장소성을 상실케 만든다. 기든스에 따르면, 이러한 사회체계의 장소귀속 탈피는 기능 분화와 전문화로 인해 사회관계들이 지역적 상호작용의 맥락에서 벗어나 무한한 시공간으로 확대되고 재구성되는 것을 의미한다. 문순홍(1999) 참조.

3 생태적 자활이라는 용어에서 자활은 자족의 의미를 갖는다. 그런데 본 장의 3절에서 다루듯이 넓은 의미의 자활(self-support)은 자족 외에도 자조(self-help), 자주(self-reliance)의 차원을 포괄한다. 본 절에서의 생태적 자활이 자족적 자활만을 가리키는 것이 아닌데도, 자활의 영어 표현을 self-support로 하지 않은 까닭은 self-sufficiency가 생태적 자족의 의미도 내포할 수 있음에 따른 것이다.

극복하는 대안을 다루려고 한다. 물론 지구화의 악영향이 전 세계적 양극화, 빈곤층의 확대라는 사회적 측면과 생태계 파괴, 자연자원 고갈 등의 생태적 측면에서 모두 발견된다고 해서, 그것을 해결하기 위해 꼭 일거양득의 접근 방식을 취할 필연성은 없다. 그러나 본 장은 북친(Bookchin, 1997 등)의 사회생태주의 관점에 의거하여, 사람에 의한 사람 지배가 사람에 의한 자연 지배와 같은 맥락에 있기 때문에 둘 가운데 각각에 대한 개별적 극복 노력은 부분적이어서 성공적일 수 없다고 전제한다. 하지만 다른 한편으로는 인간 중심주의의 다면성을 간과하여 환경문제에 대한 사람의 문제해결 능력을 경시, 차단하는 극단적 생명 중심주의도 편향이라고 본다. 즉 인간과 자연의 역사는 생태적 위험의 증가를 한 축으로 해온 것이 확실하지만, 또 다른 축에서는 인간의 성찰적 능력과 자유 및 인권의 개선이라는 환경 보전을 향한 긍정적인 흐름도 있어 왔다는 것이다.

생태적 위험의 가중을 수반하는 문명의 결과이기는 하나, 사람에 의한 사람 지배의 폭압성이 그동안 노동자, 여성, 소수인종 등 피지배집단의 각성과 투쟁에 의해 경감되어 온 것은 사실이다. 또 그러한 과정에서 생태계 파괴의 가속화를 저지하기에 충분하지는 않더라도, 사람에 의한 자연 지배가 가져오는 위험에 대한 반성적 대응도 대중화되고 있는 것이 분명하다. 지금까지의 역사 속에서 지배집단은 사람에 의한 자연 지배를 당연시하고 자원개발, 토지생산성 증가, 기술혁신 등의 결실을 독점해 왔다. 그런데 역사적 단계마다 항상 존재해 온 소외계층은 지배계층의 자신들에 대한 사회적 억압이 이러한 자연에 대한 지배의 연장선 위에 있다는 사실을 놓치는 경우가 많았다. 그럼에도 불구하고 생태적 자활의 모델은 생태적 자족과 공동체적 탈빈곤의 연계 가능성에 주목함으로써, 지속가능한 지구를 위한 전략적 주체로서 세계적, 국가적, 지방적 수준에서의 빈곤층을 비롯한 피지배집단의 성찰적 능력에 기대고자 한다.

2. '지속가능한 지구화' 전략의 원칙

그러면 생태적 자활에 대한 본격적 논구에 앞서, 지속가능한 지구화를 위한 주요 전략적 원칙을 요약해 보자. 그것은 첫째, 공동체에 바탕을 둔 아래로부터의 지구화이며, 둘째, 토지의 공유화와 비축의 필요성이고, 셋째, 실질적 숙의민주주의와 자연의 발언권 확보이다. 여기서는 앞의 두 원칙을 간단히 살핀 다음 세 번째 원칙에 대해 좀 더 상세히 다루도록 하겠다.

먼저 지속가능한 지구화는 지구의 생태적 지속가능성뿐만 아니라 양극화의 시정을 위한 공동체를 기반으로 한 아래로부터의 세계화를 포함하는 것이다. 브레처 외(Brecher et al., 2003)에 의하면, 아래로부터의 세계화의 목표는 '공정과 정의, 건전한 생태와 환경을 기초로 하며 인권 보호 및 자유를 신장하는 새로운 경제', 또는 '지속가능한 사회적으로 정의롭고 민주적으로 책임 있는 시스템'이다. 그리고 이를 위해 일곱 가지 강령이 제시되는데, 그 개요는 다음과 같다. 첫째, 노동, 환경, 사회, 인권 상황의 수준을 높인다. 둘째, 지역에서 세계까지 모든 단계의 기구들을 민주화한다. 셋째, 결정은 그 결정에 영향을 받는 사람들과 최대한 가까운 곳에서 내린다. 넷째, 국제적 부와 권력을 균등하게 한다. 다섯째, 국제 경제를 환경적으로 지속가능한 방향으로 개조한다. 여섯째, 인간과 환경에 필요한 것을 충족시킴으로써 번영을 창조한다. 일곱째, 갑작스런 국제 경기의 변동을 막는다.

다음으로 토지의 사유화에 따른 투기의 피해는 하층계급과 자연 둘 다에게 귀속된다고 할 수 있다. 부동산 투기는 서민에게는 상대적 빈곤화를, 생태계에는 인공환경(built environment)의 조성에 따른 괴멸을 낳게 마련이기 때문이다. 그런데 자본주의적 경쟁력 논리에 의거한 자연의 상품화를 공동체적으로 통제하는 문제는 죄수의 딜레마를 극복할 신뢰의 확보에 어느 정도 달려 있다고 하겠다. 그 밖에 지적할 수 있는 것은 하딘(Hardin)의 '공유지의 비극' 우화가 농경사회를 배경으로 한 것이어서, 지구적 자본주의 시대에는 맞지 않는다는 점이다.[4] 현재의 산업 및 탈산업사회에서 사유지는 보전의 대상이 아니라 조속한 개발을 위한 전용의 희망 대상일 뿐이다. 따라서 공유지는 비극의 원천이 아니라, 미래 세대와 모든 생명체를 위해 비축되어야 할 생태적 보루라고 할 것이다. 한편 생태적 자활과 관련하여, 이와 같은 원칙에 유의미한 자활공동체 활동들로는 탈빈곤을 위한 숲 가꾸기, 마을만들기 등의 생태친화적 서비스 사업을 들 수 있다.

끝으로 지속가능한 민주주의 모델이라 할 수 있는 가이아 민주주의(Gaia democracy)의 제안을 참조해 보고, 숙의민주주의를 둘러싼 쟁점과 자연의 발언권에 관한 생명중심주의의 입장을 간략히 검토해 보도록 한다. 매드론 외(Madron et al., 2003: 110-127)는 가이아 민주주의의 핵심적 요소들을 첫째 가이아 체계, 둘째 공유된 목적과 원리, 셋째 연성체계의 개념, 넷째 프레이리(Freirie)의 학습 원리, 다섯째 참여적 변동과정, 여섯째 해방적 정치지도자, 일곱째 네트워크 정부 등으로 정리하고 있다. 이를 좀 더 자세히 살피면 다음과 같다.

첫째, 가이아는 수십억 년 동안 서로 의존하면서 공진화해 온 생물학적, 물질적 하위체계의 상호작용하는 체계이며, 그 때문에 인간은 상호의존, 자기조직 및 진화체계의 다른 특징을 공유하면서 다른 종들과 똑같이 진화해 온 종이라 할 수 있다. 둘째, 가이아 민주주의의 목적과 원리는 상의하달 방식이 아니라 집약적인 참여과정을 통해 발전되어야 하고, 계

4 하딘의 비유는 19세기 다윈의 진화론적 해석과 비슷한 유추이다. 제한된 자원을 놓고 싸우는 사람의 이미지와, 이러한 투쟁 중 생존하여 재생산에 성공하면 '최상의 인간'이라는 전제는 오늘날 이론적으로나 정치적으로 더 이상 수용되기 어려운 것이다. Dickens(2004: 99) 참조.

획, 프로그램, 정책들은 공유된 목적과 원리에서 도출되지 않는다면 무의미하다는 점이 강조된다. 셋째, 연성체계 이론은 현존 체계의 구축을 이해하고 그것의 목적의식적 재구축을 시작하기 위해 생각하고 행동하며 함께 배우는 기초 개념과 과정을 제공한다. 그러므로 불의하고 지속불가능한 지구적 통화지배체제를 성공적으로 재구축하고 그것이 창출해 온 사악한 문제들에 대응하는 일은 기계적인 것이 아니라 이처럼 '목적의식적'이고 체계적인 관점의 채택을 요구하는 것이다. 넷째, 프레이리의 학습 원리는 학습을 시작하는 최선의 방법이 대화가 풍요로운 집단의 일부가 되는 것이라고 밝힌다. 왜냐하면 풍요한 학습은 행위에서 시작하며 반성에 의해 형성되고 후속적 행위를 이끌기 때문이다. 다섯째, 참여적 변동과정은 더욱 면밀한 수준의 공유된 이해를 세움으로써 자기조직을 위한 복합적 인간체계의 역량을 제고시킬 뿐만 아니라, 인간으로 하여금 낙관론과 신뢰, 헌신, 자신감과 능력을 구축함으로써 불변적인 개방적 변동의 상황에서 노력하는 것을 가능케 한다. 여섯째, 해방적 정치지도자는 시민들과 재구축 대화에 참여함으로써 스스로의 학습에 헌신하고, 독백의 지배통제 문화를 대화의 문화로 대체시킨다. 일곱째, 네트워크 정부는 참여민주주의가 지방 수준을 넘어 확장되는 것을 가능케 할뿐더러, 체계의 상이한 부분 내의 정보 과잉부하를 극소화시킴으로써 사회적 효율성, 효과성 및 학습을 개선시킬 수 있다.

이러한 가이아 민주주의의 이념형을 현실에 적용할 때, 환경 거버넌스의 틀 아래 실험되어 온 숙의민주주의가 주된 매개변수라고 할 수 있다. 여기서는 지속가능한 지구의 전략을 위해 극복되어야 할 숙의 민주주의의 딜레마를 간단히 다루어 보기로 하겠다. 숙의민주주의의 결과는 심의자들이 어떻게 선별되는가에 부분적으로 의존하는데, 심의 패널의 구성방식들인 불편부당한 배심원에 의한 사법적 모델, 이해집단 대표자의 협상 모델, 공공선에로의 도달을 시도하는 합의 모델 간에는 여전히 근본적인 모호함이 있다고 주장된다(Plumwood, 1998). 그 밖에 숙의민주주의 모델이 대의 민주주의에 의한 자유주의적 공공영역으로 해결하지 못한 '주변화 집단의 정치 참여에 대한 침묵'이라는 문제를 해결할 수 있는가도 남겨진 숙제라고 할 수 있다.

지속가능성을 위한 숙의민주주의의 과정에서 생태적 위험을 초래하는 책임은 대부분 기업 등 지배집단에게 있으며, 그로 인한 피해는 빈곤층이나 유색인종 등 소외계층에게 귀속되는 경향이 있다. 그리하여 심의 패널이 사회적 특권과 밀접히 연계된 환경쟁점에 대해 판결을 내린다고 하더라도, 갈등의 배경에 자리 잡고 있는 사회적 불평등이라는 원천적 문제는 해결할 수 없게 된다. 이에 덧붙여 이처럼 불평등이 체계화된 상황에서는 심의 패널들이 노동협상과 같은 다른 계약에서와 마찬가지로 불균등한 지위를 나타내는 문제도 있다. 이를 해결하는 유일한 방법은 이들 패널이 구성원 내에 존재하는 사회 불평등의 상황을 부적절하다고 고려하지 않는 것 말고는 없다.

이 같은 사회적 불평등 문제의 미해결 외에, 실질적인 숙의민주주의를 수립하기 위한 또 하나의 숙제는 자연의 발언권을 어떻게 마련할 것인가에 관련된다. 가이아 체계가 인간 사회의 의사결정 과정에서 실제로 작동되기 위해서는 무엇이 필요할 것인가? 이에 대한 해답의 모색 역시 지나친 인간중심주의도, 극단적 생명중심주의도 아닌 '자연의 일부로서의 사람의 자연 보전에 대한 책임 원칙'이라는 사회생태주의의 균형 감각을 필요로 한다. 숙의민주주의의 한 주체로 자연을 고려한다면, 이에 대한 사람 중심의 번역에 연연해하는 것보다는 그 문제의식을 용해하여 자연을 대변하는 사람에게 발언권을 부여하는 등의 대안적 틀을 짜나가는 것이 바람직할 것이다.

한편 자연의 권리에 대한 사람의 대변을 둘러싸고 에커즐리(Eckersley, 1992)는 생명 중심주의의 입장에서 다양한 비판들에 관한 대응 논리들을 제시하고 있다. 우선 사람들과 상호작용하지 못하는 자연의 권리를 어떻게 귀속시킬 수 있는가라는 비판이 있는데, 이는 결국 자연 활동을 사회적, 정치적, 법적 실천으로 번역할 수 없다는 논지인 셈이다. 그녀는 이에 대해 자연의 보호를 확증하기 위해 사람이 아닌 실체들에게 법적 권리를 귀속시키는 것은 필요하지도 궁극적으로 바람직하지도 않다고 반박한다. 자연을 친절한 사람의 얼굴을 가진 것으로 묘사하거나 사람이 존경하도록 하기 위해 자애로운 것으로 해석하는 것 역시 사람 중심 사고의 또 다른 변종일 수 있다. 자연은 사람의 윤리를 모른 채, 단지 '있는 것'이다.[5] 이와 함께 자주 제기되는 비판으로, 우리는 결국 사람이기 때문에 극단적인 인간중심주의의 전망과는 다른 세계에 대한 인식이 불가능하다는 논지가 있다. 그러나 캥거루의 생존권을 사람이 대변한다고 해서, 사람이 캥거루가 무엇인가를 정확히 알아야 함을 주장하는 것은 아니라고 할 수 있다.

3. 생태적 자활의 요소 - '생태지역'과 '자활공동체'

여기서는 생태적 자활의 요소들로서 생태지역(bioregion)[6]과 자활공동체를 설정하고, 근대성 비판이라는 동일한 맥락에서 각각의 의의를 검토

---

5 그러한 의미에서 생태적 자활은 생태적으로 조화된 유토피아의 당위에서 도출되는 것이 아니라, 생명체의 본성에 기반을 둔 공존과 배려의 시스템화를 지향한다. 다시 말해 인간사회 문제의 자연으로의 투사가 아니라, 생명체의 불균등성을 인정하는 바탕 위에서의 지속가능성의 지향이 중요한 것이다.

6 생태지역은 "그 경계가 생물 군집 간의 이행대나 다른 식생대의 주요한 변화에 의해 정의되는 지리적 지역"으로 규정된다(문순홍, 1999: 308). 이 용어를 생물지역으로 번역할 수도 있겠으나 군집, 식생, 토양 등이 주요 기준이라는 점에서 생태지역으로 표현했다.

하고자 한다. 근대성은 과학기술과 이성에 의한 진보를 가정하여, 자연을 죽은 공간의 대상으로 취급하는 한편 사회적 복지의 제도화로 인간적 삶의 최저 수준을 보장하려 해 왔다고 할 수 있다. 우선 근대의 사유체계는 자연을 계산하고 제작하는 가능성에 의거하여, 그것을 소유와 개발의 대상, 기술과 인식의 대상으로 탈인격화, 사물화시켜 왔다. 이처럼 근대성은 사람과 자연, 서구와 제3세계, 계몽된 문명과 야만, 이성과 감성, 남성과 여성 등의 대치점에서 모든 실재를 이분법적으로 구별하는 특징이 있다(신승환, 2003: 24-25). 같은 흐름에서 제3세계에 대한 (신)식민지적 지배와 연동된 서구에서의 복지국가는 제1세계라는 제한된 공간에서나마 '요람에서 무덤까지' 국가가 삶의 질을 책임지는 근대적 이상을 실현해 온 셈이다. 그러나 지구적 규모의 생태계 파괴에 대응하여 아래로부터의 지구화라는 성찰적 과정이 촉발되고 시장의 힘 강화로 인해 복지국가의 물적 기반이 흔들림으로써, 서구적 근대성은 총체적 위기에 직면해 왔다.

이렇게 볼 때 자본주의적 지구화는 역설적으로 환경악화와 국가개입의 약화를 통해, 서구 중심의 과학기술 및 공간 개념이 갖는 생태적 한계와 복지국가가 아닌 사회적 웰빙을 위한 또 다른 유지 방식의 필요성을 환기한다고 할 수 있다. 그러한 맥락에서 근대성에 대한 비판으로 제기되어 온 탈근대성(postmodernity), 또는 급진적 근대성(radical modernity)의 담론을 살핌으로써, 생태지역과 자활공동체의 개념적 연원을 확인해 보자.

탈근대성의 핵심은 근대가 완성한 동일성의 해체와 이에 따른 다원성에 대한 강조이다. 여기서는 탈근대성을 '근대 사유체계에 대한 반대', 또는 '근대를 넘어서는 것'보다는 근대성이 완성하지 못한 문제를 해결하기 위한 신호라는 차원에서 급진적 근대성으로 이해하고자 한다(Welsh, 1987; 신승환, 2003). 급진적 근대성은 대안적 근대성을 향한 급진적인 가능성으로서, 탈근대 접근의 통상적인 해체주의 담론보다는 과학과 민주주의의 새로운 동맹에 대해 좀 더 낙관적으로 전망한다고 볼 수 있다.[7] 생태적 전망의 차원에서 보면, 급진적 근대성은 사람의 성찰적 능력에 근거한 숙의민주주의의 제도화 등을 신뢰함으로써 지구적, 국가적, 지방적 스케일에서 환경악화가 개선될 수 있다는 메시지를 함축하고 있다.

한편 로저(Roger, 2000)는 탈근대성에 대해 국가의 복지 역할에 전적으로 의존하는 근대적 관점에서 탈피하면서도 복지를 시장으로 후퇴시키는 반근대적(anti-modern) 관점[8]도 아닌, 지역공동체에 기초한 탈빈곤 전략과 사회적 포용(social inclusion)의 강조로 규정하고 있다. 더 나아가 복지와 자활에 대한 급진적 근대성의 접근은 국가의 복지 역할을 완전히 부인하는 것이 아니라, 공동체에 기초한 자족적 경제 활동과 연계시키는 거버넌스의 형성에 관심을 둔다. 즉 자활공동체를 통한 밑으로부터의 빈곤 탈출이 핵심 전략이지만, 사회적 배제를 야기하는 정치적, 경제적, 문화적 구조에 대한 시정 노력도 동시에 기울여져야 한다는 것이다. 요컨대 본 장이 주장하는 생태적 자활의 모델은 근대화의 착취적 영향에 대한 비판적 입장 위에서, 인간적 공동체에 의한 비인간적, 반자연적 사회구조의 극복을 꾀함으로써 사람과 자연의 공존을 위한 지향이라고 할 수 있다.

그렇다면 급진적 근대성에 뿌리를 둔 생태적 자활의 두 요소로서 생태지역과 자활공동체 각각에 대해 다루어 보자. 생태지역[9]은 산과 강 등 자

---

7 급진적 근대성은 기든스의 성찰적 근대성과도 유사한 개념이지만, 생태담론의 측면에서 본다면 정신분석학적 생태학에서 연원한 것이다. 마이어슨(Myerson, 2003)에 의하면, 급진적 근대주의의 원리들은 작은 것이 중요하다, 항상 더 깊은 설명이 있다, 이해한다는 것은 연결한다는 것이다, 숨겨진 의미는 항상 불안하게 한다, 관계가 직접적인 것이 아닐수록 그것은 더욱 중요하다 등의 다섯 가지로 요약될 수 있다.

8 이때 반근대성은 근대적 사유체계에 대한 거부라는 철학적 의미가 아니라, 복지를 위한 국가 개입이라는 근대적 논리에 대한 반대를 가리킨다. 이와 같은 반근대적 시각을 생태 위기의 해법에 적용해 보면, 환경관리의 역할을 시장에 맡기는 시장환경주의와 비슷하다고 할 수 있다.

9 생태지역은 그리스어의 bios(생명, 생물)와 프랑스어 region(지역)의 어원을 갖는

연스럽게 구획된 자연이다. 근대화 이후 사람이 구획한 지역과 생태지역은 산, 강 경계에 의한 행정구역 구분처럼 일치할 수도 있고, 과잉도시화와 인공 환경의 예처럼 불일치할 수도 있다. 어쨌든 생태지역은 생물적 공존의 지역이며, 생태지역주의(bioregionalism)은 죽어 있는 공간으로 취급되어 온 지역에 생명을 불어넣기 위한 시도이다. 도지(Dodge, 1981)에 의하면, 생태지역의 구성 요소는 다음과 같은 세 가지로 이루어진다. 첫째는 물리적 영양의 원천이자 신체의 비유 장소인 자연체계에 주어지는 중요성으로서, 생물적 이동과 토지형태, 문화적, 현상학적, 영성적 실재 등이 생태지역을 구별케 하는 기준이 된다. 두 번째 요소는 정치적 분산, 자기결정, 사회적 공평성에 대한 헌신인데, 이와 같은 아나키는 상호의존적 자립의 느낌이며 공동체로서의 자결 정신이라 할 수 있다. 생태지역을 구성하는 세 번째 요소는 우리는 모두 하나의 창조물이고 자연세계와 사람의 마음 간에 연계가 있음을 믿는 영성이다.

위의 세 가지 요소를 결합해 볼 때, 느슨한 개념으로서의 생태지역(주의)은 분산되고 자기결정적인 사회조직 양식, 생물학적 통합에 함축되어 있고 존중하는 조화 속에 작용하는 문화, 구성원의 영적 발전을 존중하고 충동하는 체계로 특징지을 수 있다. 한편 생태지역적 실천은 상상력과 용기 등 많은 형태를 취할 수 있으나, 좀 더 넓게는 저항과 혁신을 주된 범주로 하는 것이다. 이 가운데 저항은 지성, 돌봄 등으로 대표되는 생태적 지향과 무생명적 탐욕 간의 투쟁을 의미하며, 구체적인 예로 총체적인 환경 남용에 대한 최선의 방어인 내셔널 트러스트와 같은 토지 구입운동을 들 수 있다. 비유컨대 유형의 토지 기초 없는 생태지역주의는 성관계 없는 사랑과 같다. 다음으로 혁신은 자연체계의 회복과 제고를 위한 예술

데, region은 라틴어 regia(영토)와 좀 더 일찍이는 regere(지배)에서 비롯되었다. 따라서 생태 지역은 생물적 영토, 생명의 장소, 또는 생태적 지배를 의미한다. Dodge(1981) 참조.

수준의 참여와 지원이다. 또 이를 위해서는 어떻게 자연체계가 작동되는지에 대한 인식, 특정 입지에 대한 미묘한 인지, 적절한 기법의 개발 등에 대한 철저한 지식이 요구된다고 할 수 있다(Dodge, 1981).

문순홍(1999)은 생태지역주의의 전략적 개념을 다시 봄(reenvisioning), 다시 삶(reinhabitation), 다시 있게 함(restoration)의 세 가지로 요약한다. 첫째, 다시 봄은 근대적 교육이 가르치듯이 사람과 다른 자연이 아니라, 생태적 관계 속에서 자연과 사람의 관계를 다시 바라보는 것을 가리킨다. 둘째, 다시 있게 함은 삶터를 만드는 과정에서 소외되고 고려되지 않은 지역의 잠재화된 결정권을 드러내어 장소에 토착적인 생태적으로 지속가능한 인간 문화를 재창조하는 것이다. 셋째, 다시 있게 함은 생태계와 지역에 대한 새로운 감수성에 바탕을 두고 거주민이 지역생태계와 함께 거주하는 사람들에 대해 책임성을 갖는 것을 뜻한다. 이때의 새로운 감수성은 우리 대부분이 처음부터 다시 배워야 하는 것이다. 요컨대 생태지역주의는 사람을 포함한 자연에 대한 책임성을 어떻게 실현할 것인지를 고민하는 구체적 인간 실천인 셈이다.

뒤이어 자활공동체의 이념적 기반이라 할 수 있는 자활의 차원들을 사회적 배제의 구조적 측면과 관련하여 검토해 보자. 우선 제7장에서도 검토했지만 한국 사회에서 인간의 빈곤을 야기하는 배제의 측면을 정리하면 다음과 같다. 먼저 정치제도적 차원에서는 국가복지체계로부터의 배제가 발생하며, 실업대책, 사회보장 프로그램의 부실, 고령 및 자녀양육에 따른 자활사업 참여로부터의 유예 등을 포괄한다. 또 경제적 차원에서의 노동시장으로부터의 배제를 지적할 수 있는데, 이는 빈곤의 여성화, 남성노동력의 노동시장으로부터의 분리, 고령화, 장애 및 폐질화 등의 과정을 포함한다. 끝으로 사회문화적 차원에서 발견되는 교육 및 가정생활로부터의 배제는 전문교육 및 직업훈련으로부터의 배제와 아울러 가족해체에 따른 정서적 결핍, 알코올에 대한 의존 등을 가리킨다.

이 같은 사회적 배제의 다양성을 고려할 때, 자활의 차원은 정치제도적 자족(self-sufficiency), 경제적 자조(self-help), 사회문화적 자주(self-reliance)라는 세 가지 요소로 구성된다고 할 수 있다. 노동연계복지 정책과 관련해 보면, 자활은 빈곤층이 더 이상 공공부조에 의존하지 않는 자족의 상태를 의미한다. 그런데 이러한 자족적 자활의 개념은 가구 단위의 소득으로 가족 소비를 충당하는 상태를 가리키므로, 베버리지의 가부장적 규정에 국한되어 빈곤층 개개인의 자활을 총체적으로 파악하는 데에는 한계가 있다(Gardiner, 2000). 따라서 가족부양에 국한되는 것이 아니라 사회통합을 가능케 하는 탈빈곤의 수준까지 포괄하려면, 가구 단위의 자족 수준이 아닌 개인 단위나 공동체 단위의 또 다른 개념화가 필요하다고 하겠다. 이 글은 자활을 사회적 배제에 대응하는 사회 통합의 맥락에서 스스로의 활동, 자기 결정이라는 의미로 폭넓게 규정하며, 자활의 범주에 위의 자족 외에도 자조, 자주의 차원을 추가한다.

자조적 자활은 자활공동체라는 영세기업(micro-enterprise)의 창업을 꾀하는 현행 자활후견기관의 활동 체계에서 발견되는 자활의 용법이다. 자조라는 의미의 자활 개념은 실상 자족을 원칙으로 하는 노동연계복지 정책보다 한 단계 진일보한 목표를 갖는 것이다. 왜냐하면 빈곤층을 복지에서 노동으로 내몰아 자족 수준의 일자리를 갖게 한다고 해서, 그것이 모두 지속가능한 자립을 보장하는 것은 아니기 때문이다. 한편 사회적 배제의 기제에는 국가 복지체계의 불충분, 노동시장에서의 배제 외에도 사회문화적 차별이 핵심적으로 작용하므로, 자주적 자활이 자족, 자조에 못지않게 중요한 것으로 취급되어야 한다. 자주란 사람들이 스스로의 삶에 대해 통제력을 행사함으로써, 다른 사람과의 상호작용을 통해 변화를 가져오는 과정을 가리킨다. 앞서 언급한 자조를 위한 자활공동체 활동은 협동적 생산에 대한 참여를 통해 자주적 태도를 고양하는 측면을 갖고 있다. 하지만 빈곤층 스스로 권리를 추구하고 사회적 상호작용의 주체로 발전되는 자주의 초점이 일관되게 견지되지 않는 한, 자조 수준의 자활은 인간의 빈곤을 근본적으로 개선하는 데에는 역부족일 것이다.

이렇게 보면 자활의 세 가지 차원 가운데 자활공동체와 가장 밀접한 것은 자조적 자활이라 할 수 있다. 그러나 자활공동체가 사회적 배제에 총체적으로 대응하기 위해서는, 이 같은 경제활동의 자조 외에도 자족의 제도화와 자주성에 기초한 공동적 인간관계의 유지가 필수적이다. 특히 자족적 자활의 측면에서, 자활공동체는 탈빈곤을 목표로 할 뿐이지 더 많은 소유를 지향하지 않는다고 볼 수 있다. 즉 생태적 자활 모델에서 자활공동체와 관련하여 부각시킨 자족의 의미는 다른 인간과 자연에 대한 착취를 전제한 풍요가 아니라, 최저생계 비용을 충족시키는 최소한의 인간다운 생활임이 강조되어야 한다. 또한 생태적 자활의 한 요소로서의 자주적 자활 역시 공동체적 자족에 대한 의식화와 아울러, 자연의 생존까지 포함하는 인간 생존에 대한 숙의적 의사결정의 학습 노력과 연계될 필요가 있다. 이렇게 본다면 자활공동체는 소외계층의 탈빈곤을 위한 제도적 단위일 뿐만 아니라, 그러한 공동체 활동을 통해 자족, 자조, 자주의 차원들을 내면화시킴으로써 인간에 의한 자연 지배도 완화시킬 수 있는 생태적 가능성을 갖는 것이다.

4. 실행가능한 생태적 자활 모델을 위하여

지금까지 급진적 근대성이라는 동일한 맥락에서 생태적 자활의 두 가지 요소로 생태지역과 자활공동체에 대해 다루어 보았다. 하지만 이 두 개념은 근대성 비판이라는 문제의식을 공유할 뿐, 각각 인간과 자연의 관계, 인간과 인간의 관계에 주목함으로써 내용적 초점을 달리하는 것이 명확하다. 그렇다면 담론의 수준에서 뿐만 아니라 현실적으로도 실행 가능한 생태적 자활의 모델을 구축하기 위해, 우선 생태지역과 자활공동체의 공통점을 모아 보기로 하자.

첫째, 생태지역에서의 인간 활동과 자활공동체의 주된 사업은 둘 다 '돌봄의 노동'과 관련된다. 현재 자활공동체에서의 노동은 간병, 집수리, 재활용 등 사람-사람 간 서비스(복지 서비스), 사람-자연 간 서비스(환경 서비스)를 양축으로 하고 있다. 노동 능력이 있는 빈곤층이 노인, 어린이, 장애인 등 더 열약한 사회적 약자를 대상으로 제공하는 복지서비스는 타임달러 등 생태적 교환체계에 의지할 수도 있다. 둘째, 생태지역과 자활공동체 모두 공동체로서의 지역의 성격에 대한 논구를 필요로 한다. 분명히 생태지역은 사람과 자연의 공동체적 지역성 회복을 지향한다. 그리고 자활공동체의 정착을 위해서는 특히 농촌, 소도시에서의 지역특화적 자활이나 장소공동체적 자활사업 모델의 개발 등 지역화가 수반되어야 한다.

그러면 이와 같은 공통된 특성에 바탕을 두고 생태적 자활의 좀 더 일관된 모델을 마련하는 데 자활공동체와 생태지역의 개념 각각에서 보완되어야 할 측면을 지적해 보겠다. 먼저 지역에 기반을 둔 자활공동체가 생태적 자족성까지 포괄하려면, 사회적 배제에 대응한 탈빈곤의 노력과 다양한 생태사회적 접근의 접점을 많이 만들어야 할 것이다. 바튼(Barton, 2002b: 89-90)은 공동체 계획에서의 생태계 접근의 기초 원리를 지방자치의 증가, 선택과 다양성의 증가, 장소에 대한 반응성, 연계와 통합, 유연성과 적응 가능성, 사용자 통제 등으로 제시하고 있는데, 이러한 원칙에 의거하여 빈곤층 중심의 자활공동체를 해당 지역의 자율분산적 생태공동체 운동과 결합시키는 실천적 경험의 축적이 과제라고 할 수 있다. 또 생태적 자활의 공동체를 현실화시키기 위한 근린의 강화 이유들은 다음과 같다(Barton, 2002a: 51-59).

첫째, 여행 필요성의 감소, 자동차 의존의 감소, 건물의 에너지 효율의 증가에 따른 온실 가스 방출의 감축이다. 둘째, 비재생 자원에 대한 수요 감소, 자원에 대한 지방적 재사용 및 재활용, 지방적 상하수 관리 및 지하수 충전, 지방적 저 투입 식량 생산과 같은 닫힌 지방적인 자원 순환이 가능하기 때문이다. 셋째, 지방의 독특한 유산을 증진하고 매력적인 공공 영역을 창출하며 지방 서식환경의 다양성을 제고하는 지방 환경의 질 개선에 있다. 넷째, 지방의 대기 질 개선, 걷기와 같은 능동적 생활양식의 촉진, 신선한 과일과 야채의 소비 등 건강한 환경의 창출이 가능하다는 점이다. 다섯째, 자동차/보행자 사고 예방과 폭력의 두려움 감소와 같은 거리 안전의 증가이다. 여섯째, 이동을 위한 교통방식의 선택과 지방적으로 접근 가능한 더 많은 시설들이라는 접근성과 선택의 자유 증가이다. 일곱째, 편리한 도보거리 내 시설 기회, 공공교통의 활용성이라는 공평성과 사회적 통합이다. 여덟째, 지역성과 결합된 일자리에 대한 가용성, 교통 매연 감축 등을 이끌 수 있는 지방적 노동 기회의 측면이다. 아홉째, 사회적 네트워크에 대한 접근용이성, 정신건강 증진과 같은 지방공동체의 가치이다. 열 번째, 사용자/시민통제의 증가, 분산적 체계의 유지 등에 의한 지방적 자기결정의 증가이다.

이 중 자활공동체와 직접적으로 연관되는 것은 여덟 번째 특성이다. 이를 좀 더 상세히 음미해 볼 때, 지방적 일자리 기회에 특히 가치를 부여하는 유형의 사람들은 돌봄 서비스 종사자, 파트타임 노동자, 자동차를 이용하지 않는 사람, 청년 등이라 할 수 있다. 한편 이들에 대한 지역에서의 적절한 노동 기회의 분산은 소매, 여가, 건강, 교육 시설의 지방화가 병행되는 이점을 발생시킨다. 반면에 높은 정도의 전문화에 의존하는 사업들은 지역적 또는 전국적 수준의 광고 지점이 필요하기 때문에, 일자리에 대한 지방적 접근이나 통근 거리의 감소 모두에 배치됨으로써 분산된 입지에 적합하지 않는 경향이 있다(Barton, 2002a: 58).

다음으로 생태적 자활 모델의 전망 아래, 생태지역(주의) 개념에서 보완되어야 할 측면을 살펴보자. 단적으로 생태지역주의가 빠지기 쉬운 심층생태주의의 영성론, 신비주의 속성을 극복하기 위해서는, 빈곤층 중심의 자족적 자활공동체에 초점을 맞추는 '사회적 생태지역주의'(social bioregionalism)로의 전화가 요구된다고 여겨진다. 사회생태주의의 지역공동체에 대한 적용이라 할 수 있는 '사회적 생태지역주의'는 사람의 사회적 활동이 생태지역과 조화롭도록 만들면서, 생태적 한계를 지지할 수 있는 지역공동체의 기제 확보에도 동등한 중요성을 부여하는 입장이다. 또 그러한 생태사회적 기제란 하층계급 사람의 상대적 권리를 인정한 바탕 위에서, 성별, 계층별, 국가별 불공평을 극복하려는 자발적 협력에 의해 작동되는 것이다. 이렇게 볼 때 사회적 생태지역주의는 자발적 자족의 지역공동체에 기초하여, 계급, 성, 인종 등의 사회적 차별과 자연에 대한 착취를 극복하기 위한 노력으로 발전되어야 한다.

구체적인 정책 프로그램 수준에서 생태적 자활 모델의 예를 제시한다면, 자활공동체를 생태적 지속가능성과 연계시키는 생태적 일자리, 생태기업 등이 도출될 수 있다. 이러한 생태적 제3섹터의 고용은 이미 전개되어 온 숲 가꾸기, 재활용 등의 사업 외에도 시민기업 형태의 햇빛발전소, 도시의 생태복원을 위한 마을 만들기, 자연과 친숙해지기 위한 생태교육 등을 포괄한다. 그 밖에 빈곤과 환경악화에 대한 동시적 해법으로서, 농촌, 중소도시에서의 생태공동체를 통한 탈빈곤 전략도 꾸준히 실험되어야 할 것이다.

이와 함께 시론적 구상의 수준에서나마 생태적 자활 모델이 현실적으로 지속가능하기 위해 요청되는 대안적 방향을 두 가지만 첨언해 본다.

첫째, 이 모델의 핵심이 자발적 자족의 지역공동체 형성이라고 볼 때, 이를 유지시켜 줄 자연과 사람의 상보성 원칙은 물론 사람끼리도 상보적이기 위한 학습의 중요성이 무엇보다 강조되어야 한다는 점이다. 둘째, 근린 단위에서 생태적 자활의 공동체 만들기로부터 시작하지만, 이것이 지속가능한 지구화의 전략적 기지가 되기 위해서는 '사회적 생태지역주의'로 지구를 에워싸는 전 지구적 차원의 생태적 자활 논리가 개발되어야 하겠다. 물론 이것이 가능하려면, 생태적 자활의 모델은 사회생태적인 동시적 양극화에 대처하기 위해 하층으로 주변화되는 계급의 사람들과 그러한 국가들, 또 이를 해결하기 위해 노력하는 비정부조직 등과의 연대적 실천으로 구체화되어야 할 것이다.

5. 소결 - 생태적 자활의 촉진을 위한 생태경제적 협동조직화의 구상

여기서는 생태적 자활의 촉진 단위로서 생태경제적 협동조직화(ECO) 개념을 구체화하기로 한다. ECO란 앞서 본 SES 내에서 사회적 경제와 생태공동체의 협동적 조직화가 확산되는 과정을 가리킨다. <그림 9-1>은 <그림 3-3>의 시론적 SES 범주 설정과 비슷한 맥락에서 경제, 사회, 자연을 포괄하는 영역과 요소들의 관계를 중심으로 공동체화가 어떻게 이해될 수 있는지 도시하고 있다.

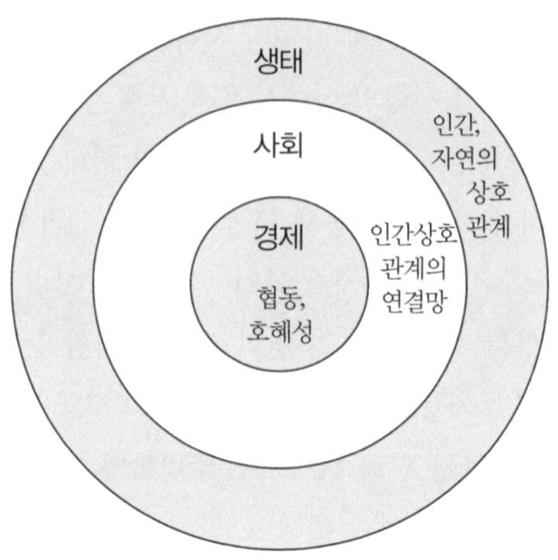

<그림 9-1> 공동체화의 얼개와 주요 영역, 요소

먼저 경제의 영역은 경제적 공동체화와 관련된 협동, 호혜성을 요소로 하는데, 이는 사회에 배태되어 있는 것이고 인간과 자연의 살림살이와 관련된다는 점에서 사회를 포함하는 생태의 한 부분이라 할 수 있다. 또 사회의 영역은 상호관계의 연결망을 요소로 삼고 있으며, 자본주의 이후 경제의 자립화에 따라 사적 영역(가정)과 공적(公的) 영역(국가)을 뛰어넘어 생성되어 온 공(共的, common)적 영역으로서 공동체화의 핵심이라고 하겠다. 끝으로 생태의 영역은 '사회적인 것'과 공동체화가 형성되는 장소이자 인간과 자연의 상호관계에 의한 경제 활동이 이루어지는 영역으로 생태적, 경제적 협동조직화의 기반이 된다고 볼 수 있다.

<그림 9-1>은 경제는 사회에서 비롯된 것이며 사회는 자연의 한 부분이라는 당연한 사실을 나타내고 있다. 그리고 경제 영역에서의 호혜성과 사회 영역의 상호관계 연결망, 그리고 생태 영역에서의 생태적 공존이 공동체화를 구성하는 주요 성분으로 도출되어 있음을 보여준다. 또한 이 그림은 공동체화 개념이 공동체에 대한 다중적, 혼성적 정의를 추구한다는 점과, 사회적 경제라는 협동적 경제모델을 상호관계의 연결망으로 구체화시

킴과 동시에 생태적 지속가능성과 연관시키고자 한다는 점을 가리킨다.

이렇게 경제, 사회, 생태의 영역에서 이루어지는 인간 활동을 스케일과 관련해 보면, 근린, 도시, 국가, 지구는 물론 사이버스페이스에까지 걸쳐 있다고 하겠다. 요컨대 자본주의 시장 사회의 물질적 확대재생산 논리에 대응한 공동체화와 ECO의 확장이란 인간 상호관계의 연결망이 이루어지는 사회를 서식지(eco)라고 가정할 때, 그것의 살림살이로서의 경제와 그것의 먹이사슬로서의 생태가 호혜적으로 공존하게 하는 실천 과정에 해당한다고 볼 수 있다.

즉 ECO는 인간 상호관계의 연결망인 '사회적인 것'에 기초하여 생태적 경제의 살림살이를 호혜적, 협동적으로 지속화하는 것을 가리킨다. 또한 스케일 개념을 적용해 볼 때, ECO라는 생태적, 경제적 협동조직화란 다중적 스케일에서의 사회적 경제와 생태적 지속가능성의 확산이라고 개념화될 수 있다. 이러한 구상에 근거하여 eco를 수평적 차원, 스케일을 수직적 차원으로 놓고 ECO의 영역과 스케일 확장을 도시하면 <그림 9-2>와 같다.

이처럼 ECO의 확장이란 eco와 스케일의 수평적, 수직적 교직의 과정이라 할 수 있다. 이때 수평적인 eco의 영역과 관련해서는, 인간 상호관계의 연결망이라는 '사회적인 것'에 기초한 경제와 생태의 사회적 경제화, 사회적 생태화가 중요하다. 다시 말해 ECO의 수평적 차원은 eco의 연계로서의 사회적 네트워크, 사회적 경제, 사회적 생태의 협동조직화로 이루어진다고 하겠다. 다른 한편 스케일의 측면에서는 협동조합, 생태공동체의 글로컬(glocal) 연대와 같은 근린, 도시, 국가, 지구 스케일마다의 생태적, 경제적 협동조직화의 상호 연계가 핵심적이다.[10] 이는 글로컬라이제이션에

10 수직적 차원의 스케일과 관련하여 사이버스페이스라는 기술적 조건이 근린, 도시, 국가, 지구라는 지리적 스케일의 상호 넘나듦을 촉진하는 요인이 된다고 할 수 있다. 따라서 사이버스페이스까지 고려한 스케일의 측면에서 ECO의 확장은 실제 공

따른 자본의 신자유주의적인 지리적 경계 넘나듦에 대응하여 공동체적 협동조직화의 지리적 장소가 지속적으로 리스케일링되는 과정이기도 하다.

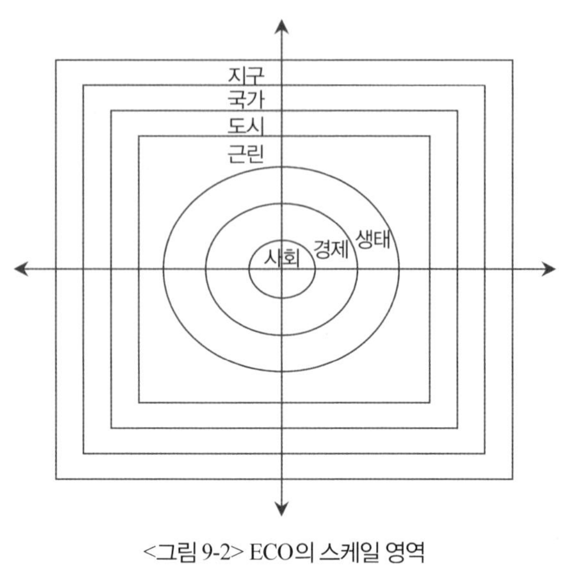

<그림 9-2> ECO의 스케일 영역

ECO의 수평적 영역과 관련해 볼 때, 사회적 경제, 사회적 생태, 생태적 경제의 혼융으로서의 사회적 생태경제 모델의 모색이 요구된다고 할 수 있다. 이 모델은 시장경제에 대항하여 인간의 살림살이를 호혜성과 협동에 기반한 사회적 차원으로 재결합시킴과 동시에, 시장경제적 개인주의화가 초래한 글로컬 차원의 환경파괴에 대한 반성 아래 사회적 관계망과 경제활동을 생태적 순환의 맥락으로 재일치시키는 것을 지향한다. 이를 수직적 차원의 스케일 확장과 종합하여 본다면, ECO는 생태와 경제의 협동조직화를 통한 '사회적인 것'의 스케일 교류와 리스케일링을 의미하게 된다.

간의 협동적 공동체와 관련 사이버공동체의 연계도 필요로 한다고 하겠다.

제4부

성장연합에 대응한 제3섹터의 지속가능한 절차 확립을 향한 투쟁

제10장

◆

신고리 원전 입지를 둘러싼 성장연합의 형성과 시민사회 거버넌스의 대응

- 울주군 사례 -

한국에서 1978년의 고리 1호기 가동 이후 20년 동안 원전의 건설은 중앙정부에 의한 고리, 월성, 영광, 울진의 입지 결정에 전적으로 의존했다. 그러한 과정에서 관련 중앙정부 부처와 한국전력, 건설업체, 원자력 전문가 등에 의해 국가 스케일[1]의 원전 레짐, 또는 '원자력 마피아'(이성로, 2011)가 형성되어, 2011년 3월의 일본 대지진으로 인한 후쿠시마 원전 사고 후에도 한국의 '원자력 르네상스'를 유지하는 동력이 되고 있다. 한편 1995년에 35년 만에 부활한 지방자치단체(이하 지자체)장 선거는 신자유주의적 지구화의 흐름 가운데 한국에서도 지자체장과 지역 산업체 간 성장연합이라 할 수 있는 지방 레짐(local regime)을 제도화시키는 계기가 되었다. 그런 맥락에서 1998년 지자체장 선거에서 당선된 울산 울주군수

1 스케일은 지리학 개념으로서, 자연 또는 인문적 사건, 과정, 관계들이 일어나고 작동하는 지리적 범위를 가리킨다. 최병두(2011) 참조.

는 기존에 국가 수준에서만 작동되었던 원전 레짐을 지방 수준의 성장연합으로 리스케일링시키는 선도적 행위자(agency)로 등장하게 되었다.[2]

본 장의 핵심적 분석 틀인 지방 레짐과 환경 거버넌스(environmental governance)는 글로컬라이제이션이라는 신자유주의 세계화에 따른 공간의 다중스케일적(multi-scalar) 전환[3]과 관련이 있다. 필자는 지구, 국가, 지방 스케일은 물론이고 지자체 자체에서도 광역, 기초 단위라는 스케일 간 긴장(interscalar tension)[4]이 발생할 수 있음에 주목하면서, 신고리 원전 유치를 둘러싸고 울주군이라는 기초 스케일 중심의 지방 레짐이 울산광역시라는 광역 스케일 위주의 시민사회 거버넌스와 어떤 갈등 관계에 놓였는가를 추적하고자 한다. 이때 지방 레짐은 기본적으로 지자체장과 지역 산업체 간 통치연합(governing coalition)을 통한 '개발의 정치'(politics of development)에 속하고, 환경 거버넌스는 지자체장, 지방의원, 지역 환경운동단체 등을 중심으로 삶의 질과 지속가능성을 지향하는 '정당성의 정치'(politics of legitimacy) 영역에 속하는 것이라 가정될 수 있다.

1998년에 고리, 월성, 영광, 울진 등 기존 원전 지역 외의 원전 후보지가 전면 해제된 뒤 처음으로 한수원이 경북 영덕과 강원 삼척에서 신규 원전 부지의 추가를 계획하고 있는 2012년의 시점에서, 10년이 넘은 과거에 발

2 이러한 국가 스케일 쟁점의 지방 레짐으로의 리스케일링 논리는 2005년의 지자체 간 경쟁에 의한 주민투표 방식의 방사성폐기물 처분장(이하 방폐장) 입지 결정에도 적용된 것으로 볼 수 있다.

3 최병두(2011: 21)에 따르면, 다중스케일적 접근은 개인의 행동이 다중적 스케일에서 이루어지고 지역적, 국가적, 지구적 제도가 개인의 물리적 행동이나 정체성 형성에 영향을 미치면서 이것에 의해 재구성된다는 사실에 초점을 둔다. 그리고 국지적, 지역적, 국가적, 지구적 스케일은 주어진 것이 아니라 정치적 및 사회적으로 구성되는 것이다.

4 Park(2008: 44)에 따르면, 조절이론에 입각한 개념인 '스케일 간 긴장'은 국가의 리스케일링으로 발생하는 국가와 지방 간 갈등을 주로 지칭한다. 그런데 필자는 한국의 지리적, 정치적, 문화적, 불균등 발전 과정에서 광역 스케일과 기초 스케일이라는 지방 내부의 스케일 간 긴장도 발생될 수 있다고 가정한다.

생한 신고리 원전의 사례를 다루는 의의는 무엇인가? 2012년 상반기 현재 영덕군수와 삼척시장은 울주군수와 비슷한 문제의식 아래 지방 레짐을 형성하여 원전의 신규 유치를 추진하고 있는데, 영덕의 경우 기초 지자체 스케일의 원전 레짐에 대한 반대가 약하고 광역 지자체 스케일과의 불일치도 발견되지 않는다. 이에 반해 삼척의 경우에는 기초 스케일에서 원전 후보지 주민을 포함하는 탈핵 지향의 시민사회 거버넌스가 구축되어 있으며 기초와 광역 지자체 간의 협력도 이루어지지 않고 있다(한상진, 2012). 그런데 영덕의 경우에서처럼 스케일 간 긴장도 부재하고 기초 스케일 내부의 반대가 두드러지지 않는다고 해서, 신규 원전의 유치를 목표로 한 지방레짐 성장연합의 '개발의 정치'는 정당화될 수 있는 것인가?

본 장은 위의 질문에 대한 우회적인 함축을 얻으려고 하며, 동시에 결론 부분에서 이 사례와 비슷하게 군수의 유치 신청에 의해 지방 레짐이 가동되었으나 시민사회 거버넌스에 의해 실패로 돌아간 2003년의 부안 방폐장 사례와의 비교도 수행하고자 한다. 이러한 작업은 2005년의 방폐장 입지 결정방식 변화 이후 강화되고 있는 원자력 관련 시설의 유치를 둘러싼 지방 레짐에 의한 '개발의 정치'의 배경을 해명하고, 이에 대응하는 시민 주도의 지방 환경 거버넌스에 대한 구축 전망에 함의를 줄 수 있으리라 기대된다.

1. 이론적 배경

1) 스케일의 정치: 다중스케일 접근과 스케일 간 긴장

지방정치의 리스케일링 개념은 국가, 지방 거버넌스와 불균등발전에 관한 신그람시주의적 해석(Jessop, 1995, 1997; Jones, 1997; McLeod &

Goodwin, 1999 등; Gibbs et al., 2000: 301에서 재인용)에 근거하여, 국가 내 거버넌스 리스케일링의 물질적, 담론적 차원들을 통합시켜 스케일의 정치에 대한 새로운 시각을 제시한다. 이와 관련하여 스윈거도우(Swyngedouw), 콕스(Cox) 등의 '스케일의 사회적 구성' 개념은 특정 영토의 이해관계 및 정체성 동원이 이미 주어지거나 고정된 것이 아니라, 장소 의존적 행위자의 영토화(territorializing) 실천을 통해 사회적으로 구성된다고 파악하고 있다. 이들에 따르면, '스케일의 정치'란 권력투쟁의 과정에서 상이한 지리적 스케일에서의 권력, 자원에 대한 동원 노력과 관계되는 스케일 구성 과정의 정치적 측면을 강조하는 것이다. 그런데 이는 단지 스케일의 구성과 관련하여 발생하는 정치뿐 아니라, 상이한 지리적 스케일의 장소 의존적 이해관계에 대한 행위자 갈등에서 비롯되는 정치과정도 포괄한다(Park, 2003: 176).

스윈거도우(Swyngedouw. 1997; 최병두, 2011: 21-22 재인용)에 따르면, 지구적 차원에서의 경제 재구조화와 이에 따라 국지적 장소에 미치는 영향은 영토적 권력의 리스케일링으로 간주되며, 이러한 경제적, 영토적 재구조화와 관련된 국민국가의 재구조화는 글로컬라이제이션[5]으로 표현될 수 있다. 더 나아가 박배균(2011: 89)에 의하면, 다중스케일적 접근은 지구, 국가, 광역, 기초, 근린 등 스케일 간 수직적 관계를 하향적인 위계의 관계로 바라보기보다는 서로 영향을 주고받는 과정으로 이해하는 것이다. 즉 이 접근은 지구화가 국가 스케일의 과정을, 또한 국가 스케일의 영향력이 지방적 변화를 추동하고 야기하는 것으로 일방적으로 이해하는 것이 아니라 다양한 스케일의 공간에서의 상호작용에 복합적으로 관심을

5 글로컬라이제이션은 포드주의 위기에 따른 사회경제적 조절의 리스케일링이 갖는 본질적 측면을 포착하는 데 유용한 개념이다. 지구지방화는 경제가 점점 지구화될수록 자본철수, 고용상실, 환경문제 등에 대한 정치적 반응이 지방적으로 발전된다는 스케일의 역설(scalar paradox)을 초래한다. Gibbs et al.(2000: 303) 참조.

둔다고 하겠다.

콕스(Cox, 2003; Park, 2008: 45 재인용)에 따르면, 행위자들의 영토적 연합은 더 넓은 지리적 분업 내에서 현재의 지위를 방어하거나 지위의 제고를 확보하려는 시도와 관계된다. 또 상이한 스케일의 조절 기획(regulatory project)[6]이 서로 다른 지리적 스케일에서 정의되는 상이한 장소 기초적 이해관계를 근거로 서로 갈등할 때, 그리고 어떠한 기획도 물질적, 제도적, 이데올로기적 조치로 다른 기획을 억압, 종속시킬 정도로 강력하지 못할 때, 스케일 간 긴장이 초래될 수 있다(Park, 2008: 45). 그러한 스케일 간 긴장과 조절의 결손에 직면하여, 특정한 지리적 스케일의 장소의존적 행위자들은 서로 다른 지리적 스케일에서 조직되는 여타 조절 기획에 영향을 미치거나 도전하여 그들의 스케일 특정적인 조절 기획을 추구하기 위해 국가적, 지방적 요구를 주장함으로써 영토적 정치를 동원하게 된다.

지금까지 다룬 지리학에서의 스케일 개념에 근거한 시각들은 한국 지방 정치의 통치연합을 둘러싼 갈등에 대해 유용한 분석 틀을 제공한다. 특히 1995년의 지자체장 선거 부활 이후 강화되고 있는 분권화의 흐름은 사회적 조절의 위기에 대응하여 국가 기능과 책임을 지방화시킨다는 탈포드주의(after-Fordism)에 맞닿아 있는 셈이다. 이에 본 장에서는 행위자의 네트워킹과 연합에 초점을 맞추는 레짐 및 환경 거버넌스 이론에 입각하여, 기초 지자체 스케일에서 추진된 신고리 원전 유치와 광역 지자체 스케일에서의 시민사회 거버넌스의 대응이 어떠한 갈등을 나타냈는지 살피도록 하겠다.

---

6 조절적 목적을 위해 요구되는 특정한 사회적, 제도적 조직이나 관계의 창출은 특정의 지리적 경계에서만 발생할 수 있기 때문에 조절(기획)은 항상 장소에 근거하는 것이다. Park(2005: 399).

2) 지방 레짐의 성장정치와 환경 거버넌스

제11장에서는 '원전 레짐'이라는 표현도 사용할 것이지만, 레짐의 용법은 복지 레짐(welfare regime; Esping-Andersen, 1990)이라는 통치체제에 대한 이념형에서부터 지방에서의 통치연합을 가리키는 도시 레짐[7] (urban regime)이라는 개념에까지 다양하게 적용되고 있다. 가장 통상적인 레짐의 정의는 '통치체제'로 번역될 수 있는데, 대표적으로 유영철(2007: 54)은 정치, 경제의 패러다임이 새로운 규제와 제도로 대체되는 현상을 레짐 이동이라 규정한다. 한편 본 장은 신고리 원전 유치와 관련된 행위자의 통치연합을 도시 레짐 이론과 신그람시주의적 레짐 개념을 혼합한 지방 레짐의 관점에서 파악하고자 하는데, 우선 미국에서 1980년대, 1990년대에 유행한 도시 레짐 접근을 소개하면 다음과 같다.

엘킨(Elkin, 1987), 스톤(Stone, 1989, 1993) 등이 주장한 도시 레짐 이론은 정부(지자체) 부문과 시장(기업) 부문의 분업 및 상호의존성 관점에서 지방의 성장정치를 이해하려는 입장이다. 신자유주의가 확산되면서 지방정부는 점점 더 권한과 자원의 부족을 보완해줄 사적 행위자와 연대하여 성장을 위한 통치연합을 형성하는데, 그중 가장 안정적이면서 효과적인 경우는 정부와 기업 간에 형성된 연대라고 한다(강희경, 2011). 레짐 이론의 중심 목표 가운데 하나는 '지역 경제발전의 정치학'에 대한 이해를 돕기 위한 개념적 지렛대를 제공하는 것이다. 이를 위해 도시 레짐 이론이 강조하는 핵심 개념은 비정부조직과 정부조직 간 협동(cooperations), 상호교통(interaction), 네트워크(network)이다(김영정, 2003: 53). 이렇게 볼 때, 이 이론은 '누가 지역을 지배하는가?'의 문제를 규명하고자 했던 다원주

---

7 도시레짐 이론에서 레짐이란 '(지역사회의) 지배적/통치적 의사결정을 내리는 데 지속적 영향을 미치는 제도적 자원에 쉽게 접근할 수 있는 상대적으로 안정된 비공식집단'으로 정의된다(Stone, 1989: 4).

의, 엘리트 이론 등과 같은 기존의 지역 정치이론과는 달리 공공목적을 성취할 능력, 또는 통치능력의 획득 문제에 관심을 갖는 것이라 할 수 있다.[8]

그런데 도시 레짐 이론에 대해서는 다음과 같은 비판들이 제기되어 왔다. 먼저 '이론화의 부족' 문제인데, 서로 다른 레짐에 대한 일관된 확인과 범주화를 이끌 추상적 원리가 결여되어 있다는 것이다(Wood, 1996: 1283). 나아가 레짐의 형태만 식별할 뿐, 그 형성 및 균열의 과정 등의 발생 조건을 밝히지 못했다는 비판도 있다. 다시 말해 관련 행위자의 이해관계가 지방적으로 실현될 때 영향을 미치는 정책, 규제, 국가 구조 등의 우연적 조건들을 적절히 이론화하지 못했다는 것이다. 이에 덧붙여 신그람시주의 관점의 비판으로는 도시 레짐, 또는 지방 레짐을 더 넓은 축적체계, 조절양식과 연계시키지 못함으로써, 다른 스케일에서의 행위에 대한 지방적 민감성을 무시한다는 지적이 있다(Gibbs, 2000: 308). 본 장에서는 1990년대 미국에서 제기된 '도시 레짐'이라는 용어 대신에 이를 신그람시주의적으로 재해석한 '지방 레짐'이라는 개념에 바탕을 두고, 지자체, 지역 산업체, 비정부조직 간의 행위자 연계를 분석함과 동시에 스케일의 정치 틀을 적용하여 국가, 광역 및 기초 단위의 '스케일 간 긴장'에도 주목하고자 한다.

다음으로 거버넌스란 정부와 같은 공공영역과 기업, 시민사회와 같은 민간 영역의 행위 주체가 정책적 관심 대상이나 주요 사안에 공통적으로 관여하여 의사결정을 내리고, 그것을 집행하는 협동과 상호조정의 기제를 가리킨다. 정부 서비스의 경우 공평성, 일관성, 포괄성 등의 범주적 제

8 이러한 점에서 레짐 이론은 '무엇에 대한 권력'(power over)의 문제가 아니라 '무엇을 할 능력'(power to)의 문제를 다루는 이론이며, 사회적 통제(social control)보다는 사회적 생산(social production)을 성취할 조건을 탐색하는 이론이라고 할 수 있다(유재원, 2000: 29).

한(categorical constraint) 원칙 때문에, 소수자에 대한 실험적 서비스, 비관료적 서비스, 예외적 서비스가 무제한적으로 제공될 수는 없다. 그러한 흐름에서 숙의민주주의에 근거하여 시민단체가 주도하는 거버넌스의 구축은 지방 정치의 중요 과제인 셈이다. 본 장에서 다룰 원전 유치를 둘러싼 지방의회 및 시민단체의 연대는 거버넌스 가운데서도 환경 거버넌스의 대표적 유형으로 볼 수 있다. 환경 거버넌스는 지방정부, 관련 공공기관 등의 공적 영역과 시장 및 시민사회라는 민간영역의 공동 참여와 파트너십을 근간으로 지방 스케일의 환경문제 해결과 지속가능한 발전을 달성하기 위한 목적으로 결성된다(김영정·이경은, 2012).

글라스베르겐(Glasbergen, 1998; 오수길, 2005 재인용)에 의하면, 환경 거버넌스는 핵심적 역할 수행자, 정부 역할, 변화의 유도 기제, 강조되는 합리성 등 네 가지 분류기준에 입각하여 규제적 통제 모델, 시장규제 모델, 시민사회 모델, 맥락적 통제와 자기규제 모델, 협력적 관리 모델 등 다섯 가지 유형으로 구분될 수 있다. 본 장은 시민사회가 주도하여 지방의회와 시민단체 간 거버넌스가 구축된 사례를 다루기 때문에, 이들 다섯 유형 가운데 시민사회 거버넌스 모델에 초점을 맞추기로 한다. 글라스베르겐이 규정한 시민사회 거버넌스는 적극적 시민들과 그들이 자발적으로 창출한 사회적 연대에 핵심적 역할을 부여하는 모형으로, 시민사회를 더욱 역동적으로 만들기 위한 집합적 노력이 변화를 유도하는 주요 조건이라고 할 수 있다.

3) 한국에서의 원전 및 반핵운동에 대한 기존 연구들

국내에서의 원전을 둘러싼 연구는 핵발전 정책의 흐름에 대한 검토가 주축을 이루어 왔다(윤순진·오은정, 2006; 진상현, 2009; 공승주·박형준, 2011 등). 이들 연구는 원전 정책의 사회적 구성, 경로 의존성, 신뢰성의 쟁점을 제기하는 의의를 갖고 있으나, 정책 배후의 레짐 작동이나 주민, 시민단체에 의한 거버넌스와의 관계 등에 대해서는 상대적으로 소홀하게 다루는 경향이 있다. 또한 원전의 지역 경제성장이나 주민 안전에 대한 영향을 살피는 기존 논의들은 행정학에서의 주민 수용성에 대한 연구(김서용·김근식, 2007; 김근식, 2008; 김동원·이창수·박중구, 2008; 신윤창·안치순, 2009; 채종헌, 2009 등)와 사회학에서의 반핵운동에 대한 접근(박재묵, 1995; 한혜원, 1997; 이득연, 1998; 홍성태, 2004; 정수희, 2011 등)이라는 상반된 경향으로 나타난다.

후자의 접근 가운데 초기 성과들인 박재묵(1995), 한혜원(1997), 이득연(1998) 등은 주민환경운동, 전문환경운동과의 관련성 아래 원전반대운동에 접근하고 있다. 그 가운데 한혜원(1997)은 반핵운동에 영향을 미치는 지역사회 요인을 배경적, 구조적, 심리적 요인으로 구분한 다음, 연결망과 사회조직, 사회단체 등의 구조적 요인이 지역 반핵운동의 다발성과 지속성에 가장 직접적 효과를 갖는다고 결론짓는다. 또 이득연(1998)은 반핵운동 초기의 경우 전문환경운동의 선도성이 중요하나 이후에는 주민의 지역 반핵운동을 전문환경운동 조직이 지원하는 국면으로 전환된다고 지적하고 있다.

한편 21세기에 들어서는 원전보다는 방폐장 입지 관련 반핵운동에 좀 더 관심이 두어져 왔는데, 2003년에 전국적 쟁점으로 부상했던 부안 방폐장 반대운동 사례에 대한 분석(노진철, 2004; 홍성태, 2004 등)과 2005년의 주민투표 방식에 의한 경주 방폐장 입지 결정과 반핵운동의 관계를 다루는 논의(윤순진, 2006)가 대표적이다. 먼저 노진철(2004)은 반핵운동의 사회적 기반과 관련되는 위험시설 입지 정책결정과 위험갈등의 구조를 구성주의적 방법으로 접근한다. 또 홍성태(2004)는 부안 반핵운동의 성격을 핵발전으로 대표되는 반생태적 사회에서 벗어나 자연순환형 사회를 추구하기 위한 생태 민주주의라는 담론 아래 검토하고 있다. 이와 함께 윤순진(2006)은 경주로의 방폐장 입지가 성공하게 된 반핵운동의 환경 변화에 대해 정책설계의 변화, 언론의 역할, 국민의 피로감 누적, 한수원의 홍보 전략 세련화 등을 중심으로 살피고 있다.

이들 논의를 '스케일의 정치' 관점과 연계하여 평가해 보면, 우선 밑으로부터 스케일의 확장에 의해 위로부터의 입지 결정 시도가 압도당한 부안 사례는 군수가 추진한 기초 스케일의 방폐장 유치 기획이 국가 스케일의 반핵 거버넌스에 직면하여 좌초되었다고 할 수 있다. 그리고 방폐장 입지 성공 사례는 중앙정부가 거듭 실패한 국가 스케일의 정책 설계에 대해 물질적 보상의 강화를 바탕으로 기초 스케일 지자체간 경쟁 구도로 리스케일링시킨 결과로 해석될 수 있다.

마지막으로 신고리 원전 반대운동 사례에 대한 기존의 연구로는 김도희(2001), 한상진(2006), 이상범(2011) 등이 있다. 우선 김도희(2001)는 울주군수의 유치 신청에 초점을 맞추어 지방정부와 주민 간 갈등 유발 요인과 관련하여 정치 행정적, 경제적, 기술적, 환경적 측면을 분석하고 있다. 그리고 한상진(2006)은 원전 반대운동의 과정보다는 서생면민, 울주군민, 기타 울산시민 간 반핵 태도의 차이에 주로 관심을 둔 것이다. 한편 이상범(2011)은 후쿠시마 원전 사고 이후 신고리 원전에 대한 반핵운동의 전망과 연결시켜 울주군 사례의 한계와 의의를 도출하고 있다. 본 장에서는 이와 같은 기존 연구 성과들을 바탕으로 지방 레짐, 시민사회 거버넌스라는 이론적 자원에 의거하여 신고리 원전 유치의 과정을 재음미해 보기로 하겠다.

2. 신고리 원전 유치를 위한 지방 레짐의 형성

울산의 광역시 승격 이후 처음 치러진 1998년의 지방선거에서 당선된 울주군수는 취임한 지 얼마 되지 않은 같은 해 11월 4일에 '지역발전과 재정확충을 위해' 한국전력(2000년 이후에는 한수원)이 추진 중인 신고리 원전 4기의 추가 건설을 울산광역시 울주군 서생면 일대에 유치하기로 했다고 발표했다. 그는 "원자로 4기를 울주군에 유치할 경우 건설기간 10년과 가동기간 40년 등 향후 50년 동안 2천억 원이 지원된다"며 "주민들을 설득해 이 기회를 놓치지 않겠다"고 했다(동아일보. 1998.11.5). 이처럼 개인적 돌출 행동으로 비쳐질 수도 있는 울주군수의 원전 유치 신청은 지방 레짐 관점에 의거해 볼 경우, 기초 지자체의 재정 조달 한계를 한수원의 지원으로 극복하겠다는 성장 및 개발을 지향한 합리적 선택이었다고 할 수 있다.

주목할 만한 것은 울주군수의 원전 유치 신청 발표 이후 2달이 채 지나지 않은 1998년 12월 29일에 중앙정부 관련 부처가 기존의 원전 후보지 9개 지역의 해제와 동시에 울주군이 유치를 희망한 신고리 원전 4기의 추가부지에 대한 지정 고시 계획을 발표했다는 점이다. 산업자원부(1998)에 의하면, 중앙정부는 '금번 정책 결정이 가능하게 된 배경에는 울산광역시 울주군의 자율적인 원전 유치 신청 등 (...) 지자체장의 지역발전을 우선한 소신에 찬 행정력 등도 큰 몫을 차지하였다. 이는 지역주민의 자유로운 의사 표시와 결정과정을 거쳐 원전 건설을 유치한 사례이며 향후 원자력사업 추진에도 바람직한 방향을 제시한 것으로 여겨진다'는 입장을 밝히고 있다.[9]

---

9 이 자료에서 흥미로운 것은 당시의 중앙정부가 한국전력, 에너지경제연구원의 분석 결과, 2015년까지 1개소, 2030년까지 1개소 등 신규 원전 8기만 있으면 향후의 전력수요 만족이 가능하다고 판단했다는 점이다. 산업자원부는 2030년까지 신월성 4기, 신고리 4기 부지가 이미 확보된 상태에서, 신울진 4기의 추가 부지 외에

이후 당시 울주군수는 '무엇에 대한 권력'이 아니라 '무엇을 할 능력'에 충실한 레짐의 행위자로 일관하게 되는데, 예컨대 서생면민의 반대에 부딪히자 같은 해 11월 27일에 울주군이 원전 유치를 주장하거나 강요하지는 않은 채 주민과 한수원 측이 협의를 통해 추진하도록 하겠다고 밝혔다(경상일보, 1998.11.28). 또 1999년 1월 15일에도 원전 유치문제에 대해 "주민의 찬반 의견이 울주군에 접수되면 검토 후 울산광역시를 거쳐 산업자원부에 제출하여 최종 결정할 사안"이라며, 해당지역 군수로서 이 문제에 대해 더 이상 입장 표명을 하지 않겠다고 했다(울산매일, 1999.1.16). 즉 원전 유치 신청자로서의 임무에 충실할 뿐, 이후 절차는 스스로 전면으로 나서지 않고 울산광역시, 산업자원부, 한수원 등 국가 및 광역 스케일에서의 여러 행위자의 역할 분담에 의존하려는 태도를 명확히 했던 셈이다.

한편 울주군을 포괄하는 광역 스케일의 지자체장인 울산광역시장도 신고리 원전 유치와 관련하여 지방 레짐에 개입할 여지는 있었으나, 울주군수가 이니셔티브를 쥠으로써 크게 두드러진 역할을 수행하지는 않았다. 1999년 2월 26일에 시구군 의회 핵발전소 반대대책위원회(이하 지방의회 반대위)가 결성된 이후, 1999년 4월 30일에 당시 울산광역시장은 시의회 본회의에 출석하여 핵발전소 문제에 대한 공식적인 반대 입장을 표명했지만 그것은 정치적 수사 차원이었던 것으로 평가된다.[10] 지역신문(울산매일, 1999.2.4)의 보도에 따르면, 울산광역시장은 1999년 초에 개최된 지역 국회의원과의 조찬간담회에서 이미 중앙정부에 대해 '원자력 발전

울주군수의 자발적 신청에 의해 신고리 추가 부지 4기가 더 지정된다면 기존 후보지에 대한 신규 건설이 불필요하다고 분석하고 있다.

10 당시 울산광역시장은 다음과 같이 발언했다. "시장의 생각과 반대하는 주민의 생각은 다 같습니다. 다를 바가 없습니다. 같다는 전제 하에서 이 문제 해결을 위해서 시장으로서 최선을 다 하겠다는 말씀을 길게 드리지 않겠습니다. (...) 공식, 비공식으로 이 문제 해결을 위해서 도리어 시장 입장에서 적극적으로 나서겠다는 말씀을 다시 한번 드립니다."(울산광역시 의회, 1999)

소 건설 예정지역 지원 확대' 건의안을 제출하겠다는 입장을 밝혀, 사실상 원전 건설에 대한 찬성 태도를 보였기 때문이다.[11]

그렇다면 신고리 원전을 둘러싼 지방 레짐의 또 다른 핵심 행위자라고 할 수 있는 한수원 고리원자력본부(이하 고리본부)의 역할은 어떠했는가? 고리본부는 후보 대상지역인 서생면 주민을 포함한 인근 울주군민을 대상으로 신고리 원전의 정당성 확보에 주력한 것으로 나타난다. 고리본부는 울주군수의 유치 신청 직후인 1999년 1월에서 4월까지 울주군민 2,557명을 고리 원전에 초청하여 점심식사를 대접함과 동시에 일본 원전 시찰 등의 명목으로 2억 2천여만 원을 사용했다(한울신문, 1999.4.26). 또한 울주군 지역경제과와 고리본부는 상호 협력 아래 1999년 6월부터 8월까지 울주군내 10개 초등학교 1,250명의 고리 원전 견학을 추진했다(한울신문, 1999.6.19). 울주군 지역경제과는 울주군수에 의해 형성된 지방 레짐의 실무를 수행했는데, 1998년 11월 이후 원전 유치에 따른 지역발전 기대효과에 대한 홍보물을 배포하는 등 주민 대상의 설득 작업을 담당했다(울산매일. 1998.11.21).

그렇다면 울주군수, 고리본부 외의 지방 레짐에 참여한 행위자들은 어떤 집단들로 구성되어 있을까? 다음 절에서 다루겠지만 1999년 이후 울산광역시 의회를 필두로 한 5개 구군의회와 시민단체 간에 구축된 시민사회 거버넌스가 신고리 원전의 유치에 대해 강력하게 반발함에 따라, 2000년 봄의 총선 국면에서는 울산에 지역구를 둔 국회의원까지 반대 입

11 실제로 1999년 1월 26일의 전원개발사업예정구역 지정, 고시에 따라 울산광역시가 산업자원부에 제출한 의견에 따르면, 기존의 원전 예정구역 외 추가지정에 대해서는 반대 입장을 밝히면서도 신고리 원전의 지정 추진을 근본적으로 반대하기보다는 다음과 같은 조건이 충족된다면 찬성하겠다는 태도를 보였다. 그것은 첫째 이주민에 대한 충분한 보상의 제시, 둘째 특별지원금과 기본지원금의 현행 대비 2배 상향 조정, 셋째 서생면 지역의 개발제한구역 전면 해제와 핵연료에 대한 지역개발세 과세제도 신설, 넷째 원전사업 주체 부담의 해당 지역에 대한 일본 수준에 상응한 장기발전 비전의 제시라는 조건이었다(울산광역시 울주군 지역경제과, 1999).

장을 표명하기에 이른다. 이러한 유동적 상황 속에서 울주군수, 고리본부라는 핵심적 통치연합을 지지하는 기타 행위자들이 가시화되었는데, 이들은 2000년 9월에 울주군수의 원전 유치 논리와 비슷한 성명을 발표한 비정부조직들로 대표된다고 하겠다. 여기에 포함되는 조직들은 울주군 이장협의회, 새마을운동 울주군 지회, 온산환경협의회, 원자력을 이해하는 여성모임 울산광역시 협의회(이하 원이여) 등 주로 기초 스케일의 29개 자생 단체였다.

이들의 성명서 요지는 한수원과 지방의회 반대위 둘 다에 대한 양비론을 개진한 다음, '전원개발 예정지구로 지정된 부산 기장군 효암지역과 울주군 서생면 두 곳 모두에 원전을 건설하지 않는 것이 바람직하나 건설할 경우 효암지역보다 서생면 지역에 먼저 건설하라'는 것이었다. 그런데 이와 같은 요구는 2000년 8월 18일에 울주군 의회와의 원전건설 간담회에서 울주군수가 주장한 '기장, 울주 내에서 지정 고시된 106만 6천평 전체에 대해 원전 건설을 원천적으로 백지화할 경우 적극 동참하겠지만 이를 막지 못한다면 기장지역에 앞서 울주군 서생면에 막대한 지방재정이 보장되는 원자로를 우선적으로 설치하겠다(경상일보, 2000.8.19)'는 재정확충 및 보상극대화 논리와 일맥상통하는 것이었다.

그 밖에 신고리 원전 유치와 관련한 레짐 행위자로 식별된 기타 단체로는 국가 스케일의 원자력문화재단을 들 수 있다. 이 조직은 1999년 2월부터 4월까지 4개의 울산 지역신문에 107회에 이르는 핵발전소 찬성 광고를 게재[12]하여 찬핵 여론의 조성을 꾀했다(이규정, 1999). 더욱이 원자력문화재단은 지방 레짐의 영향력을 확대하기 위한 주민 조직화에도 관여했는데, 시민사회 거버넌스에 의한 신고리 원전 반대가 강화되었던

12 구체적인 원전 찬성 광고 게재 횟수는 울산일보 41회, 울산매일 37회, 경상일보 21회, 한울신문 17회이며, 주간지에도 전면 광고를 게재하기도 했다.

1999년 6월 22일에 출범한 원이여가 그 한 예이다. 이 단체의 창립 기념 행사에는 울주군수는 물론 원자력 문화재단 이사장까지 참석했지만, 지방의회 반대위 등의 저지로 인해 울주군수가 축사 도중 단상에서 내려오기도 했다.

3. 신고리 원전 유치에 반대하는 시민사회 거버넌스의 대응

신고리 원전 유치에 대한 반대는 대상 지역에 거주하는 서생면민이 가장 먼저 시작했다. 산업자원부(당시 통상산업부)와 한전은 1995년 7월에 부산광역시 기장군 효암지역 39만 평을, 1997년 12월에는 울산광역시 서생면 비학지구 42만 평을 전원개발 예정구역으로 지정했다. 이에 따라 1996년 7월에 서생면 반대대책위원회가 최초로 구성되었으며, 1997년 7월 10일에는 '원전 추가건설 서생면 반대 투쟁위원회'가 정식으로 발족하였다. 곧이어 같은 해 9월에는 서생면민이 청와대, 산업자원부, 한전 등에 원전 추가건설 반대 진정서를 제출했고, 울주군수의 유치 신청이 이루어지기 전인 1998년 4월과 7월에 고리 원전 앞에서 주민 500여 명의 반대 시위가 진행되기도 했다. 이와 함께 원전 유치를 위한 지방 레짐이 본격적으로 형성된 1998년 12월에는 '서생면 생존권 수호위원회(이하 서생면 생수위)'가 결성되어, 1999년 1월 14일에 서생면 주민 1,083명이 서명한 진정서를 청와대, 산업자원부 등 정부 7개 부처에 전달했다. 또한 1999년 3월 31일에는 서생면 생수위가 주도한 서생면민 궐기대회가 개최되었다.

한편 서생면 생수위의 결성 시점인 1998년 12월 9일에는 울산 환경운동연합, 울산 경실련, 울산 민주시민회, 울산 참여연대, 울산YMCA, 울산YWCA, 울산 여성의 전화 등 울산광역시 스케일의 7개 시민단체가 '울산 핵발전소 건설 반대 대책위원회'를 결성했다. 이후 1999년 1월 26일에 민주노총 울산지역본부가 원전의 건설계획 철회를 요구하는 등 24개 시민단체가 반핵운동에 동참함으로써, 이 단체는 울산지역의 31개 비정부조직이 참여하는 '핵발전소 반대를 위한 울산 범시민 대책위원회(이하 범시민 대책위)'로 확대 재편되었다. 범시민 대책위는 그해 2월 1일 1,000여 명이 참가한 '울산 핵발전소 반대 범시민 궐기대회'를 개최하는 등 울주군수의 원전 유치에 대한 초기 단계의 반대를 주도했다고 볼 수 있다.

그러면 울산광역시 의회와 5개 구, 군 의회를 중심으로 한 지방의회 반대위의 거버넌스 활동에 대해 살피기로 한다. 범시민 대책위의 궐기대회가 열린 다음 날인 1999년 2월 2일에 울산광역시 의회가 원전 반대 결의안을 통과시킨 것을 시작으로 2월 18일에는 중구 의회, 2월 19일에는 동구 의회, 2월 22일에는 울주군 의회, 2월 23일에는 북구 및 남구 의회가 원전 유치에 대한 반대 입장을 밝혔다. 그리하여 2월 26일에 결성된 지방의회 반대위는 2000년 9월의 서생면 신암리 일원 25만 6천 평에 대한 추가 지정 고시로 투쟁 동력이 약화될 때까지 범시민 대책위, 서생면 생수위를 아우르는 시민사회 거버넌스의 핵심 조직으로 지방 레짐에 강력히 대항했다. 지방의회 반대위는 1999년 3월 15일에 '울산광역시 시구군의원 원전 반대 결의대회'를 개최했고, 5월 6일에는 지방의원 57명이 원전 반대 상경 집회를 연 다음 원전건설 철회 청원서를 국회에 제출하기도 했다.

지방의회 반대위는 1998년의 지방선거에서 민주노총 후보로 당선된 진보진영의 울산광역시의원의 주도로 형성되었으며, 모든 시구군 의회는 물론 지역출신 국회의원까지 동참하는 수준으로까지 발전되었다. 특히 2000년 4월의 총선 시점과 맞물리면서, 여론 압박을 의식한 지역 국회의원들은 같은 해 1월 25일에 산업자원부를 방문하여 울산지역 원전 건설에 대한 반대 입장을 전달하기도 했다. 시민사회 거버넌스에 의한 신고리 원전 반대운동의 백미는 당시 지방의회 반대위 사무국장이었던 시의원 1인과 진보진영 출신 북구의원 2명이 1999년 8월에 2주 동안 전개한 '원전 반대 울산-서울 도보 행군'이었다. 여기에는 지방의회 반대위를 중심으로 범시민 대책위, 서생면 생수위가 동참하여, 중앙 언론, 중앙 정치권과 시민의 관심을 유발함으로써 조직력과 지속적인 투쟁력의 부족을 메꿀 전술의 변화를 꾀한 것이었다(원전 반대 울산-서울 도보행군 실천단, 1999).

본 장의 이론적 틀인 '스케일의 정치'와 관련해 볼 때, 시민사회 거버넌스에 참여한 지방의회나 시민단체들은 지방 레짐의 스케일에 조응하는 울주군 단위가 아니라 대부분 울산광역시 차원이었다는 점이 눈에 띈다. 시민사회 거버넌스의 주도 조직이었던 지방의회 반대위에는 5개 구군 의회도 참여하기는 했지만, 그 주축은 무엇보다 울산광역시 의회였다고 볼 수 있다.[13] 그리고 울주군수의 발표 이전부터 유치 반대운동을 시작했던 서생면 생수위의 경우, 서생면 비학마을 이주대책위원회가 편입부지 보상 현실화를 요구하는 탄원서를 제출(울산매일, 1999.2.26)하는 등 주민 대응이 근본적 반대에서 더 많은 보상으로 선회하면서 활동력이 저하되기 시작했다. 더욱이 울주군수의 행정을 감시하는 울주군 의회는 신고리 원전 유치에 직접적 이해관계가 있는 주요 행위자라 할 수 있지만, 시민사회 거버넌스의 명분과 지방 레짐의 실리 사이에서 동요하는 행태를 보이게 된다.[14]

---

13 울주군 의회 외의 나머지 구의회에서도 원전 유치 반대를 놓고 미온적 태도가 간헐적으로 나타났다. 그 한 예로 1999년 3월 30일에 지방의회 반대위 사무국장인 진보진영 시의원이 현대 자동차 본사의 유치에 앞서 원전 건립부터 막아야 한다는 보도자료를 배포하자, 4월 1일에 북구 의회는 원전 반대보다 본사 유치에 더 심혈을 기울일 계획이라고 반발하기도 했다(한울신문, 1999.4.2).

14 1999년 2월 22일에 발표한 울주군 의회의 '추가원전 반대에 따른 우리의 입장 표

따라서 앞서 본대로 신고리 원전 유치와 관련된 지방 레짐은 울산광역시장이 크게 개입하지 않은 가운데 울주군수와 군내 자생 단체 등 기초 스케일에서 작동되었던 데 반해, 이에 반대하는 시민사회 거버넌스는 광역 스케일의 시민단체와 시의회를 중심으로 활동했음을 알 수 있다. 부안, 영덕, 삼척 등 도 단위 광역자치단체 산하의 기초 시군구에서는 기초자치체장의 지방 레짐 시도가 같은 스케일에서의 반대에 직면한다는 점에 비추어 본다면, 이는 울산이라는 광역시 단위의 지역 특성을 반영하는 것이라 하겠다. 또한 이와 같은 지방 내 기초-광역의 스케일 간 긴장은 시간이 흐를수록 시민사회 거버넌스보다는 울주군 지역경제과, 고리본부, 원자력문화재단 등이 체계적으로 협력하는 지방 레짐에게 상대적으로 유리하게 작용했다고 보인다.

신고리 원전 유치에 반대하는 울산의 시민사회 거버넌스는 결과적으로 목표 달성에는 실패했지만, 다음과 같은 성과를 거둔 것으로 평가될 수 있다(이상범, 2011). 첫째, 세기의 전환기에 반핵을 지역사회 최대의 쟁점으로 만들고, 서생면민과 시민단체, 보수정당을 포함한 정치권의 실질적인 환경 거버넌스를 모범적으로 운영했다는 점이다. 이것이 가능했던 것은 1998년의 지방선거에서 진보진영이 시구군의회에 진입하여 지방의회 반대위를 통해 지방 레짐에 대적할만한 정치적 역량을 결집시켰기 때문

명'을 보면, 개발제한구역 지정으로 인한 재산권 손실, 원전 주변지역지원법의 비현실성, 기술적 정보공개의 신뢰성 결여, 전원개발 촉진을 위한 각종 교부금 제도의 전무 등을 지적하면서 서생 주민과 합의 없는 원전 추가건설을 반대(한울신문, 1999.2.23)한다는 다소 미온적인 내용이었다. 또한 이러한 결의문이 준비되기 전인 1999년 1월에는 울주군 의원 14명 중 8명이 원자력문화재단이 비용을 부담하는 해외 원전 견학에 참가를 희망해 구설수에 오르기도 했다(울산매일, 1999.1.26). 더욱이 서생면 일대에 대한 추가 지정 고시 직전인 2000년 7월 29일에는 지방의회 반대위에 소속된 시의원 16명, 중·남·동·북구 의원 18명 등 34명이 원전 반대 결의대회를 개최했으나, 울주군 의원은 언양에서 열린 울주군수기 축구대회에 참가하는 관계로 전원 불참하기도 했다(아침신문. 2000.7.30).

이다. 둘째, 진보정치 세력의 매개적 활동으로 노동계까지 시민사회 거버넌스에 참여하는 적녹 동맹 모델이 초보적이나마 실험되었다는 점이다. 민주노총 울산본부는 1998년의 지방선거에서 당선된 진보진영 구청장, 시의원, 구군의원 등이 동석한 자리에서 노동자의 생존권 차원에서 원전 증설을 저지할 것을 밝히고, 에너지 다소비 형태의 산업구조의 조정과 대체 에너지 개발을 요구했다(경상일보, 1999.1.27). 셋째, 반핵 스티커 부착, 수차례의 대규모 옥외집회와 가두행진은 물론, 천리 행군과 상경투쟁, 지속적인 반핵홍보물 발행, 매주 수요일 반핵홍보 활동 등 다양한 운동방법을 개발했다는 점이다.[15] 또한 지역 언론의 보도를 활용하여 지방 의회와 지역출신 국회의원의 동참을 이끌어 내고 지역주민도 고무시키는 상승 분위기를 만들어내는 데 성공했다고 볼 수 있다.

4. 소결

이상범(2011)에 따르면, 신고리 원전 반대를 위한 시민사회 거버넌스의 실패 요인 가운데 하나는 부지 선정 절차와 지리적인 부적합성을 반대논리로 내세움으로써 스스로 지역 문제화했다는 점이 지적된다. 즉 원전 자체를 반대하는 탈핵운동이기보다는 '우리 지역은 안 된다'는 접근이 지배적이었다는 것이다.[16] 비슷한 흐름에서 지방의회 반대위 사무국장이었

---

15 이상범(2011)은 한수원과 원자력문화재단이 즐겨 쓰는 방법을 뒤집어 생각하면 반면교사가 될 수 있다고 지적하면서, 현 단계의 탈핵운동을 위해서도 신문에 대한 독자투고 형태의 여론 조성, 온라인 토론 및 사이버 서명운동, 트위터, 페이스북, 인터넷 카페, 블로그 등의 적극 활용을 주문하고 있다.

16 2000년 11월에 의회 반대위가 주도하여 133,590명이 서명한 '전원개발사업 예정구역 지정고시 및 신고리 원전 추가건설 철회 요청 청원서'를 볼 때에도, 원전 자체에 대한 반대보다는 지역적 부적합성이 주로 거론되고 있다. 즉 청원의 주요 내용은 '첫째, 울산은 원전을 건설하기에 적합한 지역이 아니다, 둘째, 지역의 의사를

던 당시 시의원에 대한 면담의 결과, 천리 행군, 상경투쟁 등 국가 스케일에서의 쟁점화를 위한 다양한 노력이 전개되었음에도 불구하고 신고리 원전의 문제가 결국 지방 스케일의 사안으로 국지화된 것이 중요하게 작용했다고 밝히고 있다. 이러한 결과는 지방 레짐과 시민사회 거버넌스의 관계를 파악할 때, 국가, 광역, 기초를 포괄하는 다중스케일적 접근이 유의미하며 지방 단위의 광역, 기초 간에도 '스케일 간 긴장' 개념이 적용될 수 있음을 시사한다.[17]

더 나아가 지금까지 살핀 울주군 사례와 2003년의 부안 방폐장 사례의 차이점을 비교해 보면 다음과 같다. 첫째, 원전과 방폐장의 위험 정도 차이를 지적할 수 있는데, 특히 방사성 폐기물 처분의 위험도는 중앙정부의 여러 차례에 걸친 입지 실패에 의해 주민들에게 잘 알려져 있었다는 점이다. 둘째, '안전 불감증의 도미노'라고 불릴 수 있는 증상인데, 실제로 당시의 울주군수는 '부산 기장군 소재 원전에서 방사능이 누출될 경우에도 울주군의 피해는 마찬가지이므로 신고리 원전을 유치하여 한수원의 지역개발 지원금을 받는 것이 타당하다'는 논지를 펼친 바 있다. 셋째, 기업도시로 형성된 울산 및 울주군의 특성 상 원전 유치로 인한 '개발의 정치'가 지역 주민에게 잠재되어 있는 프라이비티즘(privatism) 성향과 선택적

무시한 채 원전 건설을 강행하고 있다, 셋째, 정부의 신중하지 못한 정책을 우려하지 않을 수 없다, 넷째, 울산지역은 지진 활성단층대로 밝혀졌다, 다섯째, 경제적이지도 않고 안전하지도 않은 원전 건설을 재검토해야 할 것이다, 여섯째, 울산 시민 대다수가 반대하고 있다, 일곱째, 국가의 에너지 정책을 합리적으로 추진하여 주기 바란다 등'이었다.

17 더 나아가 회고적 평가이기는 하지만 '스케일의 정치'의 관점에서 신고리 원전 반대운동의 한계를 성찰해 보면 다음과 같다. 먼저 시민사회 거버넌스가 울주군수의 시도에 효과적으로 대응하기 위해 같은 기초 규모의 예정부지 주민, 시민단체 및 자생단체와 좀 더 연대하는 하향 리스케일링 전략이 유용할 수 있었다. 다른 한편으로 울주군수가 원전 입지 쟁점을 국가 규모에서 지방 스케일로 리스케일링시켰다면, 시민사회 거버넌스는 이에 맞서 본문에서도 언급했듯이 지방 거버넌스를 국가 스케일로 확대하는 상향 리스케일링 전략을 병행했어야 할 것이다.

으로 친화적이었다는 점이다.[18] 물론 부안과 같이 비교적 저개발된 농어촌 지역에서는 경제 발전에 대한 희구 정도가 더욱 강력할 수 있으나, 한수원에 의한 신규 원전 후보지 지정을 거부한 전남 고흥, 해남의 예처럼 이들 지역의 경우 지속불가능한 개발 사업보다는 생태 관광 등의 대안적 발전 논리가 더 큰 설득력을 가질 수도 있다고 여겨진다.

마지막으로 시공간적 거리에도 불구하고 본 장에서의 분석 결과가 2012년의 시점에서 삼척과 영덕에서의 원전 유치를 위한 지방 레짐과 이에 저항하는 시민사회 거버넌스에 대해 갖는 함의를 검토하기로 한다. 통상적으로 볼 때, 장소 기초적 이해관계에 밀접히 얽혀 있는 스케일의 외부에서 추진되는 정당성의 정치는 해당 스케일 내부의 지방 레짐에 의한 개발의 정치 논리를 제압하기는 힘들다고 할 수 있다.[19] 그런데 삼척의 경우 울주군 사례와는 달리 탈핵 지향의 시민사회 거버넌스가 지방 레짐과 같은 스케일인 기초 지자체를 단위로 하여 구축되어 있기 때문에, 거버넌스의 외연을 확장함과 동시에 원전 후보지 주민과 삼척 시민을 어떻게 결집시키는가에 따라 결과가 유동적이리라고 볼 수 있다. 한편 영덕의 경우에는 기초 스케일 내부에서 지방 레짐에 대한 반대가 두드러지지 않고 광역 스케일인 경상북도와의 마찰도 없으나, 국가 스케일에서 탈핵운동 조직이 대선 국면의 정당들을 견인하여 신규 원전 추가 지정의 불의(injustice)를 어떻게 정치 쟁점화하는가가 중요할 것이다.

---

18 1999년에 울산광역시 전체 주민을 대상으로 신고리 원전이 지역경제 활성화에 미치는 영향을 5점 척도(매우 긍정 2점, 긍정 1점, 보통 0점, 부정 -1점, 매우 부정 -2점)로 조사한 결과에 따르면, 서생면민만 -0.54점의 부정적 반응을 보였고 울주군민 0.28점, 울산시민 0.36점의 긍정적 태도로 나타났다(한상진, 2006).

19 물론 기초 지자체 스케일의 개발의 정치가 국가 스케일에서의 환경보전이라는 정당성의 정치 논리에 의해 무력화될 수도 있다. 2000년의 동강 댐 백지화가 그 한 예이다.

제11장

◆

삼척시 원전 유치 도시 레짐을 둘러싼 반핵운동의 대응

- 스케일 관점에서 본 원전 레짐과 탈핵 -

2013년 2월의 '제6차 전력수급기본계획'은 삼척시 근덕면과 영덕군 영덕읍 및 축산면 일대에 대한 2012년 7월의 원전 예정지역 고시를 안전성 재검토가 필요하다는 이유로 유보했다(지식경제부(이하 지경부), 2013). 하지만 이는 연내에 수립할 '제2차 에너지기본계획'을 통해 신규 원전 건설 여부를 다시 확정하겠다는 조건부 결정이어서, 두 지역 원전 계획의 백지화를 뜻하는 것은 아니다. 한국수력원자력(이하 한수원)은 원전 예정지 측량 및 지장물 조사용역의 사업자를 2월 중순 이후 선정한다고 예고했으며, 2013년 국가 예산에도 삼척시, 영덕군에 지급할 260억 원의 원전 주변 지역 지원금이 이미 반영(경향신문, 2013.2.8)되어 있는 상황이다.

그런데 2011년 말의 한 '반핵운동 좌담회'에서 김혜정은 다음과 같은 평가를 내린 바 있다.

"역대 원자력 정책 중 가장 잘못된 정책을 꼽자면 노무현 정부 때 방폐장 시설을 두고 돈을 놓고 지역 간 경쟁을 시킨 것이라고 생각한다. 방폐장 시설은 지역 간 경쟁에 따라 결정될 것이 아니라 국가가 정책적으로 국민에게 설명하고 공론화를 통해 결정해야 하는 문제다.(...) 자치단체장이 원전 유치에 적극적으로 나서기 시작한 것도 치명적이었다. 정부가 24년간의 반핵운동을 겪으며 얻은 학습효과가 아닐까 싶다. 자치단체장이 나서서 원전 유치와 주민 통제를 하게끔 하고 정부는 뒤로 숨는 것이다.(...) 20여 년 전과 비교하면 우리가 처한 환경은 확실히 달라졌다. 당시에는 재생가능 에너지를 상용화하는 것 자체가 초보적인 단계였지만 지금은 재생가능 에너지 산업이 세계 경제의 중요한 신성장 산업으로 떠오른 상황이다."(프레시안, 2011ㄱ.12.2)

이와 같은 지적은 한국의 반핵운동이 경험해 온 난관과 새로운 전망의 배경을 적절히 짚어내고 있다. 이를 스케일의 측면에서 해석하면, 최근에 원전 후보지에서 발견되는 공동체의 상대적 약화는 신자유주의화에 따른 도시 레짐의 형성과 방사성 폐기물 처분장(이하 방폐장) 관련 지자체간 주민투표 이후 관행이 된 원자력 관련 시설 입지결정에 대한 국가의 도시 및 지역으로의 리스케일링 결과로 볼 수 있다.[1] 다른 한편으로는 반핵을 넘어 신재생 에너지로의 전환을 추구하는 탈핵의 대안이 전 세계적으로 부상하면서, 도시, 지역에 한정되었던 반핵운동의 스케일이 전국, 글로벌로 확장되고 있음에도 주목해야 할 것이다.

본 장은 제10장에서도 적용된 스케일의 관점에서 원전 레짐의 리스케일링과 반핵 및 탈핵운동의 스케일 확장에 초점을 맞추면서, 삼척시의 원

1 한국에서 원전 유치를 둘러싸고 최초로 형성된 도시 레짐은 1997년의 울산 울주군 신고리 원전 사례라 할 수 있으나, 국가가 이를 원자력 관련 시설 입지 선정에 적극 활용하게 된 것은 2005년에 실시된 방폐장 유치를 위한 지자체간 주민투표 이후로 볼 수 있다. 지자체 간 경쟁에 의한 방폐장 입지 결정의 성공은 '분권'이라는 진보적 수사로 포장되기도 하지만, 신자유주의적 리스케일링의 전형을 명백히 보여준다.

전 유치 도시 레짐과 반핵운동 간 대응을 특히 JS 요소 중 절차적 측면에 초점을 두고 살피고자 한다. 여기에서 주된 관심은 원전 추진과 이를 둘러싼 반대가 도시, 전국, 글로벌의 상호 연관된 스케일에서 어떻게 전개되며, 지방 반핵운동의 전개가 환경정의의 시각에서 어떻게 해석될 수 있는지에 두어진다. 스케일 관점에서 핵 관련 시설을 둘러싼 갈등에 접근한 논문으로 엄은희(2012)는 밀양 송전탑 갈등을 사례로 환경정의와 '스케일의 정치'를 연계시키는 것이어서 본 장의 논의와 비슷한 문제의식을 갖는다고 할 수 있다. 그녀의 논의는 밀양에서의 한 노인의 죽음 이후 송전탑에 반대하는 풀뿌리 지역운동이 전국 스케일의 탈핵운동과 결합되는 과정을 분석함으로써, 공간성에 입각한 환경정의의 재정립을 주장하고 있다.

한편 삼척에서의 원전 유치 시도와 반핵운동의 역사가 1991년부터 시작[2]되었음에도 불구하고, 본 장에서의 대상 기간은 한수원 내 신규부지 추진팀이 신설[3]되고 지자체장 선거가 치러진 2010년 6월부터 2013년 2월까지로 한정한다. 시기 구분을 해 보면, 1단계(2010.6~ 2011.2)에는 신규 원전 추진과 관련된 전국 스케일의 원전 레짐과 원전 유치를 위한 삼척의 도시 레짐이 형성되었다. 2단계(2011.3~2012.10)에는 후쿠시마 사태를 계기로 원전 유치의 찬반을 묻기 위한 삼척 반핵운동의 주민투표 요구와 이를 거부하는 시장에 대한 소환운동이 전개되었다. 3단계 (2012.11 이후)에는 시장 주민소환이 무산된 이후 삼척 핵발전소 반대투

2 삼척시의 원전 유치 시도 및 이에 대응한 반핵운동은 1982년에 당시 동력자원부가 덕산(현재의 근덕면) 원전 건설계획을 발표한 데서 비롯된다. 인근 주민들은 1991년 3월에 동력자원부에 대한 건의문을 발송한 데 이어, 그해 8월 지역인사 200명, 사회단체장 85명으로 구성된 '덕산 원전 반대 대책위원회'를 발족시켰다. 김영희(2012: 2) 참조.

3 한수원의 신규 원전 부지 추진팀 조직이 신설된 것은 2010년 6월 16일로 기록되어 있다. 조태형(2012: 26) 참조.

쟁위원회(이하 핵반투위) 간부가 시의원 보궐선거에 당선되는 국면이 전개되어 왔다. 이에 덧붙여 연구 방법으로는 2012년 2월과 7월에 걸친 현지 심층면접, 참여관찰과 같은 해 3월의 160개 사례에 대한 주민 설문조사, 관련 인터넷 자료 등 문헌 분석에 의존했음을 밝힌다.

1. 이론적 검토와 연구 쟁점

1) 스케일 관점

올리어와 딜(O'Lear & Diehl, 2007; 한상진, 2012 재인용)에 의하면, 스케일은 장소, 행위자, 장소 및 행위자를 연계하는 관계적 차원이라는 세 가지로 구성된다. 이 가운데 장소는 물리적 입지뿐만 아니라 그와 결합된 규칙, 가치, 의미 등도 포괄한다. 또한 행위자는 국가, 개인, 조직, 언론인, 소비자, 생산자 등 어떤 현상에서 역할을 수행하는 모든 유형의 주체들이다. 그리고 장소와 행위자는 서로 다른 종류의 사회적, 경제적, 정치적, 또는 물리적인 교환관계로 연계되어 있다. 따라서 어떤 과정의 스케일은 행위자와 장소 간의 관계로 파악될 수 있으며, 이러한 관계를 형성하기 위해 출현하는 규칙, 또는 가치의 체계도 포함하는 것이다.

콕스(Cox, 2003; Park, 2008: 45 재인용)에 따르면, 행위자와 장소의 연합은 더 넓은 지리적 분업 내에서의 현재 지위를 방어하거나 그것을 제고하려는 시도와 연결되어 있다. 이때 국가의 원전 입지 시도와 지방의 공동체 방어 사례처럼 서로 다른 스케일의 이해관계 갈등이 발생할 경우, 그리고 어떤 기획도 물질적, 제도적, 이데올로기적으로 다른 스케일의 기획을 억압, 종속시킬 정도로 강력하지 못할 경우, 제10장에서도 언급한 스케일 간 긴장이 빚어질 수 있다(Park, 2008: 45).

그런데 채퍼라(Chapura, 2009; Herod, 2011 재인용)는 기존의 스케일 관련 연구들이 의도적인 스케일 구성의 노력만 지나치게 부각함으로써 사회적 행위의 의도하지 않은 결과로 발전되는 스케일의 이론화를 게을리했다고 비판한다. 이와 함께 전국 및 글로벌 스케일이 능동적인 실재로 묘사되는 데 반해, 도시나 지역은 이들 스케일의 구축을 위한 자연적인 기초인 것처럼 간주되어 사회적으로 생산되는 또 다른 스케일로 제대로 취급되지 못했다는 지적도 있다(Herod, 2011: 22).

이를 원전 레짐과 탈핵에 적용해 볼 때, 원전 입지를 위해 국가에서 지방으로 의도적인 스케일 재구성이 시도되는 한편으로 후쿠시마 사태와 같이 예측할 수 없었던 사회적 행위의 결과로 인해 '탈핵의 글로컬라이제이션'이 촉진되기도 함을 시사 받을 수 있다. 또한 본 장에서 도시 레짐이라는 지자체와 기업 등 민간부문의 통치연합을 강조하는 까닭은 원전 레짐이라는 국가의 틀 짜기(framing)가 일방통행으로 관철되는 것이 아니라, 지방 통치체제의 지역개발 요구와 매칭됨을 나타내기 위한 것이다. 더 나아가 전국 스케일에서의 탈핵 담론이 자칫 빠질 수 있는 탈장소성의 오류를 피하기 위해서도, 몸(body)[4], 도시, 지역 등의 다양한 스케일에서의 에너지 관련 공동체 실천과의 결합이 요청된다고 하겠다.

2) 신자유주의화와 도시 레짐, 원전 레짐

신자유주의화는 자본 이동성의 증가하는 위협, 지역 간 및 도시 간 경쟁의 격화, 국가 규제와 경제적 생산의 글로컬라이제이션 등과 같은 리스케일링 과정과 밀접한 협조 관계를 맺게 된다. 동시에 이는 언제 어디서

4 헤롯(Herod, 2011)은 스케일의 범주에 글로벌(the global), 전국(the national), 지역(the regional), 도시(the urban)와 함께 몸을 포함시키고 있다. 본 저술의 제8장에서도 몸 스케일이 자활정책의 변화와 관련되어 논의되고 있다.

나 가능하다면 자본에 대한 방해물을 파괴함과 동시에, 그것에 대한 지원을 창조하려는 신자유주의 레짐(neoliberal regime)으로의 이동을 초래한다. 신자유주의화와 관련하여 레짐의 의미는 '통치체제'라 번역될 수 있는 것으로, 전국, 지역, 도시 스케일에서의 국가 및 민간자본을 비롯한 이익집단의 네트워킹이라고 폭넓게 이해된다. 그중 도시의 통치체제를 둘러싸고, 엘킨(Elkin, 1987), 스톤(Stone, 1989) 등이 주장한 도시 레짐 이론은 정부(지자체) 부문과 시장(기업) 부문의 분업 및 상호의존성을 부각해 왔다.

신자유주의의 확산에 따라 지방정부는 점점 더 권한과 자원의 부족을 보완해줄 민간 행위자와 결합하여 통치연합을 구축하며, 그중 가장 안정적인 경우는 정부와 기업 간에 형성된 연대라는 것이다(강희경, 2011). 이후 스톤(Stone, 2005)은 1989년의 본인 논문에서 도시 레짐의 추동력으로 '선별적인 물질적 인센티브'를 지나치게 강조했다고 하면서, 즉각적 금전 보상이 없더라도 지역발전과 같은 대의(big purpose)가 레짐의 참여 동기가 될 수 있음을 지적한다. 그에 의하면, 지방 통치연합이 추구하는 투자의 정치는 다양한 행위자로부터 가시적(물질, 금전 등)이고 비가시적(광범위한 목적 등)인 실질적 자원을 동원하는 것이 요구된다고 한다.

한편 원전 레짐은 전국과 지방에서 작동되는 원전과 관련된 이익집단의 연계로서, 한국의 경우 전국 스케일에서는 지경부(2013년 2월말 이후 산업통상자원부) 관료, 한수원, 학계 및 기업체 관계자 등을 구성원으로 하는 '원자력 마피아'[5]로 불리기도 한다(이성로, 2012). 원전 레짐이라는 용어에서 레짐의 의미는 다음의 두 가지와 관련된다. 하나는 에너지의 생산 및 소비체제라는 맥락에서 화력발전 레짐, 신재생에너지 레짐과 차별

5 이정필(2011: 32)에 따르면, 원자력 마피아는 일부 정치인, 관료, 업계, 학계를 중심으로 정책 결정과정의 전문가주의와 비밀주의를 고수함으로써 위험사회 극복에 필수적인 사회적 공론화를 방해한다.

화되어 '원전 르네상스'를 추구하는 통치체제를, 다른 하나는 앞서의 도시 레짐과 같은 용법으로 신자유주의화에 따른 정부와 기업 간 연계나 국가-시장 거버넌스를 가리킨다고 하겠다. 본 저술에서는 후자의 의미에 초점을 두어, 주로 에너지 공급에 대한 국가 역할의 (공)기업과의 분담이라는 차원에서 원전 레짐에 접근하도록 한다. 그리고 도시 스케일에서의 원전 레짐은 위의 도시 레짐이 원전 유치 및 운영을 위해 동원되는 형태라고 이해할 수 있다.

3) 환경정의와 탈핵

원전 레짐의 이데올로기가 원자력을 지구 온난화의 대안인 지속가능한 '녹색 에너지'로 포장하므로, 이에 대응하는 환경정의의 접근은 약한 지속가능성 개념에 관한 비판에 기초하여 이루어질 필요가 있다. 쿡 외(Cook et al., 2012: 4-5)에 의하면, 지속가능성, 그중 특히 약한 지속가능성의 담론은 환경오염 감소로 인한 경제적 이익의 촉진이라는 관념과 겹쳐지면서 지속적으로 신자유주의화되어 왔다. 이 용어는 시장 주도성과 기술의 우위를 표방하는 '녹색 자본주의'에 경도됨으로써, 사회정의와 사회적 배제 과정을 무시하는 경향이 있다. 그리하여 지속가능성으로 위장된 기술관료주의는 민주주의에 입각한 반대 진영의 적절한 정치적 주장을 정책 조정의 영역에서 제거하는 결과를 낳게 된다.

한편 미국 매사추세츠주의 규정에 따르면, 환경정의는 인종, 소득, 문화, 사회계급 등과 무관하게 환경위험으로부터 모든 사람이 평등하게 보호받으며 모든 사회구성원이 환경오염과 건강위험을 균형 있게 부담하는 것을 뜻한다(박재묵, 2004). 미국에서 1980년대에 규범적 사회운동과 연계되어 부상한 이 개념은 지방 환경운동이 경제적 생산관계와 정치권력의 불평등에 따른 환경위험과 비용의 차별적 부담에 대한 정당한 저항으로 재해석될 수 있는 틀을 제공해 왔다. 환경정의의 유형화에 대해서는 학자마다 견해가 약간 다른데, 한상진(2006)은 상호적 정의, 평등적 정의, 절차적 정의로, 윤순진(2006)은 매사추세츠주의 정의를 바탕으로 실질적 정의, 분배적 정의, 절차적 정의로, 쿡 외(Cook et al., 2012)는 분배적 정의, 절차적 정의, 승인적 정의, 역량(capabilities)의 정의로 각각 구분하고 있다.

윤순진(2006: 12)에 의하면, 실질적 환경정의는 모든 사람이 깨끗한 환경에서 살 권리의 보장에, 분배적 환경정의는 환경편익과 부담의 공평한 분배에, 절차적 환경정의는 정책 및 법, 계획 등의 결정이나 이행과정에 대한 참여에 각각 관심을 둔다. 한상진(2006)의 경우, 평등적 정의란 내용상 분배적 정의와 비슷하며 상호적 정의는 인간과 인간, 인간과 자연 간 호혜성을 강조하는 것이기 때문에 실질적 정의의 과정으로서의 의의를 갖는다고 할 수 있다. 본 장에서는 반핵 및 탈핵(운동)을 환경정의의 스케일과 관련하여 다루는데, 그 요소는 실질적 정의, 분배적 정의, 절차적 정의라는 세 가지로 구성된다. 본 저술의 제5장에서 제시된 JS의 요소는 분배, 절차 외에 승인과 역량이었는데, 이 중 승인, 역량은 실질적 환경정의가 갖는 세부적 내용으로 이해될 수 있다.

그렇다면 반핵과 구별하여 탈핵은 어떻게 규정되는가? 김현우(2012: 278)에 의하면 탈핵이 반핵과 다른 것은 원전을 둘러싼 현 상황이나 추세에 대한 반대나 저지가 아닌, 대안과 탈출을 의미하기 때문이라고 한다.[6]

---

6 그렇다고 해서 '반핵'을 폐기되어야 할 개념으로 치부하는 것은 온당하지 못하다고 생각된다. 전국, 글로벌 스케일에서의 탈핵은 원전 레짐과 대치하는 장소인 도시 스케일에서의 반핵운동을 기반으로 할 때 활성화될 수 있기 때문이다. 탈핵의 선진국인 독일의 경우, 1977년까지 전개된 지방 반핵운동의 성과에 힘입어 원전 건설에 대한 무조건적 반대를 넘어 탈핵으로의 전환이 가능했다(박진희, 2012: 225). 따라서 이 논문은 탈핵, 반핵이 원전에 대한 반대와 탈피 지향이라는 상호 관련된 의미를 갖는다고 간주하여 두 용어를 동시에 사용하기로 한다.

탈핵은 핵무기와 원전이 글로벌 레짐을 통해 배치되고 기능하는 만큼 글로컬한 과정이 될 수밖에 없으며, 불평등 해결과 민주주의 확대의 과제를 필연적으로 내포하게 된다. 또 그것은 원전 중심의 중앙집중식 대규모 전력체계와 과소비 패턴을 변화시켜 지방 분산적인 소규모 재생에너지 체계로 전환하는 과정이기도 하다(정연미 외. 2011: 109). 위에서 다룬 환경정의의 분류를 반핵 및 탈핵의 측면과 연계시키면, 실질적 정의는 글로벌, 전국, 도시 스케일 모두에서 핵 위험으로부터 벗어나는 인간과 자연의 공존에 대한 추구로 볼 수 있다. 이와 함께 절차적 정의는 주로 전국 및 도시 스케일에서 원전 레짐이나 도시 레짐이 표출시키는 폐쇄적이고 비민주적인 정책 집행에, 분배적 정의는 대체로 도시 스케일에서의 원자력 위험 및 이에 대한 보상의 불균등성에 대항하여 환경정의를 추구하는 것이라 하겠다.

4) 연구 질문과 분석 모형

여기서는 위의 이론적 검토를 배경으로, 본 장에서 주로 살피고자 하는 쟁점을 밝히고 이를 모형화한 분석 틀을 제시한다. 먼저 신규 원전 부지의 확보, 또는 유치를 시도하는 원전 레짐 및 도시 레짐의 성격을 둘러싼 연구 질문은 ①~③과 같다.

① 전국 스케일의 원전 레짐을 구성하는 중앙정부, 한수원, 학계 등은 신규 원전 부지 확보를 위한 리스케일링의 실행에서 어떻게 역할을 분담하고 있는가?
② 원전 유치 도시 레짐의 작동과 관련하여, 지자체라는 정부부문과 지역기업 및 사회단체라는 민간부문 중에서 어떤 행위자가 이니셔티브를 쥐는가?
③ 도시 레짐을 구성하는 주요 민간 행위자의 레짐 참여 동기는 공적 목적과 사적 이익 가운데 어느 것에 상대적으로 치우쳐 있는가?

다음으로 원전 유치 도시 레짐에 대항하는 지방 반핵운동과 이를 둘러싼 주민의식에 대해서는 환경정의의 세 유형을 중심으로 ④~⑥의 질문을 제시하고자 한다.

④ 실질적 환경정의와 관련하여, 후쿠시마 사태에 따른 글로벌 스케일에서의 핵 위험 자각이 삼척의 반핵운동에 어떤 영향을 미쳤으며 역으로 지방 반핵운동은 글로벌 및 전국 스케일의 탈핵운동과 어떻게 결합되고 있는가?
⑤ 분배적 환경정의와 관련하여, 원전대상 지역, 원전대상 부근 지역, 시내 기타 지역별로 삼척 주민의 원전 유치에 대한 태도가 어떻게 다른가?
⑥ 절차적 환경정의와 관련하여, 반핵운동은 원전 유치 찬반을 묻는 주민투표에 대한 요구를 둘러싸고 지자체장 주민소환제도와 지방의회 선거를 어떻게 활용하는가?

<그림 11-1>은 이들 연구 질문을 중심으로 도시, 전국, 글로벌이라는 스케일에 따라 원전 레짐, 탈핵, 환경정의 각각을 구성하는 변수가 서로 어떤 관계를 맺는지 도시한 것이다. 여기서 유의할 점은 탈핵과 연결되는 환경정의에 대한 스케일 해석이 단선적 관계를 가리키기보다는, 해당되는 주요 스케일을 포괄적으로 예시해 놓은 것이라는 사실이다. 즉 실질적 정의는 글로벌 스케일에 주로 관련[7]되지만 전국 스케일에서의 탈핵 지향과 연관될 수 있으며, 절차적 정의는 ⑤의 쟁점처럼 원전 레짐의 리스케일링을 둘러싸고 국가 수준 외에 지자체 수준에서도 다루어질 수 있는 것이다.

---

7 글로벌 스케일의 실질적 환경정의와 관련하여, 글로벌은 '하나의 세계'(one world)와 '전체 지구'(whole earth)라는 상이한 두 가지 의미를 갖는다고 볼 수 있다 (Cosgrove, 1994: Herod, 2011: 233 재인용). 이때 '전체 지구'의 관념은 지구가 수많은 분리된 부분들로 구성됨을 강조하는 데 비해, '하나의 세계'라는 이미지는 통합 정도가 높은 단일한 지구를 상징하는 차이가 있다.

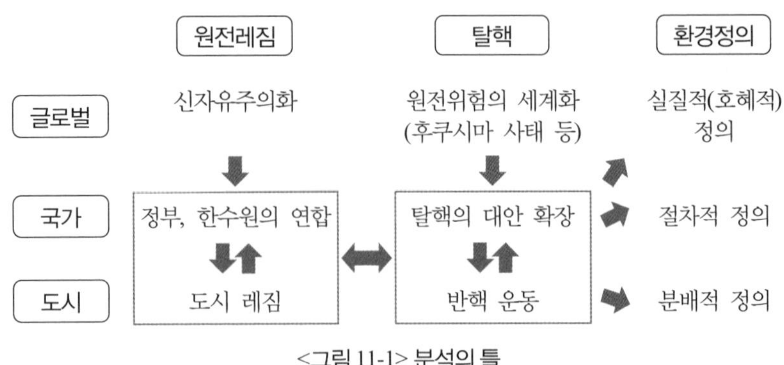

<그림 11-1> 분석의 틀

2. 원전 레짐의 리스케일링과 원전 유치 도시 레짐의 성격

1) 신규 부지 확보를 위한 원전 레짐의 리스케일링 전략

제1차 국가에너지 기본계획(국무총리실 외, 2008)은 2006년 현재 설비 기준으로 26%인 원전 비중을 55%까지 확대할 필요가 있으나 부지확보 여건과 기술·경제적 불확실성을 고려하여 2030년까지 41%로 증가시킨다는 목표를 제시한다. 그에 따라 기존 부지에 수용되는 6기 외에 2012년까지 2-3개의 신규 부지를 민주적, 합리적 방식으로 확보할 것임을 밝히고 있다. 그 밖에 원전의 수용성 증진을 위해 원전 건설 운영의 혜택이 지역사회에 직접 전달되도록 현행 발전소 주변지역 지원사업을 개선하여 지역공존형 원전 건설이 되도록 하겠다는 표현도 발견된다. 원전 르네상스를 전제로 한 위의 신규 원전 입지 계획은 '민주적, 합리적 방식의 수용성 증진'이라는 외피 속에, '발전소 주변지역 지원에 관한 법률'에 따른 특별지원금, 기본지원금, 사업자 지원사업, 지역자원 시설세 등 원전 2기 기준으로 해당 지자체에 대한 약 1조 5천억 원(조태형, 2012: 25)의 지원금을 주요 내용으로 하는 것이다. 이에 근거해 2010년부터 전개된 원전 레짐의 리스케일링 전략에는 다음과 같은 특징을 찾을 수 있다.[8]

첫째, 2010년 11월에 한수원은 삼척, 영덕, 해남, 고흥을 신규 원전 유치가능 지역으로 선정하고 해당 지자체가 희망할 경우 지방의회의 동의를 얻어 신청하도록 했다. 이처럼 지방의회와의 협의를 조건으로 함으로써 주민의 의사가 존중되는 것처럼 보이나, 지방의원들은 지역기업, 지자체장에게 좀 더 친화적일 개연성이 크므로 전체 주민의 의견을 대표하는 것으로 보기 어렵다.[9] 실제로 2011년 11월에 삼척, 영덕 외에 자율적으로 신청한 울진까지 3개 지역 주민을 대상으로 한수원이 조사한 결과, 유치 찬성률은 전체적으로 과반을 조금 넘는 수준이었고 삼척의 경우에는 50%를 밑돌았다(에너지코리아 뉴스, 2012.1.6). 그럼에도 불구하고 그 직후인 2011년 12월에 삼척, 영덕이 예정지역 후보지로 결정되는데, 이는 원전 레짐의 리스케일링 전략이 주민 수용성을 강조하고 있음에도 불구하고 실제로는 전체 주민의 의견 반영보다는 원전 유치에 협조적인 도시 레짐의 형성 및 유지에 주로 관심을 두어 왔음을 시사한다.

둘째, 울산 울주군이나 방폐장 관련 지자체간 주민투표와 같은 과거의 리스케일링 경험과 2010년 이후의 삼척, 영덕 사례가 다른 점은 유치가능 지역을 연구 용역에 의거하여 도출한다든지 후보지 평가에 부지 선정 위원을 참여시키는 등 전문가 집단을 개입시켰다는 데에 있다. 하지만 2009년의 한국전력 기술, 국토연구원에 의한 용역 결과가 신규 원전 가능 지역으로 해남, 보성 등 10곳의 지자체를 추천(탈핵신문, 2012.1.17)한

8 2012년 9월 지경부에 의한 예정지역 고시에서 삼척, 영덕의 원전 부지는 각각 '대진 원전'과 '천지 원전'이라는 해당 자연부락의 이름으로 명명되었다. 이처럼 원전의 장소성을 둘러싸고 도시 스케일이 아닌 근린 스케일로의 리스케일링 담론이 구사되는 것은 도시 차원에서의 원전 위험성 및 탈핵의 문제 제기를 근린 수준으로 협소화시키려는 의도로 해석될 수 있다.

9 물론 2010년 11월에 한수원이 신규 원전 가능 지역으로 선정한 4개 지자체 가운데 해남과 고흥은 해당 군의회가 한수원과 가동 중인 원전을 방문한 후 군민 의견을 수용(해남군 의회)하거나 장기적 미래를 생각해 청정 이미지가 더 값지고 소중하다는 입장(고흥군 의회)에서 유치를 거부하기도 했다. 서울신문(2011.2.8) 참조.

데 반해, 한수원은 지자체 유치 의사 및 지역 동향에 대한 자체 판단에 입각하여 6곳은 제외한 채 앞서의 4개 지역만 유치가능 지역으로 결정한 것으로 나타난다(조태형, 2012: 26). 또한 2011년에 활동한 한수원 산하 '부지선정위원회'에 대해서는 법적 권한이 없는 임의적 기구인 데다가 재생에너지를 연구하는 국책연구기관의 원장이 개인 자격으로 기술 검토를 하는 등의 문제점이 지적되고 있다(김제남 의원실, 2012). 따라서 예전에 비해 강화된 '전문성의 정치'(정태석, 2012)는 중앙정부가 담당해야 할 원전부지 선정의 과정을 공기업인 한수원이 대행하는 데 따른 정당성의 문제를 완화하기 위한 형식적 절차로 기능하는 셈이다.

셋째, 연구 질문 ①과 관련하여 원전 레짐을 구성하는 중앙정부 관료, 한수원 직원, 관련 전문가 등이 신규 원전 추진의 리스케일링 전략에 어떻게 협력하는지 살피면 다음과 같다. 우선 지경부는 '전원개발사업 추진위원회'라는 관계 부처 협의 조직을 관리하여 최종 승인만 담당할 뿐, 원전부지의 신청 접수와 심사까지의 모든 과정을 한수원이 전담하고 있다. 이러한 원전 입지 전략의 신자유주의화는 전국 스케일의 원전 레짐과 원전 유치 도시 레짐의 상호작용을 촉진하며, 여기에는 지경부 산하인 한국원자력문화재단이나 유관 학회인 한국원자력학회도 매개 역할을 수행한다.

삼척시 사례를 볼 때, 한수원에 의해 4개의 원전 유치가능 지역이 발표된 직후인 2010년 11월 30일부터 시장의 요청으로 원자력문화재단이 시내 5개 권역의 여론주도층 1,400명을 대상으로 6회에 걸친 특강을 실시한 바 있다(한국원자력문화재단, 2010). 그 밖에 삼척시와 한국원자력학회는 2012년 5월에 '지역발전을 도모하고 원자력 산업분야의 육성 및 발전을 위해 공동 협력'하기 위해 협약식을 체결했는데, 이 자리에는 삼척시장과 학회장은 물론 한수원 건설본부장, 관련 기업 부사장 등 원전 레짐의 주요 행위자들이 동참했다(한국원자력신문, 2012.5.17).

2) 지자체장 역할과 민간 행위자의 도시 레짐 참여 동기

삼척의 원전 유치 도시 레짐은 시장, 시의회, 공무원, 이·통·반장과 같은 지자체부문과 상공회의소 임원, 원자력산업유치협의회(이하 원산협) 집행부, 기타 사회단체장과 같은 민간부문으로 구성된다. 스톤(Stone, 1989) 등 미국의 연구 결과에 따르면 사회단체보다는 기업 관계자가 민간부문의 행위자로 부각되는 데 비해, 삼척 사례에서는 중소기업 및 자영업 대표가 사회단체 임원을 겸하는 경우가 많다. 예컨대 2010년 11월부터 2012년 3월까지 삼척 상공회의소 회장을 역임한 행위자의 직위를 보면, 전력통신 관련 중소기업의 대표이자 동시에 삼척경찰서 보안협력위원회 부위원장, 삼척연합번영회 자문위원 등을 겸직하고 있다(삼척상공회의소, 2010). <표 11-1>은 연구 질문 ②를 해명하기 위해, 원전 유치 도시 레짐의 행위자 가운데 누가 주도적인 역할을 수행하는가에 관한 주민 평가를 거주지별로 나타낸 것이다.

전체적으로 원전 유치를 위한 역할이 매우 크면 2점, 약간 크면 1점, 보통이면 0점, 별로 없으면 -1점, 전혀 없으면 -2점을 주어 계산된 평균 점수는 삼척시장 1.76점, 원산협 1.58점, 시의원 1.19점, 시공무원 0.66점의 순서로 높으며, 이·통·반장이나 개별 새마을단체 및 안보단체의 경우 비교적 낮음을 알 수 있다. 거주지별로는 근덕면 부남리, 대진리 등 원전 대상 지역에서 시장, 원산협, 시의원, 시공무원의 원전 유치 역할이 컸다는 평가가 상대적으로 높다. 그러므로 주민의식을 통해 간접적으로 추정해 볼 때, 지자체부문에서는 시장이, 민간부문에서는 원산협 대표가 원전 유치를 위한 도시 레짐의 이니셔티브를 쥐어 왔음을 시사 받을 수 있다. 그러면 두 행위자간 관계는 동등한 역할 분담인가, 아니면 지자체장이 원산협을 선도(先導)하는 형태인가를 검토해 보기로 한다.

<표 11-1> 거주지별 원전 유치 도시 레짐 행위자의 역할에 대한 평가 점수 (출처 : 주민설문조사(2012.3))(단위:개수(%))

	시장	시의원	시공무원	이 · 통 · 반장	원산협	안보 단체	새마을 단체
원전대상 지역	1.88 (50)	1.31 (50)	0.94 (50)	-0.32 (50)	1.74 (50)	-0.94 (50)	-0.84 (50)
원전대상 부근	1.66 (50)	1.24 (50)	0.12 (50)	-0.80 (50)	1.50 (50)	-0.78 (49)	-1.00 (50)
기타 삼척시내	1.73 (60)	1.05 (60)	0.87 (50)	0.23 (60)	1.53 (59)	-0.13 (60)	0.78 (59)
전체	1.76 (160)	1.19 (160)	0.66 (160)	-0.26 (160)	1.58 (159)	-0.58 (159)	-0.29 (159)
F	2.05	1.09	9.03**	10.31**	1.37	9.77**	4.07*

주: * $p<0.05$, ** $p<0.01$

우선 앞 절에서 보았듯이 삼척시장은 전국 스케일의 원전 레짐에 대해서도 주도적으로 협력해 온 데 반해, 원산협이나 상공회의소, 사회단체 등이 시민 의견을 결집해 원전 유치 도시 레짐을 추동시킨 증거는 찾기 어렵다. 2010년 6월의 지방선거에서 무소속으로 출마한 현 시장은 LNG 생산기지, 종합발전단지와 함께 제2원자력 연구원을 설치하겠다는 공약으로 당선되었고, 당시에는 원자력 연구기능만 언급했지 원전을 명시하지는 않았다(핵반투위 기획홍보실장 면담 결과, 2012.2.15). 한편 원산협의 모태는 2010년 12월 9일에 발족된 삼척발전시민연합(이하 삼발련)인데, 이 단체의 공동대표는 전직 도의원 2인이 맡았으며 시장이 창립총회에 참석해 에너지·원자력 클러스터의 구축과 원전 유치 경쟁에 나서겠다는 축사를 하기도 했다. 이어 삼발련 공동대표 중 1인을 상임대표로 하여 2011년 1월 14일에 설립된 원산협은 이·통·반장들을 준비위원, 새마을단체 관계자, 자유총연맹 회원 등을 홍보위원으로 위촉(원산협 인터넷 카

폐, 2011.1.29)하여 지자체장의 원전 추진에 따른 실행조직으로 가동되어 왔다.[10]

이처럼 도시 레짐의 이니셔티브를 쥔 삼척시장은 2012년 들어 핵반투위의 주민투표 및 주민소환 요구가 거세지자, 스스로 이·통·반장과 사회단체장의 맞대응을 호소하기에 이른다. 시장 명의의 '존경하는 이·통·반장 및 사회단체장님께'(2012.7)라는 서신에 의하면, 대형 국책사업의 투자 유치를 기반으로 복합에너지 거점도시와 지역경제 활성화가 실현되어야 하므로 지역갈등을 조장하는 주민소환에 단호하게 반대할 것을 당부하고 있다. 이후 2012년 10월 말까지 전개된 시장 주민소환운동의 과정에서 삼척시 연합번영회, 여성단체협의회, 중앙시장조합 등은 "일 많이 했잖아요, 시장님! 우리가 지켜 드릴게요", "주민소환 철회하고 지역발전 고민하라", "불순세력 배척하고 똘똘 뭉쳐 부자되자" 등의 플래카드를 게시(현지 참여관찰 결과, 2012.7.13)하여 도시 레짐을 선도하는 삼척시장의 보조 역할에 더욱 충실하게 된다.

그런데 유의할 것은 원전 유치 도시 레짐의 논리에는 한수원의 막대한 지원금을 활용하여 지방재정의 확충과 지역개발이라는 공적 이익을 추구하는 측면이 있다는 점이다. 따라서 도시 레짐에 참여하는 민간 행위자는 지자체장에 의해 동원되거나 사적 이익을 추구할 수도 있지만, 지역경제 활성화 등의 공적 목적을 지향할 수도 있다. 그러면 연구 질문 ③과 관련하여 도시 레짐 행위자별로 사적 이익을 추구하는 정도에 대한 삼척 주민의 의식은 어떠한지 검토해 보자.

<표 11-2>는 사익 추구 정도가 매우 크면 5점, 약간 크면 4점, 보통이면 3점, 별로 크지 않으면 2점, 전혀 크지 않으면 1점을 주어 계산된 평균

10 원산협은 2011년 3월에 원전 유치를 신청한 인근 울진군과의 경쟁을 위한 결의대회를 개최(뉴시스, 2011.3.7)했고, 같은 해 6월에는 삼척시와 한수원을 후원 기관으로 하여 통·리·반장 대상 순회특강 및 간담회를 열기도 했다(경향신문, 2011.6.23).

점수를 원전에 대한 찬반 입장에 따라 교차한 결과이다. 전체적으로 원산협 4점, 시장 3.91점, 시의원 3.48점의 순서로 사익 추구의 정도가 높은 것으로 인지되고 있는데, 원전 찬반별로는 어떤 곳에서도 원전 유치에 반대한다는 집단에서 각 행위자의 사익 추구 정도에 대한 평가 점수가 좀 더 높은 편이다.

<표 11-2> 원전 찬반 입장별 도시 레짐 행위자의 사익 추구에 대한 평가 점수 (출처 : <표 11-1>과 같음)(단위: 개수(%))

	시장	시의원	시 공무원	이 · 통 · 반장	원산협	안보 단체	새마을 단체
삼척 유치 찬성	3.18 (45)	2.91 (45)	2.64 (45)	2.47 (45)	3.40 (45)	3.56 (45)	2.40 (45)
삼척 유치 반대, 타 지역 유치 찬성	4.15 (13)	3.62 (13)	3.23 (13)	2.69 (13)	3.69 (13)	2.15 (13)	2.15 (13)
어떤 곳도 유치 반대	4.31 (96)	3.75 (96)	3.24 (96)	2.39 (96)	4.40 (96)	2.31 (96)	2.09 (96)
기타	2.33 (6)	3.00 (6)	2.50 (6)	2.83 (6)	2.83 (6)	2.33 (6)	2.50 (6)
전체	3.91 (160)	3.48 (160)	3.04 (160)	2.45 (160)	4.00 (160)	2.65 (160)	2.20 (160)
F	14.24**	4.70**	3.02*	0.53**	10.82**	0.93	0.93

주: * $p<0.05$, ** $p<0.01$

주요 민간 행위자인 원산협의 사익 추구 경향이 상대적으로 크게 인식된다는 사실의 객관성은 2013년 2월에 밝혀진 삼발련 집행부의 불투명한 후원금 수수 의혹에서 어느 정도 확인된다. 이 단체 회원의 내부고발 문건(핵반투위, 2013ㄱ)에 의하면, 삼발련 고문, 대표, 사무국장은 2012년 5월에 삼척에 화력발전소를 유치하려는 기업으로부터 홍보청탁의 대가로 불법 후원금을 수령했다고 한다. 핵반투위는 삼발연 집행부와 회원들이 원산협의 주요 구성원이고 원산협 또한 2011년 이후 삼척시로부터 3억 원에 가까운 보조금을 받았다고 주장하면서, 이 단체의 해체를 요구했다(핵반투위, 2013ㄴ). 이에 대해 원산협은 "원전 유치를 위한 예산은 의혹없이 집행됐다"며 "핵반투위가 단체의 설립 목적과 활동 방향이 다른 삼발련의 일을 놓고 원산협이 연루되어 있는 양 허위사실을 유포하고 있다"는 입장을 밝혔다(강원도민일보, 2013.2.23).

3. 지방 반핵운동과 주민의식에 대한 환경정의적 해석

1) 후쿠시마 사태의 영향과 지방 반핵운동의 스케일 확장

2011년 3월에 일어난 후쿠시마 원전의 방사능 누출 사건은 글로벌 스케일에서의 탈핵의 필요성을 확산시키고 신재생에너지로의 전환을 활발히 모색하게 만드는 계기가 되었다. 그렇다면 생태 위기에 대한 실질적, 호혜적 정의의 추구라는 차원에서, 이 사건이 도시 스케일의 삼척시 반핵운동에 미친 영향은 어느 정도인가? <표 11-3>은 후쿠시마 사태가 주민의 원전 유치에 대한 판단에 미친 영향을 성별로 교차한 것으로, 전체의 84%가 약간이라도 영향을 받은 것으로 나타난다. 성별로는 통계적으로 유의하지는 않으나 남성보다는 여성에게 좀 더 많은 영향이 있었던 것으로 추정된다.

<표 11-3> 성별 후쿠시마 사태가 원전 유치에 대한 판단에 미친 영향 정도
(출처: <표 11-1>과 같음)(단위: 개수(%))

	남성	여성	전체
매우 영향 미침	59(57.3)	40(70.2)	99(61.9)
약간 영향 미침	24(23.3)	12(21.1)	36(22.5)
보통	13(12.6)	1(1.8)	14(8.8)
거의 영향 미치지 않음	5(4.9)	4(7.0)	9(5.6)
전혀 영향 미치지 않음	2(1.9)	0(0.0)	2(1.2)
계	103(100)	57(100)	160(100)

注: X^2=7.4

그리고 핵반투위에 관여하고 있는 전직 시장과의 면담 결과(2012.7.13)에 의하면, 2010년 12월에 핵반투위가 발족하였음에도 불구하고 이 사태가 발생하기 전에는 에너지 클러스터 계획의 일환으로 추진된 현 시장의 원전 유치 계획을 둘러싸고 반대가 뚜렷이 공론화되지 못했다고 한다. 2011년 4월 초에 개최된 한 간담회(최문순 강원도지사 후보 선거운동본부, 2011)에서의 핵반투위 상임대표의 다음과 같은 발언도 이를 입증한다.

> "삼척 지역은 눌려져 있어서 민의가 시에 제대로 반영 안 됐다. 시 의회가 시장과 같아 반대하는 사람이 없다. 시장이 뭐 한다고 하면 그냥 해 왔다... 생계가 걸려 있으니 주민들이 말 못하다가 일본사건, 그리고 이런 조직 꾸리니까 이야기가 터져 나온다."

다음으로 연구 질문 ④의 두 번째 쟁점과 관련하여, 이후 2년여에 걸쳐 지방 반핵운동이 실질적 환경정의를 표방하는 글로벌 및 전국 스케일의 탈핵운동과 어떻게 결합하여 왔는가를 살펴보자. 삼척의 반핵운동은 삼척시 전체를 포괄하는 핵반투위와 원전대상 지역의 조직인 근덕면 원전반대투쟁위원회(이하 근덕투위)를 두 축으로 하고 있다.[11] 두 조직의 집행부는 신부, 한국농업경영인 삼척시 연합회장, 공무원 노동조합 간부,

근덕면 번영회장, JC 특우회 강원회장, 삼척여고 동문회 대표 등 종교계, 농민, 노동계는 물론이고 지역사회에 뿌리를 둔 다수의 사회단체 관계자들로 구성되어 있다. 이 같은 주요 행위자의 구성은 지방 반핵운동이 전국 스케일의 원전 레짐에 대항하여 주로 도시 스케일의 공동체를 방어하기 위한 동기에서 시작되었음을 시사한다.[12] 하지만 원전 유치 도시 레짐이 형성되고 글로벌, 전국 수준의 탈핵운동이 활성화되면서, 국가 스케일의 원전 레짐과 도시 스케일의 공동체적 반핵운동 사이에서의 비교적 단순한 '스케일 간 긴장'은 글로벌, 전국, 도시[13]라는 다중스케일 간 갈등(multi-scalar conflict)으로 복합화되어 왔다.

삼척시 반핵운동의 전국 및 글로벌로의 스케일 확장은 전국의 경우 동해안 탈핵 천주교 연대(이하 천주교연대)나 탈핵 희망버스 등 진보 정치세력과의 결합에서, 글로벌의 경우에는 반핵 아시아포럼 및 그린피스의 지

---

11 주목할 만한 것은 원전 유치에 대한 반대과정에서 핵반투위와는 별도로 2013년 2월에 '삼척환경시민연대'가 지역 환경문제 전반에 대응하기 위해 발족하였다는 사실이다. 삼척환경시민연대(2013)는 창립 취지에 대해 첫째, 정부와 삼척시가 비민주적이고 강압적으로 추진하고 있는 근덕면 원전부지 고시에 대해 시민과 함께 반드시 막아 낼 것, 둘째, 무분별한 대규모 화력발전소 건설은 대기 환경오염은 물론 해양 생태계 파괴와 청정해역인 삼척의 해안 경관을 훼손되므로 원칙적으로 반대함, 셋째, 주요 시정과 의정을 철저히 감시하고 지역 현안에 대해 시민과 함께 올바른 대안을 제시할 것이라고 밝히고 있다.

12 핵반투위의 집회에서 애창되는 곡목 중 하나가 '고향의 봄'이라는 점도 이를 예증한다.

13 다중스케일 간 갈등은 글로벌, 국가, 도시 스케일 외에 울산 울주군 신고리 원전 사례처럼 지역 스케일에서도 발생될 수 있다. 그런데 삼척의 경우 시장이 주도하는 원전 유치 도시 레짐이 광역자치단체의 반핵 입장과 뚜렷이 대립되지는 않아 왔다. 2011년 4월의 보궐선거로 당선된 강원도지사는 같은 해 12월의 원전 후보지 발표에 대해 "도민의 생명과 안전을 지키고 지역경제에 시급한 동해안권 경제자유구역 지정 등 환경 친화적 사업을 우선 육성하는 데 정부가 주력해야 함에도 원전 건설을 강행하는 것은 유감스러운 일"이라고 비판했다(프레시안, 2011ㄴ.12.23). 하지만 진보신당 강원도당은 2012년의 총선을 앞두고 강원도가 도내 현안의 공약 채택 요청을 위해 각 정당에 배부한 자료집에 삼척에 제2원자력연구원을 유치하겠다는 내용이 있어 도지사가 원전 건설에 반대한다고 밝혀온 것과 모순됨을 지적하고 있다. 강원도민일보(2012.2.22) 참조.

지 방문 사례에서 관찰된다. 우선 2012년 1월에 원주, 안동, 대구, 부산 교구를 중심으로 출범한 천주교연대는 "삼척, 영덕에까지 신규 원전을 건설할 경우 우리나라 원전 42기 중 동해안 지역에만 36기가 집중 건설되어 세계 최대 핵단지화 지역이 될 것"이라며 "지방을 희생하며 수도권을 위한 원전 추가 건설은 중단되어야 한다"고 주장했다(환경매일, 2012.1.17). 한편 밀양, 고리에 이은 3차 탈핵 희망버스의 일환으로 2012년 7월에 전국에서 모인 150여 명은 1천여 명이 참여한 '삼척시장 주민소환 결의대회'에 동참했다(오마이뉴스, 2012ㄹ.7.15). 그리고 2012년 3월 서울 핵안보 정상회의에 즈음해 개최된 '반핵 아시아포럼'에 참석한 30여 명은 '핵 없는 세상을 위한 원년미사 및 반핵평화 대행진'에 합류했으며(오마이뉴스, 2012ㄱ, 3.25), 2011년 6월, 2012년 5월에는 그린피스의 레인보우 워리어호와 에스페란자호가 삼척시를 방문하여 퍼포먼스를 벌이기도 했다.

2) 분배적 환경정의와 원전대상 지역의 주민의식

분배적 환경정의를 환경피해와 편익, 보상 간의 공평한 분배로 정의한다면, 도시 스케일 내부에서는 원전대상 부근에 거주하는 주민이 직접적 보상이 없는 가운데 최근접 거리에서 환경위험에 노출될 것이므로 원전 유치 반대가 더욱 강력하리라고 가정될 수 있다. 그리고 분배적 정의를 전국 스케일로 확장해 본다면, 다른 곳이 아닌 삼척시 근덕면 부남리, 대진리가 원전대상 지역으로 선정됨으로써 해당 주민이 위험과 보상의 관계에 어떻게 대응하는지 검토할 필요가 있겠다. 우선 연구 질문 ⑥과 관련하여 <표 11-4>는 거주지별 원전 유치에 대한 찬반 입장을 보여주는데, 기타 삼척시내의 찬성 비율이 상대적으로 높은 반면에 원전대상 부근에서 반대가 가장 크기는 하나 원전대상 지역과는 별로 차이가 없음을 알 수 있다. 이는 예정부지 편입으로 토지보상이 예상되는 원전대상 지역에서도 반대 주민이 많은 데 따른 것으로, 원전대상 부근에서만 분배적 정의의 요구가 두드러지지는 않음을 가리킨다.

<표 11-4> 거주지별 원전 유치에 대한 찬반 입장(출처: <표 11-1>과 같음)(단위: 개수(%))

	원전대상 지역	원전대상 부근	기타 삼척시내	전체
삼척 유치 찬성	11(22.0)	8(16.0)	26(43.3)	45(28.1)
삼척 반대, 타 지역 찬성	3(6.0)	5(10.0)	5(8.3)	13(8.1)
어떤 곳도 유치 반대	33(66.0)	37(74.0)	26(43.3)	96(60.0)
기타	3(6.0)	0(0.0)	3(5.0)	6(3.8)
계	50(100)	50(100)	60(100)	160(100)

주: X^2=16.2($p<0.05$)

이처럼 원전대상 지역의 주민들 사이에서는 <표 11-4>에서 보듯이 반대 입장이 훨씬 우세하지만, 소수이기는 하나 사적 이익에 입각한 찬성 견해도 잠복하여 있는 것으로 관찰된다. 먼저 원전 반대의 이유를 보면, 1982년 이후 계속된 정부와 한수원의 원전 유치 시도에 대한 피해의식과 관광업, 친환경농업 등 대안적 지역발전의 추구가 확인되고 있다. 덕산 원전 반대 때부터 참여한 백투위 사무국장(한겨레21, 2012.3.12)은 다음과 같이 언급한다.

> "핵 문제로 워낙 오래 싸웠다. (...) 주민들이 격렬하게 반대하고 나면 '재검토하겠다'는 발표가 나온다. 그 사이에 생활은 엉망이 되고 만다. 크게 보면 1993년 원전 반대투쟁, 2005년 핵폐기장 반대투쟁, 2010년 원전 반대투쟁 등 세 차례다. 하지만 그 사이사이에 핵 문제와 관련된 이런저런 소문이 10여 차례 돌아 주민들을 긴장하게 만들었다. (,,,) 이게 한수원의 전략이다."

이와 함께 근덕면 출신의 백투위 공동대표는 "삼척은 많은 해수욕장과

천연 동굴이 즐비해 연간 관광객이 800만 명을 넘어서고 있으며 시장이 친환경농산물 생산의 본고장으로 만들겠다고 공약하고서 이제 와서 원전을 유치하는 것은 자기모순에 빠지는 것"으로 지적한다(한국농어민신문, 2012.3.26). 이와 같은 반대 입장은 토지보상이라는 개인적 편익보다 원전에 의한 환경위험 자체를 중요시하는 것으로, 특히 30년이라는 반핵운동의 역사성이 개인적 이해타산을 억제시키고 있음을 암시한다.

이에 반해 근덕면 대진리의 어민과 면접한 결과(2012.7.13), "국가가 하는 일이라 반대해도 어쩔 수 없고, 농어업으로는 워낙 먹고 살기 어렵기 때문에 보상금 받고 이주하는 것이 낫다"는 찬성 논리 또한 찾을 수 있다. 그리고 근덕투위 공동위원장(탈핵신문, 2013.3.12)의 주민소환운동 과정의 어려움에 대한 다음과 같은 발언에서도 부(富)와 권력의 불균등이라는 분배적 불의를 이용한 도시 레짐의 전략이 강제된 찬성 입장을 부추겨 왔음을 시사 받을 수 있다.

> "금전과 권력의 힘이 막강했다. 지역의 젊은이들에게 계약직을 정규직으로 만들어준다고 하니까 힘을 못 썼다. 게다가 삼척 공무원 중에서 근덕면 출신이 제일 많아 공무원의 친지들 때문에 투표를 선뜻 못했다."

3) 정의롭고 지속가능한 절차의 확보 모색
- 시장 주민소환의 좌절과 지방의회 진출

원전 유치 도시 레짐에 대한 리스케일링이 중앙정부, 한수원, 지자체 간 형식적 절차를 통해 이루어지기 때문에, 지방 반핵운동은 전국 스케일에서 규정되는 절차적 정의를 원전 레짐에 대항할 가치 있는 수단으로 적극 수용할 가능성이 높다. 여기서는 연구 질문 ⑤와 관련하여, 삼척의 반핵운동이 원전 유치 여부에 대한 주민투표 요구를 둘러싸고 어떻게 절차적 환경정의를 추구해 왔는지 검토하도록 한다. 삼척시장은 2010년 11월 한 방송에서 원전 유치 신청에 주민의견 수렴이 필요하다면 주민투표를 실시하겠다고 언급했으나, 12월 초에는 여론조사로 대체하겠다고 했다. 하지만 그해 12월 14일 시의회의 주민투표 시행 요구를 시장이 받아들임으로써, 시의원 전원은 '원전 유치에 관한 주민투표 찬성 서명부'에 서명한 후 원전 유치동의안을 만장일치로 가결시켰다.[14] 그런데 그 후 2011년 3월에 시장은 다시 주민투표 실시에 대해 시의회와 약속한 사실이 없으며, 법적으로 그럴 수도 없다고 공표했다.

이에 핵반투위는 2012년 6월 원전 유치의 강행, 풀뿌리 민주주의의 왜곡과 억압, 주민투표 약속의 미이행 등을 근거(핵반투위·근덕투위, 2012)로 삼척시장에 대한 주민소환을 청구하게 된다. 한편 원전 유치 도시 레짐 측은 즉각 '삼척시장 주민소환 반대 대책위원회(이하 소환반대위)'를 구성하고 7월초에는 '주민소환 서명 부정행위 감시단'[15]도 조직하여 맞대응함으로써, 그 해 10월 말까지 도시 레짐과 지방 반핵운동간 갈등이 가장 첨예화되었다고 볼 수 있다. 그 과정을 보면, 8월 1일에 유효서명인 수 8,983명을 초과한 11,000여 명의 수임인이 참여한 주민소환 투표청구 서명부가 삼척시 선거관리위원회(이하 선관위)에 제출[16]되었으며 8월 11일에는 소환반대위가 대필, 동일필적, 허위기재 등의 사유로 6,475건에

---

14 당시 삼척시의회 의장은 "향후 주민수용성 조사 시 주민투표를 하는 것을 원칙으로 설정했으며 원전 부지 유치신청이 끝나는 2011년 2월 이후에 주민투표가 실시될 것"이라고 밝혔다. 또 삼척시는 2011년 1월에 "2010년 말을 기준으로 주민투표 유권자는 총 59,151명에 달한다"고 고지하기도 했다. 김영희(2012) 참조.

15 '부정행위 감시단 운영계획서'에 의하면, 소환반대위는 통장, 이장을 비롯해 새마을단체, 자유총연맹, 자율방재단, 의용소방대, 자율방범대 등의 회원을 감시단으로 모집할 계획으로 나타난다. 오마이뉴스(2012ㄷ.7.14) 참조.

16 수임인의 서명 과정에서 관권 개입이 빈번한 것으로 나타났는데 예컨대 사회복지과 공무원이 식당을 돌면서 주인에게 현명하게 판단하라고 하거나 삼척시 사업소의 강사가 수임인인 경우 당장 해지하겠다는 등의 압력이 행사되었다고 한다. 오마이뉴스(2012ㄴ.7.3) 참조.

대한 이의신청을 접수했다. 이후 9월 6일에 수임인 9,524명으로 확정된 서명부의 보정 접수가 이루어졌고, 9월 17일에는 삼척시장 본인이 선관위를 상대로 '주민소환 투표청구 수리처분 집행정지 신청'을 강릉지원에 제출했다. 그러나 10월 5일에 법원에서 집행정지 신청이 기각되어 결국 10월 31일에 소환 투표가 시행되었는데, 투표율이 요건인 1/3에 미달하는 25.9%에 그침으로써 시장에 대한 주민소환은 실현되지 못했다.

핵반투위 사무국장(한겨레신문, 2012ㄱ.11.19)은 주민소환 과정에서 공무원의 선거개입 관련 처벌 규정이 약해 주민의 자유투표 행위가 보장되지 않았고 소환운동 대표가 없으면 방송 차량 사용이나 투표 권유가 불가능하게 되어 있는 등 관련법의 개정이 시급하다고 평가하고 있다.[17] 그런데 주민소환의 좌절에도 불구하고 삼척의 반핵운동은 대통령선거와 동시에 진행된 시의원 보궐선거에서 핵반투위 기획홍보실장을 당선시킴으로써 수세적 국면의 전환에 성공하게 된다. 12월 19일의 삼척시의원 나선거구(교동·정라동·근덕면·노곡면·원덕읍·가곡면) 보궐선거에 출마한 반핵후보는 전체 투표수 2만 1942표 중 36.7%의 득표율로 나머지 7명의 후보를 제치고 당선되었다(한겨레신문, 2012ㄴ.12.21).

녹색당(2012.12.26)에 따르면, 대선의 경우 새누리당 후보가 65.3%의 압도적 지지를 받은 삼척에서 반핵후보의 지방의회 진출은 '탈핵'의 내용에 대한 지지를 의미함과 동시에 역으로 주민소환 당시 관에서 조직적 투표 방해가 있었음을 방증하는 것이다. 해당 시의원은 당선되자마자 2013년 1월 말의 삼척시의회 임시회 5분 자유발언에서 "삼척의 화합과

17 그 밖에 현행 투표방식에서는 투표 참여만으로 찬반 여부가 드러나는 부담이 있어, 지역사회에서 맺은 인연을 빌미로 투표 불참을 강요하는 일이 가능해진다고 하겠다. 삼척의 경우 원전 유치에 대한 반대여론 때문에 제주지사 11%, 과천시장 17.8% 등 과거의 주민소환 투표 사례에 비해 꽤 높은 25.9%의 투표율을 나타냈지만, 현행 방식으로는 아무리 소환의 여론이 높아도 가결되기가 어려운 구조임을 보여준다. 뉴스민(2012.11.1) 참조.

소통은 원전 문제를 해결하지 않고는 어려운 만큼 지역의 분열과 갈등을 해소하는 유일한 대안은 주민투표 약속을 지키는 것"이라고 재차 주장했다(시사주간 강원리뷰, 2013.2.4). 전체적으로 삼척시 반핵운동 과정에서 가장 강조된 절차적 환경정의는 언론 보도를 통한 전국 스케일에서의 쟁점화와 아울러 도시 스케일 내부의 탈핵 여론 확산에도 효과적으로 활용되었다고 평가된다.

전반적으로 평가해 보면, 삼척시 사례는 도시 스케일 내부에서 위험과 보상의 평등을 지향하는 분배적 정의에 비해 글로벌 및 전국 스케일의 탈핵 대안을 추구하는 실질적 정의의 지향을 좀 더 뚜렷하게 나타내고 있다. 하지만 이들 두 유형의 환경정의보다는 전국 스케일에서의 탈핵운동 및 언론과의 접점 확보가 용이한 절차적 정의가 반핵운동의 전 과정에 걸쳐 더욱 적극적으로 활용되었다고 하겠다.

4. 소결

스케일 관점에서 정리해 볼 때, 본 장의 삼척시 사례는 과거에 원자력 관련 시설의 입지를 둘러싸고 빈번히 발생했던 전국 스케일의 원전 레짐과 도시 스케일의 반핵운동 사이 스케일 간 긴장이 원전 레짐의 위로부터의 리스케일링과 지방 반핵운동의 아래로부터의 스케일 상향(scaling up)이라는 다중스케일 간 갈등으로 전환되고 있음을 보여준다. 즉 글로벌, 전국 스케일에서 탈핵의 대안이 가시화되면서 반핵운동은 도시 스케일에 머무르지 않는 확장된 스케일에서 원전 레짐과 원전 유치 도시 레짐에 맞대응하고 있음을 알 수 있다. 또한 삼척시의 반핵운동에서 스케일 확장을 위해 활용된 도구들은 천주교연대, 희망버스, 그린피스 등 전국 및 글로벌 조직과의 연대와 시장 주민소환, 시의회 선거운동 등 절차적 정의 추구를 통한 전국 쟁점화 전략이 주축을 이루고 있다.

한편 앞서 제시한 연구 질문들을 중심으로 분석 결과를 요약해 보면 다음과 같다. 첫째, 원전 레짐 및 도시 레짐의 성격과 관련하여 지경부보다는 한수원이 주도하는 신자유주의적 원전 레짐과의 상호작용 아래 지자체장이 주도하는 원전 유치 도시 레짐이 형성되었으며, 이에 대한 사회단체나 지역기업 관계자 등 민간행위자의 참여 동기는 지방재정 확충, 지역개발과 같은 공적 목표보다는 사적 이익의 추구에 있는 것으로 파악된다. 둘째, 지방 반핵운동의 전개과정을 환경정의 유형과 연결하여 해석해 볼 때 후쿠시마 사태 이후 전국 및 글로벌 스케일의 탈핵조직과 활발하게 교류하여 실질적 정의에 대한 인식이 공유됨으로써, 원전대상 부근 주민의 분배적 정의보다는 도시 전체의 공동체 의식을 바탕으로 시장 주민소환과 지방의회 선거 참여 등 절차적 정의가 더욱 강조되었다고 하겠다.

이에 덧붙여 위의 분석 결과로부터 도출되는 이론적 함의는 다음과 같다. 도시 레짐 이론과 관련하여 삼척의 사례는 지역 기업보다 사회단체가 주요 민간행위자로 기능하는 가운데, 민간부문이 동등한 파트너로서보다는 지자체장의 이니셔티브를 정당화시키는 보조 역할에 충실함을 드러낸다. 즉 신자유주의화에 따라 전국 스케일의 원전 레짐에서는 중앙정부보다 공기업인 한수원의 역할이 증대되고 있지만, 도시 레짐의 경우에는 지자체장, 특히 기초자치단체장의 지역개발을 위한 드라이브가 여전히 선도적 위치를 차지한다는 것이다.

마지막으로 본 장의 실천적 함의를 정리하면 다음과 같다. 첫째, 삼척시 사례는 실질적 정의와 분배적 정의를 실현하는 과정으로 반핵 및 탈핵운동의 절차적 정의에 대한 추구가 유의미함과 아울러, 대의민주주의 제도에 대한 합법적 활용에서 더 나아가 합의회의, 주민참여 예산제 등 숙의민주주의 수단의 추가 도입도 요구됨을 시사한다. 둘째, 교수, 법률가,

의사 등 다양한 전문가 집단이 참여하여 반핵을 뛰어넘는 대안을 마련하는 일이 시급하지만, 이러한 탈핵운동과 지방반핵운동의 연계 또한 환경정의의 다양한 스케일을 확보하는 데 매우 중요하다고 하겠다.[18] 셋째, 종종 지속가능성으로 포장되는 지자체의 반생태적 개발 논리는 환경정의의 차원에서 통제, 변환되어야 한다는 것이다. 도시 레짐의 현재적 관점에서의 개발이익 추구와 반핵운동의 후대를 배려한 자연보전 및 관광자원화 전략 가운데 어떤 것이 더욱 공익적인 것인가?

---

18 탈핵신문(2013.3.12)의 좌담회에서 핵반투위 상임대표가 "실제로 내부를 보면 고리는 고리발전소, 월성은 월성발전소의 문제가 제일 크다. (지역마다) 당면 과제를 하다가 '탈핵'의 인식에 이를 수 있다. 전국적인 탈핵 모임을 확산시키려면 오히려 당면 과제에 대해 싸워야 한다. 그러나 전국의 탈핵을 삼척이 다 할 수는 없다."고 지적한 것은 이와 같은 스케일 관점의 환경정의와 탈핵의 장소성을 둘러싼 적확한 진단이라고 판단된다.

제5부

승인과 역량을 통한 생태복지의
가능성 탐색

제12장

◆

승인적 환경정의에 입각한 신불산 케이블카 설치를 둘러싼 프레임 갈등의 고찰

박근혜 정부는 이명박 정부의 로프웨이(이하 케이블카) 설치 규제에 대한 완화[1] 기조를 계승하여, 지자체에 의한 설악산, 지리산 등 국립공원의 케이블카 건설 추진에 눈감아 왔다. 그런 분위기 속에 울주군의 군립공원 신불산에 대한 케이블카 설치 계획은 이미 2002년과 2007년에 환경부로부터 반려되었음에도 불구하고, 2013년 10월 이후 울산광역시와 비용을 반반 부담하는 공영개발 방식으로 재추진되고 있다. 낙동강유역환경청은 군립공원위원회에서 케이블카 설치를 결정할 경우 수용하겠다는 입장을 밝히는 한편, 신불산 케이블카 설치반대대책위원회(이하 대책위)

1 2008년에 당시 국토해양부는 '동서남해안권 발전 특별법 시행령(안)'을 입법 예고하면서, 개발계획을 수립할 때 한려해상국립공원, 다도해상국립공원 안에는 일정 규모 이하의 궤도·삭도 시설 설치 사업을 포함할 수 있도록 규정했다. 이어 2009년에 환경부는 자연공원 내 케이블카의 설치·허용 기준을 2km에서 5km로, 정류장 높이를 9m에서 15m로 상향 조정하는 자연공원법 개정 입법안을 제출하여 2010년에 확정한 바 있다(조성윤, 2011: 95). 현재 케이블카 설치와 관련된 법규로는 자연공원법, 자연환경보전법, 환경영향평가법, 백두대간·정맥에 대한 환경평가 가이드라인, 자연공원 내 삭도 설치운영 가이드라인 등이 있다(울주군, 2013: 43).

와의 갈등 중재를 위해 2015년 4월까지 두 번의 갈등조정협의회를 개최한 바 있다. 울산광역시와 울주군은 각각 294억 원씩 모두 588억 원의 예산을 투여하여 2016년부터 착공한다는 목표 아래, 향후 운행과정에 적자가 발생된다 하더라도 지역경제 활성화에 도움이 되므로 관철하겠다고 공언하고 있다.

울주군(2015)은 최근의 지역 주력산업 침체를 배경으로 하여, 케이블카 설치가 울산의 새로운 성장 동력을 창출할 것이며 낙후된 서울주지역의 발전과 경기침체 해소를 가져올 것이라 주장한다. 이에 대해 대책위는 케이블카가 세금 먹는 하마로 전락할 것이고, 인근 밀양의 얼음골 케이블카[2]처럼 적자 완화를 위해 상부정류장을 개방할 경우 녹지와 생태계의 훼손이 가중될 것이라 경고하고 있다. 시행 주체인 지자체와 울산의 시민환경단체, 통도사 등으로 구성된 대책위 간에는 이와 같은 경제적 측면에 대한 시각 차이 외에 생태적 효과를 둘러싸고도 서로 다른 프레임(frame)의 대립이 발견된다. 울주군(2013: 5-6)은 영남알프스 산악관광의 거점공간으로 친환경 생태도시의 시작점을 마련하며, 개발과 환경보전의 적절한 조화를 통해 불법 산행객도 흡수하겠다고 강조한다. 이에 반해 대책위는 환경부(2009) 지침에 따라 녹지자연도 8등급 이상 지역에 케이블카를 설치할 수 없는데, 중간지주 및 상부 보조지주 예정지는 9등급에 해당하므로 사업이 불가하다고 반박하고 있다.

국내의 케이블카 설치를 둘러싼 논의로는 한라산 케이블카 계획을 둘러싼 찬반세력의 갈등을 다룬 조성윤(2011)의 사회학적 연구를 제외하고는 관광학적 접근(남장현, 2011; 한상현 외, 2013 등)이나 환경조경학 분

2 신불산 인근에서 민자 유치 방식으로 2012년에 완공된 밀양 얼음골 케이블카의 경우, 2013년의 이용객이 앞 해보다 60% 수준으로 감소함에 따라 2014년에 도립공원위원회가 케이블카 상부와 연결되는 등산로 개방을 결정했고 2015년 4월부터 시행되고 있다. 홍석환(2015ㄴ: 13) 참조.

야(최송현 외, 2002; 김상오, 2011 등)에서 주로 발견된다. 본 장의 논의는 JS 요소 중 승인의 관점에서 신불산 케이블카 설치를 둘러싼 울주군·울산광역시 등 추진 측과 대책위 간의 프레임 갈등을 해석하려는 하나의 시도이다. 인간은 자연의 일부로서 산악을 즐길 권리가 있지만, 그곳에 서식하는 동식물 역시 생명 가치의 보전을 승인받아야 한다. 그렇다면 케이블카 찬반세력의 여러 프레임 가운데 환경정의에 부합되는 승인과 잘못된 승인(misrecognition)은 각각 무엇인가? 승인적 환경정의에 비추어 사람이 산행하는 것과 케이블카로 이용객을 실어 나르는 것 중에 어떤 것이 식물 생명체를 존중하는 데 더 바람직한가? 본 장에서는 이런 질문을 중심으로 경제활성화와 생태계 보전을 둘러싼 프레이밍의 투쟁과정에 초점을 맞추면서, 케이블카의 인정과 관련된 민족주의와 세계화의 프레임 충돌에 대해서도 살피고자 한다.

본 장에서 사용된 연구 방법은 필자의 대책위원회 공동대표로서의 참여관찰과 문헌분석에 의존했고, 여론의 승인 상황을 살피기 위한 설문조사 결과도 활용했다. 설문조사는 2015년 3월 21일부터 31일까지 울산광역시에 거주하는 10대 이상 310명을 대상으로 실시했으며, 표본오차는 95% 신뢰구간에서 ±5.6%이다. 참고로 신불산 케이블카 설치에 대한 찬반 의견의 분포는 반대가 38.1%(적극 반대 12.9%, 약간 반대 25.2%), 찬성이 34.5%(적극 찬성 13.2%, 약간 찬성 21.3%), 중립(보통)이 27.4%로 나타나고 있다.[3]

3 한겨레신문(2015.4.7)에 의하면, 표본오차가 95% 신뢰구간에서 ±5.6%이기 때문에 찬반 비율 간 3.6%의 차이는 오차 범위 안에 있다고 해석될 수 있다.

1. 개념적 자원들

1) 인정(認定)의 개념과 승인적 환경정의

최근 국내외적으로 계급정치 외에 정체성의 정치가 주목을 받으면서, 분배는 물론 인정을 둘러싼 투쟁 역시 강조되는 추세이다(Honneth, 1992; 문성훈 역, 2011). 호네트의 관점을 계승한 문성훈(2014)은 인정관계의 구조 변화를 친밀성, 정치적 의사결정, 경제적 생산, 문화적 생활, 세계질서 등 다섯 가지 영역에서 다루면서, 현대인이 각각의 영역에서 대체불가능한 존재, 주권자, 사회적 활동주체, 차이의 주체, 세계시민으로 전환되고 있음을 지적한다. 이처럼 인정의 관계에서 본다면 승인적 정의는 통상 비인간 자연에 대한 승인의 차원으로만 이해되어 왔으나(최병두, 1998; 박재묵, 2006 등), 누구를 존중하고 누구를 가치 없는 것으로 불인정하는가와 관련되는 좀 더 포괄적인 범주라 할 수 있다(Walker, 2012: 10). 본 장에서는 승인과 인정을 같은 개념으로 간주하고, JMS 범주와 관련해서는 기존에 빈번히 사용되었던 승인적 정의라는 번역어를 채택하기로 한다.

승인적 정의의 담론은 분배적 불의가 창출, 지속되는 문화적 과정을 강조하기 위해 등장했으며(Walker, 2010a: 35), 최근에는 절차적 정의, 역량의 정의 등의 개념화로 확대 발전되어 왔다. 승인적 정의를 둘러싸고는 심리적 접근과 사회지위적 접근이 대별되는데, 심리적 접근을 취하는 호네트(Honneth, 1992)의 경우 인정, 또는 승인이 단순한 관용보다는 더 넓은 개념으로 개인의 물리적 위협으로부터의 완전한 자유, 동등한 정치적 권리, 비방으로부터 자유로운 문화적 전통의 보유 등을 특징으로 한다고 본다. 그는 불평등이라는 분배의 문제가 경제구조에서 비롯되는 것이 아니라 그것의 토대가 되는 인정 질서에 뿌리를 둔다고 보아, 분배가 인정의 표현이라고 주장하는 심리적 일원론의 입장을 나타낸다(Honneth et al., 2003; 김원식 외 역, 2014: 11), 이에 반해 사회지위적 접근을 취하고 있는 프레이저(Fraser)에 의하면, 잘못된 승인은 개인의 경험보다 사회적 종속의 제도화된 관계로 이해되어야 한다.[4] 다시 말해 그녀는 분배와 승인이 서로 연관되어 있으면서도 구별되는 독자적 범주로 파악함으로써, 자본주의의 경제와 문화가 상호관계 속에서 산출하는 복합적인 불의에 대해 대응하고 있는 것이다.

영(Young, 1990; Schlosberg, 2007: 23에서 재인용)에 의하면, 승인은 분배되는 사물이 아니며 사회적 실천에 뿌리내린 사회규범으로서의 관계이다. 기회와 권리의 동등한 분배라는 측면에서 보더라도, 예컨대 예전에 투표권이나 언론자유가 없었던 사람에게 그 권리를 승인한다는 것은 소득이나 재화를 한 집단에서 다른 집단으로 재분배하는 것과 달리 물질적으로 제한되지 않는다. 이는 비인간 동식물이나 미래 후손의 생존을 승인하는 것이 현재 시점 인간 사회의 물질적 재분배에 직접 영향을 미치지 않는 것과 마찬가지이다. 이처럼 승인이 교육, 주택 등처럼 단순히 분배되는 것이 아니기 때문에, 비록 국가나 지방자치단체가 승인화의 범례(케이블카의 경우 지역경제 활성화를 위한 도구, 세계화 시대 관광 상품의 랜드마크 등)를 세팅하려고 해도 사회적, 문화적, 상징적 영역에서의 승인이란 이를 넘어서는 더욱 폭넓은 쟁점이 될 수밖에 없는 것이다(Schlosberg, 2007: 23).

그러면 JS 요소로서의 승인이 어떻게 비인간 자연이나 미래 후손에 대해 적용될 수 있는지 살펴보자(Schlosberg, 2005: 102-105). 이때 승인적 정의는 현재 인간의 자연, 또는 미래 세대에 대한 관계를 매개하는 구조, 윤리, 규범, 언어 및 상징에 대한 것으로, 현세대 인간 공동체만을 대상으

4 한편 슐로스버그(Schlosberg, 2007: 19-20)는 양자를 절충하여 두 접근이 상호 배제적이지 않다고 봄으로써, 불승인이나 승인이 개인적으로 경험될 뿐만 아니라 구조적으로 구성되기도 한다고 파악하고 있다.

로 한 롤즈(Rawls)로부터 배리(Barry)까지의 기존 정의론을 뛰어넘는 시도라고 하겠다. 앞서 언급한 프레이저는 지위 침해(status injury)를 가져오는 승인적 불의의 유형에 대해 문화적 지배, 잘못된 승인(안 보이는 것으로 버려두는 것), 비존중(전형적인 공공적, 문화적 표현에서 진부하게 비난되거나 멸시되는 것) 등 세 가지를 제시하고 있다. 또 이를 극복하는 승인은 자연 스스로의 잠재적 능력, 진화 및 성장의 전개과정을 승인하고 존중하는 생명중심주의를 요청한다. 하지만 해이워드(Hayward)에 의하면, 인간중심주의의 관점에서도 자연(및 미래세대)에 대한 승인은 인간의 자기존중이라는 계몽된 합리성에 근거한 확장된 자기이해(self-interest)와 합치되는 것이라 주장되기도 한다.

2) 프레임과 프레이밍

프레임은 '의사소통 과정에서 당사자가 의식하든 그렇지 않든 상황을 규정하는 전체적 상호작용의 의미를 파악할 수 있게 하는 해석 틀'로 정의된다(Goffman, 1986; 조성윤, 2011; 78에서 재인용). 그리고 찬성과 반대의 세력이 맞서 있는 대립 상황에서는 각자 대중들을 사로잡는, 대중이 받아들여 자신의 프레임으로 만들게 하는 작업, 즉 A라는 프레임을 갖고 있는 사람을 B라는 프레임으로 바꿔 생각하도록 만드는 프레이밍(framing)이 중요하다. 이러한 프레임, 프레이밍의 개념은 사회운동 및 집합행동 분석에서 유력한 도구가 되어 왔으며, 특히 프레이밍은 상황이 어떠하며 어떠해야 하는가에 관한 관념, 가정 및 주장 등을 통해 세상에 의미를 부여하고 이를 범주화하는 시도로 해석될 수 있다(Walker, 2012: 4). 실제로 그동안의 환경정의운동에서 프레이밍은 운동세력이 선호하는 사회적 오류 및 변동 옹호에 관한 의미 프레임을 적대 집단에 설득하는 수단으로 사용되어 왔다.

한편 언론 보도와 관련하여 프레임은 '지각된 사실들 가운데 특정 측면을 선택하여 사건을 정의하고 내용을 구성하는 방식'이나 이야기를 조직화하는 방식, 또는 뉴스거리가 구성되는 방식 등을 일컫는다. 매체가 전달하는 뉴스가 정책과 관련된 전문지식을 어떻게 전달하고 어떤 관점에서 해석하며 무엇에 어떠한 의미를 부여하면서 보도하는가, 즉 어떤 프레임을 사용하는가는 사회적 쟁점에 대한 시민 이해에 분명한 영향을 미친다(이화연·윤순진, 2013: 43). 일반 시민들은 다양한 사건이나 사안에 대해 매체가 전달하는 방식과 내용, 즉 프레임을 통해 인식하고 이해하게 되므로 사회적 여론을 형성하는 데 언론 보도의 역할이 크기 때문이다. 본 저술의 프레임, 또는 프레이밍은 언론매체보다는 좀 더 포괄적인 사회운동 차원에서 규정되지만, 케이블카와 같이 대중의 인지도가 그리 높지 않은 사안에 대한 여론 형성은 매체의 프레임에도 꽤 영향을 받는 것이 사실이다.[5]

그러면 미국의 인종차별 반대운동에서 비롯된 초기 환경정의운동의 프레임은 지구화와 신자유주의의 대두라는 상황 속에서 어떠한 프레이밍 과정을 거쳐 왔을까? 워커(Walker, 2012: 17)는 환경정의의 지구화가 두 가지 차원에서 진행된다고 보는데, 수직적 차원에서는 국제 환경운동 네트워크 및 지구적 쟁점에로의 상향 스케일링(scaling-up)이 발견되며 수평적 차원에서는 새로운 장소, 국가, 문화권에서의 환경정의 프레이밍의 이전 및 출현이 이루어진다고 한다. 비슷한 맥락에서 슐로스버그(Schlosberg, 2007)는 세계 곳곳에서의 지구적 무역협정에 반대하여 동원된 집단들은 오염, 폐기물, 자원고갈 등과 같은 환경 악화의 분배 불평등뿐만

5 실제로 2015년 4월 6일 필자의 신불산 케이블카와 관련된 설문조사 결과 발표 내용에 대해 지자체와 친화적인 한 지방언론은 "대책위 공동대표가 조사한 설문 결과는 신빙성이 없다"는 논조의 보도 프레임을 구사하기도 했다. 경상일보(2015.4.7) 참조.

아니라 사회문화적 승인 및 참여적 정의의 문제에까지 관심을 기울이게 되었음을 강조하고 있다.

2. 케이블카 추진 측의 프레임 변화와 대책위의 경제적 프레이밍

처음 신불산 케이블카 설치가 추진된 2000년에는 민간업체가 자수정 동굴나라에서 신불재로 올라가는 노선으로 계획했으나, 2년 뒤 환경부가 고산습지 훼손을 이유로 반대해 무산되었다(윤주옥, 2015ㄴ: 30). 이때의 케이블카 건설 목적은 "국내외 관광객 유치에 따른 지역경제 활성화를 통한 세수 증대와 현지인 채용을 통한 고용 및 소득증대를 통한 지역발전"으로 요약되는 것이었다(홍석환, 2015ㄱ: 34). 한편 2006년에는 두 번째로 민자 유치에 의해 등억온천에서 신불산 공룡능선으로 가는 코스가 시도됐지만, 이 역시 생태자연도 1등급인 공룡능선의 환경훼손 문제로 실현되지 못했다(이동고, 2013: 51). 이때의 사업 목적은 "새로운 관광자원으로서 무분별하게 개발된 등산로 정비를 통한 자연환경 훼손 방지와 다양한 수요층의 관광객 유치를 통한 관광활성화"를 내세우고 있었다. 즉 초기 5년 사이 케이블카 추진 측의 프레임 초점이 지역경제 활성화에서 환경보전으로 이동했음을 알 수 있다.

한편 2013년 이후 현재까지의 세 번째 시도는 '불법산행 방지 및 개발과 보전의 조화를 이루는 지속가능한 이용, 사회적 약자의 관광 참여와 배려 기회의 제공, 지역경제 활성화 기여' 등을 목표로 삼고 있어(울주군, 2013), 13년 전과 8년 전의 논리를 뒤섞고 사회적 약자에 대한 복지 담론만 덧붙인 꼴이다.[6] 물론 대책위가 출범한 2015년 1월 이후에는 자연환

6 이러한 병렬적 프레임에는 경제 활성화를 위한 신규수요 창출과 생태계 보호와 관련된 이용방식 대체가 상호 모순적이라는 문제점이 내재해 있다(홍석환, 2015ㄱ:

경 보전에 대한 언급이 줄어드는 한편, 지역경제 활성화의 목적이 다시 전면으로 부상되어 왔다. 2015년 4월 서·남울주발전협의회, 울산시 관광협회, 숙박업협회, 외식업협회, 울주군체육회 등이 결성한 신불산 케이블카 설치를 위한 범시민 추진위원회(이하 추진위)는 케이블카가 3대 주력 산업이 위기를 맞은 울산의 미래 먹거리 발굴 차원에서 필요하다고 주장하고 있다(경상일보, 2015.4.10).

시군 합작의 공영개발로 진행되고 있는 최근의 신불산 케이블카 계획은 울산광역시의 환경부에 대한 압력 등으로 과거보다 더 강한 탄력을 받아 왔다. 그 과정에는 민간업체가 투자를 꺼릴 만큼의 낮은 사업성에도 불구하고, 2012년 밀양 얼음골 케이블카의 설치가 울주군은 물론 서울주 주민의 상내적 허탈감을 자극한 전사(前史)가 존재한다. 2010년에 울산광역시가 작성한 '영남알프스 산악관광 마스터플랜'은 가천저수지에서 신불재에 이르는 대안적 케이블카 노선을 제안한 바 있으나, 2012년 4월 민간법인이 설립되었는데도 400억 원에 이르는 비용 때문에 사업계획도 세워보지 못하고 좌초되었다. 그러던 중 얼음골 케이블카가 개통되어 반짝 흑자를 기록하던 같은 해 11월 서울주발전협의회는 주민 2,000명의 서명을 받아 "현 상황에서는 민간개발이 불가능한 만큼 시와 군이 협의해 공공개발로 추진해 달라"는 건의서를 제출했다(이동고, 2013: 53-54).[7]

---

36). 즉 불법산행색을 막기 위한 케이블카 이용으로의 대체는 산악에 대한 탐방시간을 줄여, 자동차를 통한 점적 경유지로만 기능하게 하므로 결과적으로 지역경제에 악영향을 미친다는 것이다.

7 그러나 밀양 얼음골 케이블카가 계속 적자를 기록해 오고 있던 2015년 3월 "인근에 얼음골 케이블카도 있는데 신불산에 중복해 설치할 필요 없다"는 의견에 대해 조사한 결과 전적으로 동의 18.2%, 약간 동의 20.8%, 보통 31.9%, 약간 부동의 17.9%, 전적으로 부동의 11.1%의 분포를 보여, 신불산 인근 주민과 울산 전체 시민의 여론이 불일치하는 양상을 발견할 수 있다. 실제로 계획 중인 신불산 케이블카와 기존 얼음골 케이블카의 상부 정류장 거리는 6km에 불과해 울주군의 의도대로 설치될 경우 쌍방 적자를 누적시킬 수밖에 없는 조건이라 할 수 있다(윤주옥, 2015ㄱ).

2013년부터 재추진된 신불산 케이블카 사업의 울주군으로부터 울산광역시로의 스케일 확장은 2012년 이후 통도사 영축환경위원회가 주도해 온 반대운동을 울산 시민환경운동이 동참하는 대책위로 확대하는 계기를 만들었다. 대책위는 울산환경운동연합, 울산시민연대 등 울산의 대표적 시민단체 외 새정치민주연합, 정의당, 노동당 등 정당까지 포괄하고 있는데, 2015년 1월의 출범 직후 중간 및 상부보조 지주 예정지의 녹지 훼손, 케이블카 구간 돌풍 위험으로 인한 탑승객 안전 문제 외에 과다한 설치비 및 적자에 따른 세금 부담의 가중 등을 중점적으로 제기해 왔다.

특히 대책위는 환경부의 규제 기능 약화를 감안하여 과거의 반려 사유였던 생태적 프레이밍에만 집중하는 것보다 울산시민의 여론을 환기하는 데 유리한 적자운영 예상 및 세금 부담의 문제점 등 경제적 프레이밍에 주력하고 있다. 대책위에 의한 경제적 프레이밍의 또 다른 배경에는 2008년 이후 강화된 신자유주의 추세 속에서 생태적 프레이밍만으로는 결국 4대강 사업과 같은 동식물의 서식지를 파괴하는 토건사업을 저지하지 못했다는 성찰이 자리 잡고 있다. 또 울산의 경우 노동운동 중심 지역이자 산업도시로서, 1998년 당시 울주군수에 의한 신고리 원전 유치 사례에서 보듯이 시민들이 생태 및 안전 논리보다는 경제성에 비교적 민감하다는 특성도 고려되었다고 할 수 있다.

<표 12-1>은 신불산 케이블카에 대해 찬성 또는 중립인 집단과 반대인 집단별로 케이블카의 수익 예상을 교차 분석한 결과이다. 전국 23개의 관광용 케이블카 중 흑자는 설악산과 통영 두 군데에 불과하다는 사실(대책위, 2015)과 인근의 밀양 얼음골에서 2012년에 설치된 케이블카가 잠시의 흑자 후 적자로 전환된 사례의 학습 효과 때문인지, 케이블카 설치를 반대하지 않는 찬성 및 중립의 의견을 갖고 있는 경우에도 결국 적자일 것이라는 반응이 59.3%로 나타난다. '케이블카 설치 및 운영으로 시민

세금부담이 늘어날 것'이라는 의견에 대해서도 매우 찬성 17.2%, 약간 찬성 31.4% 등 동의하는 비율이 48.6%이어서, 매우 반대 11%, 약간 반대 11.3% 등 동의하지 않는 비율 22.3%의 두 배 이상으로 집계되고 있다. 한편 지금까지 다룬 세 차례에 걸친 지자체의 케이블카 추진 프레임과 대책위의 반대 프레이밍 과정 및 환경부의 조정 결과 등을 요약하면 <표 12-2>와 같다.

<표 12-1> 신불산 케이블카 찬반주민별 케이블카 운영수익에 대한 예상 의견

	찬성 또는 보통	반대	전체
영구히 흑자일 것	27.0%	8.6%	20.0%
처음에 흑자 후 적자로 전환될 것	45.5%	56.9%	49.8%
영구히 적자일 것	13.8%	31.0%	20.3%
기타	13.8%	3.4%	9.8%
전체	100.0%	100.0%	100.0%
	(189사례)	(116사례)	(305사례)

<표 12-2> 신불산 케이블카 추진 과정별 지자체 및 대책위의 프레임 활용

	지자체	대책위	환경부의 조정 결과
1차(2000-2002)	경제(지역경제 활성화) 프레임	·	고산습지 훼손의 이유로 반려
2차(2006-2007)	환경보전(등산로 정비를 통한 환경훼손방지) 프레임	·	생태자연도 1등급인 공룡능선 환경훼손 이유로 반려
3차(2013-)	경제+환경보전의 병렬 프레임, 세계화 프레임	생태적 프레이밍(중간지주 및 상부보조지주 지역이 녹지자연도 9등급에 해당되므로 시행 불가), 경제적 프레이밍(적자운영, 공영개발에 따른 세금낭비), 민족주의 프레임	2014.4 현재 두 차례의 갈등조정협의회 개최를 중재 중

이와 같은 대책위의 경제적 프레이밍은 울산광역시와 울주군이 최근 발족한 추진위 등을 통해 홍보하고자 하는 지역경제 활성화라는 프레이밍을 어떻게 제압할 수 있을까? 여기서 지적할 수 있는 것은 첫째, 경제적 프레이밍을 영남 알프스 훼손의 방지라는 생태적 프레임과 적절하게 결합시킴으로써, 적자 및 세금 부담을 인지하는 시민들을 반대 견해로 견인해야 할 필요성이다. 둘째, 관광 진흥에 따른 지역경제 침체 극복의 논리에 동조하는 시민들에게는 체류형 관광 수익을 위해 케이블카가 아니라 다른 생태관광 프로그램이 더욱 효과적임을 보여주는 구체적인 대안을 제시하는 것이 요구된다. 셋째, 케이블카 운행으로 인한 지속적 적자 누적은 조금이나마 늘어날 수 있는 관광수요로 인한 도시 전체 차원의 이득을 상쇄하고도 남는다는 사실을 입증시키는 일이다. 즉 전체 시민, 군민이 납부한 세금이 신불산 케이블카와 관련된 공사업체, 인근 토지소유주, 관광 관련 일부 자영업자의 이익으로 귀착된다는 분배적 환경불의의 문제를 분명히 할 필요가 있는 것이다.

3. 승인적 정의 관점에서의 프레임 갈등 평가

울주군수(신장열, 2015)는 지방지에 실린 특별기고문에서 "세계적 명산을 갖고 있는 스위스와 오스트리아 등 유럽은 물론 캐나다, 뉴질랜드, 호주, 중국 등 산악관광 선진국에는 케이블카와 산악열차 등이 활성화돼 있다. 이를 통해 관광수입을 극대화하고 있으며 지역과 나라 브랜드 가치도 높이고 있다"면서, 세계화 프레임을 강조하고 있다. 또한 최근 발족한 추진위는 2013년 이후 별로 동원하지 않았던 '등산로를 폐쇄해 자연환경을 보존할 수 있다'는 생태 프레임을 재거론하기 시작했다. 반면에 대책위는 2015년 2월 "낙동정맥 신불산에 쇠말뚝 케이블카 안 된다"는 취지의 기자회견을 열어, 일본이 강점기 때 민족정기를 훼손하기 위해 박은 쇠말뚝과 케이블카 지주를 비유하는 민족주의 프레임을 구사하기도 했다. 아울러 앞서 언급했듯이 중간지주 설치 및 상부정류장 주위의 녹지 훼손이라는 생태 프레임은 대책위가 발족한 2015년 1월부터 꾸준히 제기해 온 쟁점이라고 볼 수 있다.

우선 케이블카의 추진 및 반대 각각의 문화적 승인을 위한 도구라는 측면에서 세계화와 민족주의의 프레임은 경제적, 생태적 프레이밍에 비추어 꽤 유의미한 것으로 인지되고 있을까? 1962년 서울 남산에 한국 최초로 등장한 케이블카는 당시 선진국형 관광수단으로 각광받기도 했으나(조성윤, 2011: 82), 스토리텔링과 생태체험의 21세기형 관광 흐름에는 부합되지 않는 것이 분명하다. 장김미나(2015)는 울주군수의 논리에 대해 "영남 알프스는 스위스 알프스와 높이나 경관부터 전혀 다르다. 최고봉 몽블랑은 무려 4,810m에 이르는 고산이라 케이블카가 설치된 것이다. 바로 교통수단인 것이다. (유럽은) 케이블카 아니면 가지를 못 한다"고 반박한다.[8] 한편 대책위는 1995년의 광복 50주년 때 영남알프스에서도 쇠말뚝 뽑기 캠페인이 있었음을 지적하고 광복 70주년 시점의 민족주의에 호소했으나, 해당 기자회견 자리에서 어떤 기자가 '지금 반대하는 것이 쇠말뚝인가, 케이블카인가'라고 질문하는 등 프레임 전환에는 그리 성공적이지는 못한 것으로 보인다.

<표 12-3>은 울산시민 가운데 불산 케이블카 설치를 둘러싼 세계화 및 민족주의 프레임에 대한 인정의 정도를 나타낸다. 먼저 "영남 알프스의 케이블카는 외국인 관광객도 많이 타러 올 것이다"라는 지표로 세계화

8 국립공원제도를 만든 미국에는 케이블카가 한 곳도 없으며, 일본도 1970년대 이후 설치된 삭도가 4개에 불과한 실정이다. 2006년에 국립공원인 큐수 야쿠지마에서 케이블카 설치논의가 진행되다가 주민단체의 반대로 무산되기도 했다(윤주옥, 2015: 22).

프레임에 관한 의식을 측정한 결과, 찬성 비율은 30.5%여서 반대 비율 37.3%을 밑돌고 있다. 그런데 "백두대간의 줄기인 낙동정맥에 케이블카를 설치해서는 안 된다"는 지표로 측정한 민족주의 프레임과 관련하여, 세계화 프레임에 대한 태도와 견주어 볼 때 반대 비율은 38.7%로 비슷하나 찬성 비율은 25.3%로 상대적으로 더 낮다. 즉 케이블카를 세계화 시대의 관광 상품으로 선전하거나 민족주의적 상상력에 의거해 반대하는 것 둘 다 승인적 정의의 프레이밍으로는 그다지 효과적이지 못함을 시사받을 수 있다.

그러면 승인적 환경정의의 주요 측면이라 할 수 있는 동식물 등 비인간 자연의 생명가치 보전을 둘러싼 추진 측과 대책위의 상반된 프레이밍은 어떻게 동의, 또는 부동의되고 있을까?(<표 12-4> 참조)

<표 12-3> 신불산 케이블카를 둘러싼 세계화 및 민족주의 프레임에 대한 찬반 정도

	영남알프스의 케이블카는 외국인 관광객도 많이 타러 올 것이다	백두대간의 줄기인 낙동정맥에 케이블카를 설치해서는 안 된다
매우 찬성	10.7%	8.4%
약간 찬성	19.8%	16.9%
보통	32.1%	36.0%
약간 반대	22.4%	24.7%
매우 반대	14.9%	14.0%
전체	100.0%	100.0%
	(308사례)	(308사례)

<표 12-4> 신불산 케이블카를 둘러싼 생태적 프레이밍에 대한 승인 정도

	케이블카를 이용하면 되기 때문에 등산객의 산림 훼손이 줄어들 것이다	케이블카 정류장과 중간지주 때문에 녹지 및 생태계가 훼손될 것이다
매우 찬성	7.4%	7.4%
약간 찬성	23.2%	33.1%
보통	36.8%	25.1%
약간 반대	22.9%	10.0%
매우 반대	9.7%	8.7%
전체	100.0%	100.0%
	(310사례)	(310사례)

우선 추진 측의 생태적 프레이밍은 "케이블카를 이용하면 되기 때문에 등산객의 산림 훼손이 줄어들 것이다"로 대변되며, 이에 관해서는 반대가 32.6%로 찬성 30.6%보다 약간 더 높음을 알 수 있다. 반면에 "케이블카 정류장과 중간지주 때문에 녹지 및 생태계가 훼손될 것이다"라는 대책위의 생태적 프레이밍은 찬성이 56.3%로 반대 18.7%보다 압도적으로 많다. 즉 추진 측의 등산객 산림훼손 대체 주장보다는 대책위가 강조해 온 상부 정류장과 지주로 인한 생태계 훼손이 동식물의 생존 권리를 위한 프레이밍으로 좀 더 뚜렷이 승인되고 있다고 하겠다. 다시 말해 추진 측 논리에 대한 설문 결과는 케이블카가 들어서더라도 기존 등산객의 수요는 그대로 있다고 여겨지고 있으며, 케이블카는 산림훼손의 물긴으로 시민들에게 어느 정도 학습되어 있음을 방증하는 것이다.

한편 추진위는 2015년 4월에 발족하면서 "지주 1곳과 상부정류장을 설치하는 면적은 철탑 1~2개 정도의 면적에 불과해 등산로나 임도로 인한 훼손보다 훨씬 적다"는 새로운 프레이밍을 시도한 바 있다. 그러나 등산로니 임도는 이미 설치되어 있는 시설인 데다가 대책위가 문제 삼는 것은 지주와 상부정류장 설치 장소뿐만 아닌 상부정류장 주변의 케이블카 승객 체류에 의한 생태계 파괴라는 점에서 설득력이 부족하다고 볼 수 있다. 윤주옥(2015ㄴ: 23)에 따르면, 케이블카로 인해 내장산은 상부정류장 주변이 유원지가 되었으며 덕유산의 경우 향적봉 아고산지대가 초토화되었고 설악산 권금성 일대는 풀도 나무도 살지 않는 땅이 되었다. 그녀는 아무리 뛰어난 공법으로 건설된다고 해도 케이블카는 산림을 훼손할 수밖에 없는 시설이어서, 울산광역시와 울주군의 생태적 프레이밍 시도는 거짓일 뿐 돈 때문에 자연 생태계를 훼손함을 솔직히 인정하도록 권유하고 있다(윤주옥, 2015ㄴ: 33).

이에 덧붙여 미래 세대의 신불산과 영남 알프스에 대한 개발권 보장도 승인적 환경정의의 주요 측면이라 할 수 있으나, 추진 측과 대책위 모두 주요 프레임으로 취급하지는 않고 있다. 오히려 교통약자의 관광 권리라는 복지 쟁점이 프레임 갈등의 전면으로 부상할 가능성이 있는데, 2015년 3월 말의 조사에서 "케이블카는 노인, 장애인 등 사회적 약자의 산악관광에 도움이 된다"는 지표에 관해서는 매우 찬성 29.5%, 약간 찬성 41.9%, 보통 18.8%, 약간 반대 7.5%, 매우 반대 2.3% 등 동의 정도가 꽤 높은 편이다. 이는 고령화 추세와 복지에 대한 높은 수요라는 조건 속에서, 추진 측에 의한 사회적 약자 프레임의 활용이 실제의 주된 목적은 아닐지라도 어느 정도 성과를 거두고 있음을 암시한다.

그런데 같은 조사에서 232명을 대상으로 케이블카 설치 예산 588억의 대체용도 의견을 질문한 결과, 울산의 복지 향상이 37.7%로 가장 높고 환경보전, 관광업 발전, 도시개발 등이 각각 19.0%, 17.7%, 16.9%로 엇비슷하며 신불산 부근의 다른 용도 5.2%, 기타 3.5% 등의 분포를 나타내고 있다. 요컨대 대책위는 이미 배정된 예산을 백지화시키기보다 울주군 해당 지역의 복지증진과 사회적 약자의 관광 대안을 제시하는 것이 바람직하리라 전망된다.

4. 소결

분배적 정의의 문화적, 상징적 확장으로서의 승인적 환경정의는 미래세대 및 비인간 자연의 생존권 확보에 초점을 맞춘 프레이밍을 필요로 한다. 신불산 케이블카 사례를 볼 때, 자연 생태계의 생명가치 실현에 대한 승인은 세계화, 민족주의의 담론에 비해 더욱 의미 있는 프레임으로 간주되고 있다. 또 케이블카 탑승으로 인한 산림훼손 감소보다 케이블카 설치에 따른 지주 및 상부정류장 주변의 녹지 훼손이 좀 더 심각하게 인지되고 있어, 시민들에게 케이블카가 승인적 환경불의의 맥락에 있다는 것은 명확한 셈이다. 그 밖에 프레임 갈등 과정에서의 '관광업 진흥을 통한 지역경제 활성화'와 '운행 적자 예상에 따른 세금 부담 가중'의 대립은 분배적 정의와 관련된 쟁점이라고 하겠다. 여기에서 전자의 프레임에 의지하는 추진위가 관광업, 요식업, 숙박업 관계자를 중심으로 구성되었다는 점은 케이블카 설치 및 운영비용에는 관심이 없고 신규 탑승객 수요에만 이해관계가 있는 집단이 집단이익의 전체 지역 차원 공동이익으로의 확대 포장을 꾀하는 것으로 해석될 수 있다.

이에 덧붙여 본 장에서 심층적으로 다루지는 않았지만 전국적인 케이블카 논란에 대해 신불산 케이블카 사례가 갖고 있는 절차적 요소도 주목해 볼 만하다. 2015년 현재 진행 중인 낙동강유역환경청 중재에 의한 갈등조정협의회는 2013년에 마련된 환경부의 '환경영향갈등조정협의회 구성·운영 지침'에 따른 것이다. 2015년 3월의 2차 협의회에서 울주군은 대책위가 2014년 12월의 1차 협의회 때 제기한 식생 공동조사에 대해 환경영향협의회 심의가 끝난 후 환경영향평가 초안 제출과 동시에 하겠다는 입장을 밝혀, 갈등조정을 사업 추진이 전제된 요식 행위로 간주하는 경향이 있다. 이에 비해 대책위는 환경부의 가이드라인 위반을 중점적으로 지적하면서, 공동조사 및 경제적 타당성 분석에 필요한 자료의 요구 등 시

간벌기의 수단으로 활용하고 있다.[9]

케이블카 설치를 둘러싼 절차적 환경정의의 제도화와 관련해서는, 이종호(2010)가 제안한 사회영향평가를 좀 더 깊이 있게 검토하는 것이 요청된다. 그는 현재의 전략 환경영향평가 단계에서 비용편익분석, 사회통합, 고용 등과 같은 사회경제적 평가항목을 추가하고, 환경영향평가 시에도 공공시설, 교육, 경제적 타당성, 토지이용 등을 사회경제평가 항목에 포함시킬 것을 주장한다. 한편 더 나아가서는 승인적 환경정의의 문제의식을 반영하여 미래 세대나 사회적 약자에 대한 효과를 판단하는 평등영향평가나 지속가능성 평가 등이 도입되어야 할 것이다. 이 가운데 평등영향평가는 종교적 신념, 정치적 견해, 인종집단, 연령, 결혼 지위, 성적 지향 및 장애 빈곤 등이 개발정책에 미치는 영향을 사정(査定)하는 것을 말한다(Walker, 2010b: 313). 다음의 글은 동식물 생태계의 승인에 근본적으로 초점을 맞춘 환경정의의 필요성을 촉구하고 있다.

> 인간과 자연은 누가 누구를 위해 존재하는 관계가 아니다. 자연은 그 자체의 존재 이유와 가치가 있는 것이며 그 스스로 살아 움직이고 있다. 인간은 그것의 일부로 존재할 뿐이다. 과거에 인간은 자연의 일부로 순응하며 살았었다. 그러다 기술, 과학이 발전하면서 인간은 자연을 지배하고 조절할 수 있다고 믿었고 그렇게 살아왔다. 그러나 자연을 지배해 이용한다는 것이 인간에게 얼마나 엄청난 재앙을 안기고 있는지는 전 세계에서 벌어지는 가뭄과 홍수, 지진이 극명하게 보여주고 있다. '자연은 인간에게 기여하는 만큼'이라는 표현은 적절치 않다. 역으로 '인간이 자연에 기여하는 만큼'이면 자연도 인간에게 그 이상의 가치를 주겠지만 자연은 그 스스로 존재하며 인간은 그 존재 안 일부인데 무엇을 기여해야 하는지 모르겠다.

---

9 2차 갈등조정협의회에서 울산광역시 문화체육관광국장은 대책위의 요구를 수용하여 경제성, 안전, 식생조사 등과 관련된 자료는 환경영향평가 초안 제출 전에 협의회에 제출하겠다고 발언했다(낙동강유역환경청, 2015).

그리고 지금의 이 미친 자연 현상은 인간이 만들어낸 비극임을 간과해서는 안 된다. 모든 것의 지배자인 양 행동하며 눈앞의 이익만을 탐한다면 인간의 미래는 없다(지성희, 2010).

이에 덧붙여 신불산 케이블카 설치를 둘러싼 프레임 갈등이 2018년 8월 현재 여전히 진행 중인 가운데, 한상진(2015)은 케이블카를 미국 샌프란시스코 등에서 사용되는 원래의 의미인 전차로 재해석하여 다음과 같이 영남알프스에 케이블카가 아닌 이미 설치된 임도에 모노레일을 설치하는 대안을 제시하고 있다.

원래 케이블카는 미국 샌프란시스코의 세계적 관광 상품에서 보듯이 모노레일 방식의 선차를 말한다. 본래의 뜻에 맞는 신불산 케이블카는 이미 잘 닦여 있는 임도에 케이블 하나만 깔면 되는 것이지, 추가 임도 설치와 같은 개발은 전혀 불필요하다. 현재에도 많은 MTB 애호가들이 임도를 통해 간월재까지 가고 있는데 힘이 부치는 노약자들은 일부 구간만 걷거나 자전거를 타고 일부 구간은 모노레일 케이블카를 이용한다면 영남 알프스 산악관광 활성화에 큰 도움이 될 것이다. (...) 울산의 주요 시민단체와 환경단체들로 구성된 반대대책위는 울산과 신불산을 누구보다 사랑하는 심정으로, 울산의 미래 먹거리 차원의 생태관광 활성화를 위해 로프웨이가 아닌 다양한 정책개발에 동참할 의지를 충분히 갖고 있다. 현재 낙동강유역환경청이 중재하는 갈등조정협의가 진행되고 있지만 그러한 좁은 틀이 아니라, 영남알프스의 지속가능한 산악관광을 위한 '생태관광 거버넌스'를 자발적으로 구축하여 울산관광협회, 울주군 알프스팀은 물론 울산광역시 문화체육관광국이 반대대책위와 허심탄회하게 논의하는 민주행정의 본모습을 찾기를 진심으로 바란다.

제13장

◆

송전탑 건설 반대 주민 및 비정규직 노동자의 희생과 연대를 통한 승인적 정의의 지향

송전탑은 전기를 수송하는 철탑이다. 문명의 빛과 이기를 작동시키는 매개체인 이 철탑은 대규모 핵발전소(이하 원전) 증설과 더불어 더 큰 전기용량을 수송하려는 목적에서 더욱 위험한 물건이 되어가고 있다. 그리하여 밀양, 청도 등 신고리 원전의 전기를 실어 나르기 위한 765kV 송전탑의 건설 구간에서는 결사적 반대투쟁이 10년 가까이 계속되었다. 그런데 송전탑은 우연하게도 자본의 고용 유연화 전략에 맞선 비정규직 노동자가 차별에 항거하기 위해 고공농성을 벌이는 장소이기도 하다. 이처럼 송전탑을 둘러싸고 전개되고 있는 지속가능한 생명을 위한 싸움은 생명이 위험에 노출되는 방식에 의존할 수밖에 없는 역설적 상황을 드러낸다.

21세기 들어 가속화되어 온 신자유주의에 의거한 시장의 지구화는 생태적 지속가능성 및 경제적 생존가능성의 위험에 처한 집단의 희생과 사회적 연대를 촉발해 왔다. 이와 관련하여 환경정의 담론은 사후적으로나마 사회적 불의와 착종된 환경파괴에 대해 주목함으로써, 주민환경운동을 정치경제적 불평등에 따른 환경위험 및 비용의 차별적 부담에 대한 정당한 저항으로 자리매기는 데 기여했다고 볼 수 있다(박재묵, 2006). 최근에는 정의로운 도시(Fainstein, 2010), 공간적 정의(Soja, 2010)[1] 등 생태적 수준에만 국한되지 않는 정의에 대한 개념화가 다양하게 모색되면서, 환경정의와 사회경제적 정의 간 이론적, 실천적 접합의 지평 또한 확대되고 있다.

혹자는 구소련의 붕괴에 따른 에너지 및 먹을거리 부족의 위기를 극복한 쿠바의 공동체적 고난 경험이 자원고갈, 기후변동 등에 사전적으로 대응하는 모든 지구인의 생활양식에 창조적으로 적용될 필요성을 주장한다.[2] 메이어(Meyer, 2010: 13)는 이와 비슷한 문제의식 아래 지속가능성을 '민주적 희생의 정치'(democratic politics of sacrifice)와 결합시키려는 취지에서, 선진국 환경주의에 존재하는 두 가지 편향을 언급하고 있다. 하나는 과소비 국가의 상당한 희생이 요구됨을 인정하면서도, 해당 시민들이 이기적이고 무관심하거나 변동에 무지하기 때문에 실현되기 어렵다는 견해이다. 다른 하나는 새로운 기술의 개발로 희생을 강요하지 않고도 고통 없이 지속가능성을 보장할 수 있다는 입장이다. 하지만 본 장에서는 희생과 이를 통한 집단 간 연대라는 프리즘에서 지속가능성을 생태경제적 생존을 위한 사전적 노력으로 해석하여, JS를 지향하는 주민환경운동과 노동운동의 연대 사례를 다루고자 한다.

---

1 소야(Soja, 2010: 23)에 의하면, 21세기의 사회공간적 운동은 수많은 상이한 스케일에서 정의의 정치화를 확산시켜 왔다. 이는 노동운동, 지역사회운동, 근린기초운동 등에 대해 새로운 종류의 다중스케일적(multi-scalar) 배태를 창출함으로써, 지방에서의 정의를 향한 투쟁이 도시, 지역, 전국, 글로벌 맥락의 캠페인과 연계될 수 있게 해 온 셈이다. 특히 여기서 유관 적합한 것은 지역사회 발전을 위한 지방적 노력이 지역적(regional) 관점을 채택하는 가운데 지역경제가 지방적 사건을 형성한다는 인식 아래 모색되어 온 노동-지역사회 연합(labor-community coalition)이다.

2 The Community Solution, "Power of Community: How Cuba Survived Peak Oil?" (http://www. youtube.com/watch?v=lNNoOKfDALo).

2012년 이후 생명의 위협을 가져오는 동시에 생명을 지키려는 투쟁의 장소이기도 한 송전탑을 중심으로 건설지역 주민 및 비정규직 노동자는 정의로운 지속가능성의 어떤 측면에서 상호교류의 접면을 만들어 왔을까? 다중스케일 관점에 의거하여 송전탑 건설 반대운동을 분석한 기존 연구들(엄은희, 2012; 이상헌 외, 2014)은 특별히 비정규직 노동자와의 연대에 초점을 맞추고 있지는 않으나, 국지적인 의존의 공간(space of dependence)에 대비시켜 전국적 스케일로 확장되는 연대의 공간(space of engagement)에 주목하고 있다.[3] 이 가운데 엄은희(2012)는 2012년 초 이치우 어르신의 분신이라는 극단적 희생 이후 밀양이라는 지방 스케일에서의 송전탑 반대가 전국 스케일의 탈핵운동으로 리스케일링되었다고 지적한다. 또 이상헌 외(2014: 277)는 송전탑이라는 대단히 네트워크적인 속성을 갖는 대상을 두고 갈등이 일어났기 때문에 다른 지역 및 외부세력과의 연대가 용이했다고 설명하고 있다.

1. 이론적 배경과 분석 틀

1) 환경정의의 유형

박재묵(2006)은 기존의 환경정의론이 분배적, 절차적 차원에 치우쳐 온 것을 비판하여, 실질적 정의와 아울러 생산적 정의(productive), 승인적 정의라는 새로운 측면이 중요하다고 강조한다. 이와 비슷하게 최병두(1998)도 환경정의의 세 가지 유형을 분배적 정의, 생산적 정의, 승인적 정의로 구별한 바 있다. 또한 제11장에서 보았듯이 윤순진(2006: 12)에 의하면, 환경정의의 요소는 분배, 절차, 실질 등 세 가지로 파악된다.

3 의존의 공간, 연대의 공간 개념에 대해서는 Cox(1998) 참조.

그런데 박재묵(2006: 103-106)은 생산적 환경정의를 위험 물질 등 환경문제의 생산 결정에 대한 공중의 참여 확대와 관련시키는데, 이는 특히 환경문제와 사회적 불평등의 근본적 원인에 대한 관심에서 비롯된다. 또 승인적 환경정의는 인간과 다른 생물 종과의 관계를 둘러싼 '생태적 정의'로서, 지속가능성과 관련해 본다면 현재의 인간과 아직 태어나지 않은 후손 간에도 적용 가능하다.[4] 다시 말해 승인적 정의는 인간, 비인간을 포함하는 자연의 잠재력 실현 및 전개에 필요한 것이라고 하겠다(Schlosberg, 2005: 103).

2) 희생, 그리고 연대

기후변동, 멸종, 자원고갈과 같은 환경위기의 조건 속에서 메이어(Meyer, 2010: 13-16)는 '희생'을 시민행동이 더 나은 미래를 개척할 수 있다는 민주적 희망의 흐름에서 재해석한다.[5] 그에 따르면, 희생에 대한 적절한 접근은 생태계 파괴로 인해 지도자가 강요하는 어쩔 수 없는 절망

---

4 최병두(1998: 517)에 의하면, 승인적 정의는 탈근대 정의론에서 강조하는 타자성과 차이, 또는 하버마스가 제시한 인간 간 상호승인적 관계에 내재하는 의사소통의 원칙을 인정하고 이를 인간과 자연간의 관계에도 적용하는 것이다. 이러한 인간과 자연간의 정의로운 관계는 한편으로 자연과 인간 간의 관계를 매개할 뿐만 아니라 인간 주체들 간의 관계도 매개하고 있는 노동, 그리고 다른 한편으로 매개 대상물 간의 상호승인, 즉 자연에 대한 인간의 애정 어린 배려와 인간 상호 간의 존경과 신뢰를 전제로 한다.

5 매니츠와 메이어(Maniates & Meyer, 2010: 315-320)는 희생의 개념화를 둘러싼 논점으로 다음을 제시한다. 첫째, 희생은 대개 개인의 통제를 뛰어넘는 구조, 과정 및 가정에 의존하므로, 이들 요소 중 어떤 변동이 발생할 때 희생에 대한 개인 역량이나 참여의지가 영향을 받는가를 밝혀야 한다. 둘째, 지속가능성의 요구에 부응하는 희생을 심층적으로 해석하기 위해서는, 이러한 역량을 고양하는 요소와 동학에 대한 구체적 식별이 필요하다. 셋째, 환경정치 실천을 재형성하는 희생 역량의 계발은 부과된 희생이라는 관념에 얽매이지 않는 민주적 숙의과정을 요청한다. 넷째, 자기이익과 동기화에 대한 협소한 이해를 특권화시키는 주류경제학에 대응하여, 이해관계의 범주를 포괄적으로 확장할뿐더러 환경적 희생과 다른 희생의 차원(가족, 종교 등)과의 연계도 발전시킨다.

적 선택이나 보이지 않는 손이 깨끗한 녹색사회로 이끌 것이라는 막연한 낙관 둘 다와 뚜렷이 다른 것이다. 희생은 통상적으로 이타성과 동일시되지만, 이익의 부정이라기보다는 숭고한 이해관계를 추구하는 행위로 보아야 한다. 특히 제4장에서도 언급했듯이 민주적, 자발적 희생이란 깨어 있는(willing) 시민의 더 높은 차원의 관심사와 공공이익을 위한 행동이며, 그런 뜻에서 단지 개인적 현상에 그치지 않는 정치적 의사결정과 제도적 구조의 결과이기도 하다.

희생은 자연과 공동체를 지키기 위한 고통을 감내하는 투쟁으로부터 CO_2 감소나 자원 절약을 위한 일상적 편안함의 포기에 이르기까지 다양한 차원에 걸쳐 발생될 수 있다. 희생이 더 높은 수준에서 자기이익을 위한 행위라는 사실은 다음의 두 측면에서 설명가능하다. 첫째, 미래 세대의 지속가능한 생존을 승인하는 맥락에서의 희생은 아동 및 청소년의 향후 삶의 질을 보장하여 기성세대가 노후를 맞이할 때 경제적, 정서적 안정을 확보할 수 있게 한다. 둘째, 인간도 동물이기 때문에, 동식물을 포함한 자연에 대한 방어로서의 희생은 먹이사슬에 있는 생명체를 보존함으로써 건강과 (재)생산노동에 도움을 준다는 점이다.[6]

이처럼 희생은 당대의 삶의 질 확보와 자녀세대 및 기타 생명체에 대한 배려를 결합하는 실천적 개념인 셈이다. 메이어(Meyer, 2010: 24-26)는 희생을 요구하는 환경주의적 호소는 그러한 희생이 호소대상에 의해 제대로 인식되지 못하고 호혜화(reciprocated)되지 못한다면 거부당할 수밖에 없다고 한다. 반면에 책임과 부담이 폭넓게 공유되어 있다고 인지되는 곳에

6 승인적 환경정의와 관련하여 슐로스버그(Schlosberg, 2005: 103-106)는 사회정의를 자연으로 확장시키는 자연에 대한 승인이 동물이나 자연을 인간과 동등한 도덕적 기반의 존재로 취급할 필요는 없다고 본다. 또한 해이워드(Hayward)는 자연에 대한 존중이 자신과 인간 상호 간에 대한 존중에서 직접적으로 도출된다고 하면서, 인간 존재에 대한 자존과 통전성이 비인간존재 및 환경에 대한 존중의 이유를 제공한다고 주장한다.

서는 스스로 희생이라는 고차원의 자기이해에 친화적일 가능성이 훨씬 높게 된다. 즉 사회적 연대를 통해 편협한 이기주의를 넘어선 민주적 희생의 기반이 마련될 수 있다는 것이다.

한편 연대의 개념은 프랑스혁명의 공화파를 대변했던 푸리에, 르누비에, 레옹 부르주아 등의 논의에 뿌리를 두고 있다(田中拓道, 2014: 194-199). 이들은 자연적 연대에 근거하여, 사람들도 이러한 자연적 상호의존 논리에 따라 사회 전체의 목적이자 수단으로 존재한다는 명제를 확립했다. 그리고 레옹 부르조아는 '자연은 불의한 것은 아니지만 정의 외부에 있다'는 전제 아래, 개인과 사회의 유사 계약관계에 기초한 상호의무로서 연대 개념을 도출하고 있다. 특히 1890년대 프랑스 급진공화파가 제도화한 연대주의에 따르면, 사회관계란 분업에 기초한 기능적 상호작용인 동시에 인간성의 진보를 달성시킬 수 있는 규범을 내재한 관계로 이해되었다. 이때 연대의 질서 내에 위치하는 개인은 위험에 대한 보상이라는 권리를 승인하는 한편, 교육, 위생, 노동, 저축 등 도덕적 의무를 달성하고 진보에 공헌하며 위험을 최소화하는 존재로 파악되고 있다(田中拓道, 2014: 225).[7]

그런데 사이토(齋藤純一, 2009: 98-102)는 사회적, 공간적 분리의 심화에 따라 롤스 등 자유주의적 정의론이 대상으로 삼아 온 사회적 연대의 자원이 현격히 부족해지고 있음을 밝힌다. 이에 대응하여 박호성(2009: 457-489)은 노동운동과 시민운동의 연대 필요성을 강조하면서, 노동운동과 마찬가지로 시민운동도 인간해방을 지향하기 때문에 두 세력의 연대는 자연의 이치와 같다고 주장한다. 한편 시민연대사회라는 개념으로 한국의 연대주의를 연구한 강수택(2012: 292-293)은 다음과 같은 연대론의

---

7 박호성(2009: 442)에 의하면, 시민사회의 발전으로 연대는 동등한 사회 구성원으로서 지녀야 할 자발적인 인간적 유대의식과 도덕적 의무감으로 자리 잡았으며, 특히 사회적으로 불리한 대접을 받는 종속적 개인 및 집단의 낙후된 상황을 개선하려는 공동체적 결속과 단합의 표현이 되고 있다.

시대 구분을 시도한다. 먼저 연대론의 제1세대는 1980년대의 노동자연대, 농민연대, 지식인연대, 학생연대 등을 가리키고, 제2세대는 1990년대 전반까지의 여성연대를 비롯한 다양한 시민연대 형태라고 할 수 있다. 그에 따르면, 이를 계승할 제3세대 시민연대론은 인간 중심의 연대를 넘어 생태계로 연대의 범위를 확장시키는 녹색연대론과 상징세계 연대론 등으로 전망된다고 한다.

3) 분석 틀과 연구 자료

본 장의 분석 틀은 앞서의 JS와 희생, 연대에 관한 개념적 검토를 바탕으로 <그림 13-1>처럼 나타낼 수 있다.

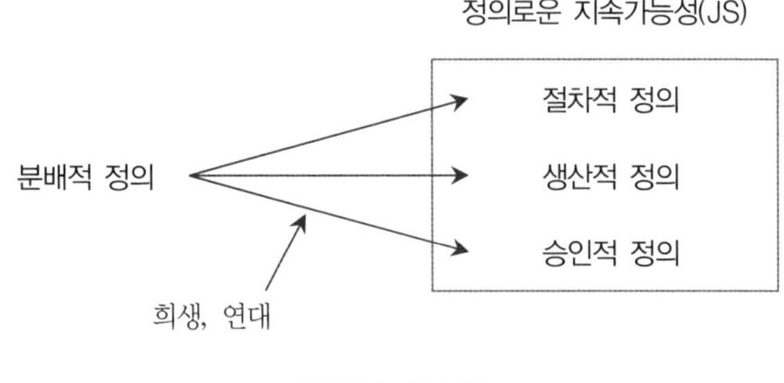

<그림 13-1> 분석 틀

<표 5-2>에서 보았듯이 기존의 JS에 대한 설명은 숙의민주주의와 같은 절차적 정의와 신경제학으로 표현되는 대안적 생태경제에 초점을 맞추는 경향이 있다. 그런데 여기서는 환경정의의 유형 가운데 국지적 보상 요구에 그치기 쉬운 분배적 정의만을 제외하고 절차적, 생산적, 승인적 정의 등을 JS의 요소로 포함시킨다. 특히 JS를 기존의 환경정의 담론과 차별화시키기 위해, 승인적 정의에 이르는 실천 경로라는 차원에서 희생과 연대

를 주요 외부변수로 설정한다. 본 장에서는 절차적, 승인적, 생산적 정의라는 틀과 관련하여 밀양 송전탑 건설 반대 주민과 비정규직 노동자의 희생, 연대가 어떻게 전개되었는가를 분석함으로써 JS 지향의 구체적 사례가 어떻게 전개되어 왔나를 살피고자 한다. 이와 함께 연구방법은 심층면접, 참여관찰에 의거한 질적 접근을 위주로 하고 인터넷 문서 및 영상자료에 대한 이차적 분석을 병행한다. 참여관찰을 위해 필자는 2013년 10월 27일과 2014년 4월 30일의 두 차례에 걸쳐 밀양 현지를 방문했는데 이때 현대자동차 비정규직 노조 조합원에 대한 면접도 이루어졌다. 기타 이차 자료로는 구술 프로젝트 결과인 '밀양을 살다' 등과 각종 신문자료, 인터넷상 전자문서 및 동영상 자료 등이 사용되었다.

2. 분배적 정의를 넘어 절차적, 생산적 정의로

1) 밀양 송전탑 건설 반대운동

한국전력(이하 한전)에 의해 2005년부터 건설이 추진되어온 신고리-북경남 765kV 송전탑은 울산 울주군 신고리 원전의 전기를 경남 창녕군의 북경남 변전소까지 나르기 위한 162개의 80-140m에 이르는 초고압 철골 구조물이며, 그중 밀양에는 69개가 지나가게 되어 있다. 이화연·윤순진(2013: 61)은 밀양 송전탑 건설을 둘러싼 갈등 보도의 프레임 유형과 관련하여 분배적 정의는 관련하여 지가하락 등 불평등한 경제적 피해, 수도권 공급 전력체계에 대한 초점으로, 절차적 정의와 관련해서는 법을 무시한 일방적 공사에 대한 비판과 송전탑 건설 관련 민주적 절차의 강조로 구성될 수 있다고 제시한다. 애초에 밀양 주민이 송전탑 건설에 반대한 이유는 이로부터 발생되는 전자파 및 소음 피해, 경관파괴와 지가하락에 따른 재산상 손실[8] 등에서 비롯된 것이다. 한편 초기의 반대운동에서 주민이 송전탑 건설에 저항하게 만든 또 다른 요인으로는 전력수송체계의 분배적 불의를 들 수 있다. 초고압선로로 연결되는 765kV 송전탑은 대도시 주민들을 위한 것인데 반해, 이에 따른 피해는 산간 농촌 거주자가 부담해야 하기 때문이다. 이와 같은 분배적 정의의 추구는 2013년 10월 2일 서울의 대한문 매일 미사 중 무기한 단식을 시작한 주민의 발언인 <사례1>에서도 발견된다.

> <사례1> 과연 우리가 무엇을 잘못했기 때문에 생명과 재산과 모든 것을 뺏어 갈라 캅니까? 배부른 사람들 돈 조금 더 벌라고, 이 할머니들을 희생시켜서 짓밟아서 송전탑 세워서 이 안 그래도 환한 서울에 더 환하게, 대낮보다 더 환하게 불을 켜서 과연 누가 행복합니까? 할머니들을 살려주십시오(동화전마을 김00).

어쨌든 2005년 이후 2012년 1월의 이치우 어르신 분신 때까지 밀양 주민의 반대운동은 불평등한 경제적 피해를 둘러싼 분배적 불의의 극복에 집중되었다고 볼 수 있다. 보라마을에 거주했던 74세 이치우 어르신은 송전탑 건설에 따른 시가 4억 원 땅에 대한 보상금이 6천만 원이라는 사실을 알고 이를 거부했으나, 한전이 포클레인을 동원해 기초 작업을 강행하는 상황이었다(탈핵신문, 2012). 엄은희(2012)의 지적대로 이치우 어르신의 분신 저항은 밀양 주민의 분배적 불의에 대한 문제 제기를 절차적, 생산적 불의에 대한 반대로 심화시키는 계기를 만들었다. 2013년 9월 주민

---

8 송전탑 건설에 따른 한전의 보상 내용은 1978년에 제정된 전원개발 촉진법에 근거한 것으로 철탑부지의 경우 감정가 100%, 선하지의 경우에는 선로 좌우 3m 이내 감정가 28%로 수용하게 되어 있다. 그리고 주민이 안 팔겠다면 강제수용이 가능하며, 기타 한전내규로 공공사업으로만 사용될 수 있는 마을 발전기금의 제공이 가능하다(고준길, 2013).

반대가 고조된 시점에서 밀양을 방문한 국무총리는 밀양 송전탑 갈등해소 특별지원 협의회를 구성하여 가구당 400만 원의 개별보상과 태양광밸리사업 추진 등의 분배적 개선책을 제시했으나, 반대 주민의 관심은 이미 보상 수준을 떠나 있었다.

이제 주민들은 송전탑 건설의 절차도 정의롭지 못하다고 여기는데, 2005년의 환경영향평가 주민설명회가 면별로 1회씩, 2만 명이 넘는 주민 중 126명만 참가한 채 형식적으로 진행되었다는 점도 의식하게 된다(희정, 2014ㄱ: 71). 또 국가의 경우 전원개발촉진법을 통해 강제수용, 행정대집행 등 밀어붙이기 방식으로 사업을 수행할 수 있는 반면에, 주민의 의사를 들어줄 제도적 통로는 협소하다고 느끼고 있다(<사례2> 참조).

> <사례2> 무슨 군대 점령하듯이 쳐들어와 가지고 힘 보여주고, 그리고 그 이후로 합의를 막 유도해내고 있잖아요, 이거는 합의가 아니고 항복이고 무슨 포기고 그런 거죠. 그래서 지금도 물론 힘에 밀려서 한 기, 한 기 세워지지만, 어느 한 기도 이거를, 이미 세워진 송전탑이지만은 한 기도 우리가 허락한 적이 없다. 다 무효다. 나는 그렇게 생각하거든예. 너무 정의롭지 못하잖아요(용회마을 구00).[9]

이러한 절차적 불의에 대한 강력한 반대는 중앙정부와 한전으로 하여금 2013년에 송변전 설비 주변지역 보상 및 지원에 관한 법률(이하 송주법)을 제정하고 전문가협의체를 구성케 하는 등의 양보를 이끌었다. 하지만 송주법은 송전선로 좌우 180m 안에 주택을 소유한 주민에게 한전에 집을 사도록 청구할 권리를 부여하고 33m 안의 축사, 농지에 대해서는 한전 보상금이 가능하게 하는 등 개별적 보상에 더욱 의존하는 한계를 보이고 있다. 전문가협의체 또한 정보공개 문제와 관련 학계에 대한 한전

9 박은선(2014: 150)에서 재인용.

의 절대적 영향력 등으로 전문가의 공개 활동에 제약이 발생하여 결국 합의에 실패하고 만다(이상헌 외, 2014: 276-278). 하지만 밀양 주민의 절차적 불의에 대한 투쟁은 예정부지 점거농성이 모두 진압된 후인 2014년 11월까지 지속되어, 밀양과 청도의 송전탑 지역 주민 10여 명이 한전, 국회 등을 순회하면서 전원개발촉진법을 비롯한 송주법, 전기사업법 등의 개정을 요구하기도 했다(국제신문, 2014).

한편 <사례3>, <사례4>는 분배적, 절차적 정의의 요구가 정부, 한전에 의해 거부되면서 밀양 주민의 송전탑 건설 반대가 그것의 근본적 원인인 원전의 문제, 즉 생산적 정의의 차원으로 발전되고 있음을 보여준다. 고준길(2013)에 따르면, 밀양 송전탑 건설 반대운동은 전체 탈핵운동의 흐름에서 앞으로의 과제로 대규모 중앙집중식 전력 수급을 소규모 지역별 자체 수급으로 변환시키고 전력 다소비 기업 및 대기업의 자가발전을 의무화하며 재생에너지 개발 및 에너지 절약 정책을 최우선으로 촉구할 것 등을 제시하고 있다.

<사례3> 처음에 (싸움) 시작할 때는 그냥 뭐 막연했어요. 우리 집 앞에 저 송전탑이 들어온다. 막아야 되겠다. 이런 막연한 생각을 했는데 차츰차츰 알게 될수록, 뭐를 더 알게 되었냐면 송전탑하고 원자력하고는 별개라고 생각했는데, 그게 한 통속이더라고예. 원자력 때문에 이 송전탑이 들어오더라고예. 그러면서 전력대란 때문에 송전탑을 필요로 하는 게 아니고, 정말 자기네들이 숨기고 있었던 것들을 하나씩하나씩 알게 된 거지예. 아, 이거는 정말 막아야 되는 거구나. 그러면서 다른 거 다 떠나서 내 마음이 해야 되겠다고 마음을 먹었기 때문에 시작을 했던 것 같에예(동화전마을 김00).[10]

10 밀양구술프로젝트(2014: 294)에서 재인용.

<사례4> 한전은 왜 정당한데 3, 4천명의 경찰병력을 투입하여 주민을 고착시켜 억지공사를 강행하고 있습니까? 왜 정의, 합법성을 부르짖는 사람들을 잡아 가둡니까? 정부와 공기업이 본을 보여야 할 텐데 공권력을 투입하고 세금을 낭비하고 국가자원을 소모하고 있는 것에 답답할 따름입니다. 밀양주민은 사느냐 죽느냐의 절체절명의 고통을 당하고 있습니다. (...) 이제 밀양 주민을 원전과 송전탑으로부터 해방시켜 줘야 합니다. 우리는 개인 재산을 보호하고 생명이 아까워서 반대하는 것이 아닙니다. 죽음보다 더 무서운 것이 원전과 송전탑입니다(고정마을 이00, 2014년 4월 30일 면접 결과).

2) 현대자동차 비정규직 노동운동

현대자동차 비정규직 노동조합(이하 현대차 비정규직 노조)은 2003년 4월 아산공장에서 발생한 사내하청 노동자 폭행 사건 직후 비인간적 대우에 맞서기 위해 그해 7월에 건설되었다(최병승, 2014ㄱ: 60). 초기의 투쟁은 조직력이 있는 1차 사내하청 업체를 중심으로 진행되었는데, 임금 및 수당 인상 외에 물품 지급, 교통비 인상분 적용, 작업 중 휴게시간 확보 등 복지처우 개선을 위주로 한 것이었다(최병승, 2014ㄴ: 188). 주로 2003년 한 해 동안 전개된 이 같은 요구는 분배적 정의와 관련되는 것이었지만, 2004년 이후에는 비정규직의 정규직 전환을 향한 절차적, 생산적 정의가 지속적으로 추구되어 왔다.

현대차 비정규직 노동운동의 전개 과정은 2004-05년의 1차 불법파견 투쟁기, 2006년 독자 임금단체협상(이하 임단협) 투쟁기, 2007-10년 정체기, 2010-14년의 2차 불법파견 투쟁기 등으로 구분된다. 우선 2004년에 노동부가 현대차에 대해 내린 불법파견 판정은 비정규직 노동자에게 정규직이 될 수 있다는 희망을 주었으며, 같은 해 7월 비정규직 노조는 두 차례의 파업을 전개하여 기본급, 성과급의 인상과 같은 임단협 성과를 거두었다. 이 같은 성과는 당시 비정규노조의 파업으로 생산 중단이라는 상당한 차질이 빚어지고 여성 하청조합원이 철탑 농성에 돌입하자 정규직 노조가 나서서 현대차와 하청업체 대표가 참여하는 4자 교섭을 꾸려 진행함으로써 성취한 것이었다(이병훈 외, 2014).

한편 현재까지 진행되고 있는 2차 불법파견 투쟁의 시기는 2010년 7월에 대법원이 비정규직 노조원 1인에 대해 정규직 전환을 판결하면서 촉발되었다.[11] 당시 대법원은 "현대차 울산공장의 사내하청이 도급관계가 아니라 원청이 작업 지시권을 행사하는 파견 관계에 있고, 구 파견법에 따라 2년을 초과해 근무한 경우에는 2년이 초과한 시점부터 사용 사업주인 현대차가 파견노동자를 직접 고용한 것으로 간주한다"고 판시했다. 즉 현대차와 도급계약이 체결된 사내하청 노동자의 작업이 컨베이어 벨트를 이용한 자동흐름 방식으로 진행되는 점, 현대차가 사내하청 노동자에 대한 작업배치와 변경결정권을 갖고 노동 및 휴게시간, 근무교대와 작업속도를 결정한다는 점, 현대차가 파견노동자의 근태 및 인원 현황을 파악하는 점 등을 들어 비정규직과 현대차의 직접고용 관계가 성립한다는 것이었다(참여연대, 2012).

이처럼 절차적 정의에 대한 호소가 성과를 내어 왔음에도 불구하고, 현대차는 비정규직 노조의 조직력 약화를 위해 비정규직의 정규직으로의 선별적 신규 채용을 계속해 왔다. 이는 비정규직에 대한 차별 대우라는 분배적 불의의 개별적 해결책이라 볼 수도 있지만 비정규직 노동자 내부에서

---

11 당시의 대법원 판결은 승소한 1인에만 해당하는 것이 아니라 같은 처지의 비정규직 노동자 모두에게 구속력을 갖는다는 점에서 사회적 파장을 일으키기 충분했다. 하지만 현대차는 이를 특별한 개별 판결로 제한시키고 법정 공방으로 끌고 갔으며, 대법원 판결 자체를 문제 삼아 헌법소원까지 했다(최병승, 2014ㄱ). 이 같은 현대차의 대응은 고용유연화 전략에 따라 자동차 업종은 물론 전 산업에 걸쳐 비정규직 채용이 증가하는 가운데, 생산적 불의를 개선하기 어려운 자본의 구조적 제약을 드러낸다고 할 수 있다.

또 다른 분배적 불의를 낳게 하는 방식이라 할 수 있다. <사례5>는 현대차 비정규직의 정규직 전환 요구가 개인 차원의 분배적 정의 추구가 아닌 법에 의해 보장되는 보편적 정의의 획득을 위한 것임을 나타낸다.

> <사례5> 어차피 회사에서 선택한 사람들은 정규직이 돼요. 지금까지 그래 왔어. 우리가 하는 것은 회사로부터 선택받은 애들이 들어가는 그 문을 넓히는 게 아니라, 문에 들어가는 사람을 우리 모두로 만드는 거지(익명의 현대차 비정규직 노동자, 희정(2014ㄴ)에서 재인용).

그런데 2011년 말 비정규직 노조와의 연대에 우호적인 현대차 정규직 노조 집행부가 출범하여, 2012년 4월에는 정규직-비정규직 노조 통합대의원대회를 통해 불법파견 특별교섭 요구안이 마련되었다. 또 특별교섭이 개시된 지 한 달여 만인 2012년 6월에 정규직-비정규직 노조가 2년 미만 사내하청의 직영계약직 전환에 반대하며 교섭 중단을 선언하자, 현대차는 2년 미만 사내하청 노동자 1,500여 명 중 1,300여 명에 대한 직영계약직 전환을 강행했다. 이후 8월 중순 특별교섭이 재개됐지만 논의가 진전되지 않던 상황에서 회사는 비정규직에 대한 3,000명 신규채용안을 제시했고, 특별교섭이 지연되고 있던 10월 중순에는 최00, 천00 등 비정규직 노조 활동가 2명이 현대차 울산공장 근처인 명촌동의 송전탑에 올라가 이듬해 8월까지 296일 동안 고공 노숙농성을 진행하게 된다(이병훈 외, 2014).

이들의 명촌 철탑 고공농성은 3,000명의 개별적 정규직화로 나머지 비정규직에 대한 도급은 인정받고자 하는 현대차에 대한 사회적 압력의 일환이라 할 수 있다. 또 대법원이 판결해도 이행하지 않는 회사의 절차적 정의 무시에 대항하여, 생산적 정의를 추구하는 특별교섭의 정당성을 널리 알리기 위해 45m 높이 송전 철탑에 오르게 된 것이었다. <사례6>은 송전탑 농성 당사자 중 한 명인 최00씨에 대한 인터뷰(한겨레TV, 2013)을 녹취하여 재구성한 것이다. 2013년 8월 철탑 농성을 끝내면서 이들은 '불법파견 철폐하고 인간답게 살아보자'는 구호를 외치고, '10년 동안 진행된 불법파견 문제를 해결해보자는 마음으로 철탑에 올랐지만 세상은 변하지 않았다'며 '철탑에서 내려오기 싫었지만 땅에서 다시 싸우겠다'는 말을 남겼다(울산 노동이야기, 2013).

> <사례6> 저희는 무엇을 관철하기 위해 송전탑에 올라왔기 보다는 이 사람들이 왜 싸우는지를 알리기 위해 올라왔습니다. 수많은 비정규직 노동자들이 지난 8년 동안 투쟁하면서 수배, 구속, 손해배상, 가압류를 당했으며 1명이 죽고 2명이 분신한 사실을 알리기 위해서는 목숨을 건 송전탑 농성 아니면 세상 사람들이 관심을 갖지 않기 때문에 그랬던 겁니다. 이 세상은 노동권이 사회권으로 취급받지 못하는 사회. 노동자의 권리주장을 이해하지 못하는 사회입니다(최00, 2013).

한편 송전탑 농성이 끝나고 1년여가 지난 2014년 9월 서울중앙지방법원 민사합의 41부, 42부는 '현대차 근로자 지위를 인정하고, 체불임금을 지급하라'는 현대차 비정규직 노동자의 소송에 대한 선고공판에서 1,179명의 비정규직 노동자 모두를 불법파견이라 규정하게 된다. 즉 이들 모두에게 '현대차의 근로자 지위가 인정된다'며 체불임금 300여억 원을 지급하라는 판결도 내렸다(한겨레신문, 2014). 그러나 이에 대해 현대차는 '이번 판결에 따르면 현대차 안에서 사내하도급 자체를 활용할 수 없다는 결론에 도달한다'는 입장으로 '사내하도급이라는 개념 자체가 존재하지 말아야 하는 제도인지에 대해 사회적 공론화 과정이 필요하다'며 항소의지를 밝히고 있다(박유기, 2014). 어쨌든 신자유주의적 지구화에 따른 고용 유연화 전략은 피해 당사자의 생산적 정의 요구와 거듭 충돌해 왔는

데, <사례7>은 2012년 12월 명촌 철탑 아래 농성장에서 현대차 비정규직 해고노동자와 인터뷰한 내용이다.

> <사례7> 컨베이어 시스템에서 작업하죠. 업체 노동자들이 타이어를 달지 않으면 차를 내려서 작업 할 수 없는 게 현대자동차의 컨베이어 시스템이에요. 혼재가 아니더라도 업체를 빼면 작업이 안 돼요. 완성차를 만들 수 없어요. 혼재냐 아니냐, 컨베이어냐 아니냐가 문제가 아니라 비정규직들이 작업을 하지 않으면 차 생산이 되지 않는다는 게 중요하죠. 그게 자동차 생산 시스템이고, 현대자동차의 생산 시스템입니다(광수(가명), 2012).[12]

3. 희생과 연대를 통한 승인적 정의의 추구

희생은 고차원의 자기이해의 추구로서 개인적 수준이 아닌 인간 상호간의 연대를 전제로 한다. 이와 같은 희생과 연대의 실천은 아직 태어나지 않은 미래 세대의 지속가능성을 승인한다는 의미에서, 생산적 정의만큼이나 근본적인 정의로운 지속가능성의 지향이라 할 수 있다. 밀양 송전탑 건설 반대운동과 울산 비정규직 철탑투쟁의 공통된 특성은 송전탑을 둘러싼 싸움이라는 점과 쇠사슬을 감고 저항하는 비일상적 희생의 형태라는 데서 찾아진다.[13] 반면에 두 사례의 차이점은 밀양의 경우 현재대로 살게 해 달라는 '로부터의' 운동이고 현대차의 경우에는 평등한 대우를 요구하는 '-에 대한' 투쟁이라는 것이다. 이렇게 서로 다른 목표를 지향함에도 양 운동의 연대가 이루어진 배경에는 개별적 투쟁만으로는 한전이

12 연정(2013)에서 재인용.

13 한편 현대차 비정규노조와 함께 밀양 농성 지원에 열성적이었던 부산경남울산 열사정신 계승 사업회의 관계자는 밀양 주민 두 분의 분신, 음독이라는 극단적 희생에 대한 연민이 연내의 암묵적 근거가 된다고 밝히기도 한다(2013.10.27 면접 결과).

나 현대차라는 거대 기업 권력을 제압하기 힘든 측면과 지리적 근접성이 작용한다고 풀이된다.

한편 두 사례에서의 희생의 양상은 단기적 자기이해를 넘어선 미래 세대와 이해당사자 공동체 모두에 대한 배려에서 비롯된 것이다(<사례8>, <사례9> 참조). 하지만 밀양에서 선도적으로 반대해 온 보라마을, 동화전마을 등이 최후의 행정대집행 전에 한전과의 보상에 합의한 사실이나 <사례10>의 비정규직 노동자가 토로하는 번민에서 희생과 단기적 이해타산이 끊임없는 긴장관계에 놓여있음을 짐작케 한다. 이는 고차원적 자기이해에 따른 미래세대 및 자연생명체를 위한 희생이란 개인적 각성보다는 사회적 연대의 공감적 관계에 의해 지속되는 측면이 우세함을 암시한다.

> <사례8> 우리가 이기려고 싸우는 것이 아닙니다. 몸은 지더라도 정신은 질 수 없습니다. 송전탑이 들어서도 이곳을 떠나지 않고 살 수밖에 없습니다. 우리야 나이 들어 금방 죽겠지만 자식과 손주들은 평생 살면서 송전탑으로 인해 고통을 당해야 합니다. 자식들에게 그런 환경을 물려주는 어리석은 부모는 없습니다. 그래서 포기할 수 없습니다. (...) 400만 원 보상받으면 "술 한 잔 사라"는 친구의 농담에 오히려 역정이 납니다. 내가 부모님께 물려받았던 것처럼 자식에게도 물려줘야 내 자식들이 평화롭게 살 수 있다고 믿습니다(익명의 밀양 주민, 최병승, 2013에서 재구성).

> <사례9> 현대차 비정규직 노동자들이 10년 동안 불법파견 투쟁을 포기하지 않은 이유는 우리 자식들에게는 비정규직을 물려줄 수 없었기 때문입니다. 그래서 법 위에 군림하는 저 오만한 현대차에 먼저 무릎 꿇기 싫었습니다. 현대차 비정규직 노동자들이 이 싸움을 포기하지 않게 함께해 주십시오(최00, 최병승, 2013에서 재구성)

<사례10> 현대차 비정규직 노조원으로 8, 9년 투쟁하는 동안 30대 후반 나이에 아직 결혼도 못 했네요. 저랑 같이 비정규직으로 들어온 동료 중 누군가는 돈으로, 누군가는 빽으로 정규직이 되는 순간 빗발치는 중매에 금방 결혼하는 것을 많이 봐 왔습니다. 해고와 손배소에 더 이상 싸울 힘도 없고 지나간 날들이 후회도 되지만 막다른 골목의 처지라 어찌할 도리가 없습니다(박00, 2013.10.27 밀양에서의 면접 결과).

오심즉여심(吾心卽汝心)의 공감 능력[14]은 희생을 당장의 자기손실로 여기기보다는 생태계 일부로서의 생명적 이익의 차원으로 일치시키는 데에 필수적인 것이다. 그리고 주민환경운동과 비정규직 노동운동 간 연대의 성립은 한편으로는 신자유주의적 지배가 작업장을 뛰어넘어 일상의 삶까지 침투하고 있음을 시사하며, 다른 한편으로는 지구적 환경악화에 따른 위험사회에 대한 성찰이 사회 전 영역으로 확산됨을 가리킨다고 하겠다. <사례11>과 같이 송전탑 건설의 불의를 전국에 알리기 위한 과정에서 밀양의 할아버지, 할머니들은 현대차 비정규직의 철탑 고공 농성장에 대한 지지 방문에 나섰다. 천의봉(2013)은 이에 대해 '아들 같은 노동자들이 철탑에 매달려 농성하는 걸 두고 볼 수 없어 한달음에 달려오셔서 그 거친 손을 내밀어 격려해 주시던 어르신들. 그러면서도 "우리는 우리를 믿는다. 너희는 너희들을 믿어라"며 힘을 보태 주셨다'고 기록하고 있다.

<사례11> 그래도 그 때 쌍용이니 전사업장이 다 힘들어 했다 아입니까. 우리가 이렇게 힘들게 있으면 안 되겠다, 일어서야겠다. 그래서 우리가

---

14 최병승(2013)은 밀양 주민과 현대차 비정규직의 오심즉여심에 대해 다음과 같은 적고 있다. '지난주 처음으로 전쟁터에 짧은 시간이라도 함께 싸우기 위해 갔더니 주민 한 분이 물었다. "어떤 마음으로 여 왔능교?" 뭐라 답해야 할까 머뭇거리는데 다행히 매주 밀양에 연대하고 있는 현대차 정규직 노조 장00 대의원이 답한다. "밀양 할매 할배가 울산 철탑 고공농성장에 찾아오셨을 때와 같은 마음입니다." 마음이 통해서일까?'

용기도 주고 우리도 받고 하자. 그래서 버스 하나에 다 떠났습니다. 전국 갈등 현장에 가서 우리 다 힘내자고. 한진중공업을 시작으로 해가지고 서울에, 평택, 유성 기업도 갔고 용산 참사 추모행사를 하는 대한문 앞에도 갔던 것 같고 곳곳을 다녔어요. 용기가 생기더라고예. 서로서로 손잡고 하면 되겠다. 너무나 많은 곳에서 힘든 사람이 너무 많으니까. 우리 다 손잡고 서로 기운내고 그렇게 다시 일어서자(용회마을 구00).[15]

밀양 송전탑 건설 반대운동을 둘러싼 사회적 연대는 비정규 노조 외에 탈핵운동 및 종교, 여성, 시민 및 노동 관련 단체의 활발한 참여에 따른 것이다. 특히 <사례12>와 같은 젊은 연대자의 발언은 단기적 이해관계를 초월한 다양한 집단들 간 정의에 기초한 연대의 가능성을 밝게 해 주는 것이라 해석된다. 이 같은 밀양 주민과 외부 연대자의 교류는 송전탑이 원전에서 비롯되었다는 생산적 환경정의에 대한 인식을 확대시키고, 자녀 세대의 지속가능성을 염려하는 승인적 환경정의에 대한 주민의 적극적 고려를 가능케 해 왔다.

<사례12> 내가 올라가기도 벅찬 산길을 할매들은 매일 오르내리시며 산을 지켰지만, 한전과 경찰들은 그런 할매들을 아랑곳하지 않고 공사를 강행하고, 헬기장 앞에 만들어 놓은 움막을 강제 철거했다. 연대자들과 주민들은 서로 팔짱을 끼고 움막을 지켰고, 청소년은 위험하다는 이유로 나는 그 광경을 지켜봐야 했다. (...) 밀양은 나의 고향이다. 밀양에서 자고, 먹고, 일하고, 할매들과 함께 했던 나는 외부세력이 아니라 내부세력이다. 우리의 땅이고, 우리가 살아가야할 땅이다. 밀양과 함께 하면서 탈핵을 배웠고, 사람을 배웠고, 국가의 이면을 알게 되었다. 무조건 가만히 있으라고 말하는 국가에게 난 더 이상 가만히 있지 않을 것이라고 소리쳤다(성미산학교 학생 공00).[16]

---

15 밀양구술프로젝트(2014: 226)에서 재인용.

16 공혜원(2014: 26-27)에서 재인용.

한편 밀양 농성 지원에 열성적이었던 자녀교육을 위한 여성 모임 관계자의 신문 기고문을 재구성한 <사례13>은 2014년 6월의 마지막 행정대집행 상황을 묘사하고 있는데, 특히 연대운동에서의 사회적 연계망 서비스(이하 SNS)의 유용성이 주목된다. 현대차 비정규직 철탑 투쟁의 경우에도 단순한 노동-자본의 대립을 뛰어넘어 비정규직의 현실에 대한 대 시민 호소에 의존함에 따라, <사례14>가 보여주듯이 SNS가 노동자-시민의 연대에 효과적으로 동원됨을 알 수 있다.

<사례13> 엄청난 병력으로 주민을 고립시켜 두렵고 불안했지만 할매 할배들은 단호했다. 여기저기 전화하고 SNS로 밀양으로 와 줄 것을 호소했지만 경찰에게 고립됐다. 불안함에 떨던 나는 그날 밤 밀양에서 희망과 기적을 만났다. 전국에서 모인 연대자들이 경찰의 감시망을 피해 풀숲을 헤치고 산을 돌아 밤이 새도록 연이어 어둠 사이로 도착하는 그 광경을 나는 평생 잊지 못할 것이다. (...) 경찰은 우리를 고립시키려고 도로까지 차단했지만 SNS로 마을 주변의 불법 도로통제 상황까지 산 위로 신속하게 전해졌다. 그들은 우리를 포위했지만 우리는 더 많은 사람들과 더욱 넓게 소통했다(어린이책 시민연대 김00).[17]

<사례14> 저는 철탑 오르기 전부터 트위터를 하고 있는데 팔로워 수가 예전에 600명이었는데 고공농성 중인 지금 1400명으로 증가했습니다. SNS에서의 많은 관심이 부담도 되지만, 그보다 힘을 얻을 때가 더 많습니다. 철탑 아래 농성하고 있는 비정규 조합원들의 도움에 항상 힘 받고 있고, SNS에서 응원 메시지 주시는 분들 때문에 현대차 비정규직 노동자만의 싸움이 아니라는 생각, 좀 더 힘을 내야겠다는 생각을 많이 합니다(최00, 최병승, 2013에서 재구성).

17 김금일(2014)에서 재구성.

4. 소결 - JS의 지평 확장을 위하여

지금까지 살펴본 대로 서로 다른 영역에서 분배적, 절차적 정의를 각각 추구해 온 송전탑 건설 반대운동과 비정규직 노동운동은 좀 더 근본적인 생산적 정의의 지평에서 소통과 연대의 근거를 찾아내 왔다고 하겠다. 또한 송전탑 건설 반대라는 분배적 정의 차원의 자기이해를 탈핵이라는 생산적 정의로 진전시킨 밀양 주민들은 미래 세대를 위한 희생과 연대로써 지금까지의 한국 사회에서는 실천 사례가 드문 승인적 환경정의의 가능성을 개척하고 있는 셈이다.

본 장에서 JS를 논의 틀로 설정한 까닭은 환경정의 개념이 사후적, 수세적 대응에 그칠 가능성이 있는 데 반해 JS 접근의 경우 지속가능한 경제와의 결합이나 사전적인 연대의 모색에 유의미하다고 판단했기 때문이다. 그런 흐름에서 현 단계 탈핵, 기후변화 대응 등의 쟁점을 둘러싸고 노동, 복지와 같은 경제적 차원과의 연계가 필요하며, 환경정의를 지향하는 주민환경운동 또한 비정규직 노동자나 여성, 청년 등을 아우르는 생명운동으로 확장되는 것이 바람직하다고 여겨진다. 특히 JS의 한 부분으로 <표 5-1>에서 제시된 신경제학과 관련하여, 비정규직에 대한 차별 극복이라든지 사회적 경제의 호혜성 등을 그 내용으로 구체화해야 할 것이다.

미래세대의 이익과 같은 장기적 이해관계에 초점을 둔 희생은 '구경제학'이라 불릴 수 있는 단기적 이해득실에 치중하는 돈벌이 경제의 관점에서는 비계산적 합리성의 행위로 치부된다. 홍기빈(2012: 165)은 돈벌이 경제에 대비되는 살림/살이 경제를 제시하면서, 후자의 핵심 원리를 '인간 존재의 전면적 발전'으로 규정하고 있다. 그에 의하면, 이것은 단지 돈벌이 경제가 지배하는 현실에 대한 케케묵은 도덕적 비판도 아니며 욕망에 대한 부정이라는 소극적 원리도 아니라고 한다. 그 대신에 스스로의 존재 안에서 스스로의 삶의 의미, 활동의 목적과 가치를 찾아내고 그것을 실현시키기 위해 끊임없이 활동하는 능동적 존재, 즉 삶의 주체로서의 인간을 상정하고 있다.

이러한 존재의 변화는 돈벌이 경제에 길들여진 일상세계의 현대인에게는 쉽지 않은 각성과 자기극복의 과정을 요구하는 것이다. 그러나 본 장에서 JS에 영향을 미치는 조건으로 강조한 희생, 연대를 경험해 온 밀양 주민에게는 이러한 고차원의 인식이 매우 자연스럽게 체화되어 있다(<사례15> 참조).

> <사례15> 세상을 살아가는 데 돈이 전부는 아닙니다. 양심껏 살아야 그기 사람 가치가 있지. 돈이 지금 인자 내 벌어 놓은 것만 해도 다 못쓸 건데, 절대 돈 그거는 추접은 돈이고 필요 없는 깁니다. 돈 모할 낀데? 사람이 살아가는 데 똑바로 살아야 합니다(위양마을 권00, 박00 부부)[18]

2014년 6월의 행정대집행으로 2014년 11월 현재 밀양 송전탑은 모두 완공되어 신고리 3, 4호기 생산 전기의 송전실험을 앞둔 상태이다. 그럼에도 불구하고 2014년 10월 말 현재에도 밀양의 7개 마을 260여 명 주민은 보상금 수령을 거부하고 형사처벌과 벌금 폭탄에 맞서고 있다. 또 밀양 주민 100여 명과 280여 명의 연대자는 2,400만 원의 출자금으로 미니팜 협동조합을 결성하여 도농공동체를 지향하고 있기도 하다(곽병찬, 2014). 한편 2014년 12월에 청도 송전탑 반대주민이 포함된 밀양 주민 23명은 72시간 송년회를 통해 스타케미컬, KEC, 쌍용자동차, 유성기업 등의 해고 노동자를 격려 방문하고 홍천 골프장 반대 주민과 연대하기도 했다.

18 밀양구술프로젝트(2014: 185-186)에서 재인용.

제14장

◆

역량의 환경정의 관점에서 본 원전 주변 주민의 신체적 건강 문제

환경정의는 경제적 평등에 초점을 맞춰 처음 제기되었지만, 이후 민주적 의사결정, 문화적 자존(self-respect), 신체적 안녕(well-being) 등까지 포괄하는 복합 담론으로 정립되어 왔다. 위의 관심 영역을 지금까지 제시된 환경정의 차원과 연계시켜 보면, 경제적 평등은 분배적 정의, 민주적 의사결정은 절차적 정의, 문화적 자존은 승인적 정의에 대체로 조응한다. 본 장에서는 이제껏 환경정의의 주된 관심이 아니었던 신체적 안녕을 새로이 부각하기 위해 역량의 환경정의(Environmental Justice of Capability; 이하 EJC) 개념에 주목하고자 한다. 분배된 재화와 자원이 신체적 안녕으로 이끌어지는 과정에 초점을 둔다면, 평등, 참여, 승인 등 기존 환경정의 이론의 문제의식은 EJC의 틀 안에서 통합적으로 고려될 수 있다. 달리 말해 환경정의와 관련된 분배적 평등, 절차적 민주성, 동식물 자연에 대한 승인 등은 최종적으로 신체적 웰빙과 건강한 삶이라는 인간역량에 대한 관심으로 귀착될 수 있다는 것이다.

슐로스버그(Schlosberg, 2007: 33)는 EJC가 분배, 절차, 승인 등 기존 환경정의 개념의 총합이라기보다는 최소한의 재화 분배, 사회문화적 승인, 정치적 참여 및 기타 역량에 근거한 개인의 기능수행(functioning)[1]을 통일적으로 설명하는 모델이라고 설명한다. 요컨대 EJC는 분배적, 절차적, 승인적 환경정의와 구별되는 별개의 형태임과 동시에, 이들 세 가지 유형과 상호 연관되기도 하는 성격을 띤다고 할 수 있다. 즉 환경적 불의의 과정 및 결과 가운데 금전적 손해, 절차적 불공정성, 차별과 무시가 결국 건강의 피해를 가져온다고 볼 때, EJC 담론은 신체적 안녕이라는 프리즘으로 개별 환경정의의 측면을 종합하는 의의가 있다고 하겠다. 이렇게 EJC 모델은 환경정의를 단일한 관점에서 이해하기보다는, 경제적 불평등과 문화적 경시, 정치적 소외 등을 극복하기 위한 연계된 대응을 강조하고 있다.

핵과 이로부터 발생하는 방사성 물질은 인간 웰빙의 조건인 신체 능력과 기능수행을 저해하는 주된 원인이다. 한국에서 방사능이 건강에 미치는 영향이 주목을 받게 된 계기는 2011년의 후쿠시마 사태와 2014년의 갑상선암 진단자에 대한 방사능 피해 인정 등에서 찾을 수 있다. 한국소비자원이 2014년에 조사한 결과 92.6%가 '일본 원전 사고 뒤 방사능 누출이 한국에 영향을 미쳤다'고 응답했으며, 그에 따른 걱정거리는 일본산 수산물(52.9%), 일본산 농수산식품(18.5%), 방사능 비·대기 노출(17.5%), 국내 수돗물·식수 오염(5.4%), 토양오염을 통한 국내농산물 오염(4.1%) 등의 순서로 나타난다(메디파나, 2015). 그런데도 일본 정부는 일본 어민의 불만 해소 차원에서 세계 수산물의 약 30%를 소비하는 중국에 대한

---

1 기능수행은 가치 있는 좋은 삶을 구성하는 중요 요소이다. 그리고 그것과 기능할 수 있는 역량(capability to function)의 차이는 전자가 충분한 자원이 있음에도 단식을 선택하는 경우, 후자가 충분한 영양에 접근하지 못해 굶주리는 경우로 비유될 수 있다(Walker, 2012: 52-53).

수입금지 해제 유도를 위해 한국만 유독 WTO에 제소하는 등 일본산 수산물을 수입해 줄 것을 강요하고 있다(이기영, 2015).

한편 2014년 10월 이모씨가 한수원을 상대로 제기한 손해배상청구 소송에 대해 법원은 갑상선암 진단자인 원고의 배우자에게 1,500만 원 및 지연 이자를 지급하라는 판결을 내렸다. 또 같은 해 8월에는 월성 원전방폐장 민간환경감시위원회(이하 감시위원회)가 월성 원전 인근 주민의 환경영향을 평가한 결과, 대부분의 주민 몸에서 방사성 물질인 삼중수소가 검출되었다. 삼중수소의 피해는 월성 원전인 울산 북구에서도 두드러지는데, 울산환경운동연합의 2016년 3월 조사에 의하면 해당 관내 강동동, 화봉동을 대상으로 한 역학조사 결과 66.7%의 주민에게서 삼중수소가 검출되었다(울산신문, 2016). 이처럼 방사성 물질에 의한 건강피해 사례가 지속적으로 보고되면서, 부산 기장에서는 주민들이 2015년 12월부터 예정되었던 고리 원전 인근의 해수담수화 시설에 의한 상수도 공급을 반대하는 사태가 빚어지고 있다.[2]

원전 주변에서 인간의 기본 역량을 위협하는 환경불의의 주요 원인은 노후설비 수명 연장 및 신규설비 계획에 따른 사고 위험과 일상적 방사선량 누출 증대에서 비롯된다. 특히 지자체장이 지방의회 동의를 얻어 신규 원전 대상지역으로 신청했던 삼척, 영덕 가운데 삼척은 2011년의 후쿠시마 사태 이후, 영덕은 2014년의 삼척에서의 '사실상의 주민투표'(이선우·김지수, 2015)와 방사능 건강피해 인정 이후 원전에 대한 거부 태도가 뚜렷해져 왔다. 삼척의 경우 2014년 지방선거에서 당선된 시장이 주도한 10월의 주민투표에서 67.9%의 투표율과 85.6%의 유치반대율을 기록했다. 2005년의 핵폐기장 주민투표에서 80.2%의 투표율과 79.3%의 찬성률

2 2016년 3월 18일, 19일에 민간 주도로 실시된 해수담수 수돗물 공급에 대한 주민투표의 결과, 26.7%의 주민이 투표에 참여하여 89.3%의 압도적 비율이 반대 의사를 나타냈다(국제신문, 2016).

을 보였던 영덕 또한 2015년 11월의 주민투표에서는 유권자 수 34,432명 중 11,209명의 참여와 그 가운데 91.7%인 10,274명의 유치 반대라는 10년 전과는 대조적인 압도적 반대 여론이 표출되었다.[3]

여기에서는 EJC에 관한 이론적, 개념적 자원을 검토하고 원전을 둘러싼 기존의 환경정의 논의와 최근의 방사능 누출에 따른 건강 피해를 예비적으로 고찰한다. 그리고 본론의 분석을 위한 쟁점으로 다음과 같은 세 가지 질문을 제기하고자 한다. 첫째, 해당 사례의 영향 범위는 개인과 지역사회 가운데 어느 쪽에 좀 더 초점을 두는가? 둘째, 신체능력과 환경위해(危害) 설비의 상호관련성을 포착하는 역량의 하한과 상한이라는 개념에 비추어 세 사례에서의 신체적 역량의 하한 수준은 어떻게 서로 다른가? 셋째, EJC가 역량 자체뿐 아니라 분배, 절차, 승인 등 기존 환경정의의 요소까지 포괄한다고 규정할 때 각 사례는 이들 네 가지 요소의 어떤 조합으로 구성되는가?

본 장에서는 이들 쟁점에 비추어 원전 주변 주민의 갑상선암 소송, 월성 원전 인근의 이주 요구 및 삼중수소 피해, 부산 기장의 해수 담수화 사업에 대한 반대라는 세 가지 사례의 특성과 함의를 비교하도록 하겠다. 연구 기간 및 자료수집 방법은 2015년 11월부터 2016년 3월까지 관련 문헌자료에 대한 이차 분석과 관계자 심층면접에 의존했다. 심층면접의 경우 면담 대상자는 영덕원전 유치찬반 주민투표관리위원장, 경주 나아리 이주대책위원회 신00씨, 원전 주변 갑상선암 1차 소송 당사자이자 부산

3 영덕원전 유치찬반 주민투표 관리위원장과의 면접(2015.11.10) 결과, 애초에 원전 유치 반대에 미온적이었던 군민들도 갑상선암 승소 판결 당사자를 비롯한 울진 원전 주변 집단 소송자들의 건강피해 사례를 듣고 주민투표에 적극적으로 임하게 되었다고 한다. 투표 참여자 가운데 91.7%라는 높은 유치 반대의 비율은 필자가 2012년 2월 영덕 주민 162명을 대상으로 한 조사에서 후보지역 94%, 인접 지역 56%, 읍내 63%의 유치 찬성률을 보인 것(한겨레신문, 2012)에 견주어 보아도 매우 두드러진 태도 변화이다.

기장 해수담수화 시설 반대에도 관여하고 있는 이00씨 등 세 명으로 구성되어 있다.

1. 이론적 배경과 분석 쟁점

1) EJC

효용(utility)에 대비시켜 역량의 개념을 고안[4]한 경제학자인 센(Sen)은 앞서 제5장에서 살폈듯이 정의/불의에 대한 판단과 불평등 연구에서 중요한 것은 사람들이 성취하는 바, 곧 사람들이 할 수 있는 바라고 주장한다. 그에 따르면, 성취할 수 있는 역량에 비추어 평등과 효율성을 평가하는 것은 신고전파 경제학이나 신자유주의의 철학적 기초인 공리주의 접근방식과는 분명히 다른 것이다. 불평등과 불의를 분석할 때, 역량 접근은 욕망과 기대에 집착하는 효용의 시각과 차별화되며 특히 자유를 고찰할 경우 자유의 수단에만 집중하는 후자보다 더욱 공정할 수 있다(Sen, 1999: 27-32). 이렇게 성취를 바탕으로 한 센의 개념화는 정의가 사람들이 실제로 영위할 수 있는 삶과 무관할 수 없음을 보여준다.[5]

한편 누스바움 또한 정의의 핵심적 척도가 우리가 얼마나 많이 갖고

---

4 근대경제학은 시장 수요를 효용에 근거하여 설명하는데 이는 신자유주의 경제이론에서도 마찬가지이다. 신고전파 경제학의 근거인 공리주의는 가치를 개인의 효용에서 찾으며, 개인 효용은 다시 쾌락, 행복, 욕구 등과 같은 심리적 특성으로 규정된다고 파악하고 있다. 센(Sen, 1999: 26-28)은 효용척도법이 계급, 성, 공동체에 따른 차이를 무시한다고 비판하고, 역량 접근에 의거해 가난한 사람의 경우 기본적 기능을 확보할 자유가 없다는 점을 부각하고 있다.

5 EJC의 또 다른 논자인 누스바움(Nussbaum)은 정의를 할 수 있고 다를 수 있는 인간역량이라고 정의(定義)하면서, 역량에 대해서는 사람의 성취를 가능케 하는 조건 및 상태로 이해한다. 즉 역량이란 사람들 스스로가 가치 있다고 생각하는 결과를 성취하는 진정한 기회라고 할 수 있다(Holand, 2008b: 320).

있는가가 아니라 우리가 선택한 대로 더 충분한 기능을 수행하는 삶을 가능케 하는 데 필요한 것을 갖고 있는가의 여부라고 말한다(Schlosberg, 2007: 30). 요컨대 센과 누스바움 둘 다에게 EJC란 주요 재화의 소비에 의존하는 일상생활의 웰빙을 가능케 하거나 저해하는 것과 관련된다고 할 수 있다. 누스바움은 기능수행과 삶의 질에 필요한 기초적인 역량의 리스트로 생명, 신체 건강, 신체적 통합, 지각/상상력 및 사고, 감정, 실제적 이성, 공감, 여타 종, 놀이, 환경에 대한 통제 등 열 가지를 나열한다(Holand, 2008a: 423-424).

그중 생명(life)은 정상 수명으로 마지막 순간까지 살 수 있는 역량이다. 둘째, 신체건강은 건강, 영양 및 주거 등을 포함한다. 셋째, 신체적 통합은 자유로운 이동능력, 살해로부터의 안전, 성적 만족 기회와 재생산 선택의 보유 등을 가리킨다. 넷째, 지각(sense), 상상력 및 사고는 인간의 지능과 창조성을 사용할 수 있는 기본 역량으로, 적절한 교육, 표현의 자유, 종교의 자유 등을 포괄한다. 다섯째, 감정은 사랑하고 슬퍼하며 갈망, 만족, 정당화된 분노 등을 경험하는 것이다. 여섯째, 실제적 이성은 좋은 삶에 대한 스스로의 관념을 결정할 수 있는 기본적인 자유권이다. 일곱째, 공감에는 두 부류가 있는데, 하나는 다른 사람에 대한 관심을 인지하고 보여주는 공존 역량과 다른 사람의 상황을 상상하여 몰입할 수 있는 역량이다. 다른 하나는 자존과 능멸 회피의 사회적 기초를 갖고 다른 사람과 동등한 가치가 존중되도록 대우받는 능력이다. 여덟째, 여타 종(species)은 동식물 자연세계에 관해 관심을 갖고 살 수 있는 역량이다. 아홉째, 놀이는 웃고 놀고 레크레이션 활동을 즐길 수 있는 역량이다. 열째, 환경에 대한 통제는 정치참여권을 포함한다는 면에서 정치적이며 또한 타인과 동등한 기초 위에서 재산을 소유, 통제하는 기회를 포함한다는 면에서 물질적인 것이다(Holand, 2008a: 423-424).

그런데 센(Sen, 2005, Schlosberg, 2007: 32에서 재인용)은 이러한 역량 집합의 나열에 대해 두 가지 이유로 유보적 입장을 취한다. 하나는 맥락과 그 사용에 대한 적절한 특정화 없이 정교한 리스트와 비중이 선택되기 어렵다는 이유이다. 둘째는 이러한 하향식 접근이 적절한 리스트를 작성하는 데 필요한 정치적 숙의와 추론을 감소시킨다는 것이다. 어쨌든 누스바움(Nussbaum, 2006) 스스로도 인정하듯이, 어느 정도 추상적이고 일반적인 역량이라는 개념은 시민 및 그들의 법적, 정치적 제도에 의한 전국적, 지방적 숙의의 맥락에서 특정화될 필요가 있다고 하겠다.

더 나아가 홀랜드(Holland, 2008b: 320-321)는 위의 열 가지 리스트가 인간역량을 둘러싼 자연환경 구성에 대해 적시하지 않는 문제가 있다고 주장한다. 즉 누스바움은 인간역량을 가능케 하는 자연환경의 역할을 간과함으로써, EJC가 사회정의의 성취에 필요한 가능성의 조건을 완결시키지 못하고 있다는 것이다. 홀랜드는 누스바움이 정의의 조건으로서 환경이 갖는 도구적 가치의 중요성을 확립하는 방법으로 역량의 리스트를 확장함으로써 이 문제를 해결할 수 있다고 조언한다. 제5장 5절에서 보았듯이 이는 그녀의 역량 접근에서 모든 핵심적 인간 기능수행 역량 리스트에 필요한 메타역량(meta-capability)으로서의 생태적 조건을 다룰 때 가능한 것이다.

끝으로 슐로스버그(Schlosberg, 2007: 34-37)는 EJC가 개인은 물론 집단 및 지역사회 단위로까지 확대 적용될 수 있음을 강조한다. 그에 따르면, 센과 누스바움의 역량 접근은 공동체에 근거한 불의의 현실을 인지하고 있지만 본질적으로 개인에 대한 영향과 개인의 정의 수용이라는 개인주의적 틀에 국한되어 있다. 예외적으로 스튜어트(Stewart, 2005: 185)는 세 가지 이유를 들어 개인 역량 외에 집단 역량의 중요성에 주목하고 있다. 그것은 첫째, 집단이 개인의 웰빙 의식에 영향을 미치기 때문이고, 둘째, 집단이 효능감과 자원 몫을 결정하는 데 도구적으로 중요하기 때문이며, 셋째, 지역사회와 같은 집합체가 가치와 선택, 그리고 개인이 스스로와 타인을 위해 가치 있는 역량을 추구하는 범위에도 영향을 미치기 때문이다. 본 장에서는 EJC의 개인 차원과 아울러 지역사회 차원까지 포함하여 다루고자 한다.

2) 원전 관련 환경정의 접근 및 건강피해 관련 연구들

한국에서 원전과 관련된 기존의 환경정의 논의들(윤순진, 2006ㄱ, 2006ㄴ)은 주로 관련 설비의 입지선정 과정에서의 분배적, 절차적 쟁점에 관심을 두어 왔다. 이 가운데 윤순진의 연구는 원전, 방사성 폐기물 처분장의 입지를 둘러싸고 실질적, 분배적, 절차적 환경불의가 어떻게 발생하는가를 분석하고 있다. 이때 윤순진(2006: 12)에 의하면, 실질적 환경정의는 모든 사람이 깨끗한 환경에서 살 권리의 보장에 관련되는 개념으로 정의된다. 본 저술의 제11장의 경우에도 삼척의 원전 유치 및 이에 대한 반대운동을 윤순진의 환경정의 유형 분류와 마찬가지로 실질적, 분배적, 절차적 정의로 구분하여 다루고 있다. 그럼에도 불구하고 지금까지 환경정의의 틀에서 원전 주변 주민의 건강문제를 적용해보려는 시도는 없었다고 할 수 있다.

한편 외국에서의 원전 방사선에 의한 건강피해 연구 사례를 볼 때, 독일의 모든 핵시설에 대해 1981-2004년에 진행된 조사 결과인 카아츠 외(Kaatsch et al., 2007)는 독일의 15개 원전 5km 이내 지역에 거주하는 0-4세 어린이의 소아암 발병률이 대조군과 비교하여 54% 증가한 것으로 밝혀냈다. 한편 2011-15년에 걸쳐 후쿠시마 인근 거주 18세 이하 청소년 30만 명을 대상으로 갑상선암 검진 결과를 분석한 츠다 외(Tsuda, et al., 2015)는 방사능 오염 정도에 따라 원전 반경 100km 지역을 9개 권역으로 나누어, 이 중 8개 지역의 청소년 갑상선암 발병률이 일본 평균치보다 20배에서 최대 50배까지 높다고 보고하고 있다. 특히 원전에서 100km 이상 떨어진 지역의 발병률도 28배나 높아, 이들은 원전 사고가 암 발병률을 높였다는 진단을 내리고 있다.

한국의 경우 영광 원전 경비원 부인의 두 번에 걸친 무뇌아 유산 사건 직후인 1990년에 서울대 의학연구원이 전국 4개 원전 지역을 대상으로 '원전 종사자 및 주변지역 주민 역학조사 연구'를 착수했다. 이 연구의 결과는 2011년에 발표되었는데, 주요 내용은 '원전 주변 지역의 모든 부위 암과 방사선 관련 암[6]의 발생 위험은 대조지역에 비해 남녀 모두에게 통계적으로 유의한 차이가 없다는 것'이었다. 즉 원전 방사선과 주변 지역주민의 암 발생 간에 인과적 관련이 없다는 결론인 셈이다. 하지만 2013-15년에 거친 서울대 보건대학원의 '원전 주변주민 역학조사 관련 후속 연구'는 위 연구에서 대조지역보다 주변지역의 여성 갑상선암 발병이 높게 나타났음에도 남성에게서 차이가 없으므로 환경노출이 아니라고 내린 결론은 해석상 오류라고 비판한다(최예용, 2015: 57). 또한 2014년 동남권원자력의학원의 검사 결과, 대장암, 폐암, 전립선암 등 모든 종류의 암 환자 비율은 서울대병원 강남센터 1.06%, 삼성서울병원 1.04%인데 반해 원전 주변 주민 3,031명 중에서는 모든 암 환자가 3%를 넘는 97명이며 그중 41명이 갑상선암 환자여서 단일 암으로는 엄청난 숫자를 기록하고 있다(탈핵신문, 2015ㄴ).

이기영(2015)에 따르면, 방사선에는 저선량이라도 안전치가 존재하지 않는다. 일반 시민의 추가적 선량 한도인 연간 1밀리시버트(mSv)는 1950년부터 원자폭탄 피폭자의 수명추이 조사를 근거로 한 것으로, 피폭 후

6 위암, 간암, 폐암, 골암, 유방암, 갑상선암, 다발성 골수종, 림프성 백혈병, 골수성 백혈병, 상세불명 백혈병 등 10가지를 가리킨다. 최예용(2015: 55) 참조.

5년 이상 생존자의 외부피폭 영향만을 고려한 것이다. 이 때문에 내부피폭까지 고려한 안전성을 확보하려면, 선량 한도를 0.1mSv로 낮추어야 한다는 주장도 있고, 독일 방사선방호협회 또한 0.3mSv를 제안하고 있다. 게다가 기준치는 관리를 위한 수치일 뿐 결코 안전을 보장하는 것은 아니다. 방사선량이 미량이 되어도 위험 발생의 확률이 낮아질 뿐 결코 위험이 사라지는 것이 아니기 때문이다. 그런데 현재 한수원 역학조사에서 사용되는 방사선 건강피해의 평가 방식인 국제방사선방호위원회(ICRP) 모델은 저선량 방사선의 위험성을 왜곡하는 문제가 있다.

ICRP 모델을 비판하는 유럽방사선리스크위원회(ECRR)의 과학위원장인 버스비(Busby)는 전자의 모델이 1945년의 히로시마 핵폭탄 투하 이후 생존자를 대상으로 한 연구에서 비롯된 것이어서, 외부 방사선원으로부터의 일회적 피폭에서 살아남은 사람에 초점을 맞추고 있으므로 장기간 축적되는 내부피폭의 위험성을 계산할 수 없다고 지적한다(부산일보, 2015ㄱ). 그리고 ECRR의 2010년 보고서는 ICRP가 내부피폭을 과소평가할 뿐만 아니라, 장기에 있는 세포에 방사선 영향이 골고루 미친다고 가정하고 있어 항시 한 개 세포로부터 발생하는 암의 원인에 제대로 접근할 수 없다고 보고 있다. 더 나아가 ICRP모델은 저선량 피폭에 대해서도 과소평가하는 문제가 있다. 2015년 6월에 발표된 미국, 프랑스, 영국의 핵산업계 노동자 약 30만 명에 대한 1944년부터 2005년에 걸친 역학조사 연구의 결과 누적적, 외부적, 지속적인 저선량 피폭과 백혈병에 의한 사망 사이에 관련성이 있다는 것이 증명되었고, 장기적인 저선량 피폭에 의한 백혈병 사망의 피폭선량당 위험도 계수가 고선량 피폭에 의한 피폭선량 당 위험도 계수와 일치한다는 사실이 확인되기도 했다(김영희, 2015ㄱ).

3) 분석의 쟁점

<그림 14-1>은 EJC에 대한 이론적 배경에 근거하여 이 글의 분석 쟁점을 도시한 것이다. 분석 대상이 된 사례는 원전 주변 주민의 갑상선암 소송, 월성 원전 인근 나아리의 이주 요구 및 삼중수소 피해 문제, 부산의 해수 담수화 사업에 대한 반대 등 세 가지이다. 그리고 분석 쟁점의 영역은 첫째, 이해관계의 범위, 둘째, 인간역량과 환경설비역량의 하한 및 상한 등 한계 수준, 셋째, 환경정의의 내용 구성 등으로 이루어진다. 이때 이해관계의 범위란 역량 접근의 단위가 개인, 또는 지역사회 차원 가운데 어디를 주된 관심 대상으로 하는가를 가리킨다.

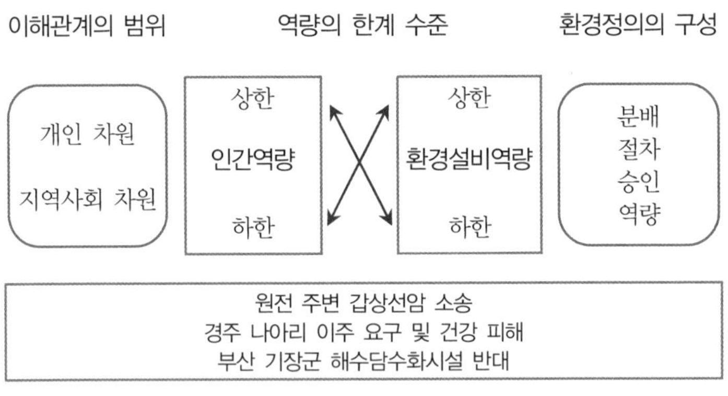

<그림 14-1> 분석 쟁점의 영역과 구성 변수

다음으로 역량의 한계 수준은 인간역량과 원전 등 환경설비역량 간 상호관계로 설명될 수 있다. 예를 들어 한국 수도권에서 핵발전 설비역량은 하한 수준에 머물러 있기 때문에, 이 지역에서는 방사선 영향으로부터 비롯되는 인간역량이 상한 수준의 양호한 상태에 처하게 된다. 한편 다양한 환경설비의 역량 간에도 상호관계가 존재할 수 있는데, 예를 들어 하천 상수원 오염이 기존 상수도 설비의 역량 상한을 초과할 정도로 악화된다

면 해수담수화 시설과 같은 대안적인 상수원 설비가 요구될 것이다. 한편 본 장의 사례들에서 다루는 원전의 역량 상한이란 핵에너지에 대한 통제할 수 있는 범위 안의 역량을 말하며, 갑상선암 발병의 경우 과다한 원전 입지에 따른 방사선 장기 노출이, 월성 원전 사례의 경우에는 수명 연장된 노후 핵발전 설비의 위험이 인간역량의 하한을 침해하는 주된 원인이라 할 수 있다.

이에 덧붙여 EJC는 좁은 의미에서의 인간역량의 기능수행이라는 차원과 넓은 의미에서의 역량, 승인, 절차, 분배를 총합하는 차원으로 각각 이해될 수 있다. <그림 14-1>에서 환경정의의 구성이라는 분석 쟁점은 후자의 맥락에서 각 사례에서 작동되고 있는 정의의 측면들을 식별하기 위한 것이다.

2. 한국에서 원전과 관련된 EJC 사례들

1) 사례 1 - 원전 주변 주민의 갑상선암 소송

갑상선암 손해배상청구의 승소 당사자인 이 모씨는 부산 해운대구 송정동에서 출생하여 결혼 후 1991년부터 부산 기장군 장안읍 좌천마을에 살다가 1996년 기장군 일광면에 정착했다. 그러던 중 1992년에 자폐성 장애가 있는 큰아들이 태어났고 2007년에는 인근에 거주하는 장모가 위암 수술을 받았다. 또 본인도 2011년에 직장암 판정을 받았으며 2012년에는 배우자까지 갑상선암 환자가 되었다. 이00씨와의 면접(2015.11.26) 결과 소송은 2012년에 원전 주변에 거주하는 암 질환자의 통계자료를 확보하려는 단순한 취지에서 준비하게 되었으며, 주심 변호사 또한 "처음에는 소송에 이길 수 있겠나, 전혀 가능성이 없다고 생각했다"고 언급하고 있다(탈핵신문, 2015ㄴ).

부산지방법원 동부지원은 2014년 10월 이 모씨 배우자의 갑상선암 발병에 대해 '원자력 발전소 부근에 거주하면서 상당한 기간 거기에서 내보내는 방사선에 노출되었고 그로 인해 갑상선암 진단을 받았다고 봄이 상당하다며, 한수원은 방사선 방출로 인해 원고가 입은 손해를 배상할 책임이 있다'고 판결했다. 법원이 손해배상의 책임을 인정한 근거에는 세 가지가 있다(김영희, 2015ㄴ). 첫째, 갑상선암은 통상적으로 노출된 방사선 양에 비례하여 위험도가 증가하기 때문에, 그 발생에 방사선 노출이 결정적 원인으로 작용하는 것으로 알려져 있는 점이다. 둘째, 피고는 부산 기장군 장안읍에서 총 6기의 원전을 운영하고 있는데, 원고는 그로부터 약 10km 이내, 또는 10km 남짓 떨어진 지역에서 20년 가까이 거주해 오면서 방사선에 장기간 노출되어 온 것으로 보이는 점이다. 셋째, 원고의 갑상선암 발생에 이 사건 발전소에서 방출된 방사선 외 다른 원인이 있다고 볼 뚜렷한 자료가 없다는 점이다.

이 판결은 서울대 의학연구원의 2011년 조사 결과에서 원전으로부터 거리가 멀수록 갑상선암 발병률이 유의미하게 감소하여 여자 주민의 거주지가 5km 이내인 경우 30km 이상 떨어진 지역에 비해 발병률이 2.5배인 것으로 나타난 것에 의존하고 있다. 그런데 서울대 의대의 역학조사 책임자는 "해당 연구가 통계적인 유의성을 밝힌 것일 뿐 원전의 방사선 노출과 갑상선암 발병 사이의 인과관계까지 입증한 것은 아니다"라며 법원이 보고서 내용을 충분히 해석하지 못한 것 같다는 의견을 밝히기도 했다(오마이뉴스, 2014). 그러나 위 판결의 법리는 '환경오염 피해 소송 개연성 이론에 입각하여, 대기 및 수질, 방사능 등의 오염으로 지역주민 피해가 발생했을 경우 그 피해가 주변의 오염물질에 의한 것이라는 개연성만으로도 가해자에게 배상 책임을 묻는 것으로 해석될 수 있다(구자상, 2015: 215).

이 사례는 건강피해 당사자가 주도하는 개인 차원에서의 역량의 환경정의 추구에 해당한다고 하겠다. 이 모씨 승소 판결 이후 전국 원전 주변의 갑상선암 환자 591명이 1심 소송을 진행 중[7]인데, 승소 당사자 거주지인 고리 다음으로 많은 울진의 경우에는 장 모 군의원이 이 모씨의 법적 투쟁에 자극 받아 울진읍과 북면, 죽변면의 갑상선암 피해 주민을 대상으로 집단소송 필요성을 제기해 왔다. 그는 "국립암센터의 조사결과, 우리나라 인구 10만 명당 60명인 갑상선암 환자가 울진의 한울 원전 주변지역에서는 인구 2만여 명당 140명이 발생했다"며 "정부와 한수원은 숨길 것이 아니라 당당한 원인규명 아래 피해 주민에게 정당한 보상을 해야 한다"고 촉구하고 있다(매일신문, 2015).

1심 재판부는 "고리 원전에서 방출한 방사선이 기준치(ICRP 기준 연간 0.25~1mSv) 이하이지만, 국민 건강을 해치지 않도록 최소한으로 정한 이 기준이 절대적인 안전을 담보한다고는 단정할 수 없다"고 지적하고 있다(메디칼 업저버, 2014). 한수원은 이에 대해 "원전 때문에 방사능에 피폭됐다는 직접적인 증거가 없고, 원전에서 나오는 방사선량이 인체에 해가 없는 수준"이라며 항소 중이다[8]. 이 같은 주장은 앞서 언급한 ICRP의 피폭선량 평가 방식에 바탕을 둔 것이어서, 해당 방식의 타당성 판단에 따라 한수원 주장의 사실 여부가 정해질 전망이다. 어쨌든 갑상선암 소송의 사례는 원전의 방사능 누출이 후쿠시마 사태와 같은 대형 사고가 아니더라도 일상적인 피폭 누적에 따른 건강 피해라는 역량의 환경불

---

7 이들은 2015년 7월 현재 전국 원전 주변 반경 10km 이내에서 5년 이상 거주한 갑상선암 진단 확정자로, 지역별로는 고리 249명, 울진 130명, 영광 및 고창 122명, 월성 90명 등으로 구성되어 있다(탈핵신문, 2015ㄱ).

8 한편 한국원자력학회와 대한방사선방어학회 주최로 2015년 5월 6일 제주에서 열린 '원전 주변 주민과 갑상선암에 관한 과학적 분석' 워크숍에서는 "원전 주변지역의 갑상선암 발견 건수가 통계적으로 높지만, 원전의 방사선 피폭 때문이라고 볼 과학적 근거는 없다"는 식의 주장이 속출되었나. 박창희(2015) 참조.

의를 발생시키게 됨을 보여준다.[9]

<그림 14-1>의 분석 쟁점에 비추어 볼 때, 이 사례는 갑상선암이라는 인간역량의 하한 파괴와 관련하여 원전 설비역량의 과잉에 대한 상한 설정의 필요성을 암시한다. 원전 설비가 더 많은 나라도 있지만 한국에서 최초로 방사능 건강 피해가 법적으로 인정된 배경에는 우리나라가 원전 밀집도는 물론 주변의 인구밀도 면에서 세계 최고인 탓이다. 2015년 현재 한국의 원전은 고리, 월성, 울진, 영광 등 4개 부지마다 6기가 가동 중이고 고리와 울진에는 각각 2기의 신규 원전이 각각 98.5%, 80.5%의 공정률을 나타내고 있다(한수원 홈페이지). 또 우리나라 원전 반경 30킬로미터 이내 인구는 약 420만 명이어서 평상시 배출되는 방사능에 피폭되는 주민 숫자가 그만큼 많음을 가리킨다(김영희, 2015ㄱ).

요컨대 이 사례는 법적 소송의 절차에 의존하여 건강 피해에 대한 경제적 보상을 추구하는 방식이 특징적이라 하겠다. 그러나 나아리 신00씨와의 면접(2015.12.3) 결과, 월성 주변의 해녀 등 많은 2차 소송인들은 보상액을 무시하지는 않지만 패소할 경우의 소송비용 부담에도 불구하고 적극적인 데에는 본인의 피해 실태에 대한 국가의 인정 자체에 더 큰 의미를 부여하기 때문이라고 한다.

2) 사례 2 - 나아리의 이주 요구 및 삼중수소 피해

2015년 2월 원자력안전위원회는 9명의 위원 중 7명이 표결에 참여한 가운데 만장일치로 월성1호기의 수명연장을 승인했다. 이를 계기로 2014

---

9 버스비(Busby)는 이 소송에 대해 '인류 미래에 결정적인 전환기를 가져 올 수도 있는 사건'으로 평가했다. 그동안 사람들은 사고가 나기 전에는 원전에 문제가 없다고 생각했을 수 있다. 그러나 평상시 가동 중에도 원전은 방사능을 배출하고 그로 인해 주민들이 암과 각종 질환에 걸릴 수 있다는 사실이 법원의 판결에서 인정된다면, 원전에 대한 시각이 또 한 번 크게 달라지리라는 것이다. 김영희(2015ㄱ) 참조.

년에 결성되어 노후 원전의 폐쇄를 요구해 왔던 '월성1호기 동경주 대책위원회(이하 동경주 대책위)'는 재가동에 합의하는 대신 위험에 대한 보상을 위해 한수원과의 지역사업 지원 협상에 착수했다. 그 결과 동경주 대책위는 2015년 5월 경주시장 입회 아래 한수원으로부터 1,310억 원의 보상금 수령에 합의하고, 그중 60%인 786억 원은 동경주의 양남면, 양북면, 감포읍에 쓰고 40%를 경주시 기타지역에 배정하기로 했다(이상홍, 2015). 이러한 합의에 앞서 월성 원전 소재지인 양남면에서는 보상금 수용 여부를 두고 주민총회가 개최되었지만, 전체 마을 22곳 가운데 반대 17곳, 찬성 3곳, 의견수렴 미실시 2곳으로 반대가 압도적이었다. 그런데도 동경주 대책위 대표가 보상금 수령과 1호기 재가동에 합의하자, 2014년 8월부터 월성 1호기 수명연장 결정 이전에 이주시켜 줄 것을 요구해 온 양남면 나아리의 일부 주민은 이에 반대하여 계속 농성을 진행해 왔다.

'월성원전 인접 지역 나아·나산리 이주대책위원회(이하 이주대책위)'는 전체 350가구 주민 중 자가소유주 중심의 73가구로 발족하였으나 2015년 7월 현재 약 53가구가 참여하고 있다(민중언론 참세상, 2015). 또한 이와는 별도로 2015년 1월부터는 '월성1호기 수명연장 반대 및 나아리 생계대책위(이하 생계대책위)'가 활동 중인데, 이 조직은 주로 월성1호기 재가동에 따른 보상이 경주 시내가 아닌 인접 지역 위주로 배정될 것을 요구해 왔다(경북신문, 2015).[10] 이주대책위 부위원장인 김00씨는 "우리는 사람 취급을 받고 있지 않다. 한수원이 지도자 몇 사람을 이렇게 그들의 개로 만들었다. 주변지역 보상금 1,310억이 무슨 필요가 있나? 우리가 원하는 건 생태계 복원과 안전성이다. 천막을 치고 1년을 농성하며 울었지만 소수가 우는 것은 쳐다보지도 않는다. 왜 우느냐고 묻지도 않는

10 신00씨와의 면접(2015.12.3) 결과, 이주대책위와 생계대책위는 요구 조건과 투쟁 강도 면에서 서로 차별적이나 이주대책위 참여 주민 가운데에도 차후 한수원의 생계대책에서 제외되지 않기 위해 생계대책위에 관여하는 경우도 있다.

다."고 말한다.

이주대책위 주민들은 월성 원전의 가동이 인접 지역인 나아리의 환경은 물론 주민 간의 인간관계도 파괴했다고 주장한다. 따라서 원전 인근 914m 이내로 규정되어 있는 현행 제한구역을 확대해 월성1호기의 재가동으로 위험에 처한 주민들을 이주시키고, 장기적으로는 원전을 줄여나가는 근본 대책을 마련할 것을 요구해 왔다(신용화, 2015). 신00씨는 양남면 수렴리에 살다가 5년 전에 나아리로 이주했는데, 후쿠시마 사태 이후 이 지역의 부동산 거래가 급격히 침체하여 이사하고 싶어도 매수자가 없다고 한다(2015.12.3 면접결과). 그는 한수원이 나아리 주민의 부동산을 실거래가 수준으로 매입하고, 가능하면 방사능 피해로부터 안전한 외곽으로 이주하도록 하는 규정도 만들어지기를 희망하고 있다.

한편 2015년 봄 이후에는 갑상선암 발병은 물론 삼중수소 등 그동안 관심에서 배제되어 왔던 방사능 종류에 의한 전반적 건강피해의 문제가 또 다른 쟁점이 되어 왔다. 삼중수소는 원전 배출 방사성 물질로 대부분 산소와 반응해 물 형태로 존재하며, 12년의 반감기를 갖는 동안 염색체의 손상과 이상을 유발하는 것으로 알려져 있는 핵종이다(경향신문, 2015). 비슷한 시기 한 KBS TV 프로그램에서는 거주지가 원전에 가까울수록 삼중수소에 더 노출되어 있다는 사실이 방영되었다. KBS가 원전으로부터의 거리에 따라 표집한 나아리(반경 1km), 하서리(5km), 경주 시내(30km 이내)의 20년 이상 거주자 15명에 대해 소변 속 삼중수소 농도를 측정한 결과, 경주시내 주민을 제외한 10명으로부터 삼중수소가 검출되었다(미디어스, 2015). 또 원전에 가까이 살수록 삼중수소 농도가 높아, 나아리 주민의 경우 1ℓ당 9.93베크렐(Bq), 하서리 주민의 경우에는 1ℓ당 5.00Bq이 검출되었다.[11]

11 이에 대해 한수원 위기관리실 차장은 "월성원전이 삼중수소를 많이 배출하는 건

앞서도 언급한 감시위원회의 삼중수소영향평가위원회가 동국대, 조선대, 한국원자력의학원 등에 의뢰한 연구 결과는 2015년 8월에 발표되었는데, 전체 대상자 125명에 대한 뇨시료 조사에서 동경주 3개 지역 중 나아리가 포함되는 양남면은 100%, 양북면은 96%, 감포읍은 80%가 삼중수소에 피폭된 것으로 나타났다(경주환경운동연합, 2015). 그 밖에 경주 시내는 18%, 울진군은 40%라는 상대적으로 낮은 삼중수소 피폭률을 보이고 있다. 버스비(Busby)는 2015년 8월 나아리 이주대책위 농성장에서 "월성 1, 2, 3, 4호기는 모두 중수로인데, 이 방식의 원자로는 경수로보다 삼중수소의 방출량이 20배 이상 많다"고 지적한다(울산환경운동연합, 2015). 김익중(미디어스, 2015)에 따르면, "삼중수소가 우리 몸에 들어오면 보통 물하고 구분이 안 된 채 피와 체액 속에 있게 되는데 단백질, 유전자, DNA, RNA 이런 분자들을 공격해 흠집을 낸다"고 설명되고 있다.

노후 원전 재가동 승인에 뒤이은 삼중수소 피해의 여론화는 이주대책위의 이주 요구를 더욱 절박하게 만들어 왔다. 나아리에 거주하는 갑상선암 환자인 황00씨는 "농사를 지어 타지의 자녀, 손자들에게 나누어주는 것이 낙이었는데 이제 삼중수소 때문에 못 한다. 누가 오면 이제는 한 번 먹는 건 괜찮을 테니 가져가려면 갖고 가라는 식으로 이야기한다"고 말하고 있다. 경주 나아리의 이주 요구 및 삼중수소 피해 사례는 원전의 인지된 위험과 건강피해에 대한 공포가 개인, 지역사회 모두의 차원에서 작동됨을 보여준다. 또 역량의 한계 수준과 관련하여, 명백한 역량 하한의 붕괴인 갑상선암 발병에 견주어 삼중수소 피해는 역량 하한을 위협하는 요인으로 볼 수 있다. 갑상선암 소송에서는 전체적인 핵발전 설비역량에 대한 상한 도입으로 일상적 방사능 누출을 억제하는 것이 중요하다면, 이

맞다"면서도 "2013년 식수에서 8Bq/ℓ가 나왔다. 국내 기준은 없지만 해외 기준이 740Bq/ℓ이기 때문에 인체에 미치는 영향은 거의 없다고 보고 있다"고 말했다. 미디어스(2015) 참조.

사례의 경우에는 특히 삼중수소 피해를 가중시키는 중수로 방식의 원전에 대한 가동 상한 적용이 주요 초점인 셈이다. 이와 함께 환경정의의 구성면에서는 재산권 보전을 위한 이주 요구라는 분배 차원과 건강 피해라는 역량 차원의 결합을 특징으로 한다고 정리될 수 있다.

3) 사례 3 - 부산의 해수담수화 시설 반대

2008년에 '저탄소 녹색성장'의 일환으로 발족한 담수화사업단은 해수담수화 설비에 대해 전국 지자체를 대상으로 공모했는데, 전남 여수-광양과 부산 기장이 후보지로 나선 가운데 후자로 최종 결정되었다(국제신문, 2015ㄴ). 그리하여 부산의 해수담수화 시설은 중앙정부 823억 원, 두산중공업 706억 원, 부산시 425억 원 등 총 1,954억 원이 투입되어 2009년 착공되었고 2014년에는 시험운전까지 완료되었다. 이 시설은 330-400m 떨어진 곳의 수심 10-15m 깊이 바닷물을 끌어들여 해조류와 염분을 걸러낸 뒤 칼슘 등 무기질 성분을 넣어 수돗물을 만들 계획[12]이지만, 문제는 11km가량 떨어져 있는 곳에 고리 원전이 위치해 있다는 데 있다. 이 분야 세계 1위 기업인 두산중공업과 중앙정부, 지자체의 합작 프로젝트인 해당 시설은 하루 약 4만5천t의 물을 공급할 수 있는 세계 최대 규모의 테스트베드로서, 부산시는 건립계획 수립 당시 식수 공급 목적이 아니라는 이유로 주민공청회나 설명회를 열지 않았다.[13]

부산시 상수도본부(이하 상수도본부)는 2014년 11월 정관면을 제외한

12 이태호(2015)는 해수담수화된 물에는 미네랄이 거의 없어 인공적인 화학시약으로 Ca, Mg, Fe 등을 첨가해야 하므로 천연 미네랄 물의 성분과 다름을 강조한다.

13 이러한 절차상 주민의견 수렴 부재의 문제 외에도 이 사업은 경제성 논란의 대상이 되고 있다. 해수담수화 수돗물의 t당 생산원가는 부산 일반 정수장의 941원보다 비싼 1187원이다. 또한 5년 후에는 상수도본부가 시설을 인수받게 되어 있는데, 그 경우 관리비가 추가로 발생할 예정이다. 부산일보(2015ㄷ) 참조.

기장군과 해운대구 송정 일대에 해수 담수화된 물을 공급할 예정이었다. 그렇지만 갑상선암의 방사능 관련 인정, 삼중수소의 피해 보도 등 고리 원전의 위험이 가시화되면서 주민의 반대에 부딪혀 왔다. 해수담수화반대 주민대책위원회(이하 반대위)는 "상수도본부가 수질검증을 의뢰해보니 방사능 물질이 불검출되었다고 하나 이는 검출기 성능의 하한치까지 검출되지 않았다는 의미이지 검출기 성능 이하로 극소미량이 존재할 수도 있음을 뜻한다"(정00, 2015.12.10, 반대위 네이버 밴드)는 견해를 나타낸다. 또한 김익중(부산일보, 2015ㄴ)은 "현재 해수담수화 시설의 역삼투압 방식으로는 필터 구멍보다 작은 입자를 걸러낼 수 없는데 여기에 해당하는 대표적인 것이 삼중수소"라면서, "아무리 미량이라도 매일 먹는 수돗물을 통해 이에 장기간 노출된다는 데 그 위험성이 있다"고 평가하고 있다.

이에 대해 상수도본부는 수질검증연합위원회(이하 검증회)와 공동으로 수질검사를 시행하거나 미국국제위생재단 등 국내외 검사기관에 의뢰한 결과 어떠한 인공방사능 물질도 검출되지 않았다고 주장한다(YTN, 2015). 검증회는 2015년 8월 상이군경회, 월남참전자회, 전몰군경미망인회 등 16개 단체 49명으로 구성되어 있는데, 상수도본부에 의하면 "물 공급 연기로 피해를 본다는 어민 목소리가 너무 커 찬성 측 인사 위주로 위원회를 꾸릴 수밖에 없었다"고 한다(국제신문, 2015ㄹ). 그 밖에 기장군 어촌계들과 요식업협회 등은 방사능 안전성 문제에 대한 갈등이 장기화되면 미역, 다시마 판매나 횟집의 손님이 줄어 경제적 타격이 크다는 이유로 해수담수의 공급을 찬성해 왔다. 그러나 반대위는 2015년 11월의 첫 주민설명회에서도 반대 주민에게 발언 기회를 주지 않았음을 지적하며, 해수담수화 급수 여부에 대한 주민투표를 통한 결정[14]을 요구하며 행

---

14 그런데 현행 주민투표법 7조에 의하면, 국가 또는 다른 지방자치단체의 사무는 주

정가처분 소송도 준비하고 있다.

역량의 환경정의 관점에서 이 사례를 해석해 볼 때, 이해관계의 초점은 지역사회 차원에 좀 더 맞추어져 있다고 하겠다. 특히 수돗물 공급이라는 사안의 특성상 가사 및 자녀 양육에 더욱 관심이 많은 지역 내 젊은 기혼 여성이 반대위의 주축을 이루고 있다. 일부 찬성 주민들은 원전 주변 이미지 유포에 따른 생계 지장과 같은 경제적 이유를 부각하는 반면에, 반대 주민의 경우 집값 하락 등과 같은 분배 차원이 아닌 삼중수소와 같은 방사능 물질이 섞인 수돗물에 의한 가족 건강의 피해를 가장 우려하고 있다.

한편 역량의 한계 수준이라는 쟁점에 비추어 본다면, 현시점에서의 명백한 신체능력 저하보다는 원전 인근 바닷물의 잠재적 위험에 대한 공포가 주된 반대의 근거를 이루는 셈이다(이00씨와 면접 결과, 2015.11.26). 그렇다면 두산중공업의 테스트베드 성격이 큰 해당 환경설비역량은 부산의 주요 상수원인 낙동강의 수질오염 및 용량 부족과 같은 여타 환경설비역량의 상한 초과에서 비롯된 것일까? 상수도본부는 대구, 울산에는 식수 전용댐이 있는 반면 부산은 오로지 낙동강에만 의존해야하므로 만약의 낙동강 수질오염 사고에 대비하기 위해 해당 설비가 필요하다는 논리를 전개한다. 또 그곳이 '왜 하필 원전 인근의 기장, 송정이냐'라는 입지 선정과 관련해서는, "현재 부산의 정수장이 서부산권에는 있지만 기장과 송정이 위치한 동부산 권역에는 미비할뿐더러 기존 화명정수장에서 기장까지 34km에 달하는 원거리 용수 공급이 수질문제를 발생시킨다"고 설명하고 있다(뉴데일리, 2015). 그러나 이00씨와의 면접(2015.11.26) 결과, 이 시설은 애초의 공모 취지에서 보듯이 낙동강 수질 문제와는 무관한

민투표에 부칠 수 없게 되어 있다. 그리하여 국제신문(2015ㄷ)은 수돗물 공급이 부산광역시 사무이기 때문에 해수담수화 급수 결정을 주민투표로 뒤집을 수 없다고 지적한다.

데다가 부산 인구의 감소로 상수원 수량은 여유가 더 있다고 한다.

아울러 해수담수화 시설 반대 사례에서는 분배, 절차, 역량, 승인 등 환경정의의 내용구성 가운데 분배를 제외한 나머지가 모두 발견되고 있다. 우선 절차의 측면은 해당 시설에 대한 반대가 주민참여 배제에 의해 증폭되었으며, 반대위가 문제 해결의 대안으로 주민투표에 핵심적으로 의지하는 데서 두드러지게 나타난다. 게다가 이 사례는 앞서의 사례들과는 달리 승인적 환경정의 요소가 뚜렷한 특성도 보여주고 있다. 이러한 승인의 측면은 미래세대의 지속가능성을 염려하는 젊은 엄마들이 반대의 주력을 형성하고 있다는 점[15], 그리고 해수담수화가 가져오는 해양생태계 파괴라는 동식물 자연의 권리침해 문제 등에서 찾아진다. 후자와 관련하여 NGO 지구환경운동연합본부 기장군지회가 2015년 11월 해수담수화 시설 인근의 수중조사를 한 결과, 바위와 돌의 백화현상이 심각한 것은 물론 여느 바다에서나 볼 수 있는 녹색 해초나 물고기가 전혀 없었다(국제신문, 2015ㄱ). 반대위는 이 시설이 본격 가동될 경우 고농축 염수 배출로 인한 생태계 훼손이 더욱 심화되리라고 예상하고 있다.

3. 소결

<표 14-1>은 지금까지 살핀 원전 관련 EJC의 세 사례를 <그림 14-1>의 분석 쟁점에 의거해 비교, 정리한 것이다. 먼저 이해관계 범위와 관련하여 사례1은 개인 단위의 피해보상을 기초로 한 것이 분명하다. 하지만 이 사례는 중장기적으로 원전 주변의 지역사회와 전국 차원, 더 나아가

15 반대위 주민들은 2015년 12월 자녀의 등교거부라는 실력행사에 나섰다. 초등학생 자녀들은 부산시청 농성에 참여하기도 하고 다음의 오행시를 짓기도 했다. "**해**수를 정수한 물은 **수**습할 순 없겠죠? **담**배와 같이 나쁜 것이죠. **수**질이 나쁜 해수담수는 **화**목한 기장을 만들 수 없지요."(이00, 2015.12.10, 반대위 네이버 밴드)

국제적인 파급력도 갖고 있다고 하겠다. 다음으로 사례2에서 삼중수소는 개인에게 갑상선암과 같은 신체기능 저하를 가시화시키기보다는 지역사회 전체에 대한 위협으로 작용한다고 볼 수 있다. 다른 한편 이주 요구는 명백히 개인의 재산권 보상 차원에 해당되므로, 사례2는 개인과 지역사회 모두를 이해관계 대상으로 하는 셈이다. 또한 사례3은 개인의 삶의 질에도 어느 정도 영향을 미치지만, 우선적으로는 해수담수화 급수 대상의 지역사회를 이해관계 범위로 한다고 파악될 수 있다.

<표 14-1> 분석 쟁점에 근거한 세 사례의 비교

	이해관계 범위	인간역량의 한계수준	환경정의(JS)의 구성
사례1: 원전 주변 주민의 갑상선암 소송	개인	신체 건강의 하한 파괴	역량, 분배, 절차
사례2: 나아리의 이주 요구 및 삼중수소 피해	개인, 지역사회	신체 건강의 하한 위협	역량, 분배
사례3: 부산의 해수 담수화 시설 반대	지역사회	신체 건강의 잠재적 위험	역량, 절차, 승인

이와 함께 역량의 한계 수준 가운데 인간역량의 측면을 요약하면, 사례1은 암 질환 발병이라는 신체 역량의 하한 붕괴를 뚜렷이 보여준다. 사례2의 경우 방사성 물질이 신체적 기능수행의 하한을 위협하는 수준으로, 사례3의 경우에는 정수되지 못한 삼중수소 등에 따른 건강 피해의 잠재적 위험 수준으로 정리될 수 있다. 그리고 <표 14-1>에 포함시키지는 않았지만, 관련 환경설비역량의 측면에서 사례1과 사례2의 특성을 비교해 보면 다음과 같다. 먼저 고리에서 최초로 제기된 갑상선암 소송은 주변의 핵발전 설비가 인간역량의 하한을 파괴할 만큼 과다 집중된 상한 초과의 상태임을 드러낸다. 또한 네 개의 중수로가 입지한 나아리에서는 원전 설

비의 노후화에 따른 삼중수소 누출의 상한 임박이 예측되므로, 수명이 연장된 월성 1호기의 조기 폐로 등이 공론화될 필요가 있겠다.

고리의 경우 현 수준의 원전 가동으로도 갑상선암 발병이 인정되고 있음에도 불구하고, 부산, 울산 등 인구밀집 대도시를 배후로 한 신고리 3,4호기 가동, 신고리 5,6호기의 착공이 예정되어 있다. EJC의 관점에서 볼 때, 삼중수소를 비롯한 각종 방사성 물질로 인한 건강 피해를 막기 위해서는 지역사회 및 전국 차원에서 원전에 대한 역량상한의 개념을 엄격히 적용할 필요가 있다. 2015년 7월 발표된 제7차 수급기본계획은 신고리 7.8호기를 영덕의 신규 원전으로 대체하겠다(이데일리, 2015)고 밝히고 있는데, 이는 중앙정부도 고리 및 신고리 원전에서의 역량상한 초과를 인정하고 있음을 방증한다. 그러나 이는 지역사회 수준의 설비역량 상한 적용에 그치는 것이어서, 여타 원전 주변 주민의 갑상선암 피해도 큰 만큼 전국 수준에서의 핵발전 역량의 상한 적용이 고려되어야 할 것이다.

결론적으로 EJC 관점에서 보면, 한수원 지원금에 의한 지역개발과 방사성 물질에 의해 위협받는 주민 건강은 트레이드오프될 수 없는 성질의 것이라 할 수 있다. 그리고 향후의 과제로, 인간의 삶의 질과 신체 역량을 저해하는 원전 설비역량의 상한 설정을 위한 사회적 공감대를 확산시키면서 노후 원전에 대해서는 폐로를 위한 지속적 노력이 경주되어야 할 것이다. 이에 덧붙여 원전 방사성 물질이 물이나 어패류를 통해 각종 암과 삼중수소 피해를 발생시키기 때문에, 사례3에서 뚜렷하게 발견된 동식물 자연의 권리 보장이라는 승인적 환경정의 측면도 원전 주변 모든 주민의 삶의 질 방어에 중요하다고 볼 수 있다. 그런 맥락에서 아래 인용문이 설명하듯이 인간의 신체적 기능수행 역량에 필수적인 메타역량에 대한 이론적, 실제적 관심이 더욱 요구된다고 하겠다.

공장 굴뚝에서 연기가 나는 것과 달리 방사능은 냄새도 색도 없어서 못 느끼고 살지만 원전에서는 방사성 물질을 액체와 기체 형태로 배출하고 있다. 그 방사성물질은 바람을 타고 공기 중으로도 퍼지고, 바다로 흘러들어 가기도 하는 것이다. 기체 방사성물질은 직접 흡입하기도 하고 지표면이나 농작물에 침착되었다가 우유나 농축산물을 먹은 사람들이 피폭되기도 한다. 바다로 들어간 액체 방사성물질은 먹이사슬을 통해 생태계에 축적되고 사람들은 오염된 수산물을 먹거나 해변, 해상활동을 통해 피폭이 되기도 한다. 스트론튬90이나 플루토늄239 같이 생물학적 반감기가 긴 방사능은 오랫동안 동식물의 몸속에 남고 쌓이기 때문에 먹이사슬의 끝으로 갈수록 점점 더 농축된다. 그래서 대기 중의 방사능이 매우 낮다고 하더라도 비→지표면→동식물→사람의 단계에 오면 심한 경우에 대기 중 농도의 몇 억 배까지 농축될 수도 있다. 이렇게 원전 주변 사람들은 일상적으로 피폭될 수 있는데, 아무런 느낌도 당장의 급격한 증상도 없다(김영희, 2015ㄱ).

결론

1.

본 저술은 제1부, 제2부에서 한국형 제3의 길에 대한 논의들을 검토하고, 사회적 가치, SES 자산기초 접근, 생태사회적 배제, JMS 등 생태복지국가를 탐색하는 데 유용한 변수들을 소개했다. 그리고 제3부, 제4부, 제5부에서는 사회적 가치 및 JS 요소로부터 도출된 분배, 절차, 승인 및 역량과 관련된 사례들을 검토했다. 이제 결론적으로 현 단계 한국형 제3의 길과 생태복지국가를 지향하는 이론적, 실천적 탐색에서 주요 현실이자 담론이라 할 수 있는 저성장, 또는 탈성장과의 조우에 대해 간단히 살피기로 하겠다.

현시점에서 자본주의의 지속적 고도성장은 과연 가능하며 또 바람직한 것인가? 자본주의 체계에서 생산에 기여하는 노동자로서 인간은 임금에 의한 소득으로 재생산, 곧 소비를 수행함으로써 생산을 지탱한다. 인간의 소비는 종으로서의 생명을 유지하게 만드는 한편, 자본주의 생존에 불가결한 생산물 공급을 위한 유효수요로 기능하기도 한다. 유효수요 창출을 위한 국가의 개입 필요성을 인정하는 사회적 자유주의[1]의 원조 중 한 명

1 사회적 자유주의(social liberalism)는 고전적 자유주의와 구별되는 케인즈나 베버

인 케인즈(Keynes)는 1930년에 이미 신기술의 생산성 향상이 재화, 서비스의 가격 하락과 이들을 생산하는 데 필요한 인간 노동량을 극적으로 감소시키리라고 예언했다(리프킨, 2014: 17-18).

여기서 핵심적인 사실은 노동자도 소비자이며, 소비를 통해 다른 소비자를 먹여 살린다는 점이다. 그러나 노동자를 기계로 대체하면 이 기계는 소비하지 않기 때문에, 기계가 생산한 것을 살 인간이 아무도 없으면 결국 그 기계를 돌리는 기업은 도산하게 될 것이다(포드, 2016: 307). 포드(2016: 327-328)는 소프트웨어 자동화에 의해 전문직과 지식노동자 가운데 일부 직종이 사라지며 어떤 직업은 기술적으로 단순화되어 임금이 하락될 것이라 예측한다. 또 해외 이전과 빅데이터 기반 경영방식의 도입으로 여러 위협에 시달리는 노동자의 미래가 더욱 암담해 지리라고 보고 있다.

2008년의 미국 서브프라임 모기지 사태 이후 세계 경제는 저성장 추세를 계속 이어 왔다. 이처럼 낮은 경제성장률은 일시적 경기 침체에서 비롯된 것인가, 아니면 자본주의의 구조적 위기 때문인가? 더 나아가 현시점에서의 세계적 차원의 저성장은 탈성장이라는 새로운 탈출 또는 전복의 조짐으로 해석될 수 있을까? 신고전파 경제학과 케인즈 거시경제학 등에 뿌리를 둔 주류 근대경제학은 21세기 들어서의 저성장을 체계의 구조적 모순으로는 해석하지 않으나, 일시적이지만 장기화되어가는 침체로 우울하게 바라보곤 한다. 류동민·주상영(2014)은 "우울한 경제학의 귀환"이라는 제하의 책에서 오늘날 자본주의 경제의 성장잠재력이 고령화와 인구정체, 정보통신기술을 포함한 자본재의 가격 하락 등으로 고갈되어 가고 있지 않은가라는 의문을 던지고 있다.

다른 한편 리프킨(2014: 40-41)은 사물 인터넷의 발전에 따라 한계비용

리지 등의 노선이다. 본 저술의 제1장에서는 사회민주주의의 한 흐름으로 동일하게 취급했지만, 미국의 민주당이나 한국의 김대중 정부 및 노무현 정부의 정책 방향에 유사하다. Taylor(2007) 참조.

이 0인 시대로 진입했다고 보면서, 이로 인해 기업의 이익이 축소되고 GDP도 감소 추이를 보여 왔다고 판단한다. 하지만 그는 이 현상을 비관적으로 받아들이지 않고, 자본주의 체계가 막을 내리는 대신에 협력적 공유사회가 다가올 것이라고 낙관하고 있다.[2] 그에 따르면, 한계비용 제로 시대에는 경제적 복지가 시장 자본의 축적이 아닌 사회적 자본의 집적에 의존할 것이므로 GDP가 아닌 다른 방식에 의한 경제적 가치의 측정이 새로운 패러다임으로 부상될 것이라고 전망된다.

다음으로 작금의 저성장 상황을 위기로 보는 관점은 현재의 성장 하락이 어떤 특별한 충격적 사건이나 정책의 실패에서 연유되지 않았다고 인식한다(정규호, 2016: 31). 이 관점에 의하면, 저성장은 금융위기 여파를 실물경제 전반으로 확산시켜 오히려 자본주의 시장경제가 스스로 만들어 놓은 늪에 빠져 들어가는 양상으로 진행되어 왔다. 그 때문에 정규호(2015: 13-15)는 성장주의 패러다임의 틀 속에서 고안된 규제완화와 통화량 증대, 노동시장 유연화는 물론이고 임금 인상을 통한 소비지출 확장에 초점을 둔 소득주도 성장 전략까지 비판한다. 그는 1대 99의 사회에서 임금과 소득의 증대는 대다수 사람에게 실현 불가능한데, 그 경우 지출 축소가 빈곤으로 이어지지 않기 위해서는 삶의 자립 기반을 스스로 만들어 내는 길밖에 없다고 본다.

더 나아가 정규호(2015: 11)에 의하면, '저성장'이라는 개념 자체도 경제중심적, 국가총량적이고 진화론적인 발전관에 근거하여 '고도성장은 좋은 것이고 저성장은 나쁜 것이다'라는 성급한 가치판단을 내재하는 것이다. 서구의 산업혁명으로 탄생한 자본주의는 전 세계로 시장을 확장시

---

2 그런데 까스뗄의 관점에 비추어 이러한 시각은 앨빈 토플러의 '제3의 물결'이나 다니엘 벨의 '후기산업사회론'처럼 자본주의의 생산양식과 정보적 발전양식을 혼동한 것으로 비판될 수 있다. 정보기술의 발전이 심화된다고 해서 자본-노동 간 생산관계가 저절로 바뀌지는 않기 때문이다. 한상진(1999) 참조.

키고 상품과 화폐, 자연, 정보 등을 새롭게 상품화시키면서 '성장의 신화'와 '성장 중독'을 강화해 왔다. 이에 길들여진 인간은 성장률의 약간의 저하로 소득, 소비가 줄고 일자리가 위협받는 것에 대해 매우 심각하게 여기게 된다. 하지만 포드주의의 한계 상황에서 고도성장이 삶의 위기를 해결해 주지 못한다는 점 또한 명확해지고 있기 때문에, 성장 중독이 빚어내는 거품을 제거하고 위기의 본질에 접근하는 저성장 담론에 대한 재정향이 필요한 상황이다. 이런 과정에서 지속적 고도성장에 대한 믿음을 바탕으로 위세를 떨쳐 온 주류 근대경제학 또한 계속되는 저성장의 현실 속에서 근본적인 재검토가 요구되고 있다.

물론 성장이 불평등의 격차를 줄이는 긍정적 기능을 하기도 한다. 피케티(2014: 106-107)는 예를 들어 1인당 생산이 한 세대에 10배씩 증가할 경우 본인 노동의 가치가 이전 세대의 재산이나 소득보다 큰 의미를 갖기 때문에 평등에 기여할 수 있다고 설명한다. 그리고 성장이 정체될 때는 직업 유형과 여러 경제적, 사회적 기능의 세대 간 재생산이 큰 변화 없이 온존되는 데 반해, 지속적 성장은 모든 세대에서 새로운 역할의 창조와 신기술 필요를 자극하여 사회적 신분 상승의 가능성을 높임으로써 소득 불평등을 어느 정도 제한할 수 있다고 본다. 하지만 성장으로 파이를 키워 분배한다는 위의 논리는 20세기 고도성장 시기에 잠시 먹혔을 뿐[3] 21세기에는 더 이상 유효하지 않다는 것이 중론이다. 토마 피케티 본인도 오늘날의 소득과 부의 집중, 특히 부의 지나친 집중과 상속은 능력주의 가치나 사회정의의 원칙과 양립할 수 없음을 지적하고 있다(류동민 외, 2015: 306).

---

3 이러한 논리는 경제발전 초기에 심화된 불평등이 산업화 과정에서의 생산성 증가로 인해 많은 사람들에 대한 혜택을 확산시킴으로써 불평등을 감소시킨다는 쿠즈네츠(Kuznets)의 역U자 가설로 대표된다. 류동민 외(2014: 224-225) 참조.

2.

필자는 제6장 3절 1)에서 지적했듯이 생태복지국가가 완성태가 아닌 생태적 포용으로 나아가는 하나의 과정이라고 생각한다. 그런 의미에서 한국형 제3의 길이 현 단계에서 추구하는 '보편적 복지의 확대와 사회적 경제의 결합', '승인적 절차의 숙의민주주의 확립'과 아울러 '주관적 웰빙을 보장하는 생명, 평화 원리의 추구'는 단계적 목표가 아니라 동시적 공동관리의 방식에 의거해야 한다. 제1부, 제2부를 통해 <그림 서론-1>의 다양한 매개변수를 개념적으로 검토해 보았는데, 생태복지국가 만들기 과정에서 핵심적인 변수는 다른 요인들과 상호관계에 있는 것이지만 제5장에서 제시한 JMS라고 할 수 있다. 이제 앞서 논의한 탈성장 방향과 JMS의 관련성을 성찰하면서 본 저술의 잠정적 결론을 시도해 보고자 한다.

라투슈(2015: 18)에 의하면, 성장의 단순한 늦춤은 오히려 사회를 혼란에 빠뜨리고 실업률을 상승시키며 삶의 질과 관련해 최소한의 필요를 보장하는 사회, 보건, 교육, 문화, 환경 등의 프로그램을 서둘러 포기하게 만들 수 있다. 탈성장은 생태적 지속가능성만을 목표로 하는 미래 후손과 동식물 생명체에 대한 이타적 논리에만 의존하는 것이 아니다. 현세대의 인간이 이미 성장 중독에 의해 생명과 사회적 삶을 위협받고 있기 때문이다(라투슈, 2015: 30-31). 슈퍼마켓과 백화점을 뻔질나게 드나드는 소비의 병적인 허기증에 경영자들의 일중독이 부응한다. 현대의 터보 소비적인 개인들의 극과소비는 상처입거나 모순적인 행복으로 귀결되며, 위안재 산업은 고독을 치유하려 드나 실패를 맛보게 된다.

탈성장이 논의되는 현시점에서 새로운 민주주의 담론의 필요성은 본 저술에서의 '한국형 제3의 길' 입론과 생태복지국가 가능성 탐색의 출발점이었다. 저성장에 적응하면서도 신자유주의적 성장의 신화를 거부하는 적극적인 전복의 지향을 어디에서 찾을 것인가? 보편적 복지를 구현한 서구 사회민주주의가 자본주의의 고도성장을 배경으로 한 것이었다면, 저성장이 장기화되는 21세기의 맥락에서 복지와 생태를 동시에 추구하는 생태복지국가의 틀은 어떻게 구성할 수 있을까?

정상(定常)상태 경제(Steady State Economy; 이하 SSE) 접근의 대표적 학자인 데일리(Daly, 1990; Sachs, 1999: 30에서 재인용)는 양적 성장이 생태적 측면에서는 존속될 수 없으며 지속가능한 성장 자체가 모순 어법이라고 강조한다. 이러한 강한 지속가능성 노선은 사회의 수확률이 재생가능 자원의 재생률과 동일해야 하며, 폐기물 발생률 또한 폐기물이 방출되는 생태계의 자연동화 능력과 동등하게 유지되어야 한다고 보고 있다(한상진, 2018). 나아가 이 관점은 경제주의에서 벗어나, 자급자족적 자치 전략에 기반한 수요의 억제 방안을 장기적으로 제시한다. 또 이를 위해서는 심층생태주의가 주력해 온 생태적 다양성의 보전을 위해 인간 소비와 생활양식의 근본적 변화 또한 수반되어야 한다.

3.

이제 끝으로 제5장에서 다룬 JMS 노선을 탈성장 논의에 의거해 좀 더 구체화하기 위한 시론적 범주로 '정상(定常) 상태 조건의 메타역량 재분배', '승인적 절차의 문화적 확산', '탈성장의 성장을 통한 다운스케일링 전략'이라는 세 가지 개념을 제시하고자 한다.

1) 정상상태 조건의 메타역량 재분배

SSE는 메타역량의 정상상태를 유지하기 위한 재생가능 자원의 확대와 비재생자원의 감축을 지향한다. 이는 현재 수준에서 제조된 자본 위주 비재생자원의 오염 역량을 억제하는 메타역량의 재분배를 의미하는 것이기도 하다. 이를 위해서는 무엇보다 국가 스케일에서의 SES의 복구력(resilience), 적응력(adaptability) 증진, 자율분산적 에너지 수급을 통한 메타역량의 유지 등이 요청된다. 후자와 관련해서는 지속가능한 에너지 메타역량이 감안된 제조된 자본(원전, 화력발전 등)과 자연자본(풍력, 태양광 등) 간 적정배분 비율의 설정이 과제라고 할 수 있다.

그런데 문제는 선진국의 메타역량이 정상상태로 안정되는 경우에도 전 세계적으로 탈성장이 보장되는 것은 아니라는 데 있다. 전 사회적 물질대사(societal metabolism)의 입장은 구미에서의 탈성장운동이 자국 내에서 자원, 에너지, 자본에 대한 소비 감축에 성공하더라도, 중국, 인도, 브라질 등 신흥개발도상국에서의 인구 및 소비성향 증가가 이를 상쇄하고도 남을 수 있음을 지적한다(Sorman, 2014: 43-44). 이 관점은 생물유기체가 그들이 기능하는 체계 안에서 일련의 복합적인 화학반응을 요구하듯이, 사회구조의 기능과 재생산 역시 에너지 및 물질의 플로우 패턴으로 표현될 수 있다고 주장한다. 이론적 수준에서 전 사회적 물질대사의 함의를 본 저술의 문제의식과 연계시켜 본다면, JMS의 일환으로 비재생자원에 의존하는 제조된 자본보다는 재생가능한 자연자본을 계속 활용함으로써 지구적 SES의 메타역량을 지속가능한 복구력, 적응력의 상태로 관리하는 것이 중요하다.

따라서 메타역량의 재분배는 지구 스케일에서 물, 에너지, 식량뿐 아니라 인구 자체의 정상상태를 향한 노력과 병행될 필요가 있다. 정상상태는 자원의 착취로 인해 생긴 쓰레기가 100% 재활용되는 것을 전제로 하나, 작금의 현실은 북반구의 자원 과소비와 남반구의 빈곤 및 기아라는 심각한 양극화로 위협받고 있다. 이를 개선하기 위한 메타역량의 지구적 재분배는 JMS 노선이 에너지 정의, 식량 정의 등 인간 웰빙에 영향을 미치는

'정의로운 메타역량 상태'를 세계적 차원에서 구체화해야 할 숙제를 부과하고 있다. 인구문제와 관련해서는 신맬더스주의의 절대적 증가에 대한 저지보다는 제3세계 인구의 저출산 선진국으로의 이주 촉진으로 인한 상대적 과잉인구의 조절이나 탈빈곤을 통한 자발적 인구 감소의 노력이 더욱 바람직하다.

2) 승인적 절차의 문화적 확산

MS는 약한 지속가능성 노선과 달리, '승인적 절차'의 확장을 통한 현재 시점의 수요 감축을 선호한다. 제5장에서 다루었듯이 승인적 절차의 개념은 현세대 중심의 단기적 성장과 무분별한 자연의 상품화에 대한 통제 기제로 활용될 수 있다. 그런데 '승인적 절차의 문화적 확산'에 필연적으로 수반되는 금욕, 희생에 대한 호소는 개인의 도덕성에 초점을 맞추기보다 호혜적 상호견제의 활성화에 근거할 때 더욱 효과적이다. 최정규(2017: 38-44)는 행동경제학 실험의 결과, 사람들은 타인도 자신과 마찬가지의 성향을 갖고 있다고 확인되는 경우에만 협력적 행동을 지속하는 경향이 있어 호혜적 생활태도가 타인이 어떻게 행동할 것인가에 대한 기대와 연계되어 있음을 밝히고 있다.

주트(Judt, 2011: 173)에 따르면, '더 나은 삶'이란 물질적 부를 뛰어넘는 것으로 그것을 향한 변화의 첫 단추는 공적 대화의 재구축에서 찾아야 한다. 이를 '승인적 절차'의 문화운동에 적용해 본다면, 관계적 자아로서의 자신에게 자신감을 갖는 사람들이 정책적 결정이 현세대의 욕심 탓에 미래 세대와 비인간동물의 권리를 침해할 때 잘못되었다고 당당히 저항하는 것이 필수적이다. 특히 그(Judt, 2011: 187)는 진보적 비판자가 수행해야 할 일차적 과업이 물, 에너지 등을 이용할 권리처럼 지구상 자원의 이용에서 비롯되는 불평등에 대한 관심임을 적시하고 있다. 한편 라투슈

(Latouche, 2014: 161)는 탈성장 문화운동을 위해 교육의 역할이 막대하다고 언급하는데, 역사교육의 경우 서양 문명에 특정한 산업 및 기술의 진보라는 거대한 담론의 기만성을 폭로하고 그 이야기의 신화적 성격을 제거해야 한다고 강조한다.

3) '탈성장의 성장'을 위한 다운스케일링 전략

탈성장은 무성장, 마이너스 성장일 뿐만 아니라 지속불가능성의 탈피를 위한 대안적 삶의 성장, 성숙이라는 역동적 과정이다. 따라서 지구 북반부에서 지속되고 있는 저성장을 정상상태로 이끌려는 기조 아래, 재생에너지와 사회적 경제, 생태관광 등 착한 성장의 활성화가 요구되고 있다. 영성경제학에 기반한 헬머쓰(Helmuth, 2012: 33-34)는 탈성장, 무성장, 착한 성장이 각각 상반되는 것이 아니라 다음과 같은 세 가지 생태경제적 위기에 대한 연관된 반응이라고 주장한다. 첫째, 석유 채굴에 대한 에너지 투자 대비 수익률의 저하로 해당 형태의 에너지를 공급하는 시장경제는 궁극적으로 종식될 것이다. 둘째, 비축된 것으로 알려진 모든 석유, 가스의 연소를 안전하게 도모하기에는 대기권 열 용량(thermal capacity)이 너무 불충분하다. 셋째, 현재 모든 국가의 누적 부채를 청산하기에 지구 스케일의 전체 소득이 불충분하다.

헬머쓰는 지속적 경제성장이 셋째의 위기를 해결할 수 있다는 희망은 첫째, 둘째의 경향과 모순적이라고 언급한다. 이는 결국 재생에너지의 착한 성장을 통한 정상상태 경제의 지향으로 극복되어야 하는데, 그에 따르면 무엇보다 석유를 대량 소모하는 지구적 교역이 지방적 제조에 의거한 자급구조로 변환되는 것이 시급하다. 이러한 다운스케일링은 착한 성장, 달리 말해 '탈성장의 성장'을 촉진함으로써, 송전의 누출 여지를 줄이는 지방적 에너지수급 관리 등 주민 웰빙을 위한 자율분산적 의사결정의 제도화로 연결되어야 한다. 하지만 시장경제에 길들여진 21세기 호모 에코노미쿠스에게 무매개적으로 무성장을 설교하는 것보다는, JMS의 구체적 프로그램들을 연계시켜 상대적으로라도 윤리적인 대안을 제시하는 것이 바람직하다고 생각된다.

❙ 참고문헌 ❙

■ 한글 논문 및 저작

강수택. 2012, 『연대주의 : 모나디즘 넘어서기』, 한길사.

강희경. 2011, "개발정치의 과잉과 미약한 시민사회 : 청주시의 경우", 『지역사회학』, 13(1): 5-40.

고세훈. 2003, 『국가와 복지』, 아연출판부.

고세훈. 2008, 『복지한국 미래는 있는가?(개정판)』, 후마니타스.

공혜원. 2014, "끝나지 않은 이야기 : 밀양송전탑", 한국여성민우회, 『함께 가는 여성』, 217: 26-27.

고용노동부. 2013, 『사회적 기업 활성화 추진계획』.

고준길. 2013, "밀양 송전탑 대책위, 밀양의 소리", 『한일교육연구』, 19: 229-233.

공승주·박형준. 2011, "원자력 발전정책의 신뢰성 확보방안 연구", 한국정책학회 동계학술대회 발표논문집.

곽병찬. 2014, "밀양 시즌2, 연대의 햇빛 나비, 날다", 한겨레신문, 11월 1일.

구도완. 2013, "녹색정치를 위하여", 대화문화아카데미 바람과 물 연구소, 『녹색당과 녹색정치』, 아르케: 395-416.

구도완·여형범. 2008, "대안적 발전: 생태적 공동체와 어소시에이션을 넘어서", 『경제와 사회』, 69: 83-106.

구도완·여형범. 2010, "한국의 생태사회적 발전전략", 이시재 외, 『생태사회적 발전의 현장과 이론』, 아르케.

구자상. 2015, "균도네 가족 소송의 의미", 이진섭, 『우리 균도』, 후마니타스: 214-217.

국무총리실 외. 2006, "제1차 국가에너지기본계획(2008-2030)", 8월 27일.

국회 예산정책처. 2012, 『자활사업 평가』.

김근식. 2008, “비선호시설 건설정책에서의 딜레마 형성과 해소에 관한 연구-원자력 발전소 건설정책을 중심으로”, 『정부학연구』, 14(4): 83-121.
김기태. 2013, “사회적 경제 내 자활사업 활성화 모색”, 한국사회정책학회 춘계학술대회 자료집.
김도균. 2018, 『한국 복지자본주의의 역사 : 자산기반복지의 형성과 변화』, 서울대출판문화원.
김동원·이창수·박중구. 2008, “한국인의 원자력 발전소 현장방문 전후의 사회적 수용도 변화 분석”, 『한국사회와 행정연구』, 19(2): 75-96.
김상오. 2011, “자연과의 유대가 휴양객의 케이블카 설치 지지도에 미치는 영향 : 무등산도립공원을 대상으로”, 『한국환경생태학회지』 25(2): 235-246.
김서용·김근식. 2007, “위험과 편익을 넘어서 : 원자력 발전소 수용성에 대한 경험적 감정의 휴리스틱 효과”, 『한국행정학보』, 41(3): 373-398.
김성구. 2013, “말만 바꾼 신자유주의, 박근혜 정권에서 계속된다”, 『미디어 오늘』, 3월 10일.
김수영. 2012, “사회복지와 노동시장의 연계가 초래한 근로연계복지의 딜레마”, 『한국사회복지학』, 3(8): 203-229.
김수행·안삼환·정병기·홍태영. 2003, 『제3의 길과 신자유주의』, 서울대 출판부.
김영정. 2002, “지역균형발전과 성장정치”, 지역사회학회 추계학술대회 발표논문.
김영정·이경은. 2012, “유역공동체 조성사업과 환경정치 : 만경강 살리기 사업의 사례 : 레짐 vs 거버넌스”, 한국환경사회학회 춘계학술대회 발표논문.
김영희. 2012, “국회 삼척 진상조사단 구성을 촉구한다”, 탈핵법률가모임 해바라기 파워포인트 자료, 6월 28일.
김영희. 2015, “핵발전소 주변주민 갑상선암 소송의 쟁점”, 탈핵교수모임 4주년 기념 토론회 발표자료.
김윤태. 2008, “사회적 기업의 트릴레마 : 한국적 사회적 기업의 한계와 가능성”, 한국사회학회 학술대회 발표문.
김윤태. 2012, “변화하는 복지국가의 세 가지 모델 : ‘제3의 길 정치’의 결과”, 한국복지국가연구회 편, 『한국 복지국가의 정치경제』, 아연출판부: 119-147.

김재훈. 2013, 『사민주의 복지국가와 사회적 경제』, 한울.
김정원. 2007, "사회적 배제 완화를 위한 사회적 자본의 역할", 전북대학교 사회학과 박사학위논문.
김정원. 2011, "빈곤계층을 위한 자활사업 개선방안 : 지역자활센터를 중심으로", 빈곤계층을 위한 자활사업 개선방안 국회 토론회 자료집.
김정원. 2012, "자활사업의 제도 측면에서 바라본 자활기업", 김정원·백학영·이문국·전세나·조성은, 『사회적 경제와 자활기업』, 아르케: 61-88.
김정원. 2013, 『사회적 프랜차이징을 통한 자활기업의 규모화 전략에 관한 연구』, 한국지역자활센터협회 부설 자활정책연구소.
김정원·이문국. 2010, 『자활사업의 거시지원체계 개선방안 연구』, 한국지역자활센터협회 부설 자활정책연구소.
김정원·이문국·전세나. 2013, "자활사업 제도개선 방안." 『비판사회정책』, 38: 7-44.
김혜경. 2012, "개인화의 위험", 『페미니즘 연구』, 12(1): 35-72.
김현경. 2015, 『사람, 장소, 환대』, 문학과지성사.
김현우. 2012, "탈핵의 이론과 현실", 『문화과학』, 70: 271-285.
김형근. 2011, "학교급식운동의 새로운 모색 : 로컬푸드와 학교급식", 울산 북구 친환경 무상급식센터.
김형근. 2013, "'친환경 무상급식' 정책의 공공적 성과 분석 : 울산광역시 북구의 사례를 중심으로", 울산대학교 정책대학원 석사학위논문.
김혜원. 2008, "사회적 기업 육성법 제정의 의의와 현황, 과제", 희망제작소 소기업발전소 외, 『한·일 사회적기업의 전망과 과제 심포지엄 자료집』.
김혜원. 2009, "노동정책의 관점에서 본 자활정책", 중앙자활센터 자활복지포럼, 한국사회복지학회 공동심포지엄 자료집, 『자활정책의 현황과 미래』.
김혜원. 2011, "사회적 기업에 대한 정부지원체계 개선 방안 연구", 부산대 사회적기업 연구원, 『사회적기업 연구』, 4(1): 57-81.
김홍중. 2017, "사회적 가치와 죽음의 문제", 한국사회학회, 서울대 사회공헌교수협의회, 『사회적 가치 : 협력, 혁신, 책임의 제도화』, 한국사회학회 연구 "사회적 가치 확산을 위한 다차원적 혁신" 심포지엄 자료집.

남장현. 2011, "케이블카 방문객의 만족도 영향 요인 연구 : 통영 한려수도 케이블카를 중심으로", 『관광연구논총』, 23(2): 155-174.

노대명. 2013, "일을 통한 빈곤탈출 지원정책과 지역자활센터 개편방안", 사회적경제연구회 9월 월례포럼 발표자료.

노진철. 2004, "위험시설 입지 정책결정과 위험갈등", 『에코』, 6: 188-223.

류기락. 2013, "고용-복지 선순환의 제도적 조건", 『경제와 사회』, 98: 233-265.

류동민·주상영. 2015, 『우울한 경제학의 귀환』, 한길사.

류만희. 2008, "자활사업의 운영구조의 전략적 전환", 『사회보장연구』, 24(4): 117-138.

류만희. 2012, "사회적 기업의 지역개발 기능과 시장 형성에 관한 연구 : 원주협동사회경제 네트워크를 중심으로", 『비판사회정책』, 36: 75-104.

류만희·유희원. 2012, "자활사업의 취·창업 성과에 관한 연구", 『한국지역사회복지학』, 43: 605-637.

문성훈. 2014, 『인정의 시대』, 사월의책.

박재묵. 2006, "환경정의 개념의 한계와 대안적 개념화", 『에코』, 10(2): 75-114.

문순홍. 2006, 『정치생태학과 녹색국가』, 아르케.

민경국. 2014, "자유주의에 비춰본 보수주의", 『제도와 경제』, 8(1): 11-45.

밀양구술프로젝트. 2014, 『밀양을 살다』, 오월의 봄.

박배균. 2011, "초국가적 이주와 정착에 대한 공간적 접근", 최병두 외, 『지구지방화와 다문화 공간』, 푸른길.

박재묵. 1995, "지역반핵운동과 주민참여", 서울대 사회학과 대학원 박사논문.

박재묵. 2004, "사회적 불평등과 환경", 『우리 눈으로 보는 환경사회학』, 창비.

박재묵. 2006, "환경정의 개념의 한계와 대안적 개념화", 『에코』, 10(2): 75-114.

박은선. 2014, "밀양을 말하다", 『진보평론』, 60: 145-152.

박진희. 2012, "독일 탈핵정책의 역사적 전개와 그 시사점", 『역사비평』, 98: 214-246.

박찬임. 2008, "사회적 기업 창출 및 육성을 위한 과제", 한국노동연구원, 『노동리

뷰』, 43: 31-48.

박창희. 2015.5.10, "원전과 갑상선암의 운명적 대치", 국제신문.

박호성. 2009, 『공동체론』, 효형출판.

백학영. 2012, "고용지원서비스 효과 증대와 고용지원서비스 사각지대 해소를 위한 자활지원제도 개선 방안", 국회 정책간담회 자료집.

백학영·조성은. 2012, "자활사업 참여자의 수급 지위와 노동시장 지위 변동", 『사회복지연구』, 43(1): 143-178.

보건복지부. 2013, 『자활사업 안내』.

서광국. 2013, "지역자활센터 성과관리 방향성과 사업 현황", 한국사회정책학회 춘계학술대회 자료집.

신경아. 2013, "'시장화된 개인화'와 복지욕구", 『경제와 사회』, 98: 266-303.

신동면·김도한. 2012, "성과관리형 자활사업에서 포괄적 성과지표 도입에 관한 연구", 『한국사회복지행정학』, 14(4): 201-229.

신명호. 2007, "근로연계복지제도로서 우리나라 자활사업의 특징", 『도시와 빈곤』, 84: 69-92.

신명호. 2008, "한국 마이크로크레디트 제도의 방향과 자활공동체의 과제", 한국도시연구소. 『도시와 빈곤』, 89: 110-170.

신명호·김홍일. 2002ㄱ, "자활사업의 발자취를 통해서 본 현행 제도의 개선 방향", 『도시와 빈곤』, 55: 61-76.

신명호·김홍일. 2002ㄴ, "생산공동체 운동의 역사와 자활지원사업", 『동향과 전망』, 53: 6-37.

신용화. 2015, "원전이 안전하다는 것은 거짓말, 주민 이주와 원전 축소 등 근본적 대책 마련하라", 울산환경운동연합, 『생명의 숨길』, 9: 7-8.

신윤창·안치순. 2009, "원전의 사회적 수용성에 관한 연구", 한국행정학회 동계학술대회 발표 논문집.

신종화. 2012, "신보수주의와 대비한 우리나라 보수주의의 특성", 『한국정책연구』, 12(2): 187-206.

신진욱·이영민. 2009, "시장 포퓰리즘 담론의 구조와 기술", 『경제와 사회』, 81:

273-299.

양세훈. 2012, 『마을기업과 사회적 기업의 거버넌스』, 이담북스.

엄은희. 2012, “환경(부)정의의 공간성과 스케일의 정치학”, 『공간과 사회』, 22(4): 51-91.

연정. 2013, “크리스마스 선물 : 크리스마스 밤, 울산 철탑 밑 현대차 비정규직 해고노동자 들 이야기”, 『정세와 노동』, 86: 60-69.

오세근. 2014, “‘사회적 경제(Social Economy)’에 내재한 대안 사상적 함의 도출”, 『사회사상과 문화』, 30: 209-256.

오수길. 2005, “지방정부 환경 거버넌스의 진단 : 경기도내 지방의제21 추진기구들을 중심으로”, 『지방정부연구』, 9(4): 151-170.

울주군. 2013, 『신불산 로프웨이 사전타당성 검토 용역』.

유영철. 2007, “신자유주의의 레짐 이동에 따른 로컬 거버넌스의 형성에 관한 연구”, 『한국지방자치학회보』, 19(2): 53-76.

유재원. 2000, “한국의 지방정치와 도시 권력구조 : 청주시 사례”, 박종민(편), 『한국의 지방정치와 도시권력구조』, 나남출판.

유태균. 2013, “근로빈곤층을 위한 고용 : 복지 연계의 쟁점과 과제”, 한국사회정책학회 춘계학술대회 자료집.

윤수진·이승지·정진숙. 2016, “국제개발 협력사업에서의 환경복지 개념 적용 가능성 검토”, 『에코』, 20(1): 241-281.

윤순진. 2006ㄱ, “사회정의와 환경의 연계, 환경정의: 원자력 발전소의 입지와 운용을 중심으로 들여다보기”, 고려대 한국사회연구소, 『한국사회』, 7(1): 93-143.

윤순진. 2006ㄴ, “환경정의 관점에서 본 중·저준위 방사성 폐기물 처분장 입지선정과정”, 한국환경사회학회, 『에코』, 10(1): 7-42.

윤순진. 2006ㄷ, “2005년 중·저준위 방사선 폐기물 처분시설 추진과정과 반핵운동”, 『시민사회와 NGO』, 8(1).

윤순진·오은정. 2006, “한국 원자력 발전 정책의 사회적 구성: 원자력 기술의 도입 초기(1954~1965년)을 중심으로”, 『환경정책』, 14(1): 37-74.

윤여일. 2017, “강정, 마을에 대한 세 가지 시선 : 커먼즈에서 커머닝으로”, 『에코』 21(1): 71-109.

윤주옥. 2015ㄴ, “자연공원 케이블카 현황과 대응”, 『영남알프스 보전을 위한 울산시민 토론회 자료집』, 울산시민사회연대회의, 신불산 케이블카 설치 반대 대책위원회.

이나영. 2011. “한국 사회적 기업 인증결과 분석”, 부산대 사회적기업 연구원, 『사회적 기업 연구』, 4(1).

이동고. 2013, “울산 신불산 케이블카 사업 진행과정과 문제점”, 『영축환경위원회 자료집』, 통도사: 51-63.

이득연. 1998, 『환경운동의 사회학』, 민영사.

이문국. 2012, “자활공동체, 자활기업의 개념과 의미.” 김정원·백학영·이문국·전세나·조성은, 『사회적 경제와 자활기업』. 아르케: 11-23.

이병훈·홍석범·권현지. 2014, “정규직-비정규직의 연대 정치”, 『한국사회학』, 48(4): 57-90.

이상범. 2011, “원전 사고와 지역사회의 대응”, 부산환경운동연합 주최 세미나 발표문.

이상헌·이정필·이보아. 2014, “다중스케일 관점에서 본 밀양 송전탑 갈등 연구”, 『공간과 사회』, 24(2): 252-286.

이선우. 2010, “지역자활센터의 현황과 발전방향”, 『자활정책에 대한 평가 및 발전방향』, 한국보건사회연구원.

이선우·김지수. 2015. “원자력 갈등관리와 주민투표”, 제1회 경북 동해안/에너지-환경 융합 국제 컨퍼런스 자료집.

이성로. 2012, “원자력 마피아, 너는 누구인가?”, 탈핵에너지교수모임 세미나 발표문, 1월 9일, 부산가톨릭센터.

이완범. 2012, “한국 보수세력의 계보와 사상 : 전통보수주의와 신보수주의”, 『평화학연구』, 13(1): 31-53.

이원재. 2017, “서울시 ‘의사소통형’ 정책 거버넌스와 사회적 가치”, 한국사회학회, 서울대 사회공헌교수협의회, 『사회적 가치: 협력, 혁신, 책임의 제도화』,

한국사회학회 연구 "사회적 가치 확산을 위한 다차원적 혁신" 심포지엄 자료집.

이용범. 2010, 『시장의 신화』, 생각의 나무.

이윤형. 2016, "지속가능한 복지를 위한 성장 동력으로의 환경복지에 대한 단상", 『울산발전』, 53: 36-44.

이재열 외. 2016, 『사회적 경제와 사회적 가치』, 한울.

이재열. 2017, "시대적 전환과 사회적 가치", 한국사회학회, 서울대 사회공헌교수협의회, 『사회적 가치: 협력, 혁신, 책임의 제도화』, 한국사회학회 연구 "사회적 가치 확산을 위한 다차원적 혁신" 심포지엄 자료집.

이정필. 2011, "한국 사회 대안담론으로서의 '녹색복지'에 대한 평가와 전망", 『진보평론』, 50: 88-110.

이정필. 2011, "탈핵의 정치학", 『실천문학』, 103: 27-36.

이종호. 2010, "대형 국책사업에 대한 사회영향평가", 『환경영향평가』, 19(2): 192-204.

이태수. 2014, 『사회복지사를 위한 복지경제학』, 학지사.

이화연·윤순진. 2013, "밀양 고압 송전선로 건설 갈등에 대한 일간지 보도 분석", 『경제와 사회』, 98: 40-76.

임원혁. 2009, "세계 금융위기 이후 신자유주의의 향방", 최태욱 편, 『신자유주의 대안론』, 창비: 31-53.

임채원. 2006, 『신자유주의를 넘어 사회투자국가로』, 한울.

임채진·정형선·김혜원·이종태. 2008, 『사회정책의 제3의 길』, 백산서당.

장훈교. 2016, 『밀양전쟁 : 공통자원 기반 급진 민주주의 프로젝트』, 나름북스.

정경배·최일섭. 2003, 『생산적 복지를 넘어서』, 나남.

정규호. 2006, "녹색국가에 대한 이론적 함의", 문순홍 편, 『녹색국가의 탐색』, 아르케: 17-44.

정규호. 2015, "저성장 시대 삶의 위기와 대안", 『모심과 살림』, 6: 8-28.

정규호. 2016, "성장위기 시대, 살림운동의 확장을 위하여", 『모심과 살림』, 7: 31-46.

정수희. 2011, "핵발전소 수명연장 어떻게 풀 것인가? 고리지역 주민 운동 변화를 통해 본 핵발전소 수명 연장의 실마리", 한겨레신문 주최 토론회 발표문 자료집.

정연미·한재각·유정민. 2011, "에너지 미래를 누가 결정하는가?", 비판사회학회, 『경제와 사회』, 92: 107-140.

정영신. 2016, "엘리너 오스트롬의 공동자원론을 넘어서", 최현 외, 『공동자원의 섬, 제주 I』, 진인진: 80-126.

정태석. 2012, "방폐장 입지선정에서 전문성의 정치와 과학기술적 안전성 담론의 균열", 『경제와 사회』, 93: 72-103.

정태석. 2013, "녹색국가와 녹색정치", 한국환경사회학회 편, 『환경사회학 이론과 환경문제』, 한울: 377-422.

조성윤. 2011, "지방자치단체의 개발정책과 주민운동 : 제주도의 케이블카 설치반대운동을 중심으로", 14(1): 75-103.

지성희. 2010, "지금은 탐욕의 세상이 아니던가", 국립공원을 지키는 시민의 모임, http://www.npcn.or.kr, 9월 2일.

진상현. 2009, "한국 원자력 정책의 경로의존성에 관한 연구", 『한국정책학회보』, 18(4): 123-144.

조명래. 2002, "지구화, 거버넌스, 지방정치", 한국도시연구소, 『도시연구』, 8: 211-233.

조명래. 2006, 『개발정치와 녹색진보』, 환경과 생명.

조성은. 2012, "자활기업의 현황과 실태", 김정원·백학영·이문국·전세나·조성은, 『사회적 경제와 자활기업』, 아르케: 25-43.

조성은·백학영. 2009, "자활공동체 발전 전망에 관한 연구 : 사회적 경제 실현과 사회적 기업전환 가능성을 중심으로", 한국지역자활센터협회.

조승헌. 2004, "지속위의 한탄강댐 갈등조정활동에 대한 평가와 정보에 근거한 합리적 의사결정의 가능성", 한국환경사회학회·시민환경연구소, 『환경갈등과 환경정의』, 공동학술대회 자료집.

조영복·강승화. 2008. "사회적 기업 인증결과와 과제", 부산대 사회적기업 연구원,

『사회적기업 연구』: 1(1).
조태형. 2012, “신규 원전 예정구역 지정고시와 향후 일정”, 『원자력산업』, 11,12월호, 24-25.
주요섭. 2013, “호혜사회: 생명운동의 사회적 대안”, 대화문화아카데미 바람과 물 연구소, 『녹색당과 녹색정치』, 아르케: 371-373.
참여연대. 2012, “현대차 사내하청 정규직 전환, 최병승뿐 아니라 동일유형 노동자 모두에게 적용해야”, 『복지동향』, 12.
채종헌. 2009, “사회네트워크 분석을 활용한 공공갈등의 구조분석 : 울진 신원전 건설과 관련된 공공갈등 사례 연구”, 한국행정학회 학술대회 발표논문집.
청와대 삶의 질 향상 기획단. 2000, 『공동체와 함께 하는 자활지원』, 심설당.
최경구. 2013, 『환경복지국가 : 공생의 길』, 한국학술정보.
최동진, 2018, “블록체인 기술이 기후행동을 촉진할 수 있을까”, 기후변화행동연구소, http://climateaction.re.kr/index.php?mid=news01&document_srl=17 4969
최병두. 1998, “생태학과 환경정의”, 『대한지리학회지』, 33(4): 499-523.
최병두. 2011, “다문화 공간과 지구지방적 윤리”, 최병두 외, 『지구지방화와 다문화 공간』, 푸른길.
최병승. 2014ㄱ, “현대차 비정규직 불법파견 경과와 쟁점”, 한국산업노동학회 춘계학술대회 자료집.
최병승. 2014ㄴ, “현대차 비정규직, 불법파견을 둘러싼 쟁점과 해결방안”, 『진보평론』, 61: 187-206.
최송현·김정호. 2002, “밀양 얼음골 케이블카 건설예정지역 환경성 검토 : 자연생태계를 중심으로”, 『환경영향평가』, 11(3): 129-143.
최예용. 2015, “암 발생 없다던 원전주변 보고서, 엉터리였다!”, 『함께 사는 길』, 11: 54-57.
최정규, 2017, “이기적 개인에서 협력적 사회로”, 한국사회학회, 서울대 사회공헌 교수협의회, 『사회적 가치 : 협력, 혁신, 책임의 제도화』, 한국사회학회 연구 “사회적 가치 확산을 위한 다차원적 혁신” 심포지엄 자료집.
최정은. 2013, “자활사업의 정책 방향과 지역자활센터의 활동 전망 토론문”, 사회적 경제연구회 9월 월례포럼 토론자료.

한국보건사회연구원. 1995, “저소득층의 실태변화와 정책과제 : 자립지원을 중심으로”, 정책토론자료.

최혁진. 2010, “협동조합의 경험에 기초한 사회적 기업의 성장전략과 민관협력 및 제도개선 방안”, 부산대 사회적기업 연구원, 『사회적기업 연구』, 3(1): 67-90.

최현·따이싱셩. 2016, “공동자원론의 쟁점과 한국 공동자원 연구의 과제”, 최현 외, 『공동자원의 섬 제주 1』, 진인진: 41-79.

하승우. 2017, “생태학과 녹색운동 강의계획서”, 지식순환협동조합(페이스북 자료).

한국사회적기업 진흥원. 2012, 『사회적 기업 개요집 723』.

한상진. 1999, 『도시와 공동체』, 한울.

한상진. 2005, 『시장과 국가를 넘어서 : 사회적 기업을 통한 자활의 전망』, 울산대 출판부.

한상진. 2006, 『환경정의의 사회학』, 울산대 출판부.

한상진·김용식. 2007, “사회적 배제 과정과 자활의 측면들 : 울산 동구 빈곤층의 생애과정을 중심으로”, 한국노동연구원, 『노동정책연구』, 7(1): 139-172.

한상진. 2012, 『공동체화 : ECO의 확장을 위한 개념화와 사례들』, 울산대 출판부.

한상진, 2018, “사회적 가치와 지속가능성”, 한국사회학회, 『사회적 가치와 사회혁신』, 한울: 331-353.

한상진·황미영. 2010, “한국과 영국의 사회적 기업 제도화에 관한 비교연구”, 제3섹터 연구소, 『시민사회와 NGO』, 8(1): 91-124.

한상현·김재석. 2013, “공공부문 관광개발사업의 경제적 가치 추정”, 『관광·레저연구』, 25(4): 395-410.

한윤애. 2016, “도시공유재의 인클로저와 테이크아웃드로잉의 반란적 공유실천운동”, 『공간과 사회』, 26(3): 42-76.

한혜원. 1997, “영광과 고리의 반핵운동 연구 : 지역반핵운동의 다발성과 지속성에 영향을 미치는 지역사회 요인에 대한 연구”, 『성균사회학』, 성균관대학교 사회학과.

허상수. 2004, “공공사업과 개발갈등 : H댐 건설시비”, 한국환경사회학회·시민환경연구소, 『환경갈등과 환경정의』, 공동학술대회 자료집.

홍기빈. 2011, 『비그포르스, 복지국가와 잠정적 유토피아』, 책세상.

홍기빈. 2012, 『살림/살이 경제학을 위하여』, 지식의 날개.

홍기빈. 2015, “역자후기”, Bockman, J., 홍기빈 역, 『신자유주의의 좌파적 기원』, 글항아리.

홍석환. 2015ㄱ, “왜 케이블카를 건설하려 하는가?”, 『월간 보궁』, 400: 34-37.

홍석환. 2015ㄴ, “신불산 : 상생의 방법은 없는가?”, 『영남알프스 보전을 위한 울산시민 토론회 자료집』, 울산시민사회연대회의, 신불산 케이블카 설치 반대 대책위원회.

홍성태. 2004, “부안항쟁과 생태민주주의”, 『에코』, 6: 220-240.

환경부. 2009, 『자연공원내 로프웨이 설치 운영 가이드라인 마련 연구』.

황미영. 2007, “사회적 경제조직으로서의 자활공동체의 실태와 전망”, 한양대 제3섹터연구소, 『시민사회와 NGO』, 5(2): 73-104.

황미영. 2009, “간병 자활공동체의 사회적 기업으로의 조직화 동기와 전략 : ‘부산돌봄사회서비스센터’를 중심으로”, 경성대 사회과학연구소. 『사회과학연구』, 25(4): 1-24.

희망제작소. 2012, 『울산 북구 친환경급식 사회적 기업 수익모델 발굴 용역』.

희정. 2014ㄱ, “우리 재미있게 오순도순 엎드려 사는데”, 이경석 외, 『섬과 섬을 잇다』, 한겨레출판: 67-83.

■ 신문 및 유인물

강원도민일보. 2010, 12월 10일.

강원도민일보. 2012, 2월 22일.

강원도민일보. 2013, 2월 23일.

경북신문. 2015.2.10., “월성원전, 재가동 반대 목소리 속 안전성 확보되면 가동 여론도”.

경상일보. 1998, 11월 28일.

경상일보. 1999, 1월 27일.

경상일보. 2000, 8월 19일.

경상일보. 2015, 4월 7일.

경향신문. 2011, 6월 23일.

경향신문. 2013, 2월 8일.

경향신문. 2015.12.1., "고리원전 인근 바닷물 담수화 공방... 부산, 수돗물 공급 '주민투표' 가나"

경주환경운동연합. 2015.8.20., "경주 시내권까지 삼중수소 피폭 확인, 추가적인 역학조사 및 피폭 방지 대책 필요".

국제신문. 2015ㄱ.12.7., "해수담수화 갈등 부실행정이 키워, 담수화시설 세운 뒤 씨 미른 황금어장".

국제신문. 2015ㄴ.12.8., "못미더운 안전성, 주민 간 극한갈등, 수돗물보다 비싼 원가, 기장 해수담수화 3가지 산 넘어야".

국제신문. 2015ㄷ.12.9., "기장 해수담수화 수돗물 공급, 부산시 '주민투표 대상 아니다'".

국제신문. 2015ㄹ.12.10., "해수담수화 수질 검증단체, 부산시 입맛대로 위원 선정".

국제신문. 2016.3.21., "기장 해수담수 주민 최종 투표율 26.7%".

김금일. 2014, "밀양. 우리를 되살리는 생명의 땅으로", 울산저널, 6월 18일.

김영희. 2015ㄱ, "핵발전소 주변에 산다는 의미", 가톨릭뉴스 지금여기, 9월 1일, http://www.catholicnews.co.kr/news/articleView.html?idxno=15242

김제남 의원실. 2012, "기자회견문 : 삼척, 영덕 신규 핵발전소 부지 선정 총체적 부실 감사원 감사청구 추진", 10월 5일.

낙동강유역환경청. 2015, "신불산 로프웨이 설치사업 제2차 환경영향갈등조정협의회 결과", 3월 31일.

녹색당. 2012, "삼척시민들, 탈핵에 투표했다! 어두운 정치의 계절에 피어난 녹색 희망", 12월 26일.

뉴데일리. 2015.11.5., “기장 해수담수화 수돗물 공급 재개 ‘마찰’”.

뉴스민. 2012, 11월 1일.

뉴시스. 2011, 3월 7일.

대책위(신불산 케이블카 반대대책위원회). 2015, “안돼요, 신불산 케이블카”, 홍보용 전단.

동아일보. 1998, 11월 5일.

매일신문. 2015.11.11., “원전 인근 암 소송, 정확한 사실 규명 필요”.

머니투데이. 2013, 4월 1일.

메디칼 업저버. 2014.10.25., “지역주민 갑상선암 발병 원자력발전소가 배상하라”.

메디파나 뉴스. 2015.11.6., “후쿠시마 농수산물 기준치 이하라도 암·유전질환 발생”, http://edipana.com/news/news_viewer.asp?NewsNum= 173883

미디어스. 2015.3.22., “원전 가까이 살수록 ‘방사성 물질 체내 농도’ 높아 -KBS <추적60분>, 방사능 안전 문제 보수적 접근 필요성 강조”.

민중언론 참세상. 2015.7.1., “인접 지역 절망의 땅 벗어나고 싶다, 재가동 반대 여론 묶어낼 사람 없어”.

박유기. 2014, “현대차 항소결정, ‘불법파견 끝내자’ 또 0무시 하시는구나?”, https://youkipark.blog.me/220131641074

보건복지부. 1997, 내부자료.

부산일보. 2015ㄱ.8.24., “한국 갑상선암 피해 소송, 인류 미래 바꿀 중요한 전환점 - 공판 증인, 출석 위해 방한한 유럽방사선위 버스비 위원장”.

부산일보. 2015ㄴ.12.8., “‘해수담수화 수돗물 쟁점은’ 기장 주민 ‘시험용 물이라더니 식수로 마시라고?’”.

부산일보. 2015ㄷ.12.10., “‘해수담수화 수돗물 공급, 급할수록 원점으로 돌아가라”.

산업자원부. 1998, “원전 후보지 해제 및 신규 지정”, 내부자료.

삼척상공회의소. 2010, “2010년 회장 선거 관련 보도자료”, 11월 10일.

삼척환경시민연대. 2013, “삼척환경시민연대 창립에 앞서 삼척시민들께 드리는 말씀”, 1월 30일, http://cafe.daum.net/greensamcheok/G7im/3

서울신문. 2011, 2월 8일.
시사주간 강원뉴스. 2013, 2월 4일.
신장열. 2015, "영남알프스 정상의 봄, 가까이 하기엔 너무 먼", 경상일보, 3월 17일.
아침신문. 2000, 7월 30일.
연합뉴스. 2017, 3월 31일.
에너지코리아 뉴스. 2012, 1월 6일, 38호.
오마이뉴스. 2012ㄱ, 3월 25일.
오마이뉴스. 2012ㄴ, 7월 3일.
오마이뉴스. 2012ㄷ, 7월 14일.
오마이뉴스. 2012ㄹ, 7월 15일.
오마이뉴스. 2014.11.27., "'방사선 노출로 갑상선암' 인정... 이례적 판결 아니다".
원산협 인터넷 카페. 2010, "삼척시 원자력 유치협의회 현판식", 1월 29일, http://cafe.naver. com/happysamcheok/24
울산광역시 북구청. 2003, "주민들에게 드리는 글".
울산광역시 북구청. 2004, "호소문".
울산광역시 울주군 지역경제과. 1999, "고리원전 추가건설 추진 경위", 내부자료.
울산광역시 의회. 1999, 『속기록』.
울산 노동 이야기. 2013, "현대차 철탑농성 해제 현장", 8월 8일, http://obo79.tistory.com/172
울산리서치. 2005, "음식물 자원화 시설 문제에 대한 심층면접조사 녹취록".
울산매일. 1998, 11월 21일.
울산매일. 1999, 1월 16일, 1월 26일, 2월 4일, 2월 26일.
울산신문. 2016.4.7., "월성원전 인접할수록 삼중수소 검출률 높아".
울산저널. 2013, 11월 27일.
울산환경운동연합. 2015.8.22., "버스비 박사, 나아리 농성장 강연 요약", 네이버 밴드문서.
울주군. 2015, "신불산 로프웨이 갈등조정협의회(2차) 쟁점현황 및 조치계획".

원자력을 이해하는 여성모임 울산광역시 협의회 외. 2000, "신고리 원전 건설에 대한 울주군민의 입장", 성명서.

윤주옥. 2015ㄱ, "겨우 6km 떨어진 곳에 또 케이블카라니", 1월 29일, http://ecotopia.hani.co.kr/250333

음식물 자원화 시설에 반대하는 주민대표단. 2004, "중산동 음식물 쓰레기 처리장 관련 의견서(1회)".

이규정. 1999, "국회의원 대정부 질문 자료".

이기영. 2015, "<핵 없는 사회> 방사능과 먹거리 안전", 울산저널, 7월 26일.

이데일리. 2015.7.22, "원전 2기 더 짓기로 한 '제7차 전력수급기본계획' 확정".

이상홍. 2015, "수명연장한 월성1호기 재가동, '적신호'". 탈핵신문, 5월 2일.

이태수. 2009, "복지위기에서 사회위기로", 프레시안, 2월 16일.

이태호. 2015, "해양심층수를 마신다고?", 부산일보, 12월 4일.

장김미나. 2015, "영남알프스 정상의 봄, 너무 가까운 당신", 경상일보, 3월 24일.

중산동 주민대표자회의. 2004, "배심원제 잠정 중단에 관한 회견문".

지식경제부. 2013, "제6차 전력수급기본계획(2013-2027)", 2월 25일.

천의봉. 2013, "맨땅 맨몸으로 싸우는 거친 손 잡으러 갑시다", 오마이뉴스, 11월 27일.

최문순 강원도지사 후보 선거운동본부. 2011, "보도자료", 4월 1일.

최병승. 2013, "송전탑 올랐던 노동자들, 송전탑 막으러 밀양 가자", 오마이뉴스, 11월 21일.

탈핵신문. 2012, 1월 17일.

탈핵신문. 2012, 2월 27일.

탈핵신문. 2013, "핵발전소가 안전? 그럼 대도시에 지어라, <탈핵 좌담회> 삼척 탈핵 운동을 평가한다", 프레시안, 3월 12일.

탈핵신문. 2015ㄱ,8.6., "갑상선암 공동소송 591명".

탈핵신문. 2015ㄴ.9.6., "이 600명이 바로 살아있는 증거야! 변영철 변호사 인터뷰".

프레시안. 2011ㄱ, 12월 2일.

프레시안. 2011ㄴ, 12월 23일.

한겨레21. 2012.3.12., “삼척동자도 아는데 시만 모른다는 원전 폐해”.

한겨레신문, 2011, 10월 7일.

한겨레신문. 2012ㄱ, 11월 19일.

한겨레신문. 2012ㄴ, 12월 21일.

한겨레신문. 2014, 9월 19일.

한겨레신문. 2012.4.20., “삼척·영덕 원전 후보지 선정 때 위험홍보·공청회 절차 미흡했다”.

한겨레신문. 2015, 4월 7일.

한겨레TV. 2013, http://youtu.be/2mvK8nvuV10

한국농어민신문. 2012, 3월 26일.

한국원자력문회재단. 2010, “원자력 특강, 삼척에서 ‘릴레이 강연’으로 들어보세요”, 12월 8일, http://blog.naver.com/energyplanet/10098856777

한국원자력신문. 2012, 5월 17일.

한상진. 2015, “울주군과 울산시에 영남알프스 생태관광 거버넌스를 제안한다”, 울산매일, 5월 11일.

한수원 홈페이지. http://www.khnp.co.kr/sub/main05.do?mnCd=FN05 (2015.12.5. 접속).

한울신문. 1999, 2월 23일.

한울신문. 4월 2일.

한울신문. 4월 26일.

한울신문. 6월 19일.

핵반투위. 2013ㄱ, “삼발연 회원 양심고백 문서”, 2월 22일, http://cafe.daum.net/haek-no/ZUkm/2379

핵반투위. 2013ㄴ, “(성명서) 개인적인 이득을 취하기 위해서 핵발전소 유치와 시장 지키기에 앞장섰는가? - 검경은 즉각 수사에 나서야 한다”, 2월 22일, http://cafe.daum.net/haek-no/YQqk/172

핵반투위·근덕투위. 2012, “삼척시장에 대한 소환 청구의 취지 및 이유”, 6월 20

일.
핵발전소 반대 울산-서울 도보행군 실천단. 1999, “울산-서울 도보행군을 시작하면서 -울산-서울 1천2백리 도보행군 일정”.
환경매일. 2012, 1월 17일.
희정. 2014ㄴ, “현대차 정규직 채용 조건에 딱 들어맞는 사람들”, 울산저널, 8월 27일.
KBS. 2017, 3월 17일.
YTN. 2015.12.9., “신율의 출발 새아침 : ‘방사능 우려 해수담수’ 공급논란, 부산시 ‘안전하다’”.

■ 역서

Nussbaum, M., 한상연 역, 2015, 『역량의 창조』, 돌베개.
Daly, H., 박형준 역, 2016, 『성장을 넘어서 : 지속가능한 발전의 경제학』, 열린책들.
드푸르니. 2010, “서문”, 커를린, 조영복 역, 『사회적 기업 국제비교』, 시그마 프레스.
마틴 포드, 이창희 역, 2016, 『로봇의 부상』, 세종서적.
보크먼, 홍기빈 역, 2015, 『신자유주의의 좌파적 기원』, 글항아리.
Latouche, S., 양상모 역, 2014, 『탈성장사회 : 소비사회로부터의 탈출』, 오래된생각.
Latouche, S., 이상빈 역, 2015, 『성장하지 않아도 우리는 행복할까』, 민음사.
Sen, A., 이상호·이덕재 역, 1999, 『불평등의 재검토』, 한울.
Stiglitz, J. et al., 박형준 역, 2011, 『GDP는 틀렸다』, 동녘.
Ostrom, E., 윤홍근·안도경 역, 2010, 『공유의 비극을 넘어』, 랜덤하우스.
Jackson, T., 전광철 역, 2013, 『성장없는 번영』, 착한책가게.
Judt, T., 김일년 역, 2011, 『더 나은 삶을 상상하라』, 플래닛.
제러미 리프킨, 안진환 역, 2014, 『한계비용 제로 사회』, 민음사.
크라우치, 유강은 역, 2012, 『왜 신자유주의는 죽지 않는가』, 한국물가정보.
토마 피케티, 장경덕 외 역, 2014, 『21세기 자본』, 글항아리.
Paech, N., 고정희 역, 2015, 『성장으로부터의 해방』, 나무도시.
Ferguson, J., 조문영 역, 2017, 『분배정치의 시대』, 여문책.

Harvey, D., 최병두 역, 2007, 『신자유주의』, 한울.

Honneth, A., 문성훈 역, 2011, 『인정투쟁』, 사월의 책.

Honneth, A. & Fraser, N., 김원식·문성훈 역, 2014, 『분배냐, 인정이냐』, 사월의책.

田中拓道(다나까 다꾸찌), 박해남 역, 2014, 『빈곤과 공화국 : 사회적 연대의 탄생』, 문학동네.

齋藤純一(사이또 준이찌), 윤대석 외 역, 2009, 『민주적 공공성』, 이음.

■ 영문 논문 및 저작

Agyeman, J. 2005, *Sustainable Communities and the Challenge of Environmental Justice*, New York University Press.

Agyeman, J. 2013, *Introducing Just Sustainabilities*, Zed Books.

Amin, A. et al. 2002, *Placing the Social Economy*, Routledge.

Amin, A. (Ed.). 2009, *The Social Economy*, Zed Books.

Barry, J. & Eckersley, R. 2005, "W(h)ither the Green State?", Barry, J. & Eckersley, R. (Eds.), *The State and the Global Ecological Crisis*, The MIT Press: 255-272.

Chestoff, P. 2005, "Out of Chaos, a Shining Star? Towards a Typology of Green States", Barry, J. & Eckersley, R. (Eds.), *The State and the Global Ecological Crisis*, The MIT Press: 25-52.

Cook. I. R. & Swyngedoux, E. 2012, "Cities, Social Cohesion and the Environment: Towards a Future Research Agenda", *Urban Studies, 49*(9): 1959-1979.

Cox, K. 1998, "Spaces of Dependence, Spaces of Engagement and Politics of Scale, or Looking for Local Politics", *Progress in Human Geography, 25*: 591-614.

Daly, H. 2014, *From Uneconomic Growth to a Steady-State Economy*, Edward Elgar.

Dean, H. 2004, "The Implications of Third Way Social Policy for Inequality,

Social Cohesion, and Citizenship", Lewis, J. & Rebecca Surender (Eds.), *Welfare State Change: towards a Third Way?*, Oxford University Press.

Defourny, J. 2001, "Introduction: from Third Sector to Social Enterprise", Borzaga, C. et al. (Eds.). *The Emergence of Social Enterprise*, Routledge.

Dominelli, L. 2012, *Green Social Work*, Polity.

Elkin, L. 1987, *City and Regime in the American Republic*, University of Chicago Press.

Esping-Andersen, G. 1990, *The Three Ways of Welfare Capitalism*, Polity.

Esteva, G. 2014, "Commoning in the New Society", *Community Development Journal, 49*(1): 144-159.

Esteves, A. M. 2016, "Radical Environmentalism and "Commoning": Synergies Between Ecosystem Regeneration and Social Governance at Tamera Ecovillage, Portugal", *Antipode, 49*(2): 357-376.

Faber, D. 2007, "A More "Productive" Environmental Justice Politics Movement Alliances in Massachusetts for Clean Production and Regional Equity", Sandler, R. & Pezzullo, P. C. (Eds.), *Environmental Justice and Environmentalism,* The MIT Press.

Fainstein, S. 2010, *The Just City*, Cornell University Press.

Fainstein, S. & Campbell, S. 2011, *Readings in Urban Theory*, Wiley-Blackwell.

Fitzpatrick, T. 2002, "Making Welfare for Future Generations", Cahill, M. & Fitzpatrick, T. (Eds.), *Environmental Issues and Social Welfare*, Blackwell Publishers.

Fitzpatrick, T. 2003, *After the New Social Democracy*, Manchester University Press.

Fitzpatrick, T. 2011, *Understanding the Environment and Social Policy*, The Policy Press.

Fitzpatrick, T. 2014, *Climate Change and Poverty*, Policy Press.

Frayne et al. 2012, *Climate Change, Assets and Food security in southern African cities*, Routledge.

Gowdy, J. 1999, "Economic Concepts of Sustainability: Relocating Economic Activity within Society and Environment", Becker, E. et al. (Eds.), *Sustainability and the Social Sciences*, Zed Books.

Gibbs, D. & Jones, A. E. G. 2000, "Governance and Regulation in Local Environment Policy: the Utility of a Regime Approach", *Geoforum, 31*.

Giddens, A. 1998, *Third Way*, Polity.

Glasbergen, P. 1998, *Co-operative Environmental Governance: Public-Private Agreements as a Policy Strategy*, Kluwer Academic Publishers.

Glaser, M. et al. (Eds.). 2012, *Human-Nature Interactions in the Anthropocene*, Routledge.

Goffman, E. 1996, *Frame Analysis*, Northeastern University Press.

Gonzales, V. 2007, "Social Enterprise, Institutional Capacity and Social Inclusion.", OECD, *Social Economy: Building Inclusive Economies*, OECD Publishers.

Hackworth, J. 2007, *The Neoliberal City*, Cornell University Press.

Hague, E., Thomas, C., & Williams, S. 2001, "Exclusive Visions? Representations of Family, Work and Gender in the Work of the British Social Exclusion Unit", *Gender, Place and Culture*, Vol.8, No.1.

Hahn, S. & McCabe, A. 2006, "Welfare-to-work and the Emerging Third Sector in South Korea: Korea's Third Way?", *International Journal of Social Welfare, 15*(4): 314-320.

Hardt, M. 2000, "Guaranteed Income: or, the Separation of Labor from Income", *Hybrid, 5*: 21-31.

Herod, A. 2011, *Scale*, Routledge.

Hodgson, S. M. & Phillips, D. 2011, "The Environmental Challenge", Fitzpatrick, T. (Ed.), *Understanding the Environment and Social Policy*, Policy Press.

Holland, B. 2008a, "Ecology and the Limits of Justice: Establishing Capability

Ceilings in Nussbaum's Capabilities Approach", *Journal of Human Development, 9*(3): 401-425.

Holland, B. 2008b, "Justice and the Environment in Nussbaum's 'Capabilities Approach'", *Political Research Quarterly, 61*(2): 319-332.

Humber, M. & Sato, Yoshimichi. (Eds.). 2012, *Social Exclusion*, Trans Pacific Press.

Iijima, N. 연도불명, "Social Structures of Pollution Victim", 출처불명(http://www.ide.go.jp).

Jones, V. 2012, "Foreword", Pahl, G. *Power from the People*, Post Carbon Institute.

Jordan, B. 2008, *Welfare and Well-being: Social Value in Public Policy*, Policy Press.

Kaatsch, P., Spix, C., Schmiedel, S., Schulze-Rath, R., Mergenthaler, A., & Blettner, M. 2007, *Epidemiologische Studie zu Kinderkrebs in der Umgebung von KernKraftwerken*(원자력 기술 안전성과 방사선 보호에 관한 부서별 연구 보고서 : 원자력발전소 주변의 소아암에 대한 역학적 연구 프로젝트), 3602S04334.

Kendall, W. 1963, *The Conservative Affirmation*, Henry Regnery.

Levitas, R. 2006, *The Inclusive Society?*, Palgrave Macmillan.

Maniates, M. & Meyer, J. M. 2010, "Conclusion", Maniates, M. & Meyer, J. M. (Eds.), *The Environmental Politics of Sacrifice*, The MIT Press.

Mendell, M. 2009, "The Three Pillars of the Social Economy: the Quebec experience", Amin, A. (Ed.), *The Social Economy*, Zed Books.

Meyer, J. M. 2010, "A Democratic Politics of Sacrifice?", Maniates, M. & Meyer, J. M. (Eds.), *The Environmental Politics of Sacrifice*, The MIT Press.

Moser, C. 2008, "Assets and Livelihoods", Moser, C. et al. (Eds.), *Assets, Livelihoods and Social Policy*, The World Bank.

Mukherjee, R. & Banet-Weiser, S. (Eds.). 2012, *Commodity Activism*, New York

University Press.

Nils Peterson, M. et al. 2007, "Moving Toward Sustainablity: Integrating Social Practice and Material Process", Sandler, R. & Pezzullo, P. C. (Eds.), *Environmental Justice and Environmentalism*, The MIT Press.

Nussbaum, M. 2006, *Frontiers of Justice*, Harvard University Press.

O'Leary, S. 2010, *Environmental Politics*, Cambridge.

Park, B-G. 2003, "Politics of Scale and the Globalization of the South Korean Automobile Industry", *Economic Geography, 79*(2).

Park, B-G. 2005, "Globalization and Local Political Economy: The Multi-scalar Approach", *Global Economic Review, 34*(4).

Park, B-G. 2008, "Uneven Development, Inter-scalar Tensions, and the Politics of Decentralization in South Korea", *International Journal of Urban and Regional Research, 32*(1).

Peck, J. 2002, "Political Economies of Scale: Fast Policy, Interscalar Relations, and Neoliberal Workfare", *Economic Geography, 78*(3): 331-360.

Portney, K. E. 2013, *Taking Sustainable Cities Seriously*, The MIT Press.

Purcell, M. 2011, "Neo-liberalization and Democracy", Fainstein, S. S. & Campbell, S. (Eds.), *Readings in Urban Theory*(3rd ed.), Wiley-Blackwell, 42-54.

Sachs, I. 1999, "Social Sustainability and Whole Development: Exploring the Dimensions of Sustainable Development", Becker, E. et al. (Eds.), *Sustainability and the Social Sciences*, Zed Books.

Sakai, S. et al. (Eds.). 2014, *Social-Ecological Systems in Transition*, Springer.

Schlosberg, D. 2005, "Environmental and Ecological Justice: Theory and Practice in the United States", Barry, J. & Eckersley, R. (Eds.), *The State and the Global Ecological Crisis*, the MIT Press.

Schlosberg, D. 2007, *Defining Environmental Justice*, Oxford University Press.

Silver, H. 1994, "Social Exclusion and Social Solidarity: Three Paradigms",

International Labour Review, 133(5-6): 531-578.

Smith, A. 1759, *The Theory of Moral Sentiments.*

Soja, E. 2010, *Seeking Spatial Justice*, University of Minnesota Press.

Sorman, A. H. 2014, "Metabolism, Societal", D'Alisa et al. (Eds.), *Degrowth: A Vocabulary for a New Era*, Taylor and Francis Group: 41-44.

Stone, C. 1989, *Regime Politics: Governing Atlanta, 1946-1988,* Univ. Press of Kansas.

Stone, C. 1993, "Urban Regime and the Capacity to Govern: A Political Economy Approach, *Journal of Urban Affairs, 15*(1).

Stone, C. 2005, "Looking Back to Looking Forward : Reflections on Urban Regime Analysis", *Urban Affairs Review, 40*(3): 309-341.

Swyngedoux, E. 2004, "Globalisation or 'Glocalisation'? Networks, Territories and Rescaling", *Cambridge Review of International Affairs, 17*(1): 25-48.

Taket, A. et al. (Eds.). 2009, *Theorizing Social Exclusion*, Routledge.

Taylor, G. 2007, *Ideology and Welfare*, Palgrave Mcmillan.

The Community Solution. "Power of Community: How Cuba Survived Peak Oil?", http://www.youtube.com/watch?v= lNNoOKfDALo.

Tickell, A. & Peck. 2002, "Neoliberalizing Space", *Antipode, 34*(3): 380-404.

Townsend, P. 1996, "The Struggle for Independent Statistics on Poverty", Levitas, R. & Guy, W. (Eds.), *Interpreting Official Statistics*, Routledge.

Tsuda, T., Akiko, T., Eiji, Y., & Etsuji, S. 2015, "Thyroid Cancer Detection by Ultrasound Among Residents Ages 18 Years and Younger in Fukushima", Japan: 2011 to 2014", *Epidemology*.

Turner, G. M. 2011, "Consumption and the Environment: Impacts from a System Perspective", Newton, P. W. (Ed.), *Landscapes of Urban Consumption*, CSIRO Publishing: 51-70.

Walker, G. 2010a, "Beyond Distribution and Proximity: Exploring the Multiple Spatialities of Environmental Justice", Holifield, R. et al. (Eds.), *Spaces of Environmenatal Justice*, Wiley Blackwell, 24-46.

Walker, G. 2010b, "Environmental Justice, Impact Assessment and the Politics of Knowledge", *Environmental Impact Assessment Review, 30*: 312-318.

Walker, G. 2012, *Environmental Justice*, Routledge.

Walker, A. & Walker, C. (Eds.). 1997, *Britain Divided: The Growth of Social Exclusion in the 1980s and 1990s*, CPAG.

Wood, A. 1996, "Analysing the Politics of Local Economic Development: Making Sense of Cross-National Convergence", *Urban Studies, 33*(8).

❙ 찾아보기 ❙